余绍宋方志论丛

劳乃强 选编

浙江工商大学出版社
ZHEJIANG GONGSHANG UNIVERSITY PRESS
·杭州·

《龙游文库（2019）》编纂委员会

顾　　问：张晓峰
主　　任：祝建东
副 主 任：徐洪水　徐　宾　叶琴仙　钟爱红
委　　员：陈水清　严明华　徐新台　雷金标　胡锡清　施　涛
　　　　　余　鹏　贾仲银　姜丽萍　徐智慧　胡炜鹏　汪益平
　　　　　王　晟　方伟军　胡樟太　雷　珍　吴幼平　童筱俊
　　　　　夏浩波　吴　浩　吴正兵　吴生祥　劳志平　陈怀俊
　　　　　严建军　丁　俊　吴光林　毛祥光　徐建丰　章宇夫
　　　　　余浏娟　余柏成　陈志芳　高明月　张海霞　吴恒凯
　　　　　吴安春　叶　锋　罗　露　蒋建波　刘　振　祝　凯
　　　　　刘　静　张　斌　卢　泉　陈俊梁　贾伶俐　雷伟斌
　　　　　佘律星　方敏华　胡礼刚　张　宁
办公室主任：胡炜鹏

《龙游文库（2019）》编纂工作小组（编辑部）

组　　长：胡炜鹏
成　　员：叶红军　黄国平　劳乃强　劳晓天　吴土根　方冬成
　　　　　邓根林　李浩杰

总序一

　　早就听说龙游是一个历史悠久的古县，有着深厚的文化积淀。到龙游工作后，随着了解的深入，我对这个城市有了深刻的印象。这里有将近一万年前人类生活的遗址；春秋时期是姑蔑国的中心区域，现在的县城就是当时的姑蔑城所在；秦始皇统一六国之后，在姑蔑地建大末县，成为浙江省境内最早设立的县治之一，屈指一数，建县历史已有 2200 多年。

　　历史悠久，文化积淀当然丰厚：一大批凝聚着龙游人民智慧和汗水的地方戏曲、民间舞蹈、匠作工艺、民俗饮食等地方文化结晶，演绎了独具魅力的龙游区域文化。千古之谜龙游石窟，为龙游一方故土增添了神秘色彩。龙游民居苑古建筑，见证着龙游商帮的历史荣耀，讴歌了"无远弗届"的创业精神，谱写了"遍地龙游"的千古佳话。傍着县城东流的衢江，曾是历史上的一条交通干线，有不少骚人墨客，受龙游山水风光的感染而写下锦词丽句，使得这段水道成了历史上又一条"唐诗之路"。2018 年，更有建于元代的姜席堰入选世界灌溉工程遗产，再一次证明了龙游人民改造自然的优良传统和不凡的创造能力，成为龙游地方文化的又一张"金名片"。当我在加拿大萨斯卡通现场接过"世界灌溉工程遗产"牌匾之际，一种自豪感油然而生，我为龙游骄傲，为龙游人民骄傲。

　　龙游的历史上，曾有《文心雕龙》的作者刘勰、"初唐四杰"之一的杨炯、抗金名将宗泽等在此任地方官，也涌现出不少出生龙游、名载史籍的文化名人，如南朝以"箬叶学书"传为佳话的学者徐伯珍、唐代诗人徐安贞、宋代"南渡名宰"余端礼、元代天文奇才赵友钦、明代天台宗师释传灯、近代方志学家余绍宋、革命战士兼学者的华岗等，为我们留下宝贵的精神财富。更有无数龙游先贤撰著了一批儒学、宗教、天文、历史、医学、工器、类书等方面的著作，创作了大量立意深远、讴歌家乡山水风光的诗词歌赋。这一切，为这片古老大地赢得了"儒风甲于一郡"的美誉，既是无比珍贵的文化遗产，也是我们回顾历史、开展地方文化研究的水之源、木之本。由于时空更迭、沧海桑田，不少珍贵的文化遗产已湮没在历史的尘埃之中，留存至今的也被深藏于国内外各图书馆的善本书库之中，在我们龙游，反而是难以寻觅了。

文化是一个地方的血脉渊源和精神家园，为此我们遵循党的十九大精神，本着传承优秀文化，增强文化软实力的初衷，启动了龙游文库文化工程。一方面是通过历史文献的整理重印，让这些古籍回到家乡，使龙游百姓和后代子孙得以亲睹先贤著作，使尘封已久的文化瑰宝为现实的生产建设提供丰富的精神食粮，使人民看得见历史、记得住乡愁。我们通过影印本的形式，在国家图书馆出版社的支持下，《龙游历史文献集成》8 函 74 册古籍已于 2017 年得以重印出版。另一方面，一些比较重要的前贤诗文集和各种旧县志，为了方便大家阅读，县史志办公室进行点校整理，由中华书局出版发行。

文化需要传承，更需要创新。龙游文库文化工程的历史文化研究系列，重点围绕新时代改革发展的大环境，编著出版一批新的地方文化著述，以新视野、新观点、新角度，赋予龙游地方文化新的内涵。通过梳理完善，将原先分散的文化亮点串连起来，使龙游的文脉更加完整更加清晰，从而发挥整体效应和时代效应，紧密结合社会主义核心价值体系建设，坚定发展信念，为全县经济社会科学发展注入新的活力，凝聚更多文化认同，汇聚更大精神力量。

习近平总书记说："坚定文化自信，离不开对中华民族历史的认知和运用。历史是一面镜子，从历史中，我们能够更好看清世界、参透生活、认识自己；历史也是一位智者，同历史对话，我们能够更好认识过去、把握当下、面向未来"。我相信，通过《龙游文库》

这个载体，对龙游地方文化全面、系统、扎实的整理和研究，必将有效提升龙游文化软实力，助力区域明珠型城市建设，为全面建设"活力新衢州、美丽大花园"做出贡献。对此，我愿与各方关注龙游文化的有识之十共勉。是为序。

中共龙游县委书记　许毕峰

2019 年 1 月 18 日

总序二

龙游，历史悠久、人文荟萃，素有"姑蔑故都、万年文明"之誉。源远流长的历史，留下了丰厚的文化积淀。从史前文化到古代文明，从近代变革到当代发展，龙游历经千百年的传承与创新，形成了具有鲜明龙游特色、深厚历史底蕴、丰富思想内涵的龙游商帮、姜席堰等一批地域文化，这是龙游人民共同创造的物质财富和精神财富的结晶，是龙游文化发展的动力和源泉。

习近平总书记曾指出："从区域文化入手，对一地文化的历史和现状展开全面、系统、扎实、有序的研究，一方面可以借此梳理和弘扬当地的历史传统和文化资料，繁荣和丰富当代的先进文化建设活动，规划和指导未来的文化发展蓝图，增强文化软实力，为全面建设小康社会、加快推进社会主义现代化提供思想保证、精神动力、智力支持和舆论力量；另一方面，这也是深入了解中国文化、研究中国文化、发展中国文化、创新中国文化的重要途径之一。"我们今天实施龙游文库的编撰工作，其目的和意义也在于此。

如何让龙游历史文化的深厚底蕴、优良传统为当代所用，为县域发展服务，这是历史传承给我们的一项艰巨任务，也是历史赋予我们的一项神圣使命。在这件工作上，时代是出卷人，我们是答卷人，人民是阅卷人。2014年，龙游文库编写工作正式启动，它将深藏于国内外各图书馆中涉及龙游历史的古籍进行收集、整理，或影印，或点校，采用适合当代人阅读的方式进行系统出版，此为文献整理；同时又组织县内外的专家学者，对历史文化中的重点领域进行课题式研究，此为专著编撰。

这两大类书籍的出版，必将丰富、发展龙游文化的外延，进一步增强龙游文化的创新能力、整体实力、综合竞争力，发挥文化在促进龙游经济、政治和社会建设中的作用，这是当今龙游人的文化自觉和责任担当，具有重要的现实意义和深远的历史意义。

文章合而时为作。《龙游文库》的编撰，是对龙游区域文化历史和全景风貌的展示，既能让人看到文化发展脉络的延续，同时也能让人感受到它的发展方向，因此，文库在史料性、知识性、学术性、创新性、时代性、可读性等方面都要有所体现，其编撰难度可想而知。我来龙游后，抽空也认真阅读了一些有关龙游历史文化的书籍，真切地感受到大家对龙游文化的热爱，以及编写者对历史的高度负责态度和严谨学术精神。正是有这样一批辛勤奉献的文化人，才使龙游的历史文化得以精彩地展现，也正是有史志办等相关部门的共同努力，才会使龙游文库变得更加厚重丰实。当然，总体来说我们的研究还刚刚起步，面对万年龙游的深厚积淀，还需要一个持续、长远的坚持。同时，也由于研究力量相对薄弱，完成时间相对紧张，一些作品中难免还有一些失漏、讹误等遗憾。对于这些问题，也希望广大学者和读者能够批评指正。相信，随着研究力量的增强和研究水平的提升，龙游文库的作品一定会越来越好。

当前，龙游文化建设正站在一个新的历史起点上，面临千载难逢的机遇，也面临十分严峻的挑战。如何抓住机遇，迎接挑战，始终保持龙游文化旺盛的生命力，真正走在衢州乃至全省的前列，力争上游，是需要我们认真研究、不断探索的重大课题。我们要以习近平新时代中国特色社会主义思想为指导，以更深刻的认识、更开阔的思路、更有力的措施，大力推进龙游文库研究工程，努力实现在文史研究上"多作贡献、走在前列、当好表率"。

奋斗创造幸福，实干成就梦想。我们期待有更多的优秀成果问世，以展示龙游文化的实力，使龙游文化强县建设更上一个新的台阶。

中共龙游县委副书记
龙游县人民政府县长

2019 年 1 月 18 日

序

余绍宋（1883—1949），字越园，号寒柯，浙江龙游人，民国时期著名的方志学家、书画家，在方志、史学和书画等方面多有建树。早年留学日本法政大学攻读法学，故通晓法律。归国后任外务部主事，后任司法部次长、北京法政专门学校校长、北京美术专门学校校长、浙江省通志馆馆长等职，在政界、学界、书画界皆有影响力。民国时期由他主修的《龙游县志》和《重修浙江通志稿》，在中国方志学史上也占有重要地位。

余绍宋学识渊博，治学严谨，自幼受祖父、父亲的熏陶，对方志学研究有浓厚的兴趣。21岁时已攻读大量的经史书籍，熟悉了不少地方掌故，尤其是有关龙游的文献资料，发现康熙《龙游县志》有许多谬误之处，遂考订校对写成《旧志订讹》，这是他有关方志学最早的著述。

1921年10月，余绍宋受聘为龙游县志总纂，次年龙游县设立志局，余绍宋拟定采访提纲，仿史裁别立新例，定为重修。他身居北京，几乎阅遍北京各图书馆收藏的浙江方志，又参考了大量有关龙游的地方文献，仅氏族考就调集百家谱牒进行研究分析，认真取舍，其他各类征引书籍多达四五百种，这部120万字的《龙游县志》历时四年，于1925年由北京京城印书局印行。该志40卷，首末各一卷，分前录、正志、附志、后录四部分，其卷首为叙例，载余绍宋修志的立场、观点、方法和原则。卷末为《前志源流及修志始末》，记述龙游历代纂修县志的概况及余绍宋等人纂修民国《龙游县志》的经过。这部志书体例新颖，资料翔实，将各家方志、文献加以详细对比，引经据典，择其最优者而效之，对于不符合科学、不符合史实的辄摈弃之。梁启超在序中誉为十大优长，给予了高度评价，指出："越园之治学也，实事求是，无征不信，纯采科学家最严正之态度，剖析力极敏，组织力极强，故能驾驭其所得之正确资料，若金在炉，惟所铸焉。其为文也，选辞尔雅而不诡涩，述事绵密而不枝蔓，陈义廉劲而不噍杀。凡此，善读越园书者当能自得之，无取吾喋喋也。吾所欲言者，越园此书在方志学中，其地位何如？越园之学，得诸章实斋者独多，固也。然以此书与实斋诸志较，其史识与史才突过之者盖不尠。"

1942 年 5 月，浙江省史料征集委员会在浙南成立，余绍宋任主任委员。次年秋浙江通志馆成立，余绍宋任馆长，首先提出"略评旧浙江通志兼述重修意见"，草定"重修浙江通志的体例纲要"，并亲自撰写"大事记""衢属人物志"等，毅然担负起重修浙江通志的重任。《浙江通志》自明代嘉靖时创修，历经康熙、雍正时编修，自雍正至民国两百余年间，几经兵灾，文献湮没严重。民国初曾设局创修，但不久又停办，成稿不多，原稿又多散失。修志难，但修一省通志更是艰难百倍，尤其是新创体例重修，反映社会演变和科学进步，非昔日能比。为征集史料、修订体例，余绍宋在《东南日报》设《文献汇刊》专栏，月出两期；1945 年 2 月，又与志馆同仁创办《浙江省通志馆馆刊》，使各种不同见解能在馆刊上发表，对新志体例有各抒己见的园地。1945 年秋抗战胜利后，省通志馆绌于经费，写成的志稿无力付印。1948 年底，重修浙江通志初稿基本完成，余绍宋对初稿各编均一一批校、订正，其中"体例纲要""田赋"部分于是年六月先行付印成书，次年 3 月因通志馆停办，其余志稿亦未能定稿付印。直到 1983 年，由浙江省图书馆根据余绍宋的遗稿，整理誊抄成《重修浙江通志稿》一百二十五册影印出版。

从民国《龙游县志》和《重修浙江通志稿》来看，余绍宋方志学观点源于章学诚，但在体例、方法及史学观点上有所创新和发展。余绍宋修志注重从事实出发，详细搜集占有资料并加以考证，敢于在前人基础上大胆创新。他说"修志有两法，一为别出心裁全部改撰，一为因仍前志但纂续编"。其曾祖父修志主张用后法，但他却"舍易就难改用前法，非不遵祖训也……固不必拘守一时权宜之计也"。余绍宋修志注重反映时代新的变化，如党务、议会、省及地方行政、地政、会计、救济、卫生、警察、法院、监狱、教育等内容;他注重国计民生内容,如实业、银行、公共事业、农业、渔业、矿业、盐业、工商业、交通、财务、粮政等,民族、人口、社会生活和社会风俗之变化;在方法上他注意吸收借鉴其他学科的研究成果,如注重社会调查采访,广泛采用图表,"凡能以表表明之事悉用表,附于各部门之内",在图表基础上引进现代科技照片。在文字记述上,他主张"但求雅洁,不尚古奥",其"记载之事实,须求其有实用者"。总之,余绍宋修志虽绍承章学诚,却能与时俱进,在民国时期社会大变革的情况下,实现了对章学诚方志思想的超越。梁启超评价其书其人:"吾常以为实斋以前无方志,故举凡旧志,皆不足与越园书较。以越园书较实斋书,其所进则既若是矣。无实斋则不能有越园,吾信之,越园宜亦伏焉;然有实斋不可无越园,吾信之,实斋有知,当亦颔首于地下也。"对余绍宋方志思想给予高度肯定和赞誉。

余绍宋一生爱读书,勤著述,其书画作品数以万计,所书碑刻无数,为诗则面向现实每多警世之作,而写日记几十年未曾中断。近20多年来,关于他的研究及其作品的整理出版逐渐受到关注,《余绍宋集》《余绍宋日记》以及书画方面的著述单行出版,民国《龙游县志》和《重修浙江通志稿》也有点校整理出版,这些成果均推动了余绍宋的研究。然而,作为民国时期著名方志学家,却未有专门系统的方志著述,2009年,龙游县文化广电新闻出版局出版了鄢卫建先生主编的《余绍宋论方志》一书,将余绍宋关于修志的有关论述作了汇编整理,为余绍宋方志思想研究提供了有价值的史料。但因当时《余绍宋日记》尚未整理出版,有些内容还有遗漏。

劳乃强先生所选编《余绍宋方志论丛》,则在此基础上重新编辑予以增补。全书分为《志书体例》《叙例》《志书后录》《序跋》《志书评骘》《函牍》《其他》七个部分,末附《致祝康祺信》。前四个部分为民国《龙游县志》和《重修浙江通志稿》的编纂例、体例、编纂大纲草案、修志始末、序跋等,集中反映了余绍宋修志思想的发展变化。其《旧志过眼录》《函牍》所收均为日记摘出,系首次集中披露,反映了修志中许多具体问题,也有关于其他修志方面的讨论。"其他"所收采访员章程、采访纲要、有关修志文献等,对于研究民国时期的修志也是重要的参考文献。该书特点是尊重原文,力求保持原貌,原有的双行小注改为单行以楷体区分，每条之后注明资料出处来源，以方便读者研究利用。

劳乃强先生是我很敬仰的前辈，他是1991年版《龙游县志》的副主编、2018年《龙游县志》的主编，长期从事龙游县志编修工作，对龙游地方历史颇有研究。我和劳先生相识也是通过第二轮《龙游县志》，从体例确定到志稿编纂，劳先生付出了大量心血，这本志书承继余绍宋修志思想，作为通志在全国县级志书中尚属凤毛麟角，因而受到志界同仁好评。志书出版后，劳先生仍笔耕不辍，继续搜集整理余绍宋关于方志学的资料。早在90年代，劳乃强先生就关注余绍宋史料的收集与生平事迹等考证工作，撰写了《余绍宋与阮毅成的交谊》《余绍宋和邻竹斋》《宣南画社传雅韵》等文，弥补了余绍宋研究资料匮乏的一些不足。此次选编《余绍宋方志论丛》，也是劳乃强先生积多年心血，花费大量精力点校整理，这是关于余绍宋方志学研究最系统的资料，相信这本书的出版定会嘉惠学人，推动余绍宋方志学和民国方志学史的研究。

是为序。

张莱鹭

2020 年 12 月 20 日

编选说明

　　本书汇辑余绍宋有关方志的各种论述，为了解其方志思想提供一份相对全面的第一手资料。全书分志书体例、叙例、志书后录、序跋、志书评骘、函牍、其他、致祝康祺信八个部分。志书编纂首重体例，"志书体例"录载余绍宋不同时期拟订的志例三篇，反映其修志思想的演进轨迹。"叙例"是余绍宋于方志最有份量的学术论述，对志书编什么、怎么编、为什么这样编均有全面阐述。余绍宋一改在志书卷首罗列旧志序言的传统作法，在《龙游县志》卷末撰有《前志源流和修志始末》一文，对历次县志的编纂做全面的回顾，在录载各种序言跋语的同时，总结经验，评点得失，既是志体的创新，更多真知灼识。"志书后录"即刊载此文。"序跋"多有借他人酒杯浇心中块垒的意味，其要义仍在表达修志观点。"志书评骘"则直接对志书做出评判，提出改进意见，抑扬之间其义自见。"函牍"载录各种与修志有关的书信，或讨论问题，或表达心曲。尚有一些不能归类的篇什，则以"其他"殿后。需要说明的是，本书选录了《〈龙游高阶余氏家谱〉序例》和《〈龙游石亘吴氏宗谱〉序》两文，是因为余绍宋对家谱持"谱牒亦史之流"（见《〈龙游高阶余氏家谱〉序例》之第七条）的观点，以修志思想来观照家谱的编纂，在今天看来，也不失其参考价值。

　　余绍宋编纂民国《龙游县志》期间，尚在北京政府司法部任职，采访资料等均由修志局坐办祝康祺主持寄北京，供余绍宋编纂，有关志书体例、内容等编纂问题及采访、经费等"局务"，均通过书信讨论商榷。通信始于1923年1月9日，止于1926年12月3日，均以毛笔手书，编号 1—278。当时商定各自将信件留底保存，余绍宋并有将双方信件印行出版的打算。祝康祺的信件早佚，余绍宋的信件现由浙江图书馆收藏。考虑到这批书信内容的独特性，因此不作为一般的"函牍"处理，兹根据余绍宋长孙余子安先生提供的复印件为底本，将其辑为"致祝康祺信"，作为本书第八部分。其中部分信件原无写信日期，兹从《余绍宋日记》中查出补上，凡补入的日期均加以圆括号以示区别。信末编号系余绍宋自编，但编号偶有差错或遗漏，对此均予以注明。这部分雷柏成先生也曾参与标点，特此致谢。

作为一代方志大家，因种种原因，余绍宋未遑有专门的方志论著和述作，故本书不适宜冠以"余绍宋方志论文集"这样的书名。鄢卫建先生于 2009 年编有《余绍宋论方志》一书，由黄山书社出版，本书即在鄢先生所编的基础上增补而成，自然也不能再用"论方志"一类书名。最终定名为《余绍宋方志论丛》，出于以下两点考虑：一是本书的不少内容系从《余绍宋日记》中辑出，有些内容如《旧志过眼录》等，难免散碎，名之为"论丛"较为贴切；二是余子安先生辑有《余绍宋书画论丛》一书，本书颇有与子安先生所编配套之意，因为书画和方志，毕竟是余绍宋成就最为重要的两个方面。

辑录各篇均以文言写成，本书的选编也就有了旧籍整理之性质，对此作以下几点说明：

1. 改原先的竖排为横排，并予以标点，长文酌情分段。其中载于《浙江省通志馆馆刊》各文本有标点，因当时偏重于句读，今天看来多有未惬之处，也均予以斟酌调整。

2. 除少数人名外，可以简化的繁体字改为简化字，异体字及明显的通假字也直接改为本字。

3. 原有的双行夹注均改为单行，为便于和正文区别，夹注采用比正文略小的楷体字。

4. 选编者必要的说明以圆括号标出，也采用比正文略小的楷体字。

5. 篇末均注明出处。

选编者

2020 年 11 月

目　　录

志书体例

《龙游县志》编纂例

前　录
　　叙例
正　志
　　通纪
　　地理考　　沿革　疆里　山川　风俗
　　氏族考
　　建置考　　城池　廨舍　学校　邮传　津梁　祠祀
　　食货考　　户口　田赋　水利　仓储　物产
　　艺文考
　　都图表
　　职官表　　宦绩略
　　选举表
　　人物传　　阙访　别录
　　列女传　　节妇略　烈女略　别录
附　志
　　丛载　　古迹　寺观　轶闻　志异
　　掌故
　　文征
后　录
　　前志源流及修志始末

　　载民国《龙游县志》卷首。余绍宋所编《龙游县志》，因编定于民国十四年（1925），而被称为民国《龙游县志》。实际上，此志下限"载之清宣统三年（1911）止"（见《叙例》），并无民国以来的内容。所以从内容上看，也全是旧的。

新《龙游县志》体例

劫老来书请速定民国志书体例,以便筹备,因扶病拟定如次:

第一,制度沿革。时事记附。

　　　行政、司法、选举、自治。

第二,建置。

　　　官署、仓库、局所、庙祀。

第三,经费。

第四,教育。

　　　学校、图书馆、学务。

第五,实业。

　　　森林、矿业、工场、商务。

第六,交通。

　　　铁路、官道、河道、邮电、桥梁。

第七,职官表。政绩略附。

第八,仕宦表。

第九,议员表。

第十,人物及列女。

第十一,寺观。

第十二,杂载。尚须加两类在十一后:艺文、谱牒。

新志以清末为限断,实以民国以后政制不同势难合并,况时会所趋变迁尤未可量,用是特创体例,别自为编。他日重修只须依类相从,不必更动新志,故如矿业、铁路诸项虽现时尚未有者,亦存其目以俟增补焉。

　　载余绍宋 1924 年 5 月 4 日《日记》。题目为编者所加。循旧不忘创新,在编民国《龙游县志》时,余氏就决定"民国事实则别自为编,重定门类",并将其称为"新志","庶几义例厘然,两无窒碍"(见《叙例》)。内容上,则增加了不少新事务。

《浙江通志》编纂大纲草案

按,吾浙旧通志未曾讲求志例,仅将各种事项分为四十余类,任意排比,纯是类书体裁,殊不足法。兹拟参用史法,及内政部所颁《修志事例概要》,分为五纲:一曰"纪",记本省自古以来大事,拟正史"本纪"例也。二曰"考",其类凡八,皆述自然现象及历史遗迹诸端,事属既往,非稽考莫能详,故曰"考"。三曰"略",其类凡十二,皆述管教养卫诸于政治有关者,事属现在,含有方略策略之义,故曰"略"。此二者,拟正史"志"或"书"之例也,不曰"志"或"书"者,以"志"与总称有妨,"书"则例兼"考""略"两端,与今分列之旨违耳。四曰"传",其类凡三,拟正史"列传"之例也。《宦绩》不载其人之一生,仅记其宦浙时政绩,严格言之不得称"传",兹但传其政绩一端故类列之。五曰"谱",其类凡二,拟正史"表"之例也。不曰"表"而曰"谱"者,编中各类多用表式以省篇幅之繁,不能提归一处,以自乱其例耳。其"杂记"一类所载无关宏旨,故列为附录,以明非正志也。至于诗文之属,卷帙浩繁,尽录则有附庸蔚为大国之嫌,选录则有沧海每多遗珠之虑,因拟仿章实斋先生《湖北通志》之例,别辑《两浙文征》,其条例别定之。

一　纪

　　大　事　纪　用编年体

二　考

　　疆　　域（考一）

　　沿革　附各县异名表

　　经纬度数

　　地　　理（考二）

　　全省形势　山脉系统图　河流系统图　岛屿位置及数目图　港湾形势图

　　气候　变差图

雨量　变差图　雨计分配图

潮汐　时间表

地质　图　表

省县市沿革　图　表

民　　族(考三)

民族　土著　畲民　迁徙概况

人口　分类统计表　密度　生产死亡率　户籍　因抗战损失统计

方言　语系　土语　考证

外侨　历年人数表　附租界领事馆

社　　会(考四)

生活情形　衣　食　住　行　疾病　特别情事　因抗战变动情形　新生活运动　节储运动

职业概况　士农工商及其他人数统计及比较　特种职业调查表　因抗战变动情形

谚语歌谣　各地特殊谚语　有关政教风纪之歌谣　各地农占谚

婚丧祭礼　各地特殊习惯　集团结婚、公墓等改变情形　过去大体情形

岁时礼俗　过去大体情形　各地特殊习惯

地方习俗　一般情形　善良习惯　恶俗　迷信

慈善事业　沿革　义塾及学田　保育　义渡　凉亭　义冢　因抗战新建立者

田　　地(考五)

农田　亩数　土宜等级　正产副产量　沙田

山地　山亩数　地亩数　正副产物量　荒山荒地亩数　垦荒政策

农户　人数统计　类别统计　增减表　因抗战减少人数

田价地价山价　约数　买卖方法　典佃等方法　因抗战变动情形

水利　河　湖　塘　堰　坝　闸　埂　堤　附灾害

物　　产(考六)

矿物　图说　表　采制方法　管理方法

农产　图说　表　采制方法　管理方法

水产　图说　表　采制方法　管理方法

特产　图说　表　采制方法　管理方法

艺　　文　或称学术(考七)

著述　经史子集四部　志乘　科学

艺术　书　画　雕塑　缂绣　音乐　戏剧　镌刻　工业艺术

古　　迹(考八)

公共建置　故城　废署　其他昔时建置已废者

公共建筑　寺　观　塔　其他有古迹关系者

碑碣　关系政俗者　名人所题者　宋代以上者

故宅　名贤曾居者　亭台楼馆之属曾有名人遗迹今尚存者　宋以前旧屋

名胜　附摄影

陵墓　古陵墓在唐以前者　名人墓　附摄影

古物　金属器　玉器　陶瓷　石刻　先贤遗物

三　略

党　　务(略一)

省市县党部　组织　党员人数　历届执监委员人数及姓名　党务

三民主义青年团　组织　团员人数　历届团长及主持人姓名　团务

民众团体　文化团体　各种职业团体　妇女运动　各种运动

动员工作　平时　战时

议　　会(略二)

省议会　咨议局　省议会　省自治筹备委员会　临时省参议会

县自治及县议会　县议会　县参事会　自治委员　乡镇长会议　乡镇民代表会　保民大会　其他自治团体

一般行政(略三)

省政府及各厅处、行政督察区、县、市　组织　权限

地方自治行政　区　乡镇　保甲　沿革区域及组织经费

地政　土地陈报　测量

警察　组织沿革　局所　员数及人数　职掌　水上警察

会计　制度　会计员资格　任用方法　职掌

救济　赈济会组织　救济院组织及沿革　一般赈济方法　兵灾及难民救济　侨民及失学青年救济　义民救济　经费来源　蠲免或减轻田赋

卫生　组织概略　医院数　医生数　施医药方法　禁烟、禁毒、防疫等特别事务　卫生经费统计表

劳役　劳动服务　战时征工

司　法（略四）

法院　沿革　高等法院　地方法院　县法院　司法公署

诉讼案件　民事　刑事　特别刑法案件　战时特殊事件　非讼事件　案件统计表　案件分类表

监狱　新监狱　县监狱署　看守所　感化院　陆军监狱

律师会计师　人数统计表　各法院配置表

教　育（略五）

机关组织　劝学所及教育局沿革　教育会　检定审查及检查机关

学校制度及经费　学官制度　书院制度　学校制度　教员待遇　学生奖励及补助　大学毕业人数表及其出路　中小学校校舍、学生毕业人数统计表　学校经费统计表　职业教育统计表　师范教育统计表　特种学校统计表　私立学校统计表　附义塾　战时教育

社会教育　图书馆及其藏书　民众教育馆　运动会　体育场　通俗讲演　流动教育　其他战时设施

留学　国别、人数、科目、公费、私费等统计表　留学毕业生及得学位统计表

印刷局　官书局沿革　出版书籍统计表　其他业务

报社　沿革　本省过去报社调查表　现有报社调查表　周刊、月刊、杂志调查表　报社所出版书籍　通讯社

训练　行政训练　特种训练　调往中央受训练人员统计表　战时各种训练

实　业（略六）

银行　国家银行　地方银行　私设银行　钱法　附钱业、典当业

合作　合作金库　种类　资本　组织　联合社

公共企业　公司种类、资本、组织调查表　官营企业调查表

农业　农贷　改良试验　附增产实施冬耕运动　畜牧　养蜂　养蚕　制茶　战时变动情形　各县余粮缺粮统计表

渔业　渔民人数、船数统计表　产物统计表　渔业及渔民生活概况

矿业　种类　地点　出产数量　特许　禁私营者

盐业　盐民人数统计表　盐场　盐民生活概况　制盐方法　生产数量及销路　盐垦

森林　天然林　人造林

工业　种类　各种工厂　工人待遇状况　官营工业　私营工业　发明　战时变动情形

商业　进出口货物表　巨商调查表　大商业调查表　公司组织调查表　商埠

物价　近十年重要物价调查表　管制物价组织及其各种方法与罚则　战时影响

封锁政策　种类　方法

交　通(略七)

铁路　图　表　建筑经过及战时破坏情形

公路　图　表　建筑经过及战时破坏情形

水路　图　表

驿运　前代沿革　现制　图

电报电话邮政　成立年月　局所及人员统计表　电费、邮费沿革　交通网、邮政网图　每年收入统计表　收音、播音

财　务(略八)

预算　预算总数沿革及现况　各机关经费沿革及现况　战时特别开支

决算　全年总数　各项收支统计表　十年来比较表　中央地方财政之沿革及划分　公库　审计　战时临时收支、借款

税务　沿革　中央机关组织　地方机关组织　各项收入统计表　附缉私机关组织及职掌

海关　沿革　组织　地点　收入统计表　出入贸易额统计表

盐务　沿革　现制　税则　收入统计表　公卖及私盐情形　战时影响

公债　种类　平时战时　发行额　已偿还本息统计表

专卖　章制　种类　各种统计表

公款公产　起源　种类　管理　统计表

粮　政(略九)

田赋　历代制度及收入数　科则　征收实物及其数量　抢购军粮负担数　禄米支出数

仓廒　历代制度　现制　地点及仓数统计表　存粮统计表

运输　历代制度　现制　方法　战时机构

备荒　历代制度　积谷调节　平粜　施米或粥

军　　事(略十)

海防　历代制度　现制　密

空防　航空学校　飞机场　防空哨　防护团　防空协会　防空演习　附战时空袭损失及飞机捐款

要塞及堡垒　密

征兵　军管区、师管区组织　国民兵团全省壮丁数　国民军训　常备队后备队　全省及各县征兵数配额　逐年已征数　优待出征军人家属　抚恤

自卫团队　组织　全省总数　各县分配数

保安队　组织　兵员数　历来剿匪情形

军械　兵工厂　余密

军医　医院　伤病医院及处置方法

军法　组织　人员　法令　办案统计表　战时特别法令

军民合作　副食品给养　慰劳　衣物征用

宗　　教(略十一)

佛教　旧制　宗派　讲经　团体

道教　旧制　宗派

回教　人数　住民地点　寺院

耶教　天主堂、耶稣堂地点及信教人数　内地会、青年会等组织

异教　巫　祝　其他

建　　置(略十二)

城池　沿革及广袤表　因抗战拆毁全部或一部及其年月

桥梁　地点　新式桥　旧式桥　工程概况　交通情形　战时破坏情形

海塘　历代兴筑沿革　经过各县地方　最近修筑情形

祠庙　乡贤祠　名宦祠　忠烈祠　报功祠　社庙

四　传

人物(传一)　合传　列传　表

列女(传二)　传　表

宦迹(传三) 特载 表

五 谱

　　选 举(谱一)

　　考试 制度沿革 荐辟题名 历代举人、进士题名 历代特科题名 各项考试合格人员题名

　　学制 制度沿革 大学毕业题名 专门各校毕业题名 中央特种学校及高级训练毕业题名 留学生题名

　　议员 制度沿革 资政院议员题名 国会议员题名 国民大会代表题名 参政院参政题名 咨议局议员及省议会、省宪法会议代表题名 临时参议会参议员题名

　　职 官(谱二)

　　职官 历代制度及现制 文官表 武官表

　　附杂记 此非正志,故不分目。

编纂注意事项:

　　一、凡仅关一县之事非特殊者,悉由县志记载之,通志从略。

　　二、凡能以表表明之事悉用表,附于各部门之内。

　　三、先成长篇,从容撰述。

　　四、本史家详近略远之例,于近百年事务求详赡。

　　五、凡掌故及档案有关系者,悉附注于本文之下,不仿实斋别辑之例。

　　六、文字但求雅洁,不尚古奥。

　　七、记载之事实须求其有实用者,若仅属词章,或涉于神异迷信者,悉不录。

　　八、旧事须重考证,不必仍旧志原文,但删改处宜加按语。新采访所得必详出处。

　　九、各类细目皆就一时记忆所及列入其中,漏略或繁复皆所不免,编纂时可酌量增入或减削之。

　　十、各部门之后可酌量附以论议,但不得立异炫奇,违于公论。

十一、此次为敌寇沦陷及窜扰地方,社会情形发生剧变,宜尽量采辑,其经过事实尤须详载。

十二、宜破旧例,某篇为何人撰述即于篇后各署其名,但馆长、总编纂得删改其文,不得持异议。

十三、仿司马《通鉴》例,别撰考异。

载《浙江省通志馆馆刊》第一卷第一期(1945 年 2 月 15 日出版)。到了编《浙江通志》时,与时俱进之迹更昭然了。

叙　　例

《龙游县志》叙例

总　例

修志有两法,一为别出心裁全部改撰,一为因仍前志但纂续编。两法相衡,前者难于后者多矣。昔先曾大父镜波公议修时主用后法,谓"如昔日有见闻未及,采访未周,尽可俟续纂集中补载,而原志应概仍其旧"。见《重刊康熙志序》。其后冯蓼杏先生主修时即本是议,唯增学校、兵防两门。见卷末修志始末篇。而是编舍易就难改用前法,非不遵祖训也,曾大父亦不以前志为完善,故有补载之言,特以春秋高,光绪八年曾大父年已七十有五。亟欲观成,不得不主后法耳。今日绍宋承修,固不必拘守一时权宜之计也。

前志为先贤著述,原当尊重。唯著述各有体裁,无取因袭,与其强事续貂,不如各自为书,以待后人公论。且万历壬子志成于仓卒,康熙志则非一手撰成,均见卷末前志源流篇。其中舛误遗漏之处不一而足。若用后法,则于其舛误者不得不为辨正之文,于其遗漏者不得不为补遗之辑。而为此两编,其文必倍于原志,非第暴扬前人之短,而篇章杂出,省览亦复不便。况事有不能纳入前志各类者,又须增加门类,不益糅乱而无章耶,是以决用前法也。

兹编体例,意在规仿史裁,因分正志、附志。正志为志之本文,务求峻洁,以符史例。附志为志之附录,不妨广收,以免遗漏。期于相辅而行,不使偏废。

正志略拟正史,凡分四类:一曰纪,为篇一,曰通纪;二曰考,不仿正史称志者,既名县志不能更称也。为篇五,曰地理考、曰氏族考、曰建置考、曰食货考、曰艺文考;三曰表,为篇三,曰都图表、曰职官表、曰选举表;四曰传,为篇二,曰人物传、曰列女传。诸篇细目及所附属,后当详之。

古迹、寺观虽无关弘旨,然足以资观感、警贪顽,不可删也,因别为《丛载》,其前人轶事足资佐证,及怪异足资谈助者,亦入之,是为附志之一。册籍、公牍有关一县掌故,必不可删,而散载正志又嫌芜杂,因别为《掌故》,是为附志之二。诗文散注各类之中,乃方志陋习,万历壬子志诗文列入《艺文》,康熙志改之非是。因别为《文征》,是为附志之三。

万历壬子志卷首有八景图,康熙志增至十二景,无非秋月春风、朝霞夕照,任意牵附触类可名,一县之大即增至百景亦非难事,试思有何益处? 此皆昔日图经旧套,亟宜删去以正史裁。

两旧志每类之前必作小引,盖沿方志通例半属空套,移之他县亦可用者,于义无取,兹一律删削,亦不更作。其康熙志篇后论断及篇中按语,间有足资参考者,择要录之。

方志记载事实标明所引之书,其例始于宋高似孙之《剡录》。明代方志无效之者,至清乾隆以还,效之者渐众,所谓无征不信,体至善也。标明出处本是类书体裁,然类书正为著述之所取资,不得指为史裁之累。兹编凡有纪载,一律标明出处。亦有集数书而纂辑者,则以数书原文不能贯串,不得不汇辑耳。汇辑者亦标明之,其近事得之采访者亦然,以明非绍宋所杜撰。唯《地理考》中《疆里》《山川》两篇,《食货考》中《水利》篇及《氏族考》,均不逐条标明以省繁琐,非自乱其例也。

万历壬子志,在明代方志中犹不失为善本,说见前志源流篇。唯不知考证,往往有浅显故事而致误者,则明代方志之通病也。康熙志讥其舛漏,见余尚《康熙志序》。然未尝有所考补,而所续者亦多舛失。今凡两旧志所载有致误或可疑者,间加考订。非敢自矜也,志乘贵在核实,不得不尔。

康熙癸丑以前事实前志失载颇多,兹检考群籍一一补入,并标明失载,以清眉目。唯寓中藏书不多,失补者当尚不少,他日读书有得,必别为《志补》一编以弥其阙。其各族谱所载明代以前事实,而前志未载者尤夥,则未敢轻易采补,必审其可征信者始录之。族谱多成于俗手,且多缘饰,不尽可信也。

光绪间冯梦香先生所得采访稿,称为《旧采访》,今兹撰述取材较多。至民国八年汪纶园君所采各稿,当时盖未及抉择,丛杂舛误不一而足,可用者较少,今称为《续采访》。其癸亥、甲子两岁所采者,称《新采访》。诸采访稿十之八九录自族谱，其文悉鄙俚不足道，其得自传闻或开具节略送局者亦鲜佳作，兹均加考订重行撰次，事求翔实，文亦期于雅驯。至两旧志原文有未安者，亦间加润饰。两旧志所载有与《浙江通志》、嘉靖《衢州府志》、天启府志、康熙府志异同者，如可考证，则以考证者为主，而注明其异文；其无可考证者，以多本相同者为主，不尽依两旧志也。

凡通行制度、典章，若文庙配享先贤、祭礼乐章，以及从前庆贺、接诏、履任、救护、迎春、鞭春、行耕、坛祭、雩神、送学、宾兴、乡饮等仪注，乃至保甲编户之属，方志每多载入。兹以事非专行于龙游，且多废罢，一律削而不录。

修志原不以时代为限断，今以改革后一切政制与前代迥殊，而时会所趋变迁尤未可量，若强为纳入，则枘凿不通而全书体例乖戾。今人修志，有将现代议员与前代科第并入《选举表》者，有将教育局长、县署科长等同入《职官表》者，殊觉不伦，断不可用。兹编载至清宣统三年止，其因革之际有足述者略言之。至民国事实则别自为编，重定门类，名曰续志，以便他日重修依类增补，不必更动斯编。庶几义例厘然，两无窒碍。

堪舆之术荒诞不经，前民喜道之，康熙志尤甚，兹一律删去。或曰：日者、龟策《史记》传之，堪舆亦其伦也，奚不可以入志？应之曰：日者、龟策两传非太史公之书，褚少孙所补者也。见《正义》。即曰太史公原有其书，而古者九流出于王官，是卜筮掌于太史，固应入史氏之载录也。且卜筮与堪舆源流亦复不同，卜筮原于《周易》，而堪舆托始于郭璞，郭璞《葬书》至宋始出，芜杂不伦，乃术士所伪托者。卜筮今亦不录。又况遗体受荫之说，使人惑于祸福致稽留而不葬，或迁葬而不恒，子孙因是不睦，讼狱于以繁兴，是乱天下之道也。辞而辟之，亦史氏之责也。

两旧志于山川、建置、人物诸类中，时涉灵异怪诞之说，虽云天地之大何所不有，然王乔凫履、左慈羊鸣载在史编，已为子元所诮，史志一例，岂敢自贬其书。兹故一律摘入《丛载·志异》一类，不入正志，所以严史体也。

通　纪

正史本纪效法《春秋》记载大事，所以为全书之经，志、表、传悉为纬。非尽出于尊崇皇帝也。历来方志家狃于地理类书之例，不措意于一地方之大事,又习于忌讳不敢作纪,遂使全书记载散漫无所统系,甚有乖于史裁。即如章实斋,知纪与传为经纬矣,而撰《永清志》亦仅作皇言、恩泽两纪,而地方大事未尝列入焉,则犹有忌讳之见也。兹篇意在为考、表、传之经,故专重一县之大事,汇而纪之,使二千年来情事萃于一帙,不唯全书若网在纲,亦足为知人论世之助。

编年史中纲目一体,叙事最为明晰,兹编效之。唯作此体者最喜摹仿《春秋》,侈言书法,今但用其体以记事而已,观者勿疑有褒贬存于其间也。

历代递嬗之际恒有争战,其关系于地方荣悴、民生休戚者至大,而两旧志无一文以专载之。又如方腊之乱、元季之乱、清初耿精忠之乱,皆于一县民族有绝大之变迁,而两旧志亦无一文以专载之,良可叹惜。今年远事湮已无可考,仅于前志各类中麋拾一二,更以他书考补之,所得甚鲜,然一鳞片爪已足珍矣。咸同间洪杨之乱距今亦六十年,故详叙其始末。或疑前后详略不相称,不知详近略远史例固应尔也。

何者应记,何者不应记,不能立一定之准则,在秉笔者默自审度而已。虽然,大体亦有可述者,如水旱、饥馑必记,战事必记,兴学设校必记,修志必记,革除秕政必记,此必记者也。同一兴利也,有记有不记;同一建置也,始建有记有不记,或重建有记之者,则全视其事之大小与夫所系之轻重以为衡,改削数四方成定稿。如谓不然,请俟来哲。

是纪既综记一县大事,则与考、传之文易涉于复。今凡其事有应详于考、传者,纪中仅载其事由,不更详叙。

地 理 考

方志以地域为界限,故考以地理冠篇。

万历壬子志以山川入舆地,是也。康熙志以为山川乃一邑名胜,记载宜详,别为一目,不知方志所重非在名胜,而去山川又安有所谓舆地哉?风俗则两旧志皆别自为目,今以风俗所由成与地理所关至切,因亦入此考,而分沿革、疆里、山川、风俗四目焉。

方志舆地首列分野,盖通例也。今按:星野之说起于《周礼》九州之分星,《春秋》详列国分星,系指分野而言。后世以郡县隶之于古州国,往往龃龉不合,盖汉唐间已失其传,非实有所见而分之也。况星一度略当一百六十里，县大者或有之，小县不过百余里，必欲按度占验岂不谬哉。是以削而不载。

　　吾县建县最古，壤地至广，东汉以后渐次析置他县，逮于有明，尚析县东之地以立汤溪，遂成小县。其间因革之故具载史志，两旧志不重考证，沿误颇多。今一以史志为准，更参考群书，正其舛误，辨其异同。

　　疆里中都图仅列数目，则于道里及所属村落未能了然，若尽录之殊嫌繁杂，因别为《都图表》。市镇亦疆里中事也，附焉。

　　山脉本无甚变易，故兹编多依据两旧志，仅为改撰其文。至两旧志所载有脱漏舛误处，间有订正，亦以慎重出之。溪流则时有变迁，两旧志所载与现时不同，非尽舛误，暌隔既历二百数十年，则今昔殊情亦其宜矣。故今于水道一端尽加复查，重行改撰。

　　万历壬子志记山川颇为简贾。康熙志既有山川总序，又别提　山一水，杂载风景故事以夸名胜，不唯重复，亦乖体例。今既改撰，因略仿《山海经》例为之，其风景故事有可采者改入《丛载》，以非地理所重也。

　　山川、疆里两端本须有图相为表里，惜旧图就楮幅之大小为图体之舒缩，不按道里，更无经度，非唯无用，舛漏实多。今以不能急事测量宁从盖阙，他日必当用新法测定总图，将志中山川、道里列入，并须作各都分图，将《建置考》中诸端，及《食货考》水利、仓储各项一并列入。

　　吾县山峻水急俗尚刚强，两旧志所载往昔风俗可证也。清初以来顿形懦弱，至晚清尤甚，甘受劣绅藉官欺压，客民恃强凌辱，而民气消沉尽矣。此于氏族变迁消息最大，兹凡两旧志所载旧俗，除岁时及丧葬诸礼外，不为删削。览者能参《氏族考》读之，当恍然于吾县风俗之日敝矣。

　　两旧志于婚丧、祭葬记载太略，几于他县亦可移用，兹特详细言之，不以其俚俗而讳也。亦以年来风气渐开，逆计更阅二三十年，凡斯俗礼必尽废易，今不存录，他日将无考耳。

　　世风日敝，浇俗以兴，习而安之，不以为非也。移风习俗之效更欲责之官师，抑亦难矣。兹于各种风俗辄加短论，以期提醒乡人各知自儆，区区微意，如是而已。

　　谣谚之兴由来最古，而于农占尤多奇验，此与地理有关，爰录于风俗之后。其不关农占者，以采访未遍姑阙之。

吾县方言与他县不同,而四乡复有差异,本应入志。惜绍宋居乡日浅,虽能操县城语尚不甚熟,未能尽举四乡土音综合讨究,只得阙如。此则兹编之缺憾也。

氏 族 考

有土地斯有人民,则歌于斯哭于斯,聚国族于斯者谁氏欤?故次之以《氏族考》。

古者谱牒之掌立有专官。《周礼》:"小史奠世系,辨昭穆。"下逮六朝,门望既重,谱录之书始繁,至唐益盛。六朝及唐谱录之书甚多,具见郑渔仲《通志·氏族略序》所引。盖其时百族谱系咸上于官,藏之秘阁也。今灵山徐氏谱首尚存刘宋徐琪《上谱状表》,梁王僧儒《奉诏改定徐谱文》,唐武德间徐常晔《奉敕修定谱牒表》,皆他族所无者殊可珍贵,具录《文征》,盖徐氏为吾县第一旧族也。宋郑渔仲复慨然于史家不知谱学,首叙《氏族略》于《通志》。故撰方志而录氏族最合史裁,其义章实斋论之详矣,其撰《永清县志》遂创立《士族表》。今师其意而作是考。

百年来修志家鲜有叙次氏族者,近时缪荃孙《江阴县续志》有氏族一篇,然仅摘录其旧志中进士、举人及官阀而已。世系不详,谱牒不载,不足取也。非不喜实斋之论,乃畏难而不敢为,所谓常人难与虑始也。盖叙次氏族其难有五。谱牒为乡人所重,例不得多印,大族或有十数部,小族仅印三四部。所存既稀亡佚自易,或以兵燹而亡,或被水火而亡,或因宗绝而亡,亦有不肖子孙盗卖而亡者。一亡便无稽考,其难一也。既无稽考,则不能入志矣。然人每不见原,往往疑为有意摈斥,怨望因之而生。亦有缘饰附会以求入志者,偶为所蒙便为全编之玷,其难二也。著书不能无体例,其因不合体例而删落诸族,难免不腾谤言。谤言既兴阻格斯起,其难三也。开局采访之期有限,而欲采访一无遗漏实事理所必无,况有因误会或迷信而不肯以谱牒出示者,其难四也。谱学既已失传便鲜佳构,其成于冬烘学究之手者,往往附托名贤诬其祖祢;成于乡间谱匠之手者,则又数典忘祖椎鲁无文,其间年月之差次,地名官名之错杂,文辞之鄙倍,编次之失当,尤为不可究诘。采撷录存不得不从矜慎,其难五也。有此五难,故修志家惮于载笔耳。今日绍宋毅然为之,非敢自矜,只是不畏难,以冀为大辂之椎轮而已。

或者曰:竞尚门第六朝人之恶俗耳,其敝也必至以门户相标榜、相倾轧,子之为此,独不虑及乎?应之曰:固知之也。余序次氏族虽师实斋,然绝不效其所为《士族表》也。实斋贵世族,欲以世族率齐民,以州县领世族,《永清县志·士族表序例》。故其作《士族表》,必有生员以上之族始录之,且仿欧阳《宰相世系表》例,占幅过多,一人为生员,则祖父兄弟并立于表,成为世族,斯诚启门第之渐者矣。实斋亦恐因此争门第,故设为辩难之词,谓吏部选格州郡中正不当,执门阀而定铨衡,若谱牒掌于曹郎令史,则固所以防散佚而杜伪托,初非有弊也。然非笃论。余今所为考则不然,不问其是否著姓,是否大族,抑有无生员以上之人,但使有谱而合于是编体例者,罔不著录,故不称"士族"而称"氏族",与实斋成法各不相侔,断无门第之见存也。是故吾师实斋之叙士族,仅师其意,而不师其成法也。

或又曰:既不师实斋之成法,则实斋所谓助化理而惠士民者,若官人取士之祖贯可稽检,若争为人后之狱讼可平反,若私门不经之记载可勘正,若官府谱牒之讹误可借雠,若清浊流品可分,若姻穆孝友可劝,不几尽失其用,又何取乎作斯考也?应之曰:余为斯考,将以探吾一县古今异同得失之原,而求其所以然之故,其意原不在此数端也。盖一地方文化之优劣、人才之盛衰、风俗之良窳、食货之荣悴,胥于氏族变迁有息息相关之理,余将于此启其秘而宣其奥焉。是故吾师实斋之叙士族,又仅师其氏族应入志之意,而不师其所谓助化理而惠士民之意也。

试举一二端言之。宋代科第何以如是之盛? 学问文艺何以济济多人? 至明何以不逮?入清何以益衰?浅见者皆以为地气使然、风水所致。于是建桥造塔诸役纷扰不已,而康熙志主之尤力,堪舆悠谬之说任意附会,累牍不休,不知皆氏族变迁之所致也。明以前敦厚、尚武、善贾之风入清何以不尔?清季宰牛、赌博、夫役勒索诸恶习何以前此不闻?人皆咎官师率教之无方,斯固然矣。然明以前之官师皆贤,清代之官师皆不肖乎?必不然也,则亦氏族变迁之效也。奚以明其然也?宋代著姓若乙、若颜、若郭、若邹、若缪、若毕,均有进士,见《选举表上》。入明何以无闻? 则此诸族元时已亡也。吾县虞、齐、鲁、乙四族号称最古,今虞、鲁、乙俱亡,齐氏仅一家,居东乡槐环村,式微已甚,谱牒仅存。旧族若徐、若祝、若余、若方、若陆、若曹、若叶,旧族尚多,兹举其著者。何以代有闻人绵其世系? 新族无虑数十,凡清代迁来者今称新族。何以鲜有知名,不闻兴起? 此其故可深长思矣。

吾县五季以前旧族,今存者徐、汪、季、袁、曹、董、刘、严八姓而已。盖自经宋方腊之乱,旧族泰半灭亡,于是随高宗南渡辗转迁来者颇众,是为氏族第一次变迁。其时迁来者率多衣冠大族,故其后人文迭起,为今日县中著姓焉。其次经元末之乱用兵数载,旧族夷亡自所不免,其时自他处迁来者较多,是为氏族第二次变迁。又其次经明末清初之乱,继之以耿精忠之乱,旧族丧亡不少,而迁来者福建长汀人乃居十之七八,疑皆避耿乱而来,或属耿氏旧部乱后来匿居者,闻西安县新族半属耿氏残部之后,故多不能举其世系,其后虽亦有谱牒多不足信。是为氏族第三次变迁。最后经咸同间洪杨之乱,屠戮至惨,丁壮逃亡,于是江西及温台游民乘间纷至,是为氏族第四次变迁。经兹四次变迁,试思昔日氏族存者几何?今日氏族复杂奚似?重以迭经丧乱,则教化不行,产业凋敝,其中于人心世道者又如何? 则今昔盛衰之不同,其间消息如何不待智者而知之矣。

编次氏族,有论地望以贵贱为主者,有论声以四声为主者,有论字以偏旁为主者,均非所宜,渔仲已言之矣。见《氏族序》。其作《氏族略》则以得姓受氏为次,然此可施于通志,不得施于县志也。实斋《永清志·士族表》则以城及四乡为次,然有一族而分居城乡或两乡者,则必分立而鲜系统,亦不便于省览。兹一以其姓笔画之繁简定之,简先繁后,其同笔画者则以迁来先后为次。

谱牒溯其远祖恒喜托始于唐虞夏商,所传世系多不可信。其或族本卑微不知所出者,则又并其本籍何处、何时始迁均不记载,乃至仅载谱行,并其名字亦不传焉。若欲一一为之厘订,实事理所不能。今唯择其世系明确、记述较可征信者录之。至始迁之祖则必记,并记其始迁之由,无可考者阙之。其有可疑者间加考证,亦不敢妄断也。

凡氏族必冠地名,重其所居也。亦有冠以郡望者,从其谱也。来自何处、何年始迁必详记之,重其所始也。同宗异派或分迁者,则汇记之,明源流也。同姓不宗,则以迁来先后为次,别新旧也。族中知名人有可考者,择要记之,著其为望族也。谱之卷数必记,创修谱者必记,重修年分必记,氏族所重,重在谱牒也。此属创例,大雅明达幸匡正之。

族虽繁而无谱牒者不录,以失所依据也。吾县人以无谱为耻,故无谱者不多。颇闻故老言，洪杨乱时必先藏匿宗谱然后他避，故留存尚多云。其族虽迁来已久，而其谱非在吾县所修，或尚与他处合谱者不录，以其尚不欲为吾县人也。其由吾县分居他处未合谱者，亦仅录吾县本族之谱。迁来不及六十年，算至宣统三年止。从前未经入籍者不录，以缘浅当以流寓论也。新族自他处携来谱稿，虽经续补尚未付刊成书，或属残缺者不录，杜伪托也。其本属旧族确有可信者，虽抄本或残缺者亦录。虽有谱而族式微，人仅有存者不录，以无足轻重也。此亦新创之例也。

绍宋居京，不获亲阅各族谱牒，今所采纂悉凭《新采访》稿。遇有疑义则命复查，往返函询，动经数四而仍不能完善者，其故有三。前志不列是门，他志亦无前例，既失依据，则采访自无准绳，应采不采，不应采而采，资料极不整齐，即或函询，亦不能尽如我意，此其一也。乡人视谱牒不重，轻易不与人观，以防窃其世系，有来历不明之族，恒出重资购取同姓谱系冒为同宗，故藏谱之家必严防之。故恒有不愿出示采访员者，即出示亦有不愿采访员抄录或录之太详尽者，阻碍甚多岂能如愿，其故二也。谱牒肯以全帙送局细阅者甚少，率由采访员就其家披阅，穷乡僻壤跋涉既劳，有时尚须觅饱投宿，时刻有限，匆匆摘录遗漏自多，其故三也。故兹编所录不敢自诩完备，补阙正讹尚有待于他日。

同宗异派或异姓同宗，依前例须汇载，则必汇集诸谱合参互证，始能悉其源流。而乡人多不愿以谱送局，仅凭采访员匆匆就其家摘录，且采访亦各有区域，岂能考核异同穷源竟委？故兹编汇辑各条均经函询数次，确知其为同族始予汇辑，非苟然也。即如徐氏无不祖偃王，叶氏咸托始于法善，方氏悉由严州迁来，今亦未敢悉行汇辑，其间甚费斟酌。

畬民俗作畲，今改畲，别有考证见《氏族考》。本属异族不必入志，今因其迁来已久人数亦繁，杂居乡间与齐民渐通婚媾，前清嘉庆间，亦经浙抚阮元咨准一体应试，则虽其出自蛮夷岂宜鄙视？爰于《氏族考》后附考其源流。其风俗有甚奇异者，并附于《地理考》之末，窃比正史列《蛮夷传》例，亦备通志、国史采取之资。

建置考

有土地、有人民而无建置，奚资治理？故建置者国家之制度也，其由人民建置以辅制度之不逮者如桥梁、社庙之属。亦属建置，故次之以

《建置考》。

万历壬子志建置不分细目,康熙志则分官署、书院、社学、仓廒、城郭、桥梁、津渡、街市、铺递、营寨、坊亭、古迹十二目,繁琐无当。今移街市入《都图表》,仓廒入《食货考》,仓廒亦国家制度,今以重在民食故入食货,非自乱其例也。坊亭、古迹、营寨入《丛载》,其余则以次序失宜更为改定,先城池;万历壬子志次城池于亭阁之后,殊欠适当。次廨舍;又次学校,书院、社学属之;又次邮传,铺递属之;又次为津梁。祠祀亦建置也,两旧志均独为一类,今亦并入此考以为终篇。唯祠祀所附寺观与建置无关,改入《丛载》。

万历壬子志叙建置类列而以"诸"字冠之,甚得体要,康熙志改之非也,今仿其体。其《食货考》之水利、《丛载》之寺观亦同。

吾县桥梁甚多,仅录其以石建者,木桥易朽载不胜载也。浮桥亦木制,唯规制甚大故特载之。又凡本为石桥,因倾圮暂用木梁者,仍载之以俟兴复。石桥之创建出于独力捐资者,著其名,重修亦然,奖公义也。其倡修募建者,除通驷桥工程特大应书其名外,仅载其建修年月,非倡修募建之非公义也,人多亦不胜载也。

万历壬子志载桥凡三十四,康熙志仅补顺溪、黄堂、塘坞、广嗣、昼锦五桥,尚未详其里数,当时疏略可知。兹广加采访,凡得一百六十一桥,其次第原应依溪流顺载,但不便检览,故以东南西北及其距城远近定之。

津渡,万历壬子志不载,康熙志则仅载渡名。兹悉查明其在何乡及距城里数并渡何溪,更补其新置及失载者。

祠庙,万历壬子志以建置先后为次,康熙志因之,而续采入者则列于后,其例遂乱。兹略仿《洛阳伽蓝记》例,先城而后四乡,仍以距城远近为次焉。

同治五年,浙省清查先贤祠墓存毁案内,有本县呈送清单,云刘章祠在芝溪,吕防、吕好问祠均在资福寺,胡大昌祠在黄堂源,徐天民祠在七都徐村,龚世仰祠在蓦然村,均存。今以均属家祠,不录。

县人崇祀徐偃王甚虔,社庙无虑百数,泰半奉之。万历壬子志于徐偃王祠下云:"东华、湖镇、沐尘、锦溪并有祠,与灵山相埒,他则诸乡都并有之，土人供伏腊咸于是。"此记载最得体，盖县中偃王祠太多，且时有废兴，记亦不胜记也。康熙志既仍之，乃补入南洲庙、高峰殿等之祀偃王者，而例遂乱矣。康熙志所补诸庙殿，疑尚有祀偃王者，今未能遍考，故尚有录入者。万历壬子志于关壮缪庙，仅录鲍桥头一处，康熙志不录，而录东门外两处香火较盛者，下云："城外各乡都所在有之，不能悉载。"此则效万历壬子志偃王庙例而得之者也。兹凡专祀偃王及关壮缪者，援其例，一律不载。

食 货 考

有建置以资治理矣，利用厚生之道不可以不讲也，故《食货考》又次之。

两旧志户口入田赋，后附物产。水利则万历壬子志入舆地，康熙志不谓然，见凡例。别立一门。仓储则两旧志悉入建置。今按：兹数事皆一县民生所关，故汇而记之。首户口，田赋之所基也；次田赋，重民力也；田赋出于水利，故水利次之；水利虽兴而水旱之灾不能尽免，不可以无备也，故仓储又次之；农工之所出，日用所需，商贾所资为用也，故以物产终焉。

明制甲役计户，徭役计丁，当时黄册虑有隐匿虚报，实差视为固然，然额虽不实，编审尚行。迨甲役、徭役列入条鞭，编审遂成具文，但取前册以意增减，更无编审之实矣。清初虽定五年编审之期，及以户口消长定州县考成。康熙五十二年复诏各省地方官，遇编审之期察出增益人丁实数，另造清册奏闻。其征收钱粮但据康熙五十年丁册定为常额，续生人丁永不加赋。恐编审体大，吏胥因循，亦终是具文而已。况册籍散亡亦复无从稽核，故兹编户口，仅就康熙志及《浙江通志》所载录之，以存田赋之渊源而已，不复续考。

田赋一项有关民生者甚巨，陆陇其撰《灵寿县志》记载最详。万历壬子志全录万历四十年《赋役全书》，康熙志因之，增入清初《赋役全书》，不为增损一字，虽官样文章条目繁琐，而今日犹得藉以考见当时科目情形，真可宝之史料也。《旧采访册》复有同治四年《赋役全书》，闻当时得之不易，原拟一并编入《田赋》，嗣以卷帙太繁，与全书体例不称，特改入《掌故》，且一仍旧式以存其真，俾后之人得以考见原委因革之故。正志仅载光绪二十二年科则样本,以示现行赋税之准则,且期正志体裁峻洁也。

田赋一事非尽人所能知,读方志者苟非考证辄不欲观。今以民生所关至大,间就考订所及,附加按语以示慎重。其元明两代制度,并摘正史列于前端,以冀易晓。第绍宋于兹亦非甚了然者,持论之不允当固在意中也。

两旧志载水利以都为别,甚便省览,今于都中更以图为次。湖、塘、堰之广袤及注田亩数时有变迁,况睽隔至二百数十年之久耶。两旧志记载太略,今无考者已不少,因嘱采访员就旧有者悉加覆勘,其无考及淤塞并注田亩数不及新例者,悉删之。今昔都图变更则为改定,并载明其所在地,堰则更详其经过村落,以便后日有所考稽,其新采得者亦然。

城南之西湖、东乡之白革湖、南乡之绿葱湖,虽资胜游无裨灌溉,不录。小塘注田不及五十亩者,多属私家自凿,无关公众,亦不录。

湖、塘、堰三项关系水利甚巨,时起讼端,若记载不慎易贻口实,将讼事益滋矣。今故力求平允,即或偶有不检,亦望执法之官平情判断,勿尽援以为证凭也。

叙次物产,若必本县所特有者而后载,则布帛、粟菽将不登于方志之篇;若尽所有者而悉加考证,钱大昕撰《鄞县志》即如是。则名物之学自有专书,不宜拦入方志也。兹编视其物产之重轻,定记载之详略,不拘一律,具有斟酌。其两旧志所未备者补之,若本县特产则不厌求详焉。

物价之低昂系于民生习俗者至大,旧日修志家侈言高尚恒不屑道,故方志中无及之者,实大惑也。今确查近六十年来之价格为《物价表》。田价所关尤巨,亦为查出,备千百年后比较之资。嗟乎!使前志有此一门详记当时价值,今日读之其感慨为何如?后之视今亦犹今之视昔,是以创此格也。

艺 文 考

衣食既足文化斯兴,著作者文化之所从出也,故考以艺文终焉。

两旧志艺文一类直同选本,盖犹沿明人积习也。此考专载著述,所有诗文则悉入《文征》。唯辑录著述例分四部,今以为数不多,仅依时代先后为次,其闺秀、方外之著述亦依次编入,不照通例列后。

吾县士风自昔敦实,不以著作眩鬻于时,先达偶有论述绝少梓行,即或梓行而辟处山陬流播不广,重以迭经丧乱散失殆尽,两旧志诗文后所录著述寥寥无几。除官师及非县人娄幼瑜、吾衍著述外,万历壬子志仅载五十一种,康熙志仅增二十种。今检考群籍及新旧采访所得,增至二百十三种,遗漏尚多,容再考补。

两旧志将官师著述录入,殊非正例,不得不删。今凡官师有传者入传,无传者入《丛载·轶闻》。

两旧志所录著述,应删、应存及应否补载,悉依《选举表》《人物传》之例,说详于后。

明以前之书存者无几,清代著述亦多毁于兵燹,若必存者始为著录,未免抹煞先辈苦心。兹依朱竹垞《经义考》例,一概录入。唯《经义考》于佚书必注明,而斯考著录各书其存佚有　时不能确知者,不得以绍宋所未见者而遽断其已佚,故概不注明,亦存疑之意也。

各书为他书所著录而有解题或提要者,悉录以备考,间加考证。其新旧采访所得,绍宋曾读其原书者,则以鄙见略为提要。

《旧采访册》有数种著述仅凭各族谱采入者,姑存之,而注明未见原书。其现存之人虽有著作悉不入志,则通例也。

都 图 表

"畾"通作"鄙",俗误以为"图"字。故今之"都图"疑即《周礼》之"都鄙",《天官》:太宰以八则治都鄙。不知其沿讹始于何时。今不欲立异,仍从吏书作"都图"。

此表如仅列村落名称于义无取,兹分为八格,一、二两格表其所属都图,第三格表其所属之区,第四格为地名,第五格为距城里数,第六格为上通何处、下达何处,第七格为居民大概,第八格为备考,皆自我作古者。

旧时村落已废今不知所在者甚多,故设上通下达　格,以资他日考稽。

居民大概一格所以记其村原居之氏族为何,原居之姓依俗例称祖姓。今日盛衰何似,客姓移来者必载,他姓代兴者必载,客姓人数之多寡有可稽者亦必载,期与《氏族考》互证,以略窥氏族变迁之大凡。

凡不及五户之村,有本为大村而因水火兵灾致衰落者,亦有新立尚待发展者,今载入备考,以征他日兴废之迹。其本有某村今已废绝者,吾县村落时有因水灾全村淹没者,咸同间全村为匪毁者亦不少。及村址有迁徙或村名有改易者,亦载之,藉为考古之助。

职官表 宦绩略

两旧志《官师》以知县、县丞、教谕、训导之属分类相从,顺次排列,未知何所取义。万历壬子志按曰"旧志《官师》宋元以下为立表",因知万历丙子志体例之善,惜不可得见矣。壬子志改表为类,殊无理由。兹改编为表,以年为经,意在时事后先便于检考,同僚共事岁月易稽。唯官职繁多不能尽收于尺幅,故分为四:一为县官表,二为学官表,三为庶官表,四为武官表。

县丞、县尉、主簿、典史之属称为县官,仿于康熙府志。府有属县,故不妨称为县官,今移之县志本不适合,但取其利便姑袭用之,非获已也。

元代书院山长命于礼部及行省宣尉司,见《元史·职官志》。与明、清两代由于聘请者有异,本应入《职官表》,今以无考,故表中不立此格。其明清两代山长今附载《建置》学校篇,不入《学官表》,从其制也。

巡检本为正印官,今与驿丞、训术、训科、僧、道诸职并列庶官,亦沿康熙府志之旧称而已,非谓其适合也。清代农官、供事官及训科、训术之属职掌卑微,册籍既亡遂难尽考。采访所得寥寥数人,不能以表经纬,又未便径予删除,今叙于表前,期不没其名而已。

康熙志不载武职,万历壬子志仅于元代载五人,康熙志并削之,则重文轻武之习使然也。今以武职于地方亦有捍御防守之功,未宜尽没,因亦为之表。唯明以前因前志未载,今已无考,只得阙如。

康熙志以后世官名施于前代,如汉只有令、长,六朝及唐只有令,而康熙志以"知县"二字冠首之类。殊为不合,而《名宦传》中又喜以古时官名代称,如明代无令,而涂杰、黄大鹏传均云"令龙游"之类。或袭词章用语,如《吴中台传》云"以孝廉来司教铎",而不言其为教谕抑为训导之类。使人迷惘,不得不为改正。并依通例,于表前略叙历代官制,间加考证,以期明晰。

两旧志于《官师》任官年代,除知县外,元代虽达鲁花赤亦无年代。概不记载,藐其官欤?抑以为无关弘旨,不可知矣。即记知县,履任年代亦多舛误,窃谓此于论世有关不宜忽略,况不记年代又安得为史乎?因据三府志并各志所载碑记诸文详为校订，讹者正之，缺者考之，不惮烦也。

清代康熙、雍正年间职官赖有徐起岩《续官师》题名可据，乾隆、嘉庆、道光、咸丰四朝则咸丰兵燹后册籍荡然，绝为难考。兹就各族谱所载诗文、私家所藏稿本及现存碑碣、坊表，乃至残缺之公牍、《缙绅录》等，《缙绅录》半由仁和邵伯絅君章代向四处借抄，附此志谢。详加考稽，勉为编次，虽大体不差，而臆断终不能免，亦无可如何之事也。

章实斋谓："叙次名宦不可与乡贤同为列传，非第客主异形，抑亦详略殊体也。"长吏官于斯土，取其有以作此一方兴利除弊，遗德在民，即当尸而祝之。否则学类颜、曾，行同连、惠，于县无补，志不能越境而书亦其理也。如其未仕之前乡评未允，去官之后晚节不终，苟为一时循良便纪一方善政。吴起杀妻而效秦西河，于志不当追既往也；黄霸为相而誉减颍川，于志不当逆将来也。以政为重而他事皆在所轻，岂与斯土之人原始要终而编列传者，可同其体例欤？兹故称为《宦绩略》。实斋撰《湖北通志》称《政略》，人有欲改为《政绩略》者，实斋不谓然，说见《辨例》，似近强辨。故不用"政略"，仍称"宦绩略"也。

两旧志名宦仅载知县及学官，且先知县而后学官，似狃于崇卑之见，未可为训。兹一以时代先后为次，其县丞、典史中有可记者，亦入之。

凡叙一人之事，首标姓名，次叙官职，乃史文定例。实斋撰《永清志》，于《政略》以官标首谓非，但宾主之理宜然，抑亦顾名思义之旨不可忽尔。愚谓此实斋创例之最精者，兹效之。

万历壬子志记名宦文过简略，康熙志为之润色，病在不别考事实，专断断于词句，遂致繁简失当，事实乖违，良可叹惜。如万历壬子志《吴芸传》云："锄奸剔蠹，吏咸胁息畏惧，而顽暴屏迹。"今考此数语乃本于章泼《学田记》，康熙志删之，此失之简者也。又如《石梁传》云："及死囊无余金，至不能殓，士民会哭如丧考妣。"康熙志改之曰："至不起，父老相率走哭，及死体无余金，至不能殓，士民会哭如丧考妣。"既云"不起"又曰"死"，既云"走哭"又曰"会哭"，是重复矣，此失之繁者也。又如《宗泽传》，万历壬子志云"创建庠序"，康熙志改"创建"为"重建"，遂与正史不符。又如《石梁传》，万历壬子志云"祛不善，恤冤滞，宽逋负"，康熙志改为"以兴利弊、恤冤狱、宽逋负为己任"，只图文词顺口，而忘"兴利弊"三字之大有语病，此失之事实乖违者也。此类尚多，合校两志自见。兹以《浙江通志》并三府志合校，更参考他书，援据诗文、碑碣等重为撰次。然非甚有征者，于两志原文亦未敢率行删去。

两旧志于明代官师不立传者,于其名下辄下极简单之批评,类于公牍考语而无事实可征,本不宜入于《宦绩》。唯既称为略,究与人物传不同,姑为录入存其崖略,亦善善从长之意耳。

两旧志以前名宦有见于他书者,如刘鳃、杨伟（疑为"杨炯"之误）诸人。今亦补入,脱漏当尚不免也。

康熙志《名宦传》中,有称侯、称公者,不合史例,兹一律称其名。

凡职官入《宦绩略》者必著其籍贯出身,故表中不复更叙,仅注云"有宦绩",以免繁复。

清代职官当不乏贤者,然自咸丰兵燹后册籍无稽,而官有去留,非若乡人有家,谁为存录? 若全凭去思之碑、攀辕之录,未免阿谀,又难尽信。今录入《略》者除康熙志所载外,康熙朝仅得孟继祖一人,雍正朝仅得陈世和一人,乾隆间仅得徐起岩、陈豹奇二人,嘉庆朝缺如,道光朝仅得周敦培、秦淳熙二人,咸丰朝仅得孙仁寿一人。同治后年代较近渐有可征,始多入《略》。非彼时诸官无政绩也,实苦无从采访耳,若能尽征在官者原籍之志乘而讨索之,或可稍补缺憾,然此愿何能偿耶?

两旧志于署任之官概不记载,实则署任亦有政绩可传者。如《浙江通志》引旧府志:嘉靖间同知程达视篆龙游,储积独广;隆、万间通判李澜署龙游篆,能化嚚讼,皆其征也。今已附其名于表后。又代理之官两旧志亦不载,兹亦依次列入,其有政绩如光绪间知县周锐,并入《宦绩略》。亦以代理之官无不怀五日京兆之念,而能实心图治,其贤更胜于实任之官,表而出之,所以劝来者也。

不肖官师著其劣迹,其例创于康对山之《武功县志》,武功志可取者仅此一端。今师其意,于官吏之劣迹亦不为讳。唯既称"宦绩",则不得如武功志厕入良吏之中,故散载于各处。如光绪间知县朱朴,劣迹见于《通纪》及《人物·劳承瞿传》;陈瑜劣绩见于周锐《宦绩》及《轶闻》之类。皆不惮笔伐口诛,以为将来者戒。

选 举 表

两旧志选举不作表,而以进士、举人、贡生、荐辟、武选、援例等分类,甚不便于检览。且先进士而后举人、贡生,亦与事实乖戾。先贡举而后成进士乃事实也，如何可以倒置。今以年经事纬之法，悉改为表。

表分两种，凡以荐辟及科举出身者列正表，余列附表，从其时之所尚也。

正表之前略载历代选举制度亦是通例，今仍之。唯清代荐辟，县人被选者寥寥，仅载表前不复立格，故表端略其制度。

两旧志荐辟均不著年代，兹依康熙府志编次。至科分则与《浙江通志》所载颇有异同。兹因《通志》于科分考订较为精详，据以为正。

凡正表中两旧志失载诸人而见于各族谱者，在宋元两代悉据以为补，明以后则必《浙江通志》曾载者始补之，以宋代选举即《通志》亦多失考也。《通志》选举至明始有全榜，宋时尚依县次编列，当自各县志采得者，甚不完备。

两旧志援例、吏员出仕、武职二项今列附表，其由他书及各族谱查得者，以两旧志不详诸人时代无从次入，因别立一格载之。至清代援例及武职，除《续选举志》所载者外，采访所得亦属寥寥。此类人非如职官及正表诸人，尚有他种记载可以考补。盖舍族谱外无从采访矣，而族谱又多不甚可信，故所得不多。其时代均难考定，故亦不以年系也。

有本属正表中人而以他途入仕者，如以贡生、援例之类。名既入于正表，则附表不复列。

攘取他县名人以入志最为陋习，今考两旧志《选举》中有三人不宜列入者。一为皇祐五年郑獬榜之徐晋卿，《浙江通志》列于元年冯京榜，注云"金华人"，道光《金华县志》同，嘉靖、康熙两府志则作西安人，天启府志作开化人。一为嘉祐二年章衡榜之徐庠，通志及三府志并作西安人，而检县中诸徐氏谱无载及此二人者，于前志亦无别证。一为开禧元年毛自知榜之王德飞，两旧志《流寓》中明言其为越人，而复列于《选举》亦属掠美，故并删之。

若他书虽不作龙游人，而于前志或他书有相当证凭者，则不敢径删以昭慎重。即如徐泌、徐迈、徐嘉言、徐敷言、徐矗五人，皆一族。通志、府志均作西安人。今不删者，万历壬子志《人物传》后有《行略》，注明"家县之官塘，号官塘徐"，又云："父廷捷、祖珣并事宋太宗、仁宗朝为郎；泌举进士，累官起居舍人知制诰；子庸直集贤院学士；庸弟迈屯田郎中；迈弟量昭州团练使；量子嘉言、敷言，宦族最盛。"此《行略》今不载入志。今按：官塘地名又见于《选举志》章成永下，谓"以直谏忤权贵，改姓张，寻避居官塘"，是宋时吾县必有官塘村无疑，《行略》所云或非无据。有人疑"官塘"为"官堂城"之误，得此一证可以释然。此不敢径删者一也。泌子庸，《宋元学案》作三衢人，谓"常私淑同郡刘牧"。按：牧为西安人，既云与牧为同郡，则非同县可知。而同郡中江山、常山、开化三县均无徐泌一族，则亦可为龙游人之旁证，此不敢径删者又其一也。今县中丛桂徐氏、生塘徐氏皆泌之裔，详《氏族考》。虽其迁徙之迹未详，而当时与龙游当非绝无关系，此不敢径删者亦其一也。今故一仍前志之旧。而泌子庸为进士，量为武举，泌曾孙徽言为左右榜进士，虽两旧志有传而《选举》既不载，兹亦不复补入，以示不掠西安人之美。又如徐可求、徐任道一族，为宋双侍御徐枏、徐杓之后，而通志、府志亦作西安人，今亦不敢删。盖两旧志《选举》中，凡以他籍应试者，均不注何乡人，独于可求、任道及可求子应秋则注明縠水乡人。即今西徐村。其意盖谓可求等虽以西安籍应试，而与龙游籍属实未尽离，此其一也。可求序万历壬子志自署"邑人"，文中一则曰"吾龙旧有志"，再则曰"以是叹侯之嘉惠吾龙未已也"，三则曰"故夫侯之嘉惠吾龙未已也"，四则曰"家世于龙，其所汪润身被之"。其词之亲切如此，是其关系决非如"吾犹殷人"之例，仅为不忘本之思也，此其二也。嘉庆《西安县志》于任道下按云："通志引龙游志不详其籍，《选举志》注曰'西安人'，则载入龙游者系龙游志误收耳。"今按：《浙江通志》人物凡采自某县志者即为某县人，不更赘"某县人"三字，其采自府志或他书者始详其籍，通志之义例然也。况通志不采西安志而采龙游志，其意亦可知矣，此其三也。《西安志》又以任道葬在西安北乡云溪，为非龙游人之证。今考可求亦葬在西安南乡柯山，其祠堂、故宅并在西安城内，然以此遂谓为与龙游无关，亦未为确。绍宋居西安亦四世矣，而在西安建有家祠，葬西安西乡烂田坞者亦既两世，与可求、任道情事正同，三百年后不得武断绍宋为西安人也，此其四也。今北乡西徐村徐氏一族，即可求、任道之裔，谱牒具存，见《氏族考》。故两旧志《任道传》并标明："宋双侍御枏、杓之后，由西徐迁居郡城。"而万历壬子修志时，距任道卒未几，如任道与龙游无关，当不为之立传，此其五也。有此五端，知当日可求、任道之于西安,恰与今日绍宋情事相类,特以西安籍应试而已。既以西安籍出身,原不宜入于龙游《选举表》,唯两旧志既已载入,且有相当原由,岂敢率行删削？初非为无谓之争墩也。唯顺治戊戌进士徐之凯为任道曾孙,康熙志仍载入,今以其已历三世犹未复籍,故削而不载。

驰封与《选举》无关,两旧志均载之,此在昔时视为恩荣,不得不尔,今则不必载矣。盖被封之人非尽贤哲,而县志不同家乘,应崇实在、黜虚荣也,况当清季封典可货而取之者耶。

两旧志于《选举》后附义民,殊乖体例,今改入《人物传》后《别录》。又徐起岩《续选举》后列供事官、寿官等,均移入《职官表》,以与《选举》无关也。

人 物 传　《阙访》及《别录》

史家立传非以方人,故人别为篇,有义取者则为合传、附传。若其事别有源流,有关一方风会,然后以其事标类而以其人入之,如《史记》刺客、游侠、酷吏、货殖诸传,兼述事情以意离合,不尽人为界划。《汉书》承之,略有损益,至《后汉书》则别立党锢、宦者诸传,凡此皆所谓事重于人也,故以事名篇之例本于作史者之心裁,原不必相为因袭。欧阳《五代史》有义儿、伶官诸传,即以其时有此风会故以之标目,甚得《史》《汉》遗意,唯其所有列传必加标题类于方人,不免可议耳。后来史家昧于此义,于是孝行、循吏、方技、隐逸诸目无史不立,遂以为此数类者乃作史所必备,斯大惑矣,然犹有若干散传也。至于方志则变本加厉,几无不区类以编矣。其初作方志者或尚有奖掖名教之意,故标其目以为提倡,相沿既久,视为固然。作志者狃于积习,门类既具,耻有阙遗,必欲求其人以实之,不得其人则强为牵合,或缘饰事实以充篇幅,寝至类广而例益拘,名存而实已失。甚且如嘉庆《西安志》,竟以一人而分割入数类,俨同衙署之填载表格焉,岂复成为史传？万历壬子志亦分人物为十门,康熙志驳之曰:“一邑之中人物有限,勉强分析弥觉寥寥,且理学、事功、文章、德业中有相兼,尤难析置。”此说是也,然见其偏而不见其全,故于武略、孝行、方技犹谓其事迹判然,仍为分类。岂知武略如韩信、李广,孝行如曾参、闵子骞,方技如扁鹊、仓公,太史迁未尝别为标目也。况武略、孝行、方技中遂无兼有理学、事功、文章、德业者乎？志既称为人物,武略、孝行、方技独非人物乎？既有自相矛盾之嫌,亦乖事重于人之义,窃为康熙志惜也。要之,方志具有史裁,如无特异事情不必强为标目,兹故统称人物,一以时代为次。

道家、释家例称方外,方志记载皆别自为编,殿于各类之后。此由昔日尊崇儒学,指为异端,故秉笔者均不敢持异议。甚者如陆陇其《灵寿县志》,并寺观摈而不录,自诩黜邪崇正,尤为迂拘可笑。不知《汉书·艺文》道家列为九流之一,佛教自隋唐以来发挥光大,蔚然为学术大宗,宋明学者多通之,特讳言耳。方今学术大同,不当更拘成见。而一县中寥寥数人,于事重于人之义亦无所取,若道教之在贵溪,佛教之在天台,则可谓事重于人,应为标目矣。故仍以时代为次,不别为类。愚见以为必如此而后安,知我罪我所不计也。唯释道两家事易涉于荒诞,今传中唯录其不荒诞者,其两旧志所载丰去奢、徐简事均涉灵异,因改入《丛载·轶闻》篇。

方志必载流寓,或称寓贤,意在借重名人以为山川生色,最为无谓。盖寓贤果有裨益于地方,则自有其可传者在。如赵缘督事入《朱晖传》,汪锡珊事入《姜懋槐传》之类。若仅为流连景物或偶然卜居,则通都大邑、名区胜壤,古来旅居者安可胜数,如其地志必悉为立传,岂无喧宾夺主之嫌?即如吾县僻在陬隅,寓贤不多,而两旧志传中漏略者亦不少,徐偓王于吾县有古迹,今徐族皆其裔也。唐杜如晦、宋范仲淹,据两旧志均载其曾居龙游,而《流寓传》中仍未载。兹故不作《流寓传》。至两旧志所载诸寓贤,除附入《人物传》者外,均入《丛载·轶闻》,知言君子当不以武断见讥也。

类族为传本作史通例,即世家遗意也。今传虽以时代为次,而于余端礼、刘章诸人其子孙仍汇为一传,依史家通例,于传目旁注其名。其越代及相隔远代者,则别为传,越代别传者如余恂,为日新子,以入清故不入日新传也。《南史》于王、谢、崔、卢越代同传者,其时盛重门第,不必学也。相隔代远别传者如吕好问,为防裔而不列防传,余畅为恂九世孙而不列恂传等是。亦有因事关联分入他传者。如先高祖不自为传而与余华、叶淳合传,余作沛为铿父而入《徐漳传》之类。

《史记》于张耳陈余、陈胜吴广两传合体成篇,实为合传正轨,盖以其行事首尾相随,不必分叙也。《汉书》亦然,以后史家便无此例。见《史通》第六篇。兹编亦有效颦者,于目中大书其名,其情事相同者亦然。如曹寿先、叶锡元合传。至附出之例,所以记载事迹简略之人,其不可卑视,则刘子元已有定论矣。附出者亦于目中旁注,唯非本县人而附出者,则注一"附"字以别之。

方志列传重在一方人文,原不必以朝代为断。然既以时代相次,则朝代与其人物极有关涉,未可忽也。故援通例以朝代分篇,亦以便省览耳。

两旧志所载人物甚属寥寥,兹就平日所知者增补。康熙志以前所未载者计余惠斌、余桂、袁倬、郭唯、祝昌宥、刘甲、徐泰亨、王仲脩、徐有功、徐益、董时中、祝松、徐以昭、吕琇、尹照、徐潭、曹闻礼、袁应麟、李正光、祝登元、叶埰凡二十三人,度遗漏者尚多,惜一时未能检考也。

四川嘉定府治,今乐山县治。隋开皇九年因有龙见水中,改名龙游县,宋宣和初改嘉祥,寻复故,明初始废。见《读史方舆纪要》。故他书中于唐、宋、元人物称龙游人者,须加审订方可补入。如《宋元学案》载薛绂为龙游人,释宝印为龙游李氏子,均未敢率录。唯刘甲虽似非吾县人,今以《浙江通志》并《两浙名贤录》既已采录,亦仍存之。

修志于旧志人物有增无减本定例也,但亦有不能不削者。今传中除寓贤及事涉荒诞之道士外,凡削五人:一为项彦礼,万历壬子志仅云"充道纪、司都纪",别无事实,康熙志已削之;二为徐奎章,仅于明初输粟济军,他无表见;三为朱晖子谦斋,志称其"精卜筮";四为方明,志称其"受卜筮业于谦斋,后以地理闻,所葬地多验",卜筮、堪舆本志所不录前已详之;五为陈贞奇,则刲股事,本志义例亦所不录者。今悉改入《阙访》或《轶闻》。

凡非本县人而两旧志误入者,则在所必删,特当时何以误入,当由考证不明,非尽出于掠美也。故非有极精确之论据,决不敢删。今删者凡四人,请抒其说:

一为娄幼瑜,考《南史》《南齐书》并附《徐伯珍传》,《南齐书》作姓楼,楼、娄一也。均云"同郡娄幼瑜"。幼瑜果与伯珍同为龙游人,当曰称太末。则奚不曰同县而曰同郡? 言同郡明其非同县人也,其证一矣。《两浙明贤录》《金华贤达传》均云"义乌人",其证二矣。黄溍《楼文翁墓志》云"楼氏在婺之竹山里者,吴有侍中元、散骑常侍峻、宣威将军陟,齐有给事中幼瑜",见《黄文献集》。其证三矣。龙游向无娄族或楼族,其证四矣。故删。

　　二为楼惠明,则万历壬子志所未载,而康熙志误补者。考《南齐书》,惠明附《徐伯珍传》,亦曰同郡不曰同县。《南史》则附《关康之传》,而曰"东阳楼惠明",东阳者当时郡名也;龙游无楼族。此两证与娄幼瑜非龙游人同。史称其居金华山,金华山当时非太末属,又谓其"俄自金华轻棹西下,及就道回之丰安",是惠明即非今之金华人,亦当为今之浦江、诸暨间人。盖自金华西就丰安而曰"回之",必非折回,要是回籍耳。不曰"归"者,原传上文已言"辞归",文辞避复也。故删。

　　三为郑灼,亦康熙志误补者。考《南史》《陈书》儒林传,并称灼为"东阳信安人"。信安旧称新安,后汉初平三年已自太末分立,见《后汉书·郡国志》。晋太康元年更名信安,见《宋书·州郡志》。至唐武德八年始省太末入信安,见《唐书·地理志》。是在梁时太末自太末,信安自信安也。灼为信安人,则非太末人可知矣。故删。

　　四为吾丘衍,即吾衍。考康熙府志《寓贤传》有吾,谓:"姑苏人,曾授三衢守,卒遂家焉。长子渊居西安,次子满居开化。"不言家龙游也。今西安、开化皆有吾姓,龙游独无之,此衍非县人之证一也。《浙江通志》古迹类吾衍宅下云"衍元初居开化县石井,后寓杭之生花坊",是衍为吾满之后,实为开化人,此衍非县人之证二也。王祎撰《吾衍传》云:"太末人,其先为宋太学生,留弗归,因家钱唐,至子行比三世。"宋濂撰《吾衍传》则径云杭人。《四库总目》于吾衍称钱唐人,钱大昕《元史·艺文志补》亦然,此衍非县人之证三也。至两旧志所以误入,当因王祎有"太末人"一语。今人柯劭忞《新元史》亦云"由太末徙家钱唐"。祎何所据今无考,疑衍著述有自称太末者,今所传衍所著《学古编》《闲居录》等书多自署"鲁郡吾丘衍"。祎或据以入传,此特文人喜用古称之通习耳。开化在秦汉时地本属太末,衍称太末原无不可。然自东汉以后迭经分析,至唐贞观八年更名龙丘,太末之名遂废不用,参阅《地理考》沿革篇。至元时开化久已置县,安得以其用古称之故遂指为龙游人耶? 故删。

　　徐泌、徐可求两族之不能径删,前于《选举表》例中已论及矣。两旧志人物有徐徽言、泌族。徐任道可求族。两传,今仍其原文录入,不为增损一字。其泌子庸,孙量,曾孙昌言、嘉言、敷言及徽言,从孙适、哲,并可求父子亦不复补传,以示矜慎。

明宪宗成化八年，曾析县东之地分置汤溪县，故其乡之人物载至胡超而止，以超于是年登进士，尚为龙游人也。诸书中载胡超及其祖荣，多作汤溪人，皆缘未考汤溪置县年月所致，不足辨也。

两旧志《人物传》之文颇涉庸泛，或如计荐考语，或如简札浮文，求其有事实可参据者甚少，此皆沿明季文人通习，原无足怪。唯越二百数十年，使吾辈征文考献者，循名责实开卷茫然，则真大苦事耳。昔者章实斋撰《永清县志》，深恨前志芜秽，乃将前志人物原文逐条驳诘，改入《阙访》；列传、列女则凡其前志所载者，概列新传之后，谓所以罪前志。言虽偏激，情亦可原。今为尊重前志起见，不敢效实斋所为。凡两旧志有传者虽无事实，如《吕好问传》仅就封敕中摘录数语，绝无事实可指之类。或仅属空言者，如《方伟传》云"兴革利弊，有古循吏风"之类。仍为立传，其能以他书证补者证补之，否则姑仍其旧。所谓与其过而废也，毋宁过而存之者也。其《浙江通志》、嘉靖康熙两府志有传而两旧志未载者，亦同。

两旧志于文之应入传者悉不入，今遂无可考，最为可惜。如《祝景先传》谓"靖康中陈治安十策，朝廷咸为采录"，则此十策应仿《汉书·贾谊传》载《治安策》之例，录其全文方可征信。又如《祝品传》谓"曾率同官上书切谏，直声大振"，则此书亦当全录者也。此类甚多，惜未能一一考补。

两旧志称许人物漫无区别，其实誉之过当不唯自贬其书，亦使古人惭负，甚无谓也。如杨士奇《赠许堪序》仅称其贤，复以赵清献事相勉励，亦古人赠序中恒有者。而两旧志《许堪传》云"学士杨士奇拟之赵抃，指为铁面御史"，则一变而为事实矣。此何益于许堪，而徒使后人疑其书之不足信，此今稿所以必标明出处也。亦有事实颇多应加赞许，两旧志仅以泛语了之者，此类凡可证明者悉为订补，否则仍旧，未敢意为删改。

两旧志《人物传》于科举年分悉举干支，非史法也。唐宋以来诸史悉载某年，唯《金史》偶有举干支者，殊不足法。又康熙志记事亦悉用干支，尤为不合。今悉以史例正之。

两旧志中有最不合史法者一事，即官名、人名、地名之错杂是也。官名应从其朝代所置之名，所谓名从主人乃定例也。而两旧志于明代诸官喜以古名代用，如言知府必曰太守，言知州必曰刺史，言通判必曰别驾或曰倅，言知县必曰令。实则此类官名都非明代所有，立意期在雅驯，岂知比拟绝不适当。即曰适当,亦仅可施于简牍、词章,安可入史裁之志? 且有仅称统名不著何官者,如《祝致和传》云"再补刑曹",不知其补刑部何官也。又如《尹邦登传》云"为铨部",不知其为吏部何官也,则更不可通矣。人名于史法绝无假借,两旧志则任意为之,有称官名者,如徐奉常、徐总戎之类。有称谥者,如王文成、章文懿之类。有称其地望者,如陈新会、章兰溪之类。有称字或别号者,如王元美、钱蒙叟之类。有称先生者,如邹先生守益、黄石斋先生之类。有称公者,如郭公子章、张公昌期之类。有指斥之者,如蔺酋、霍酋之类。甚且有仅称封号者,如称石亨为武清侯之类。他若一人而前后所称互异,如王守仁有时称王文成公,有时称新建伯王守仁之类。或加以无谓之头衔,如云海内词宗王元美诸公。均甚戾于史法。至于地名,亦有因用古地名至不可解者,如《叶世龙传》云"历训西吴东鲁",终莫能明其指何地也。凡若此者,今悉改正。唯官名未详所比拟,人名冷僻未检得,及地名不明所指者,悉仍其旧,俟考订焉。

本传应直书其名,自班固以来亦无假借者也。《史记》偶有不称名者,如信陵君称公子,郦食其称郦生,自《汉书》后便无此例。前志偶有称公者,如许堪传、童甦传。当系一时失检。又双名不得单举,前志有单举者,如《叶良相传》仅称相,《祝万宁传》仅称宁。兹并改正。唯传赞及《文征》中按语,则不必直书其名。

采辑他书以补前志之不备,乃修志应有之义。然必其所载事实较详,或事实虽同而行文胜于前志者始采录之,凡以尊前志而已。故前志之文非甚背谬,如《龙丘苌传》末云"延自临殡三日,郡中贤士大夫争往观之"数语,甚为背谬,详见本传按语中。或甚不合,如《翁祚传》既曰"笃学嗜古"矣,下复云"穿穴经传,钻研讨味",且"穿穴经传"亦不成语,此类颇多。或甚无情理者,如《祝望传》谓其"每于风月夜弹琴,群猿环而听之"之类。不为删改。亦有偶加润色者,亦期与原有事实无背,敢曰慎之又慎也。凡曾加润色者,注明"据旧志纂"。

割股疗亲疾人称美德,实则愚孝,既违不敢毁伤之训,复甚伤其亲长之心,前朝所以有不准请褒之功令也。两旧志所载今不入传,采访所得亦有涉此事者,兹悉入《别录》。唯能割股之人必能孝于其亲,与寻常貌为曾、闵者原不可同日而语,惜其他孝行不传耳。入于《别录》,正谓其尽孝事实已佚,不尽此割股一端也。

县志人物传通例不更曰本县人，以入志者必本县人也。兹以古地名极易含混，凡宋以前人物见于他书称太末人、东阳太末人、信安龙丘人者，仍为详记，以期与地理《沿革考》互证。又县志多不载某乡人，而两旧志于明代人物有载明者，兹悉仍之，此于史法亦无不合。《史记·老子传》称"楚苦县属乡曲仁里人"，《汉书·陈平传》称"阳武户牖乡人"，即其例也。

传后论赞史家通例，称论、称赞本由史家任意书之，非论自论，赞自赞也。自范晔《后汉书》论赞并用，论以散文，赞以韵语，后人遂误以赞为颂祷之词，且以为必用韵文，不知班书传赞全以散文，而宦者、佞幸传后亦有赞，绝非称颂体也。方志《人物传》后例无论赞，兹编姑试为之，将以发抒感触，亦以寄其长言咏叹之情，但必有为而后发，不欲如正史每传必书，致为刘子元所消也。见《史通》第九篇。

县志失修二百五十午矣，中更洪杨之乱文献荡然，故嘉道以前溯于清初，人物闻见各殊，或人著而事无闻，或书亡而传无证，赖有《旧采访册》稍存崖略，然失访者尚多，且所采又多各族谱所载墓志、家传，未经冯先生抉择，其中不无缘饰，难以一例著录。今必先审其秉笔之人所言是否可信，又必其所载事实可以他文参证者，始为采辑。若空言孝友而无事实可证，泛称博学而无著述可见，漫夸乐善而鲜实迹可凭，均未敢率录。故所据以立传者不及什一，非故严也，亦不得已也。

至于采访节略得之仓卒，多不成文，而各族谱所载墓志、家传又多出庸手，绝鲜雅言。兹所辑录全系改撰，特不变易其事实耳。故标明据某某撰传纂，示非直袭其文也。

两旧志喜用列名附注之例，于《选举志》人名下辄杂书极简单之事实，或竟无事实而附类似考语之称颂，今以不合表例已删之矣。凡若此者，皆由当日修志诸人未达史裁，故虽有事实不为立传，而附注以示其笔法之高简，遂致先贤事实泯灭不彰，良可慨叹。今欲补访，则书阙有间，考证无从，岁月既淹，传闻亦失，欲依文叙录又苦传例难归，若竟删除则并此崖略不存，后人虽欲考求无由凭藉，九京之下岂不含冤？兹仿实斋《永清志》例，名为"阙访"。唯实斋仍为列传，今则别自为篇，间加诠释，列于传后以俟他日考稽，庶几传信、传疑两无所憾。

人物有见于他书亦苦简略不能立传者,及由两旧志《人物传》中删落者,亦入《阙访》。凡以明其人本自可传,徒以事实失考不欲仅著空文,或寻常一节而概其生平而已。《阙访》一编仍略次其时代,故与前项错杂记之,览者详焉。

实斋撰《湖北通志》于开禧守襄阳、嘉定蕲难诸传后列《人名别录》,盖本于常璩《华阳国志》、郑文宝《江表志》,法至善也。今于《阙访》后亦辑《别录》一编,凡两旧志及旧新采访所得岁歉捐赈之义民,及乐善并尽力地方公事诸人,而无实事可征者,均分别录入。

咸同之际殉发匪之难者,《浙江忠义录》及采访册所补录者,通不过四百人,失访者不知凡几。此四百人者入传既嫌事实太简,列表又苦不得其名,兹亦载入《别录》,将来补访有得,可以随时增入。

列 女 传　《节妇略》《烈女略》及《别录》

列女一类,万历壬子志称"贞烈",康熙志称"烈女",乃首列徐氏刘愚妻即与贞烈无关,而康熙志以"烈女"名篇,范围益狭,若严其义例将节妇亦不能容矣。不知列女之称仿于刘向,意在罗列女行,不尽绳以节烈,是以蔡琰、曹昭之伦皆以才学著于简策,体至善也。今传中所列虽泰半以节著,然标题不宜狭隘使有向隅,兹故窃比刘书,名《列女传》。

贞烈一事今世颇多非议,然二千年来律令所重,公论所崇,其苦行绝诣亦多出于自然,非尽由于强致,洵足以发挥性情,维持世教,不可诬也。兹编凡有事实可稽者必为立传,其事实湮没不能立传者,别为《略》或《别录》,以存其梗概焉。

万历壬子志所载列女寥寥二十三人,康熙志仅增十二人,今详考他书及各族谱补入者,通计《传》《略》《别录》共得一千二百三十四人,其中清代独多,非清代妇女贤于前代也,旧志采访太疏,今年远代湮遂无可考耳。康熙十九年以前列女今犹补入不少,则益知当时逸而失载者之多矣。修志不得其人,不得其法,遂使贤才贞烈等于草木同腐,岂不惜哉,岂不哀哉!康熙志刊于康熙十九年,而《列女》清代无一人,岂自顺治元年至康熙十九年三十七年中,竟无一列女可载耶?当时疏漏可想。

两旧志载《列女》事实过于简略,读之索然无味。如劳氏陆荣妻云"与姑余氏并以节称",竟不载其舅之名及何年夫亡。又《康熙志》载徐氏张魁洪妻下即云"抚育遗孤终始无玷",则并文义亦不足矣。当时盖误以为简略便是高超,故不惜将事实一笔抹煞,殊可叹惜。窃谓节烈事实如能详细记载,未有不可歌可泣者。即如《叶禄姑传》,康熙志语焉不详,今得方鸣周撰传加以润饰,便觉奕奕有生气。惜书阙有间,未能将所有列女事实一一考补耳,此古人所以云"忠孝节义多死于文人之手笔"也。

两旧志记载列女不合,既如所言矣。新采事实多自各族谱中录出,其文皆出于俗手,鄙俚可笑者半,剿袭雷同、浮泛不切者亦半,开编塞集,载笔无征,良可太息。窃谓作《列女传》,必须将其家庭琐事曲曲写出,不嫌繁屑,又必描摩其謦欬,刻画其音容,然后不可移易于他人,此文章之体也。若仅载其大节,未有不千篇一律者。惜前人昧于此义,今遂无从考补。家庭琐屑之事当时失纪,一逸遂亡。则今日兹传之不能详赡,非载笔之罪,乃当时掌文者之过矣。

节妇、烈女于传外别为《略》,作者不得已之苦衷也。盖事实湮没太多,可资以立传者甚少。今若依时代编次统名为传,则简略过甚,将使本有事实者亦复无人措意,况无事实而称为传,亦于义例有乖。兹虽分别《传》《略》,须知《略》中诸人,其苦行奇节并不逊于《传》中诸人,只是事实无考耳。览者幸勿以有传与否,定列女之优劣也。

两旧志所载列女依今例半应入《略》,兹仍入《传》者,尊前志也。前志载列女太少,颇疑当时采录至严,其事实必多可信,只以力求高简遂削而不录耳。是以可贵也,是以应尊也。

往例,妇女必须夫死在三十内,行年历五十外,中间寡居满三十年,不幸夭死亦须十五年后与四十岁外,方得旌表,盖所以防旌奖之滥。其实妇德如何在乎真伪,初与年限无关。但志久失修,传闻多舛,又经洪杨之乱载籍散失,而谱牒所录其不足信又如前所云云,则考核真伪殊苦无征,若不律以年,更无可依据矣。但若全照旧例亦嫌过严,县志所载地狭人稀,固与通志、国史不类也。兹凡妇人夫亡在三十五岁内而守志满十五年者,悉以节妇论。其生存之节妇,则以年满六十及守节逾三十年者,方得分别录入《传》《略》。算至乙丑年止,不算至宣统三年止者,此事与他事不同,应别论也。其不及此格及生卒年月无考,或仅云已旌而年分无考者则入《别录》,但徐起岩《续选举志》所载节妇,及咸丰二年汇旌案内所列者,仍入

《略》，以较可信也。以示折衷之义。

计算守节年数，悉依享年总数减除，如享年五十而于二十岁夫故，则云守节三十年，不曰三十一年也。至享年数，必考核其生卒月日而满计之，以示至公。

割股疗疾《人物传》悉不载，前例已详。兹传列女则不然，盖前代妇女智识较短，才能较弱，又复囿于闺门不能外出。其遇尊长病亟计无复之，一时激于至诚而出于此，初非有市于名义，其情实有可原，不能与男子相提并论。况妇女事简，此而不记，将可记者益鲜矣。

凡贞女不嫁或为未婚夫守节，兹编除两旧志所录者外，未敢滥收。

《烈女略》除李氏周国彦妻、童氏翁大昭未婚妻外，皆咸同间殉难者。男子殉难者入姓名别录，而此不入别录者何也？烈士冀其尚有他事可传，无可传或无可考故入《别录》；烈女则舍此一节外可传者较稀，故不欲与列女无考者同列也。唯仅知其殉难而他无可征者，始入《别录》。

有节妇而复以殉难闻者，除立传者外仍列《节妇略》，但注明其事实，《烈女略》不复重载。

妇女有名者称名，无名则仅称姓，此定例也。康熙志有称某氏者类于公文，今改正。其一传中姑、媳、娣、姒同姓者，则以姑、媳、娣、姒诸字代之。

传以时代先后为次，唯两旧志于列女均不详其年代，节妇则并守节及旌表年月亦不详焉，今已无可考，只得依次叙录。其补访所得，明代列女亦无从次入，因悉列于后，则变例也。其同族或有关联者为合传，同于人物。至《节妇略》则以出生先后为次，《烈女略》则以殉难先后为次，均一一注明。

列女与人物不同，虽生存亦可采录，此通例也，今亦分别列入《传》《略》。唯绍宋少孤，母氏褚守志三十余年，抚育绍宋兄弟至于成人，备尝艰苦，寒家赖以复兴，乃县人所共知，允宜入传。今以身尚康强，他日贤德必更有可称，彤史之言，是有待于后之君子矣。

丛　载

不必入正志而又不宜删者入之，凡四篇：一曰《古迹》，二曰《寺观》，三曰《轶闻》，四曰《志异》。

名胜者，方志家侈谈者也。今不欲标榜，唯于《古迹》《寺观》中偶及之。金石足资考证，本宜分门，兹以本县所存金石不多，亦于《古迹》《寺观》及《文征》中连类及之。

两旧志所载古迹多涉神怪、堪舆、科名之谈，兹凡涉神怪者入《志异》，言堪舆、科名者削之。

凡宋、元、明、清所设行署、局、所、学校等已废之建置，本属古迹，今以有关一县故事，仍列《建置考》，不入此类。

《旧采访册》所采古迹甚多，然如秋水山房、绿葱草堂之属皆文人任意自号，以颜其书斋或题其稿本，未必实有其地，兹一律不载。又既称古迹，则年代较近者不得录入，故最近载至乾隆初年止。列寺观于《丛载》，非贬斥释、道两教也。正志诸类中无可入者，若独立一类又嫌义例有乖，两旧志均列祠祀之后于义未安，故不从之。

吾县寺观非尽禅林、道院，间有为各乡村社庙者，盖社庙称庙、称殿、称寺、称庵，半由乡人任意为之，无一定之例。而诸寺庵中亦多杂祀徐偃王、关壮缪，莫可穷诘，今以其所称者为准。凡称寺、庵、道、院者悉入此类，其编次同于祠祀。塔亦属于方外者也，附焉。

两旧志寺观中，杂载经堂多处，考其性质多在道旁为行人憩息之所。偶有在村口为所谓水口殿者，规模均甚狭隘，不得与寺观同列，故删之。

志异一类非志所重，故多仍两旧志《杂识》之旧，间有增补，亦必择其稍可征信者，不敢尽录齐东野人语也。至释道传中有涉灵异者，则未可尽斥为怪异，故仍入《轶闻》，并非自乱其例。

掌　故

志外别载掌故，其论发于章实斋。其叙《湖北掌故例》云："方志为古国史之遗，荟萃一方之事，以为内史取裁，其于正史盖具体而微矣。经要诸考欲其典雅可诵而识，故曰'志'者'识'也。文士华藻，掾史案牍，皆不可以为志，明矣。然笾豆存于有司，则后世律令、会典所以守于官府，亦犹《尚书》《春秋》所以经远，而《周官》《仪礼》实为当世章程，其义不容有偏废也。一方之志既为内史备其取裁，则一方制度条规存乎官司案牍，亦当别具一编，以为有司法守，使之与志相辅而行，则所谓志者乃不类于虚车之设也。"又云："昔者马、班八书十志不及簿录名数，道固然也。当时惜无刘秩、杜佑其人，删辑诸司职掌自为一代成宪，与史相辅而行，故使徐天麟辈从千百年后掇拾补苴,以为《两汉会要》,诚不免于挂一而漏万矣。自唐宋以后,正史之外皆有典故、会要以为之辅,故典籍至后世而益详也。方志诸家则犹合史氏文裁,与官司案牍混而为一。文士欲掇菁华嫌其芜累,有司欲求故事又恐不详,陆机所谓'离之则双美,合之则两伤'也。唯于志文之外别为《掌故》一书,则义例清而体要得矣。"此论至为精当,今效其例,别立一编以为附志,并著其说以示服膺。

实斋《湖北掌故》原编尚未得见,观其《叙例》云:"时有沿革,物有废兴,今日所编容有日后不可用者,或仿律例故事十年一修。"是实斋所录必限于现行者可知。今编《掌故》不拘此例,虽非现行而足以考见源流有资参证者,如明清两代《赋役全书》之属,亦一并录入。盖县志范围不若通志之广,彼诚宜以现行为断,此则不妨广收也。

实斋叙掌故分吏、户、礼、兵、刑、工六科,为目凡六十六。今以旧时案卷经辛亥之役散失甚多,赖有《旧采访册》录存,仅余什一,不能循例分科。且制度已更,尚沿旧称亦无裨于实用。因择要编列,凡十六篇:第一篇曰《赋役全书》,第二篇曰《编造鱼鳞册》,第三篇曰《重建凤梧书院》,第四篇曰《凤梧书院藏书目》,第五篇曰《清查无主公租及宾兴》,第六篇曰《无主公租册》,第七篇曰《宾兴田册》,第八篇曰《湖镇义塾田册》,第九篇曰《劝捐积谷》,第十篇曰《重修姜席二堰》,第十一篇曰《创造浮桥》,第十二篇曰《整顿义渡》,第十三篇曰《开矿成案》,第十四篇曰《兴复育婴堂》,第十五篇曰《禁夫役勒索工价》,第十六篇曰《禁掘冬笋》。此十六事者,皆于一县文教、民生所关至切,不亟录存,他日更无可稽矣。

文　征

编集《文征》,意在佐本志之参证,辑金石之要略,兼以存散佚之遗文,初非专尚文艺。今兹采录诸篇悉本斯旨,否则,文虽精妙亦从割爱。

方志采录诗文多就文体分类,如论、记、序、传之属各自为编;诗亦分别古今体,以类相从,实非体也。盖汇辑《文征》,要旨在前列三端,初非如文选读本每体必备,以资学人揣摩。故缺某体不必强收,某体独多亦无庸减削也。今故仅区诗文为两类,一以撰作人之时代为次。

采录诸篇既不专尚文辞,则采录用意所在或非人所共喻。其撰人姓氏、爵里及诗文中人物、事实间有须加疏明者,辄于篇后略加按语,其诗文录自何处亦标明之。

人物、列女两传事实多采自各族谱之家传、墓志,本宜收入《文征》以示准据,兼示纂述苦心。唯其文大半庸俗稚弱,且多不成体裁,若一律录入不唯繁冗,亦似故暴前人之短以炫自己之长,窃所未敢。兹但取其文较雅驯且须存其撰人姓氏者,录数篇而已。

新旧采访所得各族谱序文无虑五六百首,佳制固亦有之,然能出新意者甚鲜,其伪托名人撰述者尤多。今仅择一二首录之,不敢滥载。乡人虑人袭其世系,亦不乐入志也。

碑文则采录较多,意在辑存金石。唯方志非考录金石专书,故但存其文,不复记其碑之大小及其字体与行数、字数。

诗必取其有关事实、足资参证者始录之,若咏物寄兴之作,纵属佳篇未敢滥载。间有应存其人而遗诗散佚仅存一二章者,则不在此限。

两旧志所载八景、十二景诗,因存其人选载数篇,不尽录也。至新旧采访所得及诸家集中所载此类诗,虽佳篇亦一律不录。

前志源流及修志原委

前志序文通例载于卷首,殊病其冗,兹为考其源流而以各序入之,为之佐证。又自康熙志后议重修而未成者已历七次,今为第八次议修,幸底于成。其间年月及经历情事,与夫此次所历艰难并用人、经费诸端颇有足记者,悉著于篇,亦窃比马、班《自序》之意云尔。

原载民国《龙游县志》卷首。叙例,相当于今天的凡例,但不同的是,余绍宋(越园)这篇民国《龙游县志》的《叙例》,不仅说明了志书"修什么""怎么修"的问题,更以大量篇幅阐述了"为什么这样修",具有理论性和思辨色彩,成了反映余绍宋修志思想、修志观点的一篇理论力作。首先,他提出"兹编意在规仿史裁",表现了他修志的"史识",正因为如此,那么内容的正确和完整,编纂中的科学和规范,以及考证的严密等也就成了题中应有之义。其次,他继承章学诚(实斋)"三书体"的编纂体例,把志书分为正志和附志,"正志为志之本文,务求峻洁,以符史例","丛载""掌故""文征"等附志,"不妨广收,以免遗漏",从而达到"相辅而行,不使偏废"之目的。另外,余绍宋还就如何科学地处理"越境不书",为什么要编《氏族考》,为什么是《氏族考》而不是章学诚所说的《士族考》,如何编纂相当于"大事记"的《通纪》,为什么不采用"星野"之说,为什么排斥"堪舆"之术,以及如何记载"不肖官师"等具体编纂问题,作了全面的阐述。当年梁启超正是读了这篇《叙例》,而主动提出要为民国《龙游县志》作序,认为"越园之学得诸章实斋者独多,固也;然以此书与实斋诸志较,其史识与史才突过之者盖不鲜"。并做出"无实斋则不能有越园","有实斋不可无越园"的比较性评论。

《龙游高阶余氏家谱》序例

一、我谱自光绪辛卯先曾大父知七一镜波公重修后,距今已四十有二年,生齿渐繁而时会迁流,今昔情事有甚相殊者,重修之举实不容缓。故不揣庸愚,毅然以为己任。

右序缘起。

二、我谱自宋绍熙庚戌创修,迄于清光绪辛卯,已重修至十一次,详见历次修谱人名录。从前称旧谱必曰某甲子谱,省记为难,故今兹题明第十二次。此后重修,即依次称第几次增修可也。

三、旧谱卷首题"高阶余氏宗谱",中间鱼尾上则题"行一公祠宗谱",书面题签又称"高阶余达德堂宗谱",名称殊致,观听遂淆。谨按:我祠为行一士登公所始建,故祠门内大书"行一公祠",下分知、仁、勇三房,故以"达德"颜其堂额。而今谱所载世系则非始于行一士登公,是书面与卷中鱼尾上所题未为允协,仍宜溯源高阶,庶符名实。"高阶"二字,殆取义于明时故居高山背七果园,虽无根据,而沿用既久故实已成,不宜更张也。复冠以县名者,有同姓而异壤,同壤而异宗者,不可不别也。宋槧《世说新语·叙录》,称王氏谱有琅邪临沂与太原晋阳之分,其余诸氏兼称地名与郡望,《唐书·艺文志》亦称"赵郡东祖李氏家谱",其先例也。

四、吾族有下新屋一派,其支祖为荣二公,吾高阶派之支祖则为荣一瑞鸣公,是源虽同而派则异。吾祠既为行一士登公所建,虽追享荣一瑞鸣公以上至曾五丹山公,而与下新屋派绝不相关,谱题"高阶",亦所以示别也。

五、称家谱为宗谱亦为通例,不知起于何时,古所未有也。《〈世说新语〉注》所引皆作某氏谱,其称家谱者仅王氏一家。"家"字疑衍。其他或称世本,如挚氏。或称世纪,如袁氏。隋唐两志则多称家谱,或称血脉谱,如杨氏。或称家史,如刘氏。或称家牒,如王氏、裴氏。或称谱记,如孙氏。无称宗谱者。唯《隋书·经籍志》有《后齐宗谱》一卷,其书虽不传,然观其次于魏孝文列姓族牒之后,益州谱冀州姓族谱之前,知其为后齐诸氏族之统谱,而非一家一姓之私牒矣。又《新唐书·艺文志》有《吴郡陆氏宗系谱》一卷,然称宗系即世系,与仅称宗者不同。兹故不用旧称,而名曰家谱。

　　　右序名例。

六、知七一镜波公重修时年已八十有四,适值洪杨役后耆旧凋零,往事遗闻一时无从搜考,故仅就道光戊申谱益以新补汇辑成编,未遑分类。今兹重修,谨就鄙见所及略为区分。非敢史张,取便检阅,且使后世子孙易于修订,但须依类指归即可集事。

七、唐以后谱学失传,各家治谱遂漫无统纪。绍宋前撰本县县志时,得见谱牒甚多,平时亦时向友人索阅其家谱,欲求足以观览者,殆无之。世传欧阳永叔、苏老泉两谱最有名,然简略殊甚,章实斋非之是也。见《高邮沈氏家谱序》。其《〈世说新语〉注》《隋书·经籍志》《唐书·艺文志》所引诸家谱《世说注》所引家谱有王、谢、陈、荀、周、吴、孔、羊、许、桓、冯、陆、殷、庚、刘、魏、卫、温、曹、贾、郭、郗、韩、祖、诸葛、司马诸氏,《唐书·艺文志》所引有韦、谢、杨、傅、苏诸家谱,《隋书·经籍志》有杨、苏、韦诸氏家谱。俱已失传,无可取法。至近代人所为家谱序,偶有详及体例者,然未见原书,亦苦无从征引。今兹分类徒用师心,无所承袭,聊示子孙俾知史法而已,盖谱牒亦史之流也。

八、谱分十类,其中有须分别者并为分项。谨次于左,并约略言其义例。

甲　宗支谱　世系图　行序

乙　世德谱　封赠　祠祀及坊表　科目及职官

丙　规训谱　家训　家礼

丁　祠墓谱　祠制　墓域

戊　祭祀谱　仪制　条规

己　祀产谱　旧产　现存产

庚　传志谱　遗像　世传　墓志

辛　艺文谱　旧谱　著述

壬　文章谱　内篇　外篇

癸　杂载谱

右序分类例。

九、家谱之用，其最大者为统厘族属、辨序昭穆，则宗支之记载其第一要务矣，故以冠诸谱之首。

十、旧谱世系图、行序列在最后，今以两者为谱之本原，故列于首篇。

十一、旧谱于出身官职及葬域悉列于行序之下，盖沿通例。窃意于体裁稍嫌未惬，故悉行提出，出身及官职则归入世德谱中，专列一项。凡有出身官职者，悉注明"见世德"以便检览，其葬地则编入祠墓谱中。

十二、旧谱行序内，凡字号、生卒年月及娶某氏未详者，仍书字号娶氏及年月日时，空格待补。即娶某氏未详者，亦必于娶某氏下更书年月日时，此是旧时行序通例，不独我谱如是。其实年远代湮久已无从考补，相沿成习不知其非，徒占篇幅甚无谓也，今悉删之。唯仅详其年或月不详日时，或仅详其月日而不详其年者，则不详者代以空格。又或仅详继配而原配某氏未详者，则原配下亦代以空格。又行序中有空书娶某氏者，有仅空书生卒年月日时而未空书娶某氏者，未详其故。今凡遇空书娶某氏而有子者，仅书子名，无子仅书"曾娶"二字。

十三、旧谱行序内，凡名上已故者必加一"讳"字，生者则书名，此亦通例。然世系中则直书名不加"讳"字未免两歧，且幼殇之人其上亦必加讳亦嫌未协，兹一律削除。此非行文叙事，与敬宗尊祖之义无关，况古人临文不讳乎。

十四、旧谱于有传者，行序中唯敏十五凝定公下注明"行实见传"，甚合史法。其余悉未注，兹一一补之。其曾列入县志者，并注明"县志有传"。

十五、旧例于女子概不书名。今按：正史于女子有名者皆书名，又《〈世说新语〉注》引王氏谱云"羲之妻太傅郗鉴女，名璿，字子房"，又引谢氏谱云"重女月镜，适王恭子愔之"，又引羊氏谱云"辅娶琅琊王纳之女氏僧首",是古人之谱亦多书名及字者。况今日女子无不称名,故不拘旧例,凡有名者悉书之。

十六、旧例于妇人再醮、改志、出妻俱有书法,独未及于离婚。离婚固亦有乖夫妇之道,然今世法律既有明条,岂容讳饰? 吾族以前幸无此事,此后如有,不妨增入,径书"离婚"。此非创例,《世说新语》"王子敬病笃"条注引王氏谱云"献之娶高平郗昙女,名道茂,后离婚",其明征也。

右序宗支例。

十七、宗支之后次以世德,所以示子孙俾念前型也。往者帝制诰敕必以冠篇,虽意在尊王而义存表德,人多误以为恩荣,实则德泽所存固在此而不在彼,故列为第一项。其地方崇祀节孝及其他坊表,亦世德所存也,列为第二项。

十八、科目及职官功业之所本也,虽非必皆有德,然非其先人或己身有相当之德者,或不易致也,故附于世德中,列为第三项。科目始于诸生,其监生则自明中叶后概为捐纳,故仅附载于后。职官则空衔出于捐纳者,亦不载。

十九、今世出身悉由学校,为旧例所无。兹凡正式中学校卒业及肆业者亦书之,小学则为公民皆应受之教育,故不书。

二十、旧谱行序内于官虽小必书,是也。独未载其辞官不就,恐涉浮夸耳。窃意不应征辟亦为美德,足以振家声,故备书之,但不得任意妄书耳。《〈世说新语〉注》引顾氏谱云"夷辟州主簿不就",又引羊氏谱云"繇祖续汉太尉不拜",是其例也。

廿一、德之所存基于功业,不必仕宦而始有者也。宋儒李敬子尝言:"人但随力到处有以及物,即为功业矣。"凡德行为人所钦,或尽力地方事业兴利捍患为人所依倚,殁而祭于社,铭于金石,著于简册者,皆功业也。吾先人若是者多矣,昔时重仕宦,故多湮没不传,今特于此发其凡,以待来者。

右序世德例。

廿二、世德之后次以规训,家教严,斯德泽可永保也。分家训、家礼两项,家训千秋勿易,礼则随时会而有变迁。兹录所存一仍旧谱,虽未能尽用,然其意未可泯也。

右序规训例。

廿三、奉先思孝追远永亲,则祠墓其所寄也,故次之。祠墓本属两事,他谱多分别记之。兹以皆为先灵之所托,而所以明孝爱作一本之思者亦无不同,故汇为一类,仍分两项记之。

廿四、祠宇之旧制新规与夫涉讼原案,悉详为叙述。其捐款或捐地亩以备建祠用者,与祀产以供祭祀者不同,亦归入此项。

廿五、旧谱行序中夹记之葬域,兹悉提出汇为一项,所以便省览。其原有墓图虽不甚准确,亦并存之。

右序祠墓例。

廿六、祠墓必祭,故次之以祭祀。内分二项:一为仪制,二为条规。颇闻洪杨之役以前,吾祠祭祀典礼至为严肃,乱后祭器祠产荡然,遂以废堕。今所存条规犹属简率,未为完备,而仪制一端旧制既亡新规未立,无可记载。今为将来规复计,谨摘录通礼以备参考,并补撰祝文,以待异时公议采用。

右序祭祀例。

廿七、祭祀必有藉于产业,故祀产次焉。我祠祀产在洪杨之役以前各房捐助为数颇多,后悉散失,嗣经知七一镜波公清厘后所存无几。今列旧产一项,将旧产及捐助房名仍为录入,意在奖诱来世有能急公好义如先世者也。其现存产一项记载特详,所以杜子孙之盗卖,防他人之侵占也。

右序祠产例。

廿八、魏晋以前家谱、家传各自为书,观《〈世说新语〉注》引荀氏、谢氏、李氏既有家谱,复有家传可知也。《隋书·经籍志》家谱入谱系,家传入杂传,亦其一证。然自唐以来即不复分别,今固无庸复古也。爰于祭祀之后次以传志,将以播一家之芳烈,昭示子孙。

廿九、遗像所以寄先世音容,用意至为深远,今以冠于传志之前。其像赞亦传志之属也,即附于像后。

三十、县志有传者,今谨转录。家谱与方志不同,不得援"国史有传者方志不必重载"之说,_{章实斋语。}以为方志有传者家谱不必重载也。盖方志范围较广,而列入国史者必甚有功业之人,人尽知之,自可无烦转载。家谱则传人不多，不妨移录方志之文，俾子孙展读可知，易于追念耳。唯本县志为绍宋手撰，在县志为一地方之史，故本临文不讳之义一律称名，家谱则应尊祖敬宗，故悉改称，不敢效老苏之书讳加尊也。又县志合传体裁亦不适于家谱，故仍各自为传，其文不必改易者仍之，其不得不改易者如睿十八宽夫公与余华合传。则改撰之。

卅一、传文次第先祖考、次祖妣，不依旧谱以行序为次者，师史法，亦便省览也。

卅二、旧例于女子仅书字适，不载事迹，殆因女子出闺则其事迹当载他家谱牒耳。窃意族中女子若有事迹足传，亦为吾族光宠，理宜表彰。今取其可传者附于传后，《唐书·艺文志》有《王方庆王氏女记》，其例可援也，亦《春秋》书内女之义也。

卅三、世俗谱牒滥载家传，苊苶秽恶，有不堪一读者。吾谱幸无是，吾先人之卓识真远于流俗也。但恐后世补修子孙或未明立传之体，任意增入，因预立一制限之例，不合此例者不得载。

甲、年过八十而生平无凉德者传，此仿陈懋仁之《寿者传》，尚齿也。有凉德，虽老弗传矣。

乙、有著述足称者传，此仿钱谦益《历朝诗集传》例，重立言也。若小说或无关宏旨之作，虽刊行亦不得传。

丙、官而著政绩者传，此为通例，教忠也。其非国家命官，或虽官而碌碌无足称者，不传。

丁、有功乡邑及本族，或言行足式者传，此亦通例，尊贤也。古者乡之贤能，有族师闾胥党正分书之。今亡其制，宜书之于家，亦以备县志之征访耳。但无实迹者不得滥收。

戊、艺事专精有所发明或足称者传，此仿正史《方伎传》及书家、画家、畴人、印人诸传例，重艺也。一艺之成必终身以之固非易事，然略涉门径亦不甚难，宁阙毋滥。

卅四、旧谱所存墓志寥寥，知放失者多矣。仍列一目，俾将来补访及增入也。

右序传志例。

卅五、谱叙艺文他谱未见，独九江朱氏谱有之，原谱未见，仅见其目。

所以存先泽,守一家之文献,意至善也。今从之,次于传志之后。

卅六、近时家谱中偶有分艺文一类者,大率援前代各县志例,采辑族人诗文以实之,实为俗格。必须簿录著述,庶合体裁。《〈世说新语〉注》引《王氏家传》载王伦为老庄之学,用心淡如,为《老子例略》《庄周纪年》二书,又引《褚氏家传》载褚荣年十三作《鸥鸟》《水硙》二赋,足知古人家谱亦详著述矣。唯我高阶一族人丁不蕃,虽世守诗书迭有著述,而散佚殆尽无由考征,今所收存均属近世著述。此亦旧时谱牒未辟斯例,无从载入之过也。兹故依史例,《艺文谱》中专列著述。

卅七、著述不问存佚俱收,乃隋唐二志之例,并规仿朱氏《经义考》,于书目后揭原书序跋。其旧谱亦著述也,故列为一项。旧谱所载序文甚多,列于卷端本嫌繁杂,今悉以附于原谱之后,庶协体裁。又一项为其他著述。

卅八、著述以著者时代为次,不以行序为次者,有行尊而年少,行卑而年老故也。著述有时代性,所重在此不在彼也。

卅九、著述例不收生存人之作,然我族人寡,绳以此例益觉寥寥,亦非所以励学之道,姑援徐孝穆《玉台新咏》之例,载及生存。但必经刊行始为著录,以未刊行或非其定稿也。

四十、著作虽小品文字亦可录,但不录小说,杜虚诞也。译必原著甚有名者始录之,若译自日本文者不录,同文易通也。与他人合著者不录,防贿成也。

右序艺文例。

四十一、章实斋谓:"诗文不宜列入方志,宜别辑文征自为一书。"见《文史通义》。其后朱九江遂有《朱氏传芳集》之辑,不以诗文列于家谱,《传芳集》原书亦未见。疑即本实斋之意而为之者。鄙意实斋之说在一省通志自可仿行,若县志已觉诗文可存者不多,故拙撰本县之志仅采其意,以文征列为附志,不更为一书也。一族人文可传者盖寡,九江朱氏族繁而文风特盛,故不妨分别。吾族非其伦也,姑循旧例采辑成编,命曰"文章",稍示别于流俗之称"艺文"耳。

四十二、《文章》分内外两篇:内篇专载族人所作,所以征手泽之留贻;外篇载他人投赠之文,所以表同人之推许。诗文与著述不同,成之较易,故内篇不录生存人之作,以杜啖名。外篇不然,作者生存与否难以确知也,但对于绍宋个人之投赠,则虽其诗文甚佳,亦不敢录入。

四十三、艺文内篇所录先著,远者有见必录不敢或遗,以洪杨乱后所存已稀也。近者则必佳作或有关事迹然后录之。其已刻者不录,外篇则选择更严,不敢滥载。

四十四、先世遗文见于他姓家谱者时有之,昔修县志时屡有所见。然多稚弱,不类能文者所为。疑有伪托,故不敢率尔录入,非遗漏也。

四十五、《文章》内外两篇俱先文后诗,不更分类,一以时代为次。

右序文章例。

四十六、郑氏《通志·艺文略》有钱易撰《家话》,焦氏《国史·经籍志》有胡元吉撰《桐阴旧话》,皆记其家世遗闻,是谱中载及杂事,亦述家风修世录者所不废也。九江朱氏谱已有其例,今从之。凡遗事轶闻及不能列入前数谱者入之,号曰《杂载》。

四十七、旧谱既未分类,《凡例》中亦未及编次之法,深恐新谱既出旧谱沦亡,则后世无从窥见旧制。用将旧谱原目列入《杂载》,以便考稽。

右序杂载例。

四十八、凡旧谱所载各事悉数采入,不遗一文,意在存一族之文献,俾资观感也。唯卷二有"纪年要览"一条,仅载宋哲宗元祐八年至清穆宗同治十三年甲子,别无叙述,盖以备检查之用者。帝王纪年于谱无与,今删之。

四十九、旧谱《凡例》即用道光戊申谱原文,其中规定各事皆甚精密,自当遵用。唯避庙讳御名一条无用。《凡例》有云:"原序引跋例言之类,均录以示来兹。"今原序引跋俱存,独《例言》未见,遂无繇考见道光戊申以前旧谱体裁,岂从前例言已融入凡例中耶? 不可考矣。兹故一仍原文谨录卷端,守而勿失。

五十、原《凡例》中唯有一条须变通者,即规定凡殇者照下殇、中殇、长殇之例,于名下附注"殇"字,殇者不得附主于庙。谨按:《仪礼》:"凡男女年十九至十六岁死者为长殇。"《礼·丧服小记》云"丈夫冠而不为殇",又云"为殇后者以其服服之",准是则殇者可有后,唯为之服者不以父丧之服服之,未云殇不应有后也。《疏》谓不得后此殇者恐非经义,既得立后,则得附主于庙。原例未及此层,深恐后人误会,谨援据《礼经》疏明其义于此。

右序录存旧谱及变通例。

五十一、凡所采录悉注出处,以昭核实,其未注明者皆绍宋所增入者也。其事有须疏明者悉加按语,按语必署名,所以明责任,故不惮繁也。此后子孙重修者如加按语,亦须署名以明责任。切记! 切记!

五十二、旧谱于先世悉用行序,称某字第几公,亦是通例。然有时必检阅《行序谱》,方能知其讳与别字,深觉不便。今于行序下悉附称字,其字已佚者阙之,至原有文中亦为补入。凡补入旧文则字用旁注别之。《礼》:"子孙得称祖父之字。"见《仪礼》袝祭之祝。又子思称其祖曰仲尼,屈原称其父曰伯庸,亦其例矣。

右序通例。

五十三、吾乡于谱牒有极不可解之一端,即不愿以谱牒示人,当修谱告竣时又必将旧谱当众焚毁,谓恐人窃其世系也。不知子孙而贤,纵不秘密亦无所虑;子孙而不肖,则岂无术以其世系私鬻于人? 亦愚之甚矣。我族向亦循斯例,道光戊申以前旧谱无复存留,今欲窥历来旧谱体裁亦不可得,即有讹字夺文亦无繇考订,诚憾事也。今兹重修当去此习,唯循旧法记旧谱所存之家,俾世守之,亦不必禁其示人也。

右序存谱例。

五十四、此后子孙重修是谱,如有意见与此序例不同,宜别为修改之例列于后,不得抽改数条致此篇失其条贯也。附书以示子孙。

右序附例。

太岁在昭阳作噩(1933)仲夏之月,二十九世孙绍宋谨撰。

载《龙游高阶余氏家谱》卷首。本家谱编于民国《龙游县志》完成以后,其中多有关于县志和家谱之关系的论述,有一定的参考价值。

《浙江通志》人物总表及列传例议

一、列传之前须列一人物总表，将以网罗全省人物，使不合传例而又不能删落之人得所归宿，意在寓阐彰之微旨，备后史之补亡也。史志须立人物表之说，发于章实斋先生，以前方志所未见者，其大旨见于所作《亳州志·人物表例议》及《湖北通志检存稿·人物表叙例》，盖师班固《汉书·古今人表》及常璩《华阳国志·别录》之意而变通之，法至善也。特以两志俱未成书，今《章氏遗书》中仅有和川、永清两志。而《亳州志》人物表称"例议"，故疑其尚未成书。《湖北通志》今仅存检存稿数卷。故后来方志尤效之者，其表式若何今遂无从稽考，因师其意而复变通之，号曰"总表"，虽非独辟蹊径，固已别具规模。

二、实斋言人物须列表之理由曰："通古之史所书事迹多取简编故实，非如当代纪载得于耳闻目见，虚实可以互参。而既为著作，自命专家，则列传去取必有别识心裁，成其家言，而不能尽类以收同于排纂，亦其势也。至前人行事杂见传记，姓名隐显不无详略异同，列传裁断所余，不以人表收其梗概，则略者致讥挂漏，详者被谤偏徇，即后人读我之书，亦觉阙然少绳检矣。"其论最为透辟，虽言通史，而推之通志理亦宜然。又曰："今为人物列表，其善盖有三焉：前代帝王后妃今存故里，志家收于人物于义未安，削而不载又似阙典，是以方志遇此聚讼纷然，而私智穿凿之流往往节录《本纪》，巧更名目，辗转位置，终无确当。今于传删人物而于表列帝王，则去取皆宜，永为成法，其善一也。史传人物本详，志家反节其略，此本类书摘比，实非史氏通裁。然既举事文以丁其义，则简册具有名姓，亦必不能一概而收如类纂也。兹于古人见史策者，传例苟无可登，列名人物之表，庶几密而不猥，疏而不漏，其善二也。史家事迹目详于耳，宽今严古势有使然。至于乡党自好、家庭小善，义行但存标题，节操止开年例，史法不收，志家宜具，传无可著之实则文不繁猥，表有特著之名则义无屈抑,其善三也。凡此三者,皆近志之通病,而作家之所难言,故曰方志之表人物,将以救方志之弊也。"是诚确切不移之论,皆修志者所应知,故不惮烦而为撮录。吾浙旧志即不载越王勾践与吴帝孙权,知其别有难书之隐,得此说则涣然冰释,可入于表矣。旧志人物传之弊正如其第二端所言,至各县志人物,虽非尽属类纂体裁,然大致不免芜杂,而人数亦患太多,又适如其第三端所举,得此说则快刀斩麻,可纳之于表矣。

三、如上所称,实斋之说尽善尽美矣,顾其所定之法有不可从者。《亳州志·人物表》今未见,依《湖北通志·人物表叙例》,知其表有三:一为人物表,二为春秋人名表,三为新收人名别录。第一人物表,以正史、一统志及旧志与府州县志三种所载人物为限,余者皆不入表。其理由谓:"正史纪传尊于方志,一统志为功令所颁,乃方志所当禀承,旧志与府州县志则亦当官修辑,副在史臣,其所载名姓非人所得而私。"此固简而易行之法,然不免为昔时尊王尊官之思想所囿,纵云尊王出于当时名分,而各府州县志之芜秽,大率成于俗吏陋儒,实斋盖尝抨击之不遗余力,奈何撰通志而违夙昔之言,作此尊官之论,是不能不为贤者惜矣。至于今,则尊王之义固不必陈,即为速成计而循其例为之,亦多窒碍。盖《清史》未就,今所存稿未经国民政府审定颁布,不能称为正史,则正史缺一代矣。一统志则嘉庆以后未曾续修,即修亦不能列于正史。嘉庆一统志疑实斋已及见,故当时可以遵循。至本省各县志则多年失修者颇多,若以此为标准,则得列名于表与否必至有幸有不幸,而史失其平矣,此不能效法者一也。其春秋人名所以特立一表之理由,谓:"史传之于人物无取复经,此论未当,兹姑不辨。志乘之于人物不当复史,故仿杜氏《春秋谱》例采录名氏,列于人物之前,所谓数典而不忘祖。"按,经尊于史之说乃腐儒之侈谈,而六经皆史之言本实斋之名论,今乃为是区分,毋乃自攻其说?夫志乘固属史之支流,而自身亦有其体制,复经、复史皆无所嫌,若必以复史为嫌,则其第一表所列正史、统志之人物不已复史乎?《春秋》人物大半见于三传,不已复经乎?表、传皆为人物之一端,谓表可复而传不可复,其说不可通也,此不必效法者二也。吾浙春秋时人物甚少,更不必专立一表。至新收人名别录,乃指当时采访呈报所列诸人而言,故云:"呈无事实,而仅缀虚文,孝皆曾、闵,义必夷、齐,治尽龚、黄,文咸班、马,千人一律难为写生,只得列之于表。"今按:此一流人即不应入于通志,允宜删除,免占篇幅。此在实斋当时或亦有不得已之故耶,此不可效法者三也。故今兹列表必宜别立规模,无取因袭。

四、班书《古今人表》后世多加非议,独实斋以为"所以补迁史人名之阙"。又谓:"史以记事,事皆人之所为,则人名乃史学要删,古人为《春秋》之学者,必有名字之书,人表殆其遗也。自名字之书不得其传,而史策芬其难治,编年、纪传交受其累。"此为前人所未发之论,至为精到,正史且然,何况方志家更为无聊之分类,遂使一省人物等于散沙,错杂纷纭,漫无伦纪,虽极博雅之士亦骤难知其姓名与其时代,将奚以为知人论世之资? 兹故为立一总表,既不敢如班氏之九品分科,亦不尽效实斋之三条征引,此四字见《人物表叙例》,即指正史、一统志、方志而言。俾读者览而知吾浙人物之大凡,而编年、纪传亦若网在纲,得经纬相资之用,通裁达识其或庶几。

五、常璩《华阳国志》既著人物,复于"三州士女或见《汉书》,或载耆旧,或见郡纪,或在三国书,并取秀异,表录姓名",是为别录人名之祖,盖皆采辑他书以补本志之所未备者也。实斋《湖北通志》于以事名篇之传后,均附人名别录,即本此意。然于人物三表中,则见于他书之人物不仿此法加以补辑,亦智者千虑之一失矣。今为总表,除正史、清一统志、雍正旧通志、民国初年续修通志稿外,凡见于他书之人物一律采入表中,加以子注,是则所谓数典不忘其祖者耳。

六、吾浙以七十六县之广,三千年历史之长,又夙为人文荟萃之域,今欲总摄群伦汇为一表,则排比先后为业至艰。有主循用旧志分类,略加补辑,求其易于观成者,然既讥旧志分类之不宜,岂宜躬蹈其失?有主以姓字笔画多寡编列,求其易于稽检者,然此为类书体裁,志之良恶固在彼而不在此也,故必以时代为次焉。他日书成,不妨更制索引,纵属繁费亦不获已耳。

七、昔者刘知几之讥范史也,谓其"列传题目全录姓名,历短行于卷中,丛细字于标外,其子孙附出者注于祖先之下,乃类俗之文案孔目、药草经方"。于是,后之史家咸以人名下加子注为诟病,不知史迁诸表已有子注,正史且然,何况方志。则推其例而至于人名下一一加以简略之记载,又奚碍于史裁? 若列表而仅载姓名,则其人之籍贯、时代、乃至出处皆不可知,类于花名点卯之簿,非唯无用,而欲执简御繁之精意亦荒矣。兹故于表中悉加子注。

八、兹定列表方法如次:

(一)表以旁行斜上为定式,实斋三表之式如何未详,兹分五格:第一格为《明史》以前诸正史所载之人,第二格为清嘉庆《一统志》《清史稿》及《清史列传》所载之人,第三格为旧志及各府厅县志以下仅称各县志。所载之人,第四格为续通志稿所载及新补辑新采访所得之人,第五格为列女。分格之意:一为正史,二为准史,三为旧有,四为新收,五以其性质各别。初无深义,冀便观览且易稽检而已。不以各县分格者,以人物多寡悬殊,空格过多徒费缣素,亦且于"通"字之义未协也。有主以旧府属分格者,违于今制,断不可用。

(二)正史所载诸人,注明籍贯及见某史第几卷,其附传之人亦须列入。汪龙庄所辑《史姓韵编》一书最赅备,可摘出重校后列入。

(三)嘉庆《一统志》为当时官定之书,所载之人较为严格,《清史稿》虽为未定之本,当时亦政府特设机关清史馆。编成者,所载诸人亦不浮滥,故均需列入。其坊间所出《清史列传》,疑为清代内阁档案,如有《清史稿》所未收者可附入之。表中亦须注明籍贯及卷数,至《国朝先正事略》等出于私人著述之书,如有第三格失载之人,则入第四格。

(四)旧志人物门所载诸人除已列前二格者外,概行列入,亦须注明籍贯与卷数,其雍正以前人物,虽各县志有传而旧志未收者则不复补列,以旧志所收之滥而犹未收,则其人盖可知矣。但若证以他书而确可认为当时疏漏者,则仍为补入而注明其理由。

(五)各县志虽其重修时代不齐,概以其最后修者为准。其雍正以后人物传除已列前三格外,不能如旧志将其人一律收入,因其所收太滥,愈小之县愈滥,因其县人才本稀,遂不免广摭充数矣。又多不具事实,寥寥数言,或似学究评文,或类官场考语,实不成传,收不胜收,故须严加甄录。此外如实斋所谓"乡党自好、家庭小善",以及空洞无事实,或虽有事实而无甚足称者,均应删落,以示通志之尊。其列入表者,除通志立传者注明有传外,其他注明某县志有传足矣,亦以示其人仅能入县志之传,而不能入省志之传也。

(六)民国续修通志稿尚未成书,其所收人物除少数采访外,皆就各县志采录而成,故在当时未经重修之各县人物多属阙略。例如歙县龙游旧志修于康熙初年,其时拙撰之志未成,续志稿便收至康熙初年为止,以后二百余年绝无增补。又所收亦嫌稍滥,故亦不能照旧志例将其所载人物一律收入,必第三格中所未收者始行收录。其应注明籍贯及出处,自不待言。

(七)《两浙辂轩录》及附有小传之选本,如《明末四百家遗民诗》《清朝诗别裁》之属,又碑传集及诸名家文集中之传记、墓志与夫笔记、丛谈等等所载浙人,多有为旧志及各县志所未收者,倘所载事实或著述确为可信,除立传外均列入表,是名"新补辑"。又各县采访员所采得者为新采访亦同,均入第四格,亦⋯⋯注明其籍贯与出处。其中尤须留意者,即明清鼎革之交志士仁人,或抗节而被诛夷,或独行而甘隐匿,其间不乏可传之人,旧志及清代所修各县志均以惧罹文网悉予删除,良不足怪,独惜民国续修志稿于此一无增补,正不知埋没几许硕彦英才。至于今年远代湮,事实所遗等于吉光片羽,欲为立传戛戛其难,唯有于表中广事搜求,略存梗概而已。发潜阐幽,吾侪之责,亦史法应尔也。

(八)每格人物俱以时代为次,此在正史、一统志、《清史稿》只须依次编排,易于集事。若旧志、续志稿及各县志,大都皆属类纂体裁,年代多棼,新补辑诸人亦多有不能确指其年代者。今仍依普通之例,以旧时科目年代为准,有科目者按科目年代排次,其无科目者则依其师友与夫时事约略编次之。以前代科举为重,大部人才皆出于其途也。

(九)凡列表诸人,皆根据梁廷燦所编《疑年录》一一注明出生年代,此外,据其所作或传志等,可推知其年代者亦注明之。

(十)表中人名下正史、准史有传者均须注明,前已言之。至本志有传者,宜注明有传或附传或与某人合传,其本志有补正史之传者注明有补传,旧志及各县志有传而本志未立传者,则注明某志有传,俾人一望而知某人旧志本有传今已删除,某人某县志本有传今未采录也。

(十一)列女凡正史、准史及旧志、各县志有传者,其入表去取与子注方法均同前例。唯旧志及各县志之节妇,无传而仅云某人妻某氏者,连篇累牍无人览观,纵云表章无裨实用,县志既登,更不必入录矣。

(十二)仅列表之人,非谓其品格不当列传,以其事迹不详,于传体不合耳。故新补辑及采访所得诸人,必须根据出处书之,以备后来者征访补遗,词虽稍详亦无妨也。

以上表例。

九、旧通志人物分类之不当,与夫改撰人物传之要旨,予前于《略评旧志及重修意见》文中既详言之,此不更著。拙撰《龙游县志·人物传序例》中亦曾详论。或疑旧志分类不当,则就其所载为之归并足矣,奚必改撰?不知其各类人物皆摘抄成书原文之一端,而于其人行事之非属于其类者则删之,而强使其事如其文焉。例如以其人为循吏,虽兼有武功、孝友者,亦仅摘其循吏之事实,而略其武功、孝友,如以其人入武功,则其他两事又复从略,所谓削趾适履者也,必其人两者皆具而万难轩轾者,始不得已,更取以入他类焉,则又等于剜肉补疮矣。是全属摘比类纂之书,即誉言之亦属整齐故事之作,岂足以称传记?更何论乎史裁?故必须从新改撰也。

十、旧通志人物既经分类,复为分府,尤属不合。在当时只是便于依类指归,而忘其志称为"通"之义,遂至支离破碎,稽检为难,即例以类书亦非佳构。今兹重修,必宜综合全省人物,而一以时代为次,以期合乎所谓"通"者而裁之,虽考索时代不免艰辛,然不宜惮烦也。此在初编时,固不妨就旧府属分任,冀易钩稽。迨夫成编必须综合,盖府制已废,今日新邦修志岂宜更遵胜国前规?而今之督察专区又为剿匪而设,初非定制,且时有分合,吾侪修志亦不能随之变易也,是之谓"横通"。

十一、方志人物重在一方人文,与制度沿革不同,不必以朝代为断。旧志亦循通例标明某朝,而于晋后隋前及唐后宋前十数代,仍以其时期短促,一人恒历数朝无法裁断,统题曰"南北朝"及"五代",是自乱其例矣。夫人物与朝代固有密切之关联,亦属知人论世所需要,然当于传文中著之,不必强为隶属也。又况鼎革之交是非难定,身虽列乎新朝,志仍怀夫旧国,若明末朱舜水、黄梨洲诸人,列于清代,恐非逝者所安也。故不宜标明朝代,是之谓"纵通"。

十二、有谓人物传全以时代为次,不为分类,势必忠奸错杂,贤否混淆,此说非也。"人物"二字本属美称,如《晋书·刘毅传》谓其"好臧否人物,王公贵人皆畏惮之",《唐书·李揆传》称其"门第、人物、文学皆当世第一",是也。既属美称,则奸佞之流不应列入,自无混淆错杂之嫌。夫方志本无仅奖善而不惩恶之例,故本志别为"叛逆人名别录"一编,附于传后,名"别录"者,示别于人物也,其例于后详之。

十三、旧志所列人物,除正史有传及甚著名之人外,多属空洞誉词,茫无事实,或只宜入县志而不必列通志之人。此在摘比类纂之书固不必深加讨论,若以志乘为史之支流,则不能不严其去取,是以不能将旧志原有诸人悉为立传,否则殊乖史体也。即以文章论,寥寥数言数十言,亦不成为传体也。爰将全部人物重行论定,其能凭藉他书为之增补立传者仍之,其无法增补成传者,只得于表中注明"旧志有传"。昔人有言:"占人著书,即彼陈编就我创制,始成专门之业。"忘为何人语,急切检不得。窃不敏,请事斯语矣。

十四、前誉旧志为整齐故事之作,则著述之业有待于整齐故事之书者甚多,遂有谓新志不宜删削旧志所整齐之故事者,而抑知非也?《西京杂记》《汉武故事》等所载故实,不为《史记》《汉书》所采者多矣;《黄初先贤表》《魏收秽史》等所载故实,不为《后汉书》《三国志》所采者亦不鲜。史可如是,志亦宜然。故旧志所载人物,重经论定之后尽可删削,况虽删其传而仍为列表,是其名犹存,删犹未删也。

十五、"志乘为国史要删,所载宜详于国史",实为不刊之论。今按:旧志于正史原文亦属摘录,于是国史反成为志乘之要删,大异!大异!兹凡正史有传之人不复列传,而将其文录入《文征》,于表中注明之。其或于他书可以参证同异详略者,则依"后史补前史"之例为之补传,表中并为注明,亦所谓"外史加详"之义也。如是,则可免剿袭之嫌,又可省篇幅之累,盖吾浙前贤之入正史者甚多,若尽采其文杂入列传,岂胜其繁。不唯干体有亏,后人稽检亦苦纷杂难理,是刘知几所谓"学者宁习本书,怠窥新录"者也,又奚取焉?

十六、嘉庆《一统志》《清史稿》《清史列传》前曾称为准史者,何也?准者,比等之谓,犹旧律所谓准盗论,新律所谓准禁治产也。窃取其义称此三书,以之比于正史尔。故清代人物当以此三书为依据,凡有传者亦不重作，而录其文于《文征》，其有应补者补之，一如正史之例。若同一人而三书互有异同，则或取其一篇，或更改窜为传，须参证后定之。

十七、正史、准史而外，新辑录之传有见于名家著述中者，审其可以征信，则亦不为改撰，即录其文于《文征》，依正史、准史之例注明之，其称别传者亦同。称家传者，则必非其子孙所为者始取之。至若寿序、墓文，其源本属辞章，而无关于史学，所言不能尽信也，仅能作为改撰之资料而已。但其文辞足以供参证者，则仍择要录入《文征》，此缘名家为人作传必非苟作。至于寿序、墓文，纵名家亦不免阿好而涉于贡谀，或徇私而邻于酬应，且多作交情之语、咏叹之词也。所谓参证，即本志改撰而别具苦心或有异说者，存之以备后人之比照，以吾侪每憾迁、固两史所据之原本失传，不能见其当时剪裁之迹也。

十八、新辑录诸传多属清代，所以补准史及志乘之阙者也。准史三种所录较严，虑有遗漏，旧志续稿所收较宽，疑其浮滥，故折衷其间而为辑录。所采之书，除名家文集外，必其著者生平所言世所尊信者始取之。不问已刊未刊。若其书虽盛行而难征信，或经人指摘者，亦不录，宁缺毋滥。

十九、近数十年来人物或得自新采访，或由其子孙亲友列状送馆，则必须经严格之审查，并须提出实证。如云政绩，必须详其曾办何事，其事影响于国计民生者若何，如云战功，必须详其参战何役，其胜败之关系于国家者若何，不得但云政绩优良或战功卓著也。又如文士，则必详其所著之书，其书有无价值；如孝友，则必详其事实真迹确可以励名节、风末俗者；其余类推，否则一概不录。在昔修志之人，恒有受人请托或贿赂之弊，本馆同仁固皆公正自持，可以无虑，然言之固无伤也。

二十、吾浙人文荟萃，若均为独传，嫌其散漫难稽，故《重修意见》中主张多作合传、附传，且须作以事名篇之传。方志中以纪事为传，虽倡自实斋之《湖北通志》"闻禧守襄阳""嘉定靳难"诸篇，而其源实出有《史》《汉》，若《史记》之"货殖"、《后汉书》之"党锢"，其先河也。以纪事名篇，可于一传中容纳多人，而事之始末得以悉具。且人与事相关，亦易成为有系统之记载，而得"事繁文简"之妙。否则一事而涉及数人或十数人，则此数人或十数人传中亦必述及，不亦烦而无纪乎。若虑其人名隐于传中难以表见,则人物表中固已具矣。而其人若更有他事足传者,不嫌互见,犹《史记》之于子贡,《孔子弟子传》及《货殖传》中两著之不妨也。此与旧志以一人而强分两类者绝不相同,识者自知,毋劳赘论。

二十一、合传之例,如《史记》之老、庄、申、韩,《汉书》之霍、金、元后,其命意如何殆难揣测,此盖别有心裁未宜妄学。今于以事名篇之外,凡事有关联或人有关系者,必须为之合传、附传,以省互见、别见之烦,而文亦可减省,庶几免于刘知几所谓"一事分书,或著事详某传,或标互见某篇,不胜繁琐"之诮矣。互见、别见之法亦史家之通裁,特不当数数用之耳。传中自为小注,古史虽无其例,然班氏"十志"自注甚多,志可加注,传又胡独不然? 当今酌用,不必效颦旧史,以旁注之义同入正文。

二十二、予昔撰《龙游县志》,上以道、释两家列入人物,不别为编,而序其理由云:"道家、释家例称方外,方志记载皆别自为编,殿于各类之后,此由昔日尊崇儒学指为异端,故秉笔者皆不敢持异论。甚者如陆清献之《灵寿县志》,并寺观亦摈而不录,自诩黜邪崇正,尤为迂拘可笑。不知《汉书·艺文》道家列为九流之一,佛教自隋、唐以来发挥光大,蔚然为学术大宗,宋明学者多通之,特讳言耳。方今学术大同,不当更拘成见,故仍以时代为次不别为类。愚见以为必如此而后安,知我罪我所不计也。唯道释两家事易涉于荒诞,今传中唯录其不荒诞者,若涉灵异,改入《丛载·轶闻》。"丛载为附志之一类,内有轶闻。此二十年前之思想,由今思之,壁垒犹森严也。而犹有两端宜补入者:道、释虽云方外与世无缘,而实于社会之影响甚大,既入志书,必当记其时世以觇其影响之何若。往读方外载记,往往终卷不知其为何时人,引为憾事。今若次于人物,虽时代不能甚明,而大体得以窥悉,此其一也。古来著名之缁衣黄冠,大半皆有道之士,迫于世情之不获已而遁入者。举其例如明清鼎革之交,士大夫之不甘屈服而遁入沙门何限,仅卓尔堪《明末遗民诗选》所举,吾浙已有今释、圆信、正岩、南潜、静挺、常岫、通复、智舷、弘修几人,此特其所获见之诗之一部分耳,其余未经选入者正不知凡几。此其人皆笃信教义而为之者耶,若概目为方外,于义恐未符也,此其二也。兹故仍持前说,不为别编,而于其事之涉于怪诞灵异者,则录入《杂记》。

二十三、列女亦人物也,以其性别而事殊,则不能不别为一传矣。列女为传始于刘向,而方志则多偏重节烈,殊与本义未符。今依刘例,凡有才情卓越、文采可观者咸入之。唯节烈一类,以昔人偏重之故传者甚多,然其所书事实却大略相同,阅之令人厌倦,非薄节烈也,陈陈相因不足为观感之资也。今就旧志及各县志传中,取其叙述生动而可歌可泣者始采之,其新辑或采访所得而为之传者,亦必如此而后入格,余皆一律入表。唯无论表传,必须注明时代,盖昔时闺阁例不与世事为缘,而其事多出寒微,夫既早死而无名,妇又不名而称氏,安从知其生于何时及其时之环境奚若? 此皆昔人所未留意及之者,侈言表彰,厥义暧矣。

二十四、传后应加论赞与否,亦宜议及。予昔撰《龙游县志》偶用之,其序例曰:"传后论赞史家通例,称论、称赞本由史家任意书之,非论自论、赞自赞也。自范氏《后汉书》论赞并用,论以散文,赞以韵语,后人遂误以赞为颂祷之词,且以为必用韵语,不知班书传赞全以散文,而宦者、佞幸传后亦有赞语,绝非称颂体也。方志《人物传》后例无论赞,兹编姑试为之,将以发抒感触,亦以寄其长言咏叹之情,但必有为而发,不欲如正史每传必书,致为刘知几所诮也。"今凡改撰或新撰之传,当仍用之。

二十五、改撰或新撰之传有必须规定者十二端,兹书于左:

(一)文字但期雅驯,不尚高古,不取模拟,不落俗格。唯时下习用文辞多沿袭日本汉文,或取材说部俊语,或杂采市井游词者,则须屏而弗用。至若实斋所举古文十弊,见《文史通义》。尤须戒绝。

(二)传中均应直书其名,不得称公或别号或官名,其采自他书与夫各县志中者如有此俗格,悉改正之。

(三)官名必须用当时原有之名,不得以古官名代用,如称县长为邑宰之类。昔袁子才《小仓山房文集》卷首有《古文凡例》一篇,历引昔时名人所为传记中用古官名者若干条,以为不妨仿效,其言甚辨,然此为词章家说法,志属史裁,不得援以为据。又官名不得简称,如省政府秘书长称省秘长,高等法院第一分院院长称高一分长之类,几不成文,亦不免破坏国家官制,所谓不当省而省者,不可从也。

(四)凡称县皆不得称邑,以邑为城堡之通称,大而一国,小而十室,皆可称也。故遇文中称县为邑者悉改之。

(五)地名必须用其人当时之地名,不得用古地名或简去一字以为高雅,袁子才《古文凡例》中亦以为不妨用者,未可从也。

(六)传中不得如墓文行略,详载先世兄弟或妻妾子女,但有必须书者自属例外。

(七)撰传不外记事、记言,记事欲其确实,记言欲其逼真,为事至难也。实斋尝言:"记事之法有损无增,一字之增是造伪也;往往有极意铺张其事弗显,刊落浓辞,微文旁征而情状跃然,是贵得其意也。记言之法增损无常,唯作者之所欲,然必推言者当日意中之所有,虽增千百言而不为多;苟言虽成文,而推言者当日意中所本无,虽一字之增亦造伪也;或有原文繁富而意未昭明,减省文句而意转刻露者,是又以损为增;变化多端,不可笔墨罄也。"此论最精,应加体会,故特录之。

(八)史传往往于其人之论著足以见其经纶抱负者全录于传中,如班史《董仲舒传》录《天人三策》,《贾谊传》录《治安策》,其例也。今以既有《文征》可入,故传中但摘其要言之,不复全录。

(九)传中称著述只宜书其最著者数种,不必将其所有著作之名悉入于传,以著作果有可称,自当著录于《艺文考》,不必更于传中详书致占篇帙。恒见时人所为墓文行略,载死者著述辄数十种,亦不问其曾否定稿,抑已否刊行,及其内容何若,悉登于简,按其实,可传者无几也。今入志乘,例须从严。

(十)传文中年代不得用干支,即以科目论,唐宋以来诸史亦无用干支者,唯《金史》传有之,非史法也,禁之。

(十一)传中人物必须考其年月,其中尤以具有独行、隐逸、方技、孝友之人为要,以此类人亦与列女相似,多与世事不相关也。故可考者必著之。

(十二)注明出处,似非著述所宜,然为征信计,亦不妨酌用。特不必如摘比类纂之书,每字皆有来历耳。故传后宜注明据某人某文纂。

二十六、志传有褒无贬殆成通例,此由修志家多同里闬,惮于贾怨而不敢秉笔耳,非于义有不合也。在昔马氏《安丘县志》有《丑德》门,郭氏广东志有《贪酷传》,何氏《闽书》有《旧苇》篇,林氏江西志有《奸宄》类,则亦寓褒贬于一编者,夫谁得而非之?此次抗战,吾浙遭沦陷或窜扰各县有从逆而为之伥者,叛国之罪其胡可逭,不明著之简策将何以儆将来?但不得厕于人物之列,因于传末别辟一途,记其姓名籍贯、所任伪职并已诛或漏网,谥之曰《叛逆人名别录》,虽生存者亦著之,所以示泾渭薰莸之别,俾垂戒也。其不溯以往而为之者,详今略古史法宜然,况历年既淹,秽行渐以澌灭,难以追论,而挂一漏万尤恐贻讥,故从盖阙。

以上传例。

三十四年八月六、七两日,作于云和大坪浙江省通志馆。

载《浙江省通志馆馆刊》第一卷第四期(1945年11月15日出版)。本文提出列传之前须列一"人物总表","使不合传例而又不能删落之人得所归宿,意在寓阐彰之微旨,备后世之补亡也"的主张,不失为一种既节省笔墨又尽可能地保存资料的好主意。当年章学诚提出此议,实际上并未实施,致使"后来方志无效之者"。现在余绍宋做到了,而且"师其意而变通之"别具规模。在"人物列传"中列"叛逆人名别录",在当时坚持抗战的形势下,体现志书的警戒作用,尤为必要。

《浙江文征》例议

一、章实斋先生谓,欲经纪一方之文献,必立三家之学,始可以通古人之遗意,所谓三家者,即志与掌故、文征是也。吾浙自宋以来,各地于方志之外,恒有搜一郡或一邑之诗文别为总集,如孔延之《会稽掇英集》、董棻《严陵集》、李庚《天台集》、林表氏《赤城集》、蔡璞《东瓯集》、赵谏《东瓯续集》、孙衣言《永嘉集》,其表表也。实斋所谓文征,意亦犹是,特各书纂辑义例不一,实斋则分目较简。其所定文征之例,于《湖北通志》则取传记、论说、诗赋、箴铭之属,别次甲、乙、丙、丁,上、下八集;而《永清县志·文稿》则分奏议、征实、论说、诗赋四目;《和州志·文征》则改"征实"为"征述","论说"为"论著",名异而实仍同。近人刘光汉谓,文征宜分考订论事、记事诠理、缘情托兴三门,更谓凡论事之文当先缀其事。亦有以章氏录诏诰于文征为不当者,更有隶文征于文存,与书目同属艺文者。黄岩王舟瑶所编《台州文征》，号称淹博，然其书仅按时代、里居分为内外二编，且置诗词不录。互有短长，不遑叙论。兹折衷诸说，网罗《浙江通志》所未及载者，别为《浙江文征》一书，别定类属如左：

（一）地理之属。复分形势、建置、古迹、名胜、水利、风俗、杂著七目。

（二）传记之属。复分史文、传状、碑志、论赞、记事、赠言六目。

（三）学术之属。复分流派、考证、阐发、商榷四目。

（四）政制之属。复分诏令、制诰、训谕、书奏、策问、论议六目。

（五）经籍之属。复分序言、跋文、题识、书后四目。

（六）金石之属。复分金文、石刻、陶瓷三目。

（七）艺术之属。复分书法、绘画、琴弈、方技、杂艺五目。

（八）诗词之属。复分古体、近体、诗余二目。

二、浙省山川秀丽，天目、普陀、天台、雁荡号称名山，山江之潮、金牛之湖相映成趣。唐宋以还，诸家述作汗牛充栋，其荦然成帙见于《四库总目》者，方志有周淙、高似孙、施宿、陈耆卿、常棠、潜说友、袁桷、董斯张诸编，河渠有魏岘、张国维、沈炳巽、赵一清、齐召南诸作，陈舜俞、李考光、田汝成、梁诗正、沈德潜工为山川之记叙，邓牧、吴之鲸、郑元庆精于古迹之访寻，王十朋、周去非、吴自牧、周密、张礼、屠本畯、慎蒙、王士性、黄汝亨、厉鹗、丁丙、孙衣言善为土风物产暨掌故遗闻之搜述。此外，朱辅、周达观、钱古训、薛俊、王咏霓则广识坤舆，何镗、姜宸英则究心边务，胡渭、叶维庚、丁谦、沈曾植则精于考证。而零缣断简、散帙遗篇，以暨诸家文集之有关地理者，尚难胜数。兹编旨在辅通志之未逮，凡关省内形势、建置、古迹、名胜、水利、风俗、杂记诸篇，择优纂录，统以"地理"名焉。

三、传记之作，仿自《晏子春秋》及孔子《三朝记》。魏晋以来作者滋兴，其体制则确立于子长《史记》。浙省人物殷盛，立德、立功、立言后先继轨，袁诏之《钱塘先贤传赞》、吴师道之《敬乡录》、宋濂之《浦阳人物记》、区大任之《百越先贤志》、郑柏之《贤达传》、黄润玉之《四明文献录》、王朝佐之《东嘉先哲录》、谢铎之《尊乡录》、金贲亨之《台学源流》、应廷育之《金华先民传》、金江之《义乌人物志》、王道隆之《吴兴名贤续录》，载之详矣。而刘鳞长《浙学宗传》、徐象梅《两浙名贤录》，更囊括两浙之精英，逊清以还为此者尤夥。其单行别出与传相辅者，复有行状、墓志、序赞、年谱之编；史志所遗者，复有族谱、家谍之属。概行网罗则势有所不能，严加选择恐未免多所挂漏，是以特区史文、传状、碑志、论赞、记事、赠言诸目，别为"传记"之属焉。正史之文甚繁，应否全录尚待斟酌。

四、浙省学术奄有汉宋之长。汉学自姚江虞翻、山阴诸贺迄至清季，绵历勿替，而清嘉道以后尤盛。宋学晦翁一派布满两浙，直接得其传授者，有辅广、徐侨、叶味道、陈植等，台州著籍门下者为数更夥，石氏子重获交尤早，三林、鼎、熹、恪。三杜、烨、知仁、贯道。诸赵师渊、师夏、师蒇。及郭磊乡、潘时举、池从周、吴谅辈，均获闻绪论。私淑及间接得晦翁之传者，在婺有金华四先生何基、王柏、金履祥、许谦。及黄缙、柳贯、吴莱，在甬有余正君、黄震、史景正及程端礼、端学昆季，在台有陈天瑞、周敬孙、周仁荣、孟梦恂、周润祖、黄超然、戴亨、董楷、盛象翁及二杨，珏、琦。在瓯有陈刚、章仕尧、史伯璇、赵良震等，再演至明有宋濂、方孝孺，入清有张履祥、陆陇其、金文田、夏震武，此浙省朱学之概要也。与朱学并峙者厥为象山之学，得象山之心传者为慈溪杨简，继之者为袁燮、舒璘、沈焕、钱时、徐霖及鄞县诸史，弥忠、弥巩、弥林、守之、定之。后王守仁倡为致良知之说，性质实与象山为近。朱、陆二派之外，复有所谓婺学及永嘉之学，婺学始于吕祖谦，吕氏渊源家学，希哲博综群书，兼取浙陆之长，复以中原文献之统润饰之，实奠浙东史学之基。祖谦弟祖俭与甬东诸老往还，厥流益广，嗣后鄞之楼昉、王应麟，金华之叶邦、叶秀发、戚如琥，武义之二巩，丰、嵘。义乌之徐侨陆续推播，蔚为史学之光，至黄宗羲穷究经史，综合诸家，斯学遂如日月经天江河纬地矣。永嘉之学导源于皇祐三先生，王景山、林石、丁经行。孕育于元丰太学九先生，许景衡、周行己、刘安节、刘安上、戴述、赵霄、张辉、沈躬行、蒋元中。至乾道淳熙间郑伯熊、薛季宣、陈傅良、叶适出，而经制之说遂以大昌。同时永康陈亮说王道霸，亦尚才气，世并以功利派目之。叶适尝游台州，鼎、熹昆季早与订交，旋陈耆卿、吴子良、王象祖、王汶、丁希亮、夏廷简、戴许、蔡仍辈皆执贽其门，盖水心文学之传由是彬彬称盛矣。明代姚江之学继象山而兴其学说，遍布江右及南中、楚中，就省内而言，传其学者有余姚徐爱、钱德洪、胡瀚、闻人铨、沈国谟、邵廷采、山阴王畿、张元忭，归安陆澄，永康应典、李琪、程梓,衢州王之稷、徐霈,台州应良、黄绾、石简、林应麒、金克厚及林元叙、元伦兄弟,其再传及私淑弟子则更不可胜计矣。后于姚江而树帜于浙东者,有山阴刘宗周,其学以慎独为宗,世称蕺山先生,沈昀、邵廷采、陶奭龄、黄宗羲皆其入室弟子。清初,吾浙学者应㧑谦悾悾自守,姑置不论。万斯大、斯同昆仲并师宗羲,为经史之巨擘;斯大子经秉承家学,益臻浩博,斯同尤长于史。与万氏并兴者,有萧山毛奇龄、遂安毛际可,嗣后陆奎勋、徐嘉炎、吴廷华、朱彝尊、徐善、汪师韩、杭世骏、齐召南、厉鹗、沈炳震、王延年、全祖望、姜宸英、卢文弨、汪沆、范家相、翟灏、金文淳、赵佑、周春、盛百二、孙志祖、孙希旦、邵晋涵、戚学标、周广业、丁杰、梁玉绳、梁履绳、严可均、周用锡、宋锡荤、李贻德、崔应榴、赵坦、钱仪吉、钱泰吉、黄式三、方成珪、许宗彦、胡祥麟、姚之骃、沈炳宸、周嘉猷、吴兰亭、章宗源、章学诚、沈饮韩、龚自珍辈接踵而起,于经史各擅专长。嘉庆初阮元创设诂经精舍,益提倡训诂考据之风,自是百余年来,浙东西学者若姚文田、严元照、陈鳣、沈涛、金鹗、冯登府、洪颐煊、洪震煊、李富孙、李遇孙、张廷济、张燕昌、钱林、施国祁、周中孚、朱为弼、徐养源、汪继培、端木国瑚、崔适、俞樾、戴望、黄以周、唐仁寿、孙诒让、王棻、朱一新、黄绍箕、吴承志、王舟瑶、尤莹、章炳麟等,罔不述作炳然,而章学诚创为《文史通义》,于史学贡献尤多,此浙江学术之一斑也。兹编不拘一格,凡有关学术之文涉及本省者,概为选录。

　　五、记言之书,典谟训诰尚矣。汉志有奏事十八篇,唐志有诏令一门,皆侪于史,《文献通考》以奏议居集末,《千顷堂书目》移制诰于集部,次于别集,可见于乙丁二部俱有合焉。浙省自勾践都越、钱镠保浙、南宋偏安,以及今主席领导中华民国,诏诰号令络绎相望。而古今臣工儤值殿廷,所拟制诰及敷奏献替之词见于史籍者,亦不一而足。以制诰言,舒亶有《元丰圣制》,俞烈有《掖坦制草》,傅崧卿有《西掖制诰》,黄洪宪有《栾坡制草》。以书奏言,梁孔体源,唐贺知章、陆贽、罗隐,宋孙沔、叶梦得、陈公辅、陈良翰、杜范、赵抃、王十朋、吕祖谦、吕祖泰、叶适、陈亮、王应麟、唐仲友、徐侨,明于谦、商辂、王守仁以迄晚清之黄体芳、朱一新,直言谠论均有裨于邦国。而于策问,虽多应制干时之作,而于国家兴亡治乱、地方利害得失关系綦巨。志乘所载荦荦可考者,有若陈舜、俞齐唐之《策论》,喻良倚之《策断》,桂彦良之《太平策》,李旻之《万言策》,茅瓒之《待问策》,非徒言词酣畅,亦见襟怀抱负,论议虽较空泛,反复辩难极关才识,王充《论衡》脍炙古今,近时所谓报人之作此体尤多,兹概以"政制"名焉。

六、"经籍"之名始于隋志,在汉志谓之"艺文",昔之经、史、子、集,近今之各科新著均属焉。序跋、题识、书后,足以考见书籍之概要,为读者之津梁。浙省经籍,据祁承𤈷《两浙著作考》、姜准《东嘉书目考》、李堂《四明文献志》、杭世骏《两浙经籍志》、沈登瀛《南浔著述总录》、吴骞《海宁经籍志备考》、管廷芬《海昌艺文志》、蒋学坚《海昌著录考》、钱东垣《吴兴著述类聚》、张鸿隽《南浔艺文志》、李㻲《甬上著作考》、吴庆坻《杭州艺文志》、孙诒让《温州经籍志》、黄瑞《临海著录考》、项士元《台州经籍志》、胡宗楙《金华经籍志》、张寿荣《四明经籍志》、孙延钊《温州经籍后志》、毛春翔《四库著录浙江先正书目》,以及省府县志所载,为书奚止十万种。虽书多亡佚,而序跋、题识之可考者,当亦不下万余篇。清纪昀《四库总目提要》固多审核精严,然出自御裁,成于众手,又适在文字狱繁兴之际,忌讳既多,不免偏重,究与学者及藏家之作未可并论,故仅于通志《经籍》酌量采录,兹则概不赘述。其各家文集、各地志乘暨各种广著所有关于浙贤著述之序跋,凡足资研讨者,悉为纂抄,亦以"经籍"名焉。

七、浙省金石虽始自会稽刻石,而汉至六朝实少概见,殆缘当时禁民刻石之故。唐宋二代传者渐多,其编为专书者,阮元《两浙金石志》以外,有洪颐煊《台州金石略》、郭协寅《临海金石录》、李遇孙《括苍金石志》、戴咸弼《东瓯金石志》、孙诒让《东瓯金石补志》、杜春生《越中金石记》、陆心源《吴兴金石记》、黄瑞《台州金石录》、叶书《台州金石考》,而省府县志所载尚足补所未逮。雍正旧志所载碑碣名作如林,汉有费均《梁相费汛碑》、卜引台《邑令费凤碑》、石勋堂《邑令费凤别碑》,晋有咸康六年《孝妇严氏碣》,梁有简文帝吴兴卞山《楚王神庙碑》、徐陵陈《孝义寺碑》,陈有徐孝克《放生碑》,隋有柳顾言《智者禅师碑》,唐则李华、元稹、白居易、陆贽、顾况、梁肃、皇浦湜、司空表圣、韩愈、段成式、袁高、陈谏辈,笔藻辉煌,照耀两浙。但主客不分体制杂糅,兹编则为考校,区分内外,其见各家文集而石刻未有发见者,亦酌量补入。盖此则旨在考献,与通志之金石、古物重在考古颇为异趣,其有关系重要建筑或名人墓宅,虽出近人之手亦采录焉。

八、书画技艺其传非仅在艺,亦由于文。戴逵写南都一赋,范宣叹为有益;万年少腹笥数卷,山谷讥其无文。故书画恒有传赏艺林,因鲜诗文为之揄扬,转致姓氏不彰。如嘉兴何犾,石门许自宏,海盐徐令,平湖沈岸登、沈玉山,钱塘汪焘,为张庚《画征录》所遗,其一例也。亦有身怀绝艺,而隐居岩壑不求闻达,竟至湮没不彰者尤众。即如绍宋之高祖考讳可大,书画品格远绍宋、元,逊清前期诸名家亦多不逮,而世之撰述书画史者绝不之及,亦其例也。更有书画名家作者初不自知,旁观者欣赏之余加以题识,其名始显,如蒙庄之形容画史,杜甫之题赠郑虔,亦例矣。浙省以艺名者史册相望,智永、徐浩、辨才、高闲、褚遂良、赵孟頫、姜立纲之书,曹弗兴、陈闳、项容、钟隐、马远、吴镇、柯九思、王振鹏、戴进、关思、蓝瑛、姜师周、项元汴、任道逊、陈洪授、金农、沈铨、奚冈、戴熙之画,徐道度、徐文伯、徐嗣伯、王克明、罗知悌、朱震亨、陶华、凌汉章、聂莹、夏子俊之医,郭楚望之琴,夏赤松、祝不疑、周蹛、赵九成、岑乾、鲍一中、方子谦之弈,下至百工技术之流,莫不有杰出之彦,兹特列"艺术"一编,藉为形下之鼓吹焉。

九、诗词对于地理、艺术各属为用最宏,其他类属亦多关涉,特体制与文异趣。《文征》既非类纂之比,依次编入既乖体制,又近类书,若析为二编,又无以见文之全貌。盖诗词原为有韵之文,箴、铭、骚、赋同为有韵,古人未尝摈于文外,《昭明文选》亦未尝置诗不录,兹故仿之,以诗词系于编后。诗依古近体按时代编之,词则仅依时代先后。浙省自六朝以来,以诗名者无虑数千百家。顾欢、沈约、吴均为吟坛之首倡,厥后作者据雍正志《经籍》所载,唐虞世南以下著录达五十家,宋钱俨以下著录逾五百家,元黄庚以下著录逾二百家,明刘基以下著录达二千家。清代诗人视前益盛,阮元《两浙𬨎轩录》可考者三千余家,潘衍桐《续录》可考者四千七百余家,若取《越风》《橹李诗系》《湖州诗摭》《诗录》《东瓯诗存》《三台诗录》《台诗三录》《四录》《金华诗录》《武林诗选》《两浙诗抄》《越郡诗选》《姚江诗存》《梅里诗辑》《石门诗存》《桐溪诗述》《闻湖诗抄》《峡川诗抄》《吴兴诗录》《溪上诗辑》《诸暨诗英》《上虞诗集》《黄岩集》《仙居集》《临海集》《太平集》《兰溪诗辑》《临海诗辑》《三台名媛诗辑》《须江诗谱》《严州诗录》《罗阳诗始》《缙云诗征》《同浦诗存》《安洲诗录》《天台诗存》《太平诗存》《云浦诗存》《西安怀旧集》等详加搜录,增补之数当亦不下千余家。至于词曲,宋元迄今清风远绍,台之陈克、温之虞祖皋振响于前,嘉之朱彝尊、杭之厉鹗、甬之姚燮腾声于后,至晚近集其大成者,则有朱祖谋综厥家数,在国内词坛诚可雄视一方。兹编异于选家,重在征实,家数既不求备,风云月露草木虫鸟以及遣兴之作亦概从略焉。

十、旧时户籍甚严,非终身及生长子孙于其地不能改籍,近今法制变更,居满六月即能取得公民权,是则所谓内外编者,在民元以前区分甚易,晚近则须另为辨别。释道原属方外,无复有家,其曾驻锡省内者概为内编,唯偶尔云游或邮筒遥寄者始列外编。其有来自异域有所述作,凡国籍未改变者,无论旅居历经若干年所概列外编。

十一、语体、文言特文之形式,实则苟有裨文献即语体亦当兼收,否则纂组虽工直类謷帨,于志奚补?晚近盛行语体,世会所趋未可违反,兹编依类次入,亦籍以觇一时代之文风。唯语体之诗尚未成熟,亦无关乎文献,兹编概不采录。又昔时纂修志乘多取定于盖棺,间有兼录生存,往往滥列自身著作,竞肆标榜而失其平,不足为训。兹不论主客,概兼收生人之作,唯文必己出,言须有物,无一毫私意于其间斯为美耳。

十二、予昔撰《龙游县志》,文征略采遗山《中州集》、清碧《谷音编》之例,于每篇之后,除事绩已见表传者外,均疏出处及小传,并说明所以采录之由,亦有间加考订者,颇为世所称许。兹编仍用此例,不敢惮烦,以旧志《艺文》所收多尚辞章,颇近《文选》,亦欲一矫其失耳。

载 1946 年 9 月《胜流》杂志。浙江为人文渊薮,文化之邦,在编纂《浙江省通志》的同时,贯彻章学诚"三书体"的修志理念,单独编纂《浙江文征》一书,以反映全省文化渊源和特色,不失为一种实事求是的可为之举。像民国《龙游县志》那样在每篇之后"均疏出处及小传,并说明所以采录之由,亦有间加考订者"的做法,也是一种纠正文征"多尚辞章,颇近《文选》"弊端的有效做法。

志书后录

前志源流及修志始末

古者治学俱有渊源，而修史之业尤重祖述，读太史公《十二诸侯年表》，叙诸家述作源流而可知也。迁、固以后，虽家法不传，世业渐替，然私家竞作，各出史裁，撰述所资源流毕贯，故斐然可观不乏良史，斯则作史之有藉于旧史也。一地方之书小然，虽无家法可言，而征引取材亦不得不藉于其地方之旧籍，则前志尚矣。昔索绥撰《前凉春秋》，采自边汜内外事者不少。常璩作《华阳国志》，依据谯周《蜀本纪》者尤多，其明证也。

史法之坏，由于皇帝专有史权，私家不得自立史例，于是有开馆聚众修纂之举。始作俑者为唐太宗，命房乔等修《晋书》，书成而晋史十八家悉废。然同时尚有姚察、姚思廉父子之于《梁书》，李德林、李百药父子之于《北齐书》，李大师、李延寿父子之于《南北史》，犹存家法，此后则无复渊源之可言矣。又虽奉敕作史，如魏收之《魏书》，以独力任其事者，亦尚可观。后此诸史，则悉奉敕聚众所为者，监修诸人例属高官，初不问其是否长于史学；修纂诸官亦多限于资格，故恒囿于旧例，陈陈相因，遂致修史大业几等于吏胥编牍、官样文章，欲求其良其可得乎？唐以后私撰之史，仅欧阳修《新五代史》一家，然其书蔑视制度，偏重文章，又当别论。方志之业，流弊略同。自宋代创方志以来，其初亦出一人之手，若朱长文之记吴郡，周淙之志临安，梁克家之志三山，罗愿之志新安，高似孙之录郯，陈耆卿之志赤城，周应合之志建康，类皆自成一家，垂为典则。洎元、明以降，踵修史之恶习，开局聚众视为固然，监修、主修皆属地方长吏，于是修志之权乃为官师所专有。虽其间亦有关心文献而为之者，然其末流成为在官者之政绩，招集州闾士子勒限成书，则相率张皇剿袭，填补成编而已。义例不明，记载无法，图经且不足称，安足语于史乘？故元、明、清三代方志,若徐氏嘉禾,袁氏四明,康氏武功,韩氏朝邑,钱氏鄞县,章氏永清、和州等一人独撰之志,虽瑕瑜互见而各有所长,均不失为佳构。此外诸志统计续修、重修无虑数千百种,大体无甚出入,求其有卓识特见者百不获一焉,皆模仿史馆聚众合修之效也,无惑乎文人学士薄方志之学而不讲也。

新志告成,前志覆瓿,人已视为固然,亦情势所必至。推求其故,盖有五焉:修志末流既视为官师之业,而文人学士又多束而不观,则新志既成,前志存亡人鲜措意,一也。人既不知尊重前志,而修新志又必思有以胜之,因对前志恒多抨击,虽所抨击不尽合宜,亦谁暇为之辨难?则相率厌弃前志矣,二也。即前志与新志初无美恶,而新志所载事实必增于前,则检阅者取新弃旧固属人情,亦非有所持择,况新本必易得而旧籍较难求耶,三也。既有新板则旧板多置而勿用,或以蠹蚀,或以散失,易亡佚于无形,欲求并存,繁重难胜,四也。新志恒多因袭前志,亦有褊忌好名之徒,虑人以两志互校发其底蕴,反幸前志不存以图炫己长者,则前志获存益难矣,五也。坐是五因,故曰前志难存乃情势所必至者。今作志而欲穷源竟委,以明述作之所自来,不亦难乎?若其志尽录旧序,虽其词大半浮滥,苦无体要足证,犹有崖略可纪,使如吾县康熙志尽削前志序跋,今如不得万历壬子志,则并前志修纂年月与在事者之姓名亦无从考知之矣,尚复有源流之可言耶?

昔章实斋痛史法之失传,毅然以矫方志之敝自任。其所撰永清、和州两志皆有《前志列传》,谓将以辨述作之渊源,意良远矣。然观其所为传,不外叙前志在事者之姓名并其旧序。夫在事诸人中,监修、主修之官尸其名而已。其纂辑诸人既非专司其责,亦有藉其品学仅列虚名者。而某篇某卷撰自何人例不标注,唯同治《番禺县志》每卷末注明何人分纂,最为难得。则泾渭混淆安有是非可辨?且一书无两序,著作之定例也。而方志则必以多序为荣,其中假借名人、依托朝贵,皆所难免。序中之语大率颂扬长吏,粉饰承平,俳语浮词千篇一律,绝无体要,尤鲜发明。以是而求其述作渊源于义无当,著为《列传》于例尤乖。虽实斋亦自言不得已而为之,推明其故,以为后人起例,然窃意终有所未安也。今故与修志始末并著于篇,俾乡人一览而知县志之源委,兼以明绍宋独著此书,虽不敢窃比马、班佗为叙传,固亦数世有志于兹业者,其于实斋提倡之旨或亦有合也。

吾县前志,今存者万历壬子及康熙癸丑两本,余俱佚矣。间尝考其源流,最古者当为郑缉之所撰《东阳记》,《后汉书·郡国志》刘昭注所引龙丘苌隐居龙丘山者,是也。其次则为《衢州图经》,见于《宋史·艺文志》。然两书均失传,且非专纪吾县一方者,是仅为前志之滥觞,不得谓为前志也。宋代方志渐兴,州县多有专志。南渡以后,吾县人文至盛,疑亦有之,惜无考耳。尔时新安,即今衢县,已有志,因意吾县亦必有专志也。今可考者,以明天顺间知县王瓒所修本为最早,弘治戊午知县袁文纪所修者次之,万历丙子余东衢、童子鸣两先生所修者又次之。三本今并无传,王瓒所修本何人纂辑亦无考,唯两旧志《官师》载教谕朱宗荣,注曰"撰次邑志十卷"。考宗荣为成化初年任,有考证,见《职官表》。恰与王瓒同时,意者宗荣所撰,即瓒所修之天顺志欤?樊莹序弘治志,虽讥其简繁倒置、杂乱而无章,然是志为后来诸本所宗,即其言非诬,亦不足掩其荜路蓝缕之功也。

弘治戊午重修县志有樊莹序,莹常山人,字廷璧,官至南京刑部尚书,卒谥清简。此序盖官御史时作也。谓其成于高、王二氏,就正于秋官吴公,惜未载三人姓名,今无考矣。余岫云先生谓其"因陋就简,颇病于质",《康熙志序》。则是清初原本犹存也。

莹序曰:

昔者圣人王天下,因地以制贡,观民而设教,辨五物九等以教树艺,故凡天下之形势、土俗,必籍以记之,若《九丘》《禹贡》《职方》之类是也。三代而下,治不师古,虽历有志,文具而已。唯我朝迹先王之旧,曩者既命儒臣编辑国志,复诏郡县纂修实录,将使吏于土者知土俗之势,酌教养之宜,权宽猛之治焉尔。龙游令六合袁君邦振,有志经世以王道,故乐承王者之德意,愈兹邑志旧编,简繁倒置、杂乱而无章,乃于制锦之暇,斟酌损益,折衷至当之,归断之在己。既而托高、王二氏编摩成帙,就秋官吴公而正焉。书成,请序于余。余览之再四,了其颠末,纲举目张而书法不苟:首县境,正疆域也;次沿革、次分野,明建置虽殊而星土不易;于形势、风俗、户口、赋税、出产、农事，以及学校、人物，关于治道者谨录备载，不遗纤悉。其辞质，其事信，详略当义，条理不紊。《传》曰"其善志"，此之谓欤。夫百里之内，山川有夷险，土田有上下，俗尚、物产有彼此，志不备则知不预，欲治而适其宜，譬如中夜有求于幽室之中，非烛何见？此袁君虽欲无事于此，不可得已。或曰：君作令是邑，政平赋均，风移俗易，六年于此矣。教养之法，创置之迹，其见于志者后先相望，谓由志而后善其治，非所闻也。答曰：君子不以其所能者病人。是编所以预后来之鉴，使知土地之宜、奢俭之异，于以尽辅相之道，示俭礼之规。与凡农桑、水利、桥梁、贡赋之属，所以惠下益上者，识所尽力而泽及无穷焉。噫！此其为君之用心。是为序。

万历丙子重修县志，为乡先达余东衢、童子鸣两先生主撰。两先生当时并擅才名，事迹俱详本传。是志体裁具见尹焘序，知与壬子志不同。以两先生主撰其书，必有可观。岫云先生以"雅驯"称之当非虚誉，惜不得一见也。今存者唯尹焘、陆瓒两先达序各一首。

尹序曰：

《周官》："外史掌四方之志。"凡侯国皆有史官掌记时事，登藏王室以备鉴观，其道盛矣。秦罢侯置郡县，则县令固故诸侯也，画壤分府以牧长一方，以主其土地、人民、治教之事，厥任唯重。故邑之地利、民情、土俗之宜，礼、刑、兵、赋、教、养之法，必谨奉我宪，以时省察而弛张之。虑其佚也，复汇次而书于册，以告夫新令尹者，志之所由作也。龙游自有县以来，代为要区，邑名互五更易。明兴，海内为一，龙当衢、婺之交，舟车辐辏，赋税错出，文书填委，部使者往往留意焉。旧志兵燹无存，其修于前令袁君者又多简陋弗称。南昌涂君奉命来知县事，修政布令，厘敝别奸，肃敏温裕，民因休洽。政暇询及邑志缺轶，忾然有怀，谓兹政典所系，堂堂巨邑不宜急废不讲。乃取弘治中旧本，延邑人余子湘、童子珮相与讨论纂辑，搜采旧闻，参以新得，芟其繁芜，补其阙遗。其有未尽之指，每篇复为论列，以寓忧时救敝之意。总为一十卷，为目凡二十：曰舆地图、曰分野、曰疆域、曰山川、曰沟洫、曰建置、曰防御、曰祠祀、曰古迹、曰田亩、曰物产、曰风俗、曰灾祥、曰官师、曰选举、曰名宦、曰人物、曰艺文、曰杂记。按:原文本缺一目。以明星纪,以正封略,以表形胜,以兴水利,以重民力,以戒不虞,以崇祀典,以阐灵秘,以定经制,以物土贡,以防民愿,以垂鉴戒,以修职秩,以扬俊乂,以昭翰墨,以树风声,以备谐语,王道之大端备矣。书成,嘱予序诸首。予唯志,史之遗也;令,邑之主也。修志以尽职,尽职以安民,由近知远,而天下之治可成矣。故曰入其国,其政可知也。故观疆域、山川、沟洫、防御,而知疆里慎固之道焉;观建置、祠祀、田赋、物产,而知综理、爱养之宜焉;观风俗、官师、选举、艺文、人物、杂记,而知表率、振作、会通之机焉。虽然,有《关雎》《麟趾》之意,然后可行《周官》之法度,政固有本也。观是志者,岂徒征一时之得失哉。涂君学优而才裕,其为政识其大者,如兴学校、建义仓、节浮费,循良之绩皆卓然可纪,故能以其余力而及于志之事,其政业之闳伟讵可涯哉。予不敏,辱公授简,僭为序,其大略如此云。

陆序曰:

尝谓一家之生产种种色色,家之父母必条其数目,登之记籍,以遗子孙。是记籍,一家之所系焉而不敢忽。又以必有是记籍以遗子孙,而后为父母之心始毕而无所歉。一邑之志,犹一家之籍也。家之父母且顾恤其家,思传其子孙而为之籍;治邑者乃恝视一邑之志,谓其无裨于政而忽之,其殆无父母斯民之心欤?邑旧有志,漫漶已久。念东涂侯来令吾邑,即谋及于此,底今而始获成。侯廉明慈爱,天植其衷,兼以历年之久,凡巨而国家之征输,细而米盐之琐屑,闾阎凋瘵、利弊得失,靡不洞烛其隐而深中其情。于是,孳孳焉为之裁酌区划,而公私咸获其利,视一邑之事固无异一家之事矣。今又举其久废之典补辑诠次,俾之咸正而无缺,不犹一家之数目必记以遗子孙,其同此父母之心耶。虽然,志以纪事似也,顾察侯之心,则有思深而虑远者。予不能事为之言,就其大者论之:徭役昔固有定额也,今则费增于倍蓰,即使力为之减省,而已尽于诛求矣;习尚昔固号俭啬也,今则日事于侈靡,即使加意于约束,而俗已渐成浇漓矣;人文昔固彬彬然称美盛也,今则寥寥而鲜实效,即使日从事于占毕,而芳烈不逮故先矣;此皆载诸志中可考也。苟吾邑之父母与邑之士民，感今昔之不相及，深唯而力挽焉，俾徭赋由之以少纾，习俗由之以返朴，而人文由之一洗其固陋，与古昔同其美盛，斯固涂侯属望之心欤，孰谓邑志无裨于政而可忽乎哉！是志也，侯维总其成而已。若乡先生余公湘、布衣童君珮，视草而终始之，法得并书。

万历壬子重修县志，为知县万廷谦主撰，校者为训导钟相业，订者为曹闻礼，则县人也。向例修志必县人主裁，知县特尸其名耳，今读钟、曹两跋，是志固万知县亲撰者，钟、曹仅司校订，亦难能而可贵矣。陆清献为灵寿知县，自撰县志，余无闻焉。虽岫云先生谓其书成于仓卒不无舛漏，然其体例较丙子志为谨严，而记载亦简当有法，固明代方志中之佳构也。卷首载弘治戊午、万历丙子两志旧序，赖此得以略知前志源流。又载乡先达徐可求及知县万廷谦两序，末有钟相业及曹肖蒙先生两跋。

徐序曰：

　　夫邑之有志，如国之有史也。疆域之沿革，治理之兴替，师帅之臧否，民生之荣悴，人物之盛衰，靡不悉而赅焉。此贤知得师之地，而愚不肖警心之林也。故善治者，无不于志修是亟矣。盖一兴除亦一利病，而此则百世赖之。然自哆于富强之烈者，或逊心于礼乐之君子，此又何可易议耶？吾龙旧有志，因陋袭舛，疑在不刊。岁丁未，而万侯百谷来莅政。岁壬子而政成，搜奸沃本，树鹄维风，废者举矣，缺者备矣，疲者起矣，偷者恬矣，椎鲁者彬彬矣，微侯之才之德不办是。而侯尤有远心也，乃进博士钟君、邑望曹君，挖扬旧志，以比宪章。将告成事而屡求不佞弁言于首，求以是叹侯之嘉惠吾龙未已也。夫龙固岩邑，而动称狡悍，此何可令邻国闻焉。今所考往哲，莅事穆乎有身先之化，而懿文济济以应上风，犹绰有三代之遗意，犹夫望邑矣。教则不淑以尤其民，民之不则其何憾焉？侯固不易民而化也，五载以治不必世百年，而善以仁，虽其缓急张弛应节之妙未易缕指，而如所修饬整举、补偏救弊之略，兴文润色之猷，志具在也，已章章乎垂简册而诏来兹矣。按，今冬故事宜修觐典，侯此行也，挟所茸志以上应功令，即不能尽其缓急张弛应节之妙，而其大者不已斑斑可考镜乎？于是考功氏将举茂异以相明鸷，而侯且未必复来，其或继侯者志具在也。墨可绳，芳可袭，纮可恢，未备者可师以意，而湮没者可循以求，知政知德，岂异人任而乃无绍述侯绩者以永言侯思？故夫侯之嘉惠吾龙未已也。求不敏，无能谀语以媚当事，而家世于龙，其所汪润身被之，即先氏之遗迹藉不朽焉。民之不能忘也，康衢击壤所自来也，虽不敏亦宜从而后也。时万历壬子，赐进士、吏部文选清吏司郎中，邑人徐可求撰。

万序曰：

昔在《周官》"外史掌四方之志"，后世郡县相沿勒为成书，则固四方之旧也。罗郊圻、民社于指掌，而鉴沿革、经济于善败，诏世传远，于是乎在邑之有志，不犹国之有史哉。高皇帝大一统，分部而概志之，区分胪列则有司为政，讵今或志或否，岂其分土殊耶？大都令长视邑犹邃庐牙，初入境，谣俗风土未及辨，兴利除弊未及知，何暇网罗载笔？久之政暇，慨然衡鉴自任，而综变论世考核为难，病无征矣。间史之言不越丘里，章缝之见不出井蛙，良非马迁，直非董狐，而欲声实中窾、臧否唯一，偏听成淆，其足信者几何？病不尊矣。龙丘浙衢胜壤，水陆辐辏，往吾乡光禄涂公筮仕兹土，故有丙子志成于一二青衿之手，繁芜荼俚，未经润色，观者未终篇而掩卷，与无志等尔。余承乏邑事，日就就理簿书，祛宿蠹之不给，如文事何？既三年报政，吏牍渐减，乃以公余搜旧志，与广文钱唐钟君相业、邑人曹君闻礼商榷而损益之。志目凡十，首分野而终以杂志，余不任创也；增补近事，汰冗酌宜，一切抑扬去取令自为政，宁严毋滥，不开啖名聚讼之门以昭划一，余不任因也。要以义同窃取而不患无征。按籍而稽，得封宇所由范防，贡赋所由盈缩，户口所由登耗，土宜所由虚实，人物所由盛衰，宦绩所由隆美，教化所由维持，周爰咨诹不遗余力，夫岂敢师心独任哉？知我罪我，有不恤矣。抑因是有感于龙丘之敝也：当成、弘间休养生息，民静而安，俗朴而俭，间闾不识肯吏，几于标枝野鹿之风；迄今吏猾民玩，嚣而不可治，望龙丘而至止者，往往以为惧府，不得展布其功能，遂至数十年无一完令，廑圣天子难治之忧，此其责属之上耶？属之下耶？《传》曰"一张一弛，文武之道"，又曰"温之凉之，与时宜之"，则在司牧者矣，则在司牧者矣！后之睹是编者,见礼而知政,于以预图力挽,潜消默夺,风移俗易,登之平康,斯志尚亦有利赖哉。时万历壬子孟冬望日,文林郎、龙游县知县事,豫章万廷谦撰。

钟跋曰:

龙游为三衢望邑,邑旧志以兵燹故,存者唯弘治戊午、万历丙子两志尔。丙子志修于涂光禄公令邑时,青衿为政,君子病之。暨今壬子,几四十年。邑侯南昌万公以仕优之日,提旧志而手自笔削焉。侯,光禄之乡也,载其家学,恢为经纶、卓异之绩,大足轶驾光禄。迩来五载,政成民安,有王言,有台剡,有遐迩之舆颂。所为纪侯绩者,若揭日月而撼发虚明之蕴,阐道翳情,一篇一什又靡弗脍人口而饫人心焉。篡修邑志,虽豹蔚一斑乎而典綦重矣。侯之言曰:邑志述往诏来,犹之乎国史。旧志既病芜鄙,而志以前虑在瀚漫,法宜削;志以后虑在湮没,法宜笔。笔削之时,其唯今日。于是,芟夷昔编,补葺近迹,其事核,其辞严,其义精,骎骎乎成书哉。而犹谓一得之虑弗可弃也,乃命不佞相业校焉,邑人曹君闻礼订焉。两人敬诺,相与反复校订,中间间有去取损益,而笔削大指禀侯命唯谨,不敢臆裁也。《传》称国侨氏博物君子,而众思是集,不自多其润色之长,故圣人嘉其命,郑国赖其辞思深哉,侯之广询亦若斯焉尔。书成凡十卷,纪事纪言,网罗一邑之故,如媸妍之在鉴,轻重之在衡。而阅是书者,由其事若言采胜于名区,扬休于良吏,撷芳于哲人,以鉴衡诸所沿革升降之故,如方旦之见日,方昏之见火,虑无弗昭昭者。侯行矣,行且秉国之钧,奚侈谈一邑之治绩。第俾嗣侯者稽成书,守成宪,划一清静,民其永有赖哉。而藉是篡修之役,侯之遗泽,自五载而百千载,垂之不朽已。则是役之不可后时也,于是乎益信。时万历壬子阳月穀旦,龙游司训,钱塘钟相业撰。

曹跋曰:

儒者雅言经术以饰吏治,非徒尚吏治之显也,要以经术之所运用,必有大过人者出焉,所云合成功文章而一之者是也。邑侯南昌万公,家学渊源,夙称经术之长,出宰龙丘,嘉与敝邑。更始甫及期月,百废俱兴,凡受大中丞台、御史台荐疏者五,迄以三载报最上。

考功令寻上之，天子大异之，赐诰褒予。侯择日致五熟釜焚草先司寇，而制冠帔进太夫人。则有王言在：一腔推赤，六善克勤，政简刑清，人怀吏畏。其推重若此，则应召计有日矣。独以邑乘为缺典，一旦取旧志而思易其芜鄙焉。于是，揽众说，摭遗事，芟繁就要，悉自手裁，撤彼芜鄙，别为起例，作十志。大者如地理、建置、祠祀、食货，与夫良吏、名人、艺林、文苑，靡不备载。第侯有不世之泽，著为洁令者，法所当书，侯尤谦让弗居，闻者异焉。金以为志者，乘也，乘有载之义焉，仅以载其名状数目，则一胥人事耳。必于其间有是综理之妙，与夫兴利除害之方，足以法当年而垂后禩者，靡不备志，始称实录。于以贻夫后之人，即后之人未必一一印可也，日取载之志者以考己之得失，而禀为画一，是所赖于志弘矣。且后之视今，亦犹今之视昔。侯既妙于综理而法程俱在，倘竟逸而不书，则亦今门止己，而后来者安所稽而藉手乎？而志之谓何？故有守之而不失者，吏治斯显；亦有创之而可传者，经术攸存。侯正其人也，则何让焉。时万历壬子冬月，长山司训，邑人曹闻礼撰。

康熙癸丑重修县志，为余岫云先生及知县卢灿主修，其协修者原任知县许琯、原任教谕黄涛、教谕杨鼎新、训导王克遵、西安贡生叶盛芳，余则县人杨昶、余际熙、叶槩、余忱、祝之瑶、余勉、毛凤习、叶棊也。诸先生者当时皆有声，而所成之志其体例唯析壬子《舆地》中山川、水利别为二目，及《人物传》不为壬子志之分类，较有见地而已。山川自《舆地》析出于理未安，说详《叙例》。至于记载间有增削，必谓较旧为良，非绍宋所敢知也。推其所以致此之由，盖书未成而岫云先生已殁。又值耿精忠之乱，俶扰数年而始定。其后虽经先生嗣君汧公续辑，直至辛酉始克成书，具见顾豹文及杨光生先生所为序。顾序作于庚申，杨序成于辛酉，是上距癸丑已八九年，而岫云先生已作古五六年矣。其间协修诸人必多更易，又无总成之人，则条理之不能贯厥始终，亦情势使然，不足为康熙志咎也。所惜者，汧公续辑时不别自为编，或注明补纂，今日遂无由知岫云先生原本之若何矣。卷首有《凡例》六则，略述编述之旨。又有余岫云先生自序，顾豹文、杨昶两序。

凡例曰：

（一）旧志载舆地、建置、祠祀、田赋、风俗、官师、选举、人物、艺文、杂识凡十目，其山川、水利即附见《舆地》中，颇觉太略。今以山川、水利增为十二目，盖山川为一邑名胜，记载宜详，而水利农事所重，有宜兴复者，附以臆断，尤不容或略也。

（二）旧志舆地、建置后即载祠祀。今以一邑所重首在官师，而官师所急莫先田赋，故先继以官师、田赋，而后以山川、水利、祠祀、风俗依次相从，稍权缓急以分先后，非敢变易前人也。

（三）旧志各类诗文俱载《艺文》中。今因所载诗文多半为山川、祠庙而发，若总汇在后则翻阅为难。今一一散附各类下，以便省览。至于诗文中有古昔名贤鸿文佳什，可以传后而无所附丽者，则仍入《艺文》中，不忍竟令湮没也。

（四）旧志所载山川只依次总序，略纪道里远近，其名胜风景绝无表章。今既照旧志，以通邑山川源委总序于前，而复择其最著者散见于后，略缀数语，仿佛一二以志其胜，且即以诗文附见下方，庶使一邑山川梗概开卷灿然，不致黯黮无色也。

（五）旧志所载人物，自唐以上总称先贤，汴宋以下始分各类。今思一邑之中人物有限，勉强分析弥觉寥寥，且理学、事功、文章、德业中有相兼，尤难析置。今概合而一之，悉依年代为序。至于武职、孝行、列女、方技等类，事迹原自判然，则依照旧志依类相从，以附于后。

（六）旧志所载人物，前贤已采入，一一如旧登载，不敢逞臆妄删，以附于从厚之道。其有事迹未甚详备、词句未甚雅驯者，则重加增润以成全璧。至于后来所增人物，悉皆博咨详考，恐蹈失实，宁严毋宽。若其闻见狭隘搜访未周，或有遗珠在所不免。博雅君子正不妨从容补辑也。

余序曰：

国家混一区夏垂三十载，车书尉侯，悉主悉臣，方内晏然，靡有鸣桴击柝之警。于是，天子思一道德、同风俗，乃诏天下郡邑，各以其志上丞相府，将讲求风土、政教所宜，斟酌损益，以为久安长治之道。而吾邑汉中许侯加意民瘼，奉行尤恪，爰属学博樗李黄君暨邑中诸君子共事编纂,而予亦执简其后,相与公听并观、网罗延访,参伍折衷,务归至当。视草于壬子之冬,辍简于癸丑之夏。衮辑既成,乃以请质于侯,而侯复命予序之。龙之有志前此莫考,自明天顺间弘农王侯为志,而弘治间六合袁侯继之,因陋就简,颇病于质。至万历间,南昌涂侯重修,时邑中余东衢、童子鸣两君有盛名,参酌互定,其书遂稍稍雅驯。又四十年,豫章万侯嘱曹君肖蒙重修,万侯以谢事有日,督促成书,不无舛漏,今所谓壬子志者也。距今修志又届壬子,盖六十年于兹矣。六十年之间,盛衰登耗、沿革兴废参错不齐,何事蔑有?其在今日,苟欲传信征实以诏后人,志诚有不可不修者。顾余俯仰六十年间,而深叹吾邑之日敝也。吾邑在一郡中最为瘠土,无深山大泽、土膏陆海之饶,无金锡纤缟、齿革羽毛之利。然往在胜国末造,南服粗安,吾邑闾阎熙攘,烟火和乐,家家力穑服贾足以自给,故勇于急公,笃于好义,弦诵之声琅琅相接,无不思奋迹策名、致身通显。而比年以来生齿凋耗,积贮鲜少,民无担石之储,士有襟肘之叹,忧愁噍杀,困顿无聊,较之畴昔固已若易地而居、越都而治矣。何今古之不相及至此也?论者疑革命之际时会使然,而不思吾邑自出汤火、登衽席,涵濡浸渍于朝之化者,固亦以久也。害气既究,由孽宜苏,而凋瘵呻吟未闻起色。若此者,岂得尽归于丧乱之余,流离荡析之故欤?毋亦为治者簿书朝会之是亟,征发供亿之是烦,皇皇然弥缝匡救日有不暇,而于风土习尚、制治更化之源流顾忽焉,而未之讲也。方今天子嘉惠元元,德音屡沛,广厦细旃之上惧不能周知疾苦,而取天下志乘以资省览,固远不同于前此守土之臣自为排纂无关体要也。而吾邑之修又适当六十年之会,韩昌黎有言"十日十二子相配数,穷六十其将复平",殆今日之会矣,剥极而复,否终而泰,天时人事有固然者。矧许侯以廉明慈惠之资,体九重怀保之意,披图按籍,朝夕咨诹,必有兴利不惮烦而除弊不厌尽者,休息爱养,生聚教训,方且移风易俗,以底熙皞之隆,宁仅如六十年前仓廪衣食粗足自给云尔哉。予不敏,获随诸君子之末,倘后之人沐其流风,溯其遗泽,谓吾邑户口之殷赈、风俗之醇茂、政教之修明、人物之炳蔚,咸自今日修志始,则予所窃幸以附不朽者也。是为序。时康熙十二年岁次癸丑,阳月上浣之吉,邑人余恂题于敦凤堂。

顾序曰:

今人一行作吏,日汩首簿书期会,经世之业讵复关胸臆间。即有有志之士,往往以文法趣数,置勿暇及。夫务有可缓而实亟,效有不在旦夕而在百年,莫逾志乘。考亭出守南康,下车首问邑志,盖诚有见于经世之大也。今天子右文稽古,下令搜辑,将汇而登之,副在尚书职方之纪,一统之盛灿若列眉,俾史臣执笔而事纂述皆有所考据焉。诏甫下,兵事作,所在负干橹,急储胥,或庋阁下间,或半途中辍,迄今未底于明备,有识者屡形之简牍。龙丘大令卢维庵先生捧檄是邦,既取其虫沙凤鹤之遗黎而衽席之,即谋邑志。父老历阶而进曰:“邑故有志,久残啮。乡先达余宫谕岫云先生博闻强记,衰述垂就而遽归道山,是足备采录也。”先生就其家出其遗编,礼进鸿硕之儒,分曹雠订,而以己意断定成书,为卷若干,出奉钱授之剞劂。走一介会城以书见示,且属为之序。余读之,进退刚严而不失忠厚之指,援据详赡而要,以奉国宪、敦天彝,勤勤恳恳反复诰诫。治乱消息之机,忠孝节义之概,显显于心目。昔荆公欲以国史嘱东坡,力谢弗逮。微先生之学之识,恶能成兹不朽盛事哉?余起家慎阳,百里墟莽,士子至裂书楮掩背吕,百年来掌故无足征者,踵事成编有志未遂,余于是益叹维庵先生学术经术为勿可几及已。时大清康熙十有九年庚申夏五月,邻治年家弟顾豹文顿首题于愿圃之缉字楼。豹文字季蔚,号且庵,钱塘人,官至监察御史。著有《三楚奏议》《世美堂集》诸书。

杨序曰:

车书一统之盛,尉侯万里之遥,匪人勿传,靡国勿纪,洵巨典也。国家抚有区夏,定鼎齐州,玉烛咸调,璇图同耀,天子明鉴遐荒,诏郡邑以志进。我龙以列服一星弹丸、尺土山城,习尚不识繁华,遗俗流传犹沿朴茂,从风顺则,仅喻尊亲、乐善、右文,咸知礼让。汉中许侯留心民隐,颇厌旧闻,文献齐征,降心延访。吾邑太史余岫云先生适丁恬退,贲迹丘园,分藜火之余辉,为珥笔之领袖,覆校榷扬,条分井晰,较诸前志庶曰精详,垂厥后贤永为衡鉴。嗟呼,是役也,业犁然脱稿于壬子之岁，忽仓皇辍笔于风鹤之辰，太史复归道山，藏书遂同韫椟。幸免水火，式睹汗青，厥唯兴京卢侯是赖焉。我侯长才大略，义问仁心，始以摄篆领干城，继以分符膺司牧，试虞既彰盘错之能，借寇遂邀甘棠之荫。作百子之堰溉我田畴，有同邬豹；新三鳣之堂教我子弟，不让文翁。禁溺则婉娈是育，人称贾父之儿；去锢则伉俪克谐，家绝卢仝之婢。以至修文昌之桥，建城隍之庙，而神人胥罔怨恫；核荒熟之粮，正疆里之界，而家国俱蒙乐利。是皆前太史备著于简端，有志而未逮；今仁侯尽见诸行事，无美而勿臻。是宜悉举以特书，庶几良法之永式。则又藉我汧公，美赞仁侯善继先志，补遗搜轶，踵事增书，可拟左氏之后经，欲过褚生之续史。仁侯出廉俸以剖厥，汧公殚精力以较雠，无愧三长，可俟百世。余当太史在时，气夺大巫，已同游夏之莫赞；今值卢侯莅治，身居远宦，即添尘露以何由？唯是，先后贤侯之翳烈宦彰，大小许公之鸿裁难泯。九鼎本重，何资季路片言；三都已成，宁假士安一序。嘉孙公之直笔，窃附刍荛；荣扬子之列名，敬搞琬琰云尔。康熙辛酉仲春上浣，邑人杨昶题于合浦官舍。

以上前志源流可考知者略如此，今更详修志之始末。盖康熙志以后，议修志而未成者凡七次矣。第一次为乾隆六年，知县徐起岩曾有续编《官师》《选举》《艺文》之举。虽简率之甚，然自康熙辛酉以来，六十年之职官、科名赖以考见焉。起岩为当时贤宰，百废俱兴，独惜其未续修全志也。《续官师》徐起岩有跋语，《续选举表》教谕沈圻有小序。

徐跋曰：

朝廷设官分职以司教养，典至巨也。龙邑志乘，自康熙壬子、辛酉间汉中许公、兴京卢公与乡先达余岫云太史先后纂修刻成，距今已六十年矣。毋论其他，即官师之授受年月与黜陟贤否已无文案可稽，而典史、巡检二员姓名、籍贯缺略尤甚。予惧其久而益湮也，急就其见闻可考者登诸剖厥，附入本志卷末，以俟后之君之旁搜博采焉。乾隆六年辛酉长夏，京江徐起岩题于官署之见山园。

沈序曰：

龙邑志乘，自康熙辛酉邑侯卢公与乡先达太史余公纂修以来，距今六十年矣。土田犹是,山川犹是,而官师与选举,其间升沉显晦,势不得与之等量齐观,殊阙事焉。于是乎邑侯京江徐公,既搜辑历年官师姓氏,续刻补入矣。顾官师本乎选举,而选举率由科第,其储之国学、乡学,广而为恩、拔、副、岁,以至忠孝有祠,节义有旌,加衔则有农官、寿官,任事则有训科、训术。如前志所云,或以义举,或以劳升,皆所以扩选举之途,而有善必录也。当圣世休明之会,竟任其湮没不彰,可乎?侯乃有再续《选举》之志,而属予襄次其姓名、科分。余初谓此固轻而易举也,而岂知自科甲而外,遥遥六十年间,其他如明经等不唯年分无稽,抑且姓名莫考,余滋喟然。因旁搜博采,以庶几一得,其或有遗漏、舛讹,将厚望于后之君子。时乾隆六年嘉平月纪。

第二次为道光间,知县周敦培议修。此无案牍可稽,县人今亦无知之者。余读《龙游攀辕诗集》始知之。集载朱斐然诗有曰"倡修志乘搜遗册,拟辟门闾葺讲堂",朱焕然有诗曰"更慨方隅邑乘荒,遗亡阙略绪茫茫。校雠润色非容易,秉笔唯君克擅场",余森诗有曰"贤书征雅化,邑乘被余光",余煦诗有曰"不独重儒术,抑且怀旧章。广征文与献,志乘握大纲。一百数十载,事迹殊茫茫。因之集绅士,降心相与商。编辑举重任,力大能挽强",余以铭诗有曰"再征邑志费参稽,簿书旁午犹披视。谓是当年急就章,兵防阙载还相指。慨捐廉俸募纂修,士民踊跃皆欢喜。濂溪贤裔东鲁儒,煌煌手笔大莫比。直欲浓薰班马香,岂第传讹正亥豕"。读诸诗,尔时固曾有所纂辑,且知其将增兵防一端,特以敦培在任不久,未底于成。而后任者复不能竟其功,为可惜也。遗稿当时必有存者,其散佚当在咸同兵燹时矣。

第三次议修者,为同治初知县朱朴。时教谕为褚荣槐,曾代朴撰序,见于《田砚斋文集》,并议增补各条云:"《建置志》应补官署、儒学各条,《田赋志》应补户口、田额、粮税各条,《水利志》应补五社坝一条于鸡鸣堰下并碑记,《人物志》应补忠义一门为一小卷。"末有杜孝慈注云:孝慈为荣槐之婿,参订其文集者。"龙游修志之举创议后,因经费无出事遂中止。"按:朴为俗吏,非能修者。而应补之事亦不止所列数条,当时即补成,犹之未修也。况志未修而先倩人为序,意在标榜尤为可嗤。荣槐夙有贤声,奈何曲徇其情,亦可异也。故褚序不入此而入《文征》。

第四次议修者,先曾大父镜波公也。咸同间吾县罹兵祸至剧,闾里为墟。乱定后,通县唯岫云先生裔翀一先生家尚存康熙原志一部,遂成孤本,曾大父曾借读之。光绪初既归田,慨然有修志之愿,顾其时知县陈瑜为一庸吏,终日唯喜为人作书,即仆夫贱役但有所求,立为命笔,而吏事则非所谙,尤无意于修志,曾大父数商之而事终不集。维时年几八十矣,自顾衰残观成无日,虑孤本一失后益无征,因与从伯祖子春公各举私财先事重刻,即今通行本是也。原本无徐起岩所续《职官》《选举》《艺文》三编,是三编者兵燹后县中亦不可得,仅曾大父行箧中有之,亦成孤本,今则此两孤本者俱亡矣。脱无重刊之举,今日重修益无所藉。是则斯举也,直千钧一发之延也。重刊本卷首有衢州府知府刘国光序及曾大父重刊序。

刘序曰:

岁辛巳冬,余重刊衢郡志,苦旧本多错讹残缺,搜辑属邑志乘参阅考据,唯西安、江山有志,常山、开化及龙游三邑其乘阙如,为怅惘者久之。因商各属令纂修,适龙邑余镜波观察自粤东解组归,晤叙此举,慨然有复古心。始商陈宝岩大令,延邑绅劝捐助赀纂修。尚未集事,镜波观察意以事务所先,仍旧急于图新,随函商其令侄今安顺府知府子春太守,捐资倡刻旧本,与余重刊郡志意见相合。阅数月,县志与郡志先后工竣,不胜欣然。余窃谓舆图之考,通志括其成,大概本于省志、郡志,其究摘要于县志居多。兵燹后,典籍半即销沉,志乘板归乌有,脱无振作者经理其间,任旧志终于泯灭,将来采择所及,其不追咎于今日也几何? 镜波观察本文章宿学,为政数十年,所至有循声。现届杖国之年,致仕归田,犹殷殷为文献主持。子春太守则曾与同官比部,素景其行谊,今果慷慨响义,足成乃叔志。两君子兴复如是,微特功在既往,即他日邑志增修,未尝不快然于领袖之挈、基址之凭也。余于是钦服其人,书之以为慨然复古者劝。至于搜罗补葺,续纂新编,是所望于贤大令及邑诸绅共成义举云。光绪八年壬午季春之月,尽先补用道、知衢州府事、前京畿道监察御史,安陆刘国光撰。

曾大父重刊序曰：

吾邑志书由来旧已，自康熙迄乾隆初年，贤邑宰卢公暨徐公捐廉相继创修，时则乡先达余岫云太史乔梓，先后协同采辑，手订成编，固文献之盛，亦牧令之贤也。藏板未及百年，字画已多漫漶，篇页亦多残缺。迄咸丰八年以后，发匪蹂躏，嗣后占踞县城几及三载，四乡民居半遭焚劫，而本城尤甚，所有房屋、什物，一劫于匪，再毁于兵，非特旧板无存，即家藏志书大多散失。以一邑事迹旷隔至百数十年之久，加以匪氛滋扰，庐舍荡然，故老无存，所有官司、选举、节义等项，及早搜罗采访已大惧荒渺难稽，则续纂万不可缓。然即搜求旧本，其完善者已十不得一，则鸠工重梓事在所先。如昔日有见闻未及、采访未周，尽可俟续纂集中补载，而原志应概仍其旧。时堂侄撰服官黔省，与城乡诸绅董邮寄函商，均无间言，爰付之剞劂氏重梓。时光绪八年岁次壬午季春月上浣之吉，邑人余恩镥题于柯城寓庐。

第五次议修者，为知县张焰。时慈溪冯梦香先生一梅主讲衢州正谊书院，乃聘之兼修县志。自光绪二十年秋间始事，采访所得颇多，大小凡七十篇，别有图二十四幅，即今所谓"旧采访"者是也。县中文献经辛亥之役多散轶无可征，赖此稍存崖略。故冯先生虽未及从事于撰述，而其功实有不可没者。当初事采访时，茫无头绪甚觉为难，观其分送《采访启事》可知也。其文曰：

客目共计八百余人，系据保甲门牌以儒为业之户与学院科试生童点名册合编而成。此中有必须查添者二端，有必须查改者三端。保甲门牌，往往有实系贡监职员，而仍写以农为业者。盖乡间读必兼耕，称儒称农不能一律，则门牌以农为业之中未必无儒。故编目既成，竟有众口共称之绅董此中尚无姓名者，此必须查添者一也。学院科试虽生童所必赴，然笃学之士往往有年老无志功名绝不赴试者，则科试点名册之外尚恐有遗，此必须查添者二也。门牌非一手所成，各户或写名或写别号，不能一律，今欲分送《采访启》，则称呼不能参差，此尚须查改者一也。生员点名册三代皆填写存殁，今检其祖父存者，则写其祖、父之名，其祖父殁者，则写其本名，此可以无疑义矣。唯童生点名册其三代皆不填写存殁,其祖父之尚存与否皆不及知,故此目皆写其本名,今欲分送《采访启》,童生之祖父苟有存者,尤必分送与其祖父方合于理,此必须查改者二也。生童点名册有兄弟同应试者,其析居与否尚未及知,若已析居者,固宜各送一本,其未析居者,则一家无须两本,宜查其未析居者存其兄而删其弟,此必须查改者三也。但既编此目为底本,则查添、查改之后,一县中约有千本足敷分送,可得其大概之数。有一图中宜分送二三十本者,有一图中但须分送三四本者,观此亦可得其约数。或宜查添或宜查改者,但须于发交本图地保分送之时当面一询,应添者便可添齐,应改者便可改正。唯祈于询明之后,一面开单交本图地保分送,一面于此日中照所询添改完全,则第二次分送采访册即以此日为定本,且梅于异日赴乡拜访各图绅董面询一切,亦即以此目为定本矣。唯编定此目不先授权于地保,必由修志处草创底本,查添、查改而后成定本,不惮烦劳多此一番周折者,此中有苦心焉。凡人于平日必有好恶,彼所好者固为所举,彼所恶者必为所废,不知修志一事,但粗通文理之人苟有所得,皆足以供我采访,万不可以好恶之私稍存区别之见。且乡党自好之士,往往有崖岸高峻不合时宜而时流皆畏而避之者,倘授权于彼,安望为屈指所及哉?此编所编姓名,每有谓某人向来不管闲事不必分送者,此说万不可听。此事非讼事也,亦非劝捐也,唯讼事与劝捐则向来管闲事者所优为。而修志则不必张罗一文钱,且不必诛恶,但求指善,苟有耳闻目见笔之于书,如此而已,正唯向来不管闲事之人或于此道有所专长,不可外视其人也。况分送千本,岂必欲千人皆有采访哉?唯多则必有所遇耳。故既编此目,但宜向本图地保照所询条款查添查改,而不宜凭地保之说删去一人。必如此,而后无蒙弊壅遏之患;必如此,而后见至公无私之天。唯执事察焉。按:此启文甚浅易,盖冯先生当日意在尽人能晓也。即此可见苦心,故具录之。

是举也,盖责成冯先生独修,亦犹今日由绍宋一人主撰,不别设纂修之员。唯叶吉臣先生元祺,时为凤梧书院山长,朝夕过从,相与商榷而已。其时任采访者悉不支薪,不负专责。今由《旧采访册》中查得当时曾经采访者,在城为袁恩澍、余福楙、余文垚、余文杰、余述曾、方晋寅、余焕、余敏树、唐贻縠、余溶、王振铎、余镇藩、张淇、余庆增,东乡为张文蔚、叶鸿钧、王绶槐、陈宝图、叶淇瞻、方镜明、陆廉芳、陆佐逊、周作肱、叶双福、徐明远、汪荣封、金玉璜、支序班、祝寿万、王绍圣、徐庭坚,南乡为傅文锴、劳荣绶、劳崇豫、何庭藻、劳励、劳锦荣、傅镜渠、赖儒绅,西乡为吴毓林、叶树槐、张拔、璩兆荣、黄体坤、尹秉钧、黄治裳、汪宜锌、詹其郁、吕肇基、马之骏,北乡为杨渭恩、徐南薰、张拱辰、曹元杰、姚济楫、叶畅、蒋谦、张邦典、周朝政、汪庆丰、季日庚、翁席珍,凡六十二人,例得附载。翌年十月,冯先生以他故辞去,事遂中辍,故仅存访稿未及编述。然其所欲编述之体例,亦有可考见者。其送交采访底册目录附注云:"旧志不更动,但增学校、兵防两门。学校门载文庙、典礼、学额、书院、佐宾兴、义塾及杭州《西龙试馆章程》;兵防门载兵制及乡团,而附记粤匪、斋匪。人物志则附载忠义录;别修续志,于都图中详村落,以弥旧志之缺;桥梁改入水利;官师中则增武职一项,不录驿丞、僧会、道会,而以阴阳学、医学改入选举志;田赋之后则附载厘卡、盐政、煤矿、电线四端,其大较也。"至此例之是否适宜,又当别论。

第六次议修者,为知县杨葆光。葆光有文才,见冯先生《采访册》惜其中辍,遂议设局续修,时光绪二十六年五月也。聘叶吉臣先生主局事,而以今坐办祝先生康祺副之,又以吴际元、方泰元为局员。葆光颇尽心于兹举,公余恒来局有所纂述。不幸翌月而江山匪警至,事平,葆光去职,事又中止。此二月中稿件今无一存者,滋可惜也。

第七次议修,为民国八年事。其时浙江通志局征各县访稿至急,而旧采访册及地图已于辛亥革命时遗失,无从采报,不得已重行采访。主其事者为汪纶园先生荣封,限期一年,所得访稿亦不少,今所称"续采访"者是也。惜为时太匆促,汪先生未及编订审核,故舛误错出,足以供采取者十不逮一焉。然当时采访员亦有微绩,应著其名:在城为劳锡熙、祝绍尧,东乡为叶封唐、方汇征、张敬修、徐士彦,南乡为何庭藻、邱梁,西乡为吴耀庚、吕耀南,北乡为陈启贤、邵蒂棠、王树熙、夏庆澜,凡十四人。此一年中有一事须特书者,即《旧采访册》遗失数年,久疑湮灭,乃经局员四处访查,卒侦得为桥下钱某乘辛亥乱时持去藏匿,乃设法索回。

今日纂修能有尔许资料者,赖有此举也。唯图则至今犹未觅得耳。

光绪九年癸未,绍宋生于衢州,盖曾大父解组归,即侨居府城也。五岁始识字,七岁入家塾受书,曾大父甚爱之,课余必命温习,又恒举昔贤童时故事相诏,且多及于乡先达,若饶州之罗鸡得金,若忠肃之化龙枕鼓,时时言之。尔时熟闻,辄神往吾龙游故乡焉。十岁,而曾大父即世,卜葬于县北上山徐之阳,绍宋随先大父、先君送丧,乃始得履故土。然负土既毕即归,犹未得一游也。越三年,先君掌教凤梧书院,绍宋随侍居书院者半年,始得渐通故乡俗语,渐知留心乡邦故事。而先君与人言,辄慨然于志乘之年久失修,虑文献之散佚,议修者屡矣。绍宋未喻其旨,窃叩之,先君乃诏以方志为一县宝书,功侔国史,其义甚详,恨幼时无知旋领即忘,今不能更举其词,负疚何极,然尔时亦私讶何以旷久而事莫举也。先君旋弁养,绍宋回衢居忧,服阕游庠食饩,颇有意于经世之学,涉猎群书,于史学独所心喜。既得读会稽章实斋先生所为《文史通义》,始恍然方志为史之要删,因取康熙志读之,即觉其非佳构。洎光绪二十九年科举既罢,兴学之议起,吾县亦设学堂讲求新学。堂中有学长一席,略同于助教,绍宋承其乏,居学堂者又半年,因获与乡大夫君子游,偶得旧事遗闻辄为兴感。又时因展谒先茔,得以周览四乡山川景物,益深恭敬之怀。时先叔与九先生任学堂总理,亦曾议及修志,虽事未集而绍宋有感于中,已思有以自效。居恒读书,遇有涉及县事者辄笔记之,积久盈寸,而参互考校之余,知康熙志所载殊多舛误,遂成《旧志订讹》一编,初未敢示人也。逾年,绍宋游学海外,县助束装费二百金,即出自修志余款,为数虽微,而私念今日地方以此款赠行,他日所以报之者别无他道,盖至是而修志之意遂决矣。归国以来,荏苒十余年,虽忝窃名位于京师,人事扰攘而斯愿亦未尝忘也。时官司法部参事,部中原储方志数百种,既得一一涉猎,复请于长官,以部令补征全国府、县志,又得三四百种,乃积平日讨究所得,又成《读方志札记》及《旧志补遗》两编。是二编者固未精审,今日视之深自惭恧,而区区素怀则可质诸乡父老兄弟而共信者,纵无今兹议修,此生亦必私自论著,以偿斯愿,而完先人之志矣。

民国十年夏历辛酉十月朔,母氏褚太夫人六十生日,绍宋先期乞假归省于衢州。届日,乡人士张君诵先芬、吴君子培际元、劳君崧青锦荣、汪君纪庚宜锌、徐君轶群士杰、陈君诗禅炽昌、劳君建康锡蕃、朱君晚香佩华，来郡为吾母称寿，时适县中又议修志，盖至是而吾县议修者已第八次矣。酒酣因谋其事于绍宋，且请任其役。斯固绍宋所至愿者，顾以时方任次长，事繁虑不得暇，未敢即承也。明日诸公复言之，退而白其事于母。母曰："汝其忘先人之志乎？"则对曰："不敢忘！"乃与诸公谋，兹事体大，非更得一老成宿望者共图之，惧弗克胜。时祝劼庵先生康祺旅居开封，自辛亥后不应征聘，声实俱茂，岿然吾县灵光也。谓诸公必约之，诸公遂以聘书来，约绍宋为总纂，祝先生为副纂。绍宋请以祝先生总其成，而自为之副，诸公必不许。越月绍宋返京，适有政变，乃固求去位，于是遂得肆其心力于志事。

其明年，县中虽设局，而祝先生犹以事未能即归。绍宋偶有所访询，局中仅吴子培、朱晚香两君主持，未设采访专员，辄无以应。而吴君又适递补众议院议员，南粤北燕奔驰靡定。仅由朱君督促钞胥，录旧、续《采访稿》寄京。而祝先生在开封，发奋往图书馆检阅所藏各州县志，时来书有所商榷。绍宋主全部改撰，不事续编，说详《叙例》。祝先生许之。乃规仿史裁别立新例，质诸祝先生亦承赞许。体例既定，先撰《艺文考》，历二月成编。适遂安方君仲先炜馆于京寓，绍宋因约为局员，亦草成《地理沿革长编》。其年八月祝先生来游京师，谓年老纂辑非所任，而局中采访无专员亦难以集事，乃相约于冬间各返乡，为始终贯彻之谋。冬至前五日，遂先后抵里，约各乡绅耆集议于尊经阁，咸谓兹举期在必成，乃公推祝先生坐办局务，其嗣君季方及朱君晚香为局员。又设会计一人，劳骥；庶务一人，陈祯祥；书记三人，童怀橘、童之撰、祝圣华。城乡各聘采访员一二人任其事，而以编撰之责专属之绍宋。于是城区聘定唐君贻谷；东乡聘定周君之桢，后增聘方君汇征；南乡聘定邱君梁，后增聘余君廷瓒；西乡初聘定汪君大枞，旋辞，改聘詹君其泰；北乡聘定王君树熙，后复增聘祝君文祺。又置名誉采访员一百人。其曾交稿者仅四十人，记其名于此：杨振烈、方晋辰、徐允元、朱鹏飞、王左、余镇藩、余志仁、叶鸿谟、叶荃、汪凤来、支畅、张鹏翮、方城、童振邦、邱荣祥、劳锦魁、劳恭辰、何庭藻、祝绍尧、巫宜祉、余廷琛、陆元茂、陈善、金通声、傅嘉禄、吴耀垄、吕赋真、董秉之、吴金鳌、徐炽、叶树铭、柯荫荣、钱景棠、何凯、张采、张锦标、王咏涛、叶景华、范恒丰、陈梦鸿。

当始事时，仅据重刊康熙志修纂，颇病其简陋，乃检《浙江通志》所引万历旧县志诸条以为参证，亦病其琐屑无裨弘旨。因请县官悬示，求明代旧志，年余无所得。适兰溪叶君左文渭清，任事京师图书馆，癸亥二月朔偶访之，谈及兹事，知馆中藏有万历壬子志，亟丐叶君代付钞胥录之。不一月，而祝先生书至，谓采访员邱梁已于县南桐溪陈氏搜得壬子志一册，又于傅氏得三册，合成完书。狂喜为之不寐。盖图书馆本多缺叶，且印甚后，有漫漶至不可读者，正苦无别本校勘也。互校既毕，知康熙志当时修订之未尽适宜，而足以补其缺失者不少。因为《校勘记》，谨援先世重刊康熙志之例先事刊行，俾为采访之参考焉。嗟夫！咸丰兵燹以还，康熙志已成孤本，今乃同时得两本以互校之，其有裨于纂修之业者何如，不得谓非有默相者矣。

事而两旧志互歧或舛误，则不能不折衷于府志，顾吾府志失修亦越二百年矣。光绪间知府刘国光重刊康熙府志时已无完本，脱简甚多，难资考证。既于京师图书馆获万历壬子志，复检书目，知尚藏有嘉靖间赵镗所修及天启间叶秉敬所修两本，唯均不完全，乃复托叶君觅抄手录之。叶君复就两本校雠，赵志仅缺第九卷，遂援《考工记》补《冬官》之例，以叶志补成完书，他日当谋重刊。是两志者，郡人久以为失传，不图犹有孤本存于人间，又适于绍宋修志时并得之也，其有裨于纂修之业，又何如哉！

是年春订定《采访章程》，每月须责成各采访员缴稿十五则。然所采多不适用，乃本纂例定《采访纲要》三十九条，详言采访之法，厉行采访，所获颇多。纲要文甚繁，不具载。一面从事撰述，于二月间撰成《职官表》三卷，三月成《宦绩略》一卷，四五两月成《选举表》三卷，六月至十月成《人物传》三卷，十一月成《人物阙访》并《别录》一卷，十二月成《列女传》一卷。是年，局员朱君晚香辞职，改聘璩君孟白涛继之。方君仲先又以病坚辞局员事，乃请西安姜君渭贤炽周代之。节妇、烈妇两《略》及《列女别录》至繁琐，且事关阐幽，尤不敢忽，绍宋所编仅及半，因嘱姜君补焉。

绍宋前辞司法次长，尚充修订法律馆顾问，至是以司法当局非人，亦辞去。故自甲子正月后，益得锐意论著。计正、二月间成《氏族考》二卷，三月成《建置考》一卷，四月成《食货考》一卷，五月改定方君所草《地理沿革篇》,并补成《山川》《疆里》《风俗》三篇为一卷,六月成《丛载》一卷,七月成《通纪》一卷,八月编成《掌故》八卷,九月编成《文征》四卷,十月又成四卷,此各编撰次年月之大凡也。至十一、十二两月,乃通部加以订补,稿三四易以为恒。

先是《艺文考》《职官表》《选举表》《人物传》脱稿后,各印百余册分致采访员及四乡士绅,求其匡正,而签注者寥寥。又编撰时,于两旧志及新旧采访有疑或未明者函局复查,辄未得复。是年春,乃创定一询问联单,编次号数,以所询事项书于右,虚其左幅,函请各采访员查访,责其书入原单寄还;其确无考查者,亦须将原单寄返。于是采访员诸君责无旁贷,不能搁置,计先后查询事项凡一千五百余则。至是,陆续得复,遂自本年春一一核补。其仍未明者,不惮再四查询,审核掇拾之劳乃倍于畴昔之撰述,亦初意不及料者。至四月杪,全部勒成定稿。此三年中恓饤故纸,埋首丛残,几于人事都废;卜昼不足,继之以夜,辄至晓星入户、家人促寝,犹不能自休。自问尽心焉耳矣,学识不足以副之,则无可如何也。

绍宋居乡日浅,于故乡实况知之不详,仅凭访稿深虑有所未周,或有所未审。亦有先后访稿互歧,虽经函询仍不能折衷者。属稿既定,乃于五月南归省亲,旋赴县城,与祝先生召集局员及采访员诸君于修志局,公同就原稿加以审订。时值酷暑,诸君自晨六时迄晚七时伏案校雠,曾不少息,虽挥汗如雨而凝神不纷,先后凡二十五日始竣事。其中于《食货考》《节妇略》多所增删,而《掌故》内之公租册钩稽尤精,则詹君其泰之劳独多焉。经此一番审订,虽不敢自云信史,亦庶几免于不实之讥乎。

是役也,最艰阻者莫如经用。吾县公财虽非甚裕,亦不甚穷。顾前任知事史君久芳疲于他务,修志一事未尝关心。当劳君崧青在时,力以措置经费为己任,及殁,无继其志者。于是,筹划之难、应付之烦剧,悉由祝先生任之。梗阻横生,几至中辍。赖吴君子培斡旋调停于其间,得以无事。计先后仅借拨自治附捐银九千元。史君擢去,曹君有成来继任,深明治理,以兹事为不可缓,始呈准拨用公益费一千五百元,又在自治附捐内拨用一千元,义学租款内拨用二千五百元,而印费犹无所出也。无何,江浙变起,曹君去任,继之者为陈君焯,本县警察所长耳,既不知修志事,又疲于兵差,局用复形艰窘。洎今知事孙君智敏来继任,孙君科甲出身,固应知尊重地方文献者,乃集绅耆议定,田赋每两加征一角六分,计一年可得六千元,于是始付梓。自开局以迄成书,所费银仅二万一千元,亦云约矣。

是故,今兹之役脱非祝先生主持,则采访、经费两端皆无所获,绍宋虽勤,曷克偿兹夙愿?其为劳于乡里者固至大也。而以七十老翁,不惮千里来归,力任劳怨,中更家庭变故、地方兵事,而卒不挠不挫以竟厥功,其宏毅果敢之精神,尤足以昭示来许。其次,则姜君渭贤、璩君孟白亦有殊绩。姜君所续成节妇、烈妇两略,并《列女别录》,皆刻意表彰,不少遗漏。而绍宋所撰各篇,时有脱略失检处,悉经其审校得之,事极繁琐,非心思至缜密者不能也。璩君娴于本县掌故,凡绍宋所询,诸采访员未及答者,璩君多能言之,且学询单往还,为事亦至繁琐,而督促分配之间尤具苦心焉。祝君季方随侍乃翁,佐理简札始终无间,兼司询单记载,其劳亦有足书者。至采访专员诸君,皆县中优秀之士,终岁跋涉,辗转咨询,其功自不可没。而王君树熙所采,间加考订,尤多可取。绍宋何幸,赖诸君赞襄得成兹业,此其感念为何如耶!

犹有一事足纪者,他处修志于编纂体例及人物取去之间,恒经多人讨议,甚或忿争,以致不决者,数见不鲜也。今则悉由绍宋独裁,先后四年绝不闻有所訾难,直使一县宝书等于私家著述。此皆乡人士谬采虚声,故信任如是之专,推诚如是之挚。而绍宋荷兹荣幸,益惧无以报称,夙夜彷徨,深自儆惕,虽学识有所不逮,而斟酌取舍之际,未敢稍涉偏私,此则尚堪自信,愿以质诸吾父老兄弟者也。

一地方之文献,每因兵燹而散亡。已往二百数十年间可考者,已仅矣。今天下汹汹,变乱方殷,失兹不图,后更何望?区区之愚,岂敢自诩成功垂为典则?所冀存此一编免于放佚,并以缵承先志,而不负吾母之望焉耳!一人之精力几何,四年之为期至促,其间舛误漏略之处正多,不必讳也。后之君子匡正而补葺之,岂唯绍宋及同人之幸,亦一县之光,百世之利也。日望之矣!

载民国《龙游县志》卷末。后录也就是后记。不过余氏的这篇后录标题为《前志源流及修志始末》,也就有了两层内容。"修志始末"记叙民国《龙游县志》从酝酿、筹备直至出版的全过程,"其间年月及经历情事,与夫此次所历艰难,并用人、经费诸端颇有足记者,悉著于篇"(见《叙例》)。这是后记应有的内容。而"前志源流"所记,就是关乎龙游县历次修志的情况了,他抛弃前人将旧志序言集中于卷首的通病,而结合叙述前志源流(包括未成功的七次)的过程中,将各种序跋等依次插入,那么这篇后录也就有了章学诚所提倡的《前志列传》的意味了,正如余绍宋文中所说"其于实斋提倡之旨或亦有合也"。

序　跋

《万历龙游县志辑佚》序

　　近修邑乘，欲求万历间旧志参证不可得，仅于《浙江通志》中检其注明采自万历旧志者得百余则。以校康熙志，觉所删改不逮原文，因穷一日夜之力眷录之，并为斟注，名曰《万历龙游县志辑佚》，以示里人。更为之序曰：明代龙游县志凡四本，天顺间工瓒所撰者已全佚矣，弘治间袁文纪所修者仅存两则，已附载卷末。万历间凡两本，一为丙子本，余东衢、童子鸣两先生所修，最有名，一为壬子本，万廷谦所修，即余岫云宫谕志序所云"督促成书，不无舛漏"者也。兹之所辑，通志虽未注明何本，然既载《童珮传》，则为壬子本可知。壬子本既督促成书，则必多仍丙子本之旧亦可推见，今虽未得读其全书，而即此百余则观之，已足知康熙志《凡例》所谓"重加增润以成全璧"者，实为多事。而通志成于乾隆年间，反多引万历旧志原文，抑有由也。康熙志所以必改旧志原文者，则以其时考证之学尚未盛行，不知阙疑，不知存古，犹沿明季士人改窜古书以为名高之习，风尚使然，良不足怪。而余宫谕虽主纂修，亦非及身观成者也。康熙志有《余恂传》可证。通志并《衢州府志》所引明代旧县志原文，较康熙志惬当者尚不少，以未注明何本，兹故不辑。疑通志、府志亦有就康熙志润饰，而非尽本明代旧志者，不欲悉归其恶于康熙志也。万历旧志分类见于康熙志《凡例》，今以通志所引各条未知原在何类，因仍通志之次录之，亦以避臆测之讥，而省校勘之劳耳。嗟乎！寻章摘句，补牢之愿难偿；守缺拘残，窥豹之情弥切；邦人君子庶几谅之。

　　癸亥人日，县人余绍宋谨序。

　　录自浙江图书馆所藏手稿。癸亥人日即 1923 年正月初七，公历 2 月 22 日。余绍宋 1923 年 2 月 25 日《日记》也有载。《辑佚》为余氏修民国《龙游县志》前，从雍正

《浙江通志》辑录的有关龙游县的资料。从《序》中可知,在和康熙《龙游县志》对比后,他深感康熙志不逮旧志处颇多,"所谓重加增润以成全璧者实为多事"。足见余氏重视资料收集整理的严谨学风。

重刊万历壬子《龙游县志》序

咸丰季年,龙游罹兵祸至剧,闾里为墟,故家所藏书籍焚失殆尽。乱既定,求一县志不可得,幸其时先曾大父游宦广东,箧中尚存康熙旧志一帙,遂成孤本。归田后慨然有修志之愿,顾一时未易集事,虑孤本一失后益无征,爰有重刊之举,即今通行本是也。绍宋无似,去岁还乡,辱父老以修志事相属,贸然自承,冀完先志。受事以来,颇病康熙志之简略,苦不得明代旧志读之,仅检《浙江通志》所引诸条以为参证,别成《万历旧县志辑佚》一篇,并为之序,以谓通志所引即此壬子志,益憾其不可得见也。今岁二月朔,偶访叶君左文渭清于京师图书馆,始知馆中藏有此志,大喜,丐叶君代付钞胥录之。越十八日,而祝劼庵先生康祺书至,谓于桐溪陈氏搜得此志一册,于傅氏得三册,合成完书,为之狂喜不寐。盖图书馆本多缺叶,且印甚后,有漫漶至不可读者,正苦无别本校勘也。互校既毕,以校《辑佚》各条,知通志所引殆多本于万历丙子本,非尽出此志也,则深悔向者之《序》为失言。

吾宗岫云谕德序康熙志,讥此志"不无舛漏",颇中其失。顾以两志合校,觉康熙志删所不当删者颇多,而增补甚鲜,于其舛漏之失未尝有所纠正也,而翻觉此志为良。略举数端以张吾说。弘治戊午、万历丙子两志旧《序》此志载之,康熙志削之,今两志久亡,藉此得窥其大略。一也。徐可求《序》自署"邑人",文中且云"家世于龙",是明明龙游人也,康熙志削此《序》;《选举志》于徐任道注明"瀫水乡人",可求其昆季也,康熙志削此注,不有兹编何由佐证? 二也。此志以山川属《舆地》,是也,康熙志必析之而别立一目,且不次于《舆地》焉;以水利属《舆地》亦可也,康熙志必欲析之，则宜入《建置》，而别立一目果何为耶？自体例言，此志亦胜。三也。诗文之属，附注山川、建置、祠祀诸志之中，最为方志陋习，此志独不然。四也。王街、狐墓、石鼓等古迹康熙志悉不录，按察司、龙游驿之沿革亦然，风俗、物产、祠祀中亦有为其删削者，得此志始知之。五也。《官师》不似康熙志以后世官名施于前代，甚符名从主人之例；元代防守武职五人，康熙志悉削之，非也。六也。《选举志》于诸人仕历记载颇详，其行事有可嘉者并为附注，康熙志删削甚多；又元丰元年黄裳榜下注云"失名"，所以待考，甚衷阙疑之义；康熙志径删之，亦非也。七也。康熙志于人物补楼惠明，考《南齐书》，惠明附《徐伯珍传》，称"同郡楼惠明"，惠明果为龙游人则奚不曰"同县"而曰"同郡"？言"同郡"则非龙游人可知，此志不载是也；康熙志又补郑灼，考《陈书》《南史》，均曰"东阳信安人"，其时新安久自太末析出，而太末尚未省入信安，不知何所见而补入也？此志不载亦非漏略。八也。人物传后附行略，体例固非所宜，然其略载徐泌、徐庚、虞彦夫、余峄、王仲修、徐有功、徐讲、徐以昭、方銮、钱康诸人之仕历与行事，谓"不欲尽没其名行"，意颇矜慎；康熙志乃悉删之，不知诸人何辜乃遭摈弃。九也。《宋史·徐徽言传》，称徽言为西安人，通志、府志亦然，旧志载之以为误入矣。今读《行略》，载徽言先世世系特详，且注明"家县之官塘，称官塘徐"，然后知载徐氏此族并非掠西安志之美。康熙志既载徽言，则奚为删《行略》所述，自失依据。十也。凡此均足补康熙志之阙失，其人名、地名之足以订其刊误者，犹不鲜焉。

嗟夫！咸丰兵燹以还，康熙志已成孤本，今乃得此志，且同时得两本以互校之，其有裨于今日之修志者何如，宁非冥冥中有相之者耶。今者局事方始，经用尚艰，益以不才如绍宋者承其乏，纂修之业岂敢曰必竟其功。而变乱相寻，人事无常，尤难豫度。则收拾丛残，俾无遗佚，固先务之急矣。因叙崖略刊而行之，亦先世重刊康熙志之意也夫。

民国十二年五月，县人余绍宋谨序。

载万历《龙游县志》重刊本卷末。1923年3月17日，余绍宋赴京师图书馆访叶左文，得观万历壬子《龙游县志》，即托叶左文设法抄录。不久，他又收到龙游刚发现的壬子志，将之与叶左文抄本互校，重新刊印，故有此《序》。经与康熙志比对，指出康熙志的十处不足，再一次印证其注重资料考证的严谨学风。

《衢县新志》序

民国十年,衢县与吾龙游俱议修志,龙志由余主修,衢志则由世丈郑渭川先生任其役。其年九月,余自旧都南归省亲,先生亦自杭州返里,因相与商榷体例。余谓两县旧志体例均乖,宜事改撰,不宜仅依旧例续增。先生难之,然不以为非也。别后,各自撰述,三年之间,简牍往还辄论斯事。先生时以采访难备为忧;余幸有祝劼庵丈康祺为主采访,时有所获,故拙志先成。先生读之甚加赞许,且谓其书将据拙志更改体例,窃意若是则脱稿益需时。前年秋,余复归衢,先生已因积劳伤目,赴沪就医,比冬而返,医药弗效已失明矣。闻余归,亟属金晓钟君声远来问讯,金君者,助先生收集志稿最力者也。告余全志已成,殊出意表,亟走谒先生。不及他事,即付稿本相属曰:“余目已盲,修正之责唯君任之。”余安敢当也,然感其诚,遂自忘其固陋,辄就鄙见,条其应斟酌者百余事,持与商榷。凡余所陈,多承采录。其不能采录者,详言其由,曲尽事情,咸有理致,间及故书,雅记默诵如流。呜呼,若先生者,可谓盲于目而不盲于心者矣。

夫修志之业与作史同,其成于众手者,必不逮独撰者为佳,此义余于拙志《后录》曾详言之。今先生此编,亦如拙书出自独撰,故经营结构别具卓裁,非旧志杂集众手而成者所可比拟。考衢县旧志即《西安县志》,存于今者凡两部,一为康熙三十八年陈鹏年修,一为嘉庆十五年姚宝煓修。陈志分十二门,尚有条理,唯记载简陋,究不洽于史裁。姚志大体仿《浙江通志》,分四十八门,涉于繁琐。通志体例已乖,县志本与通志不同,尤而效之,更无是处。其中人物一门分类益琐,竟至分割一人列于数类,尤为奇谬。故其书一出物论哗然,陈埙《正误》之作,其表征也。惜其指摘诸端涉于毛举,又多附会,未中其失。自嘉庆十五年迄今,又阅百十余年矣。姚志既不足征,陈志已成孤简,其间文献之待征集修纂者复何限,而汹汹之势方殷,尤虞放失,今何幸而得此编也。

此编为书凡三十卷,各为纲目,条理秩然,就体例言已胜旧志。其中方言及碑碣两篇拙志所阙,曩亦曾思纂述,卒以采访不备愧未能成,而先生竟以独力成之,且精审为全书之冠。其他诸篇,除人物志外,亦极抉择辨证之能事,而补正两旧志之阙失者无虑数百条。此由先生读书既多,长于考证,又夙关心乡邦文献,时有记录,蕴积既深,故能成兹宏制,余敢谓衢人更无能出其右者。其人物一端,虽未经改撰,而不为无聊之分类,已大胜于姚书。盖先生十分审慎,不欲轻议前人之非,明知旧志去取未公,然以历年既多,无由集证。至于近代,又以忧谗畏讥之故,难尽史鱼之能。其中苦辛,亦有难予局外人以共谅者,余深知之,明达者当亦能默喻之也。此编之成,后于拙志者三年,而不尽为拙书所囿,自标新例,卓然成一家之言,然后知先生成竹在胸,向所云云皆谦挹之词,固非不能自辟蹊径也。夫衢夙为文物之邦,代有作者,顾自挽近以来凋落殆尽。其存者,多以衰病不克负荷斯事,而新进之流骛于远大,亦未遑措意及此,文献之存不绝如缕。当先生编述时,屡遭时变,采访稽迟,至于经用尤感支绌,迭请官绅续筹,无或应者。危疑艰困如是,而先生持以毅力,卒底于成,则是以一身而肩一邦百十余年文献绝续之任,其功顾不伟哉。

昔昌黎先生谓史书不可轻为,自丘明以降,皆不免于天刑人祸。志犹史也,先生之盲,世或举以为征验。然余固曾独撰龙志,其精密尚不若此编,而杀青以来绝未遭拂逆之事,今且得遂初服,啸傲湖山,书生之福不过如此,则又奚说?故夫先生之盲也,独力撰述有以伤之也,非作志之咎也。余之不获咎也,非精力过于先生也,有祝劫丈为之主采访,余唯事撰著,劳逸固稍殊也。今天下事之不堪寓目者多矣,盲亦何害,盲于目而不盲于心,若先生者更何害? 昔左氏固曾以盲史而擅千古之誉矣,安见先生此编于方志中不擅誉于将来耶?盲史之后乃有盲志,而先生之名益彰,盲果何损于先生哉?今以将授梓人,属金君驰书命余为之序。余虽龙游人而四世居衢,先垄在焉,犹衢人也。既前后与知其事,感先生之诚,又惧世人或以先生之盲为口实而疑其书,爰序其由,以告来世。

十八年四月,龙游余绍宋序于杭州之寓斋。

载《衢县志》卷首。余绍宋 1929 年 5 月 17 日《日记》也有载,文字略有不同。郑永禧(渭川)为余绍宋故交,1928 年初,余氏曾应邀审阅其志稿。余绍宋将其引为同道,故此序全无浮言虚语。

瞿兑之《方志考》序

方志之学,洽乎史裁,通于政理,其说倡自章实斋先生,卓然无以易也。自实斋阐明斯义以来,晚出之志虽不能尽如所期,而既知旧说之非,已渐呈改进之象。实斋论志诸篇中,尤以《吴郡志》《姑苏志》《滦志》《武功志》《朝邑志》《灵寿志》及《姑孰备考》"书后"七篇最为深切。是七志者夙负盛名,而修志家辄奉为矩矱者也。自经指斥,遂鲜称诵之而则效之者,则此七篇之效亦略可睹矣。假使实斋当日就其所见之志悉加评论,勒成专编,其效又当奚若?乃自实斋以后,迄今百数十年间,未闻有继其所业而措意及兹者。推求其故,约有三焉:旧存志书大率芜秽,绳以史法殆无完肤,概加讥评恐伤忠厚,存而不论又非所安;近出之志作者见存,措词质直又虑贾怨,此不敢为之者也。自昔藏书之家,于方志非所注重,纵有藏庋为数不多,欲窥其全殆不可得,既鲜凭藉无自捃扯,仅据丛残又嫌漏略,此不能为之者也。即或凭其势位,足以得窥多数之方志矣,而一省之中,自通志以逮于县志,一志之中,自始修以迄于数修,纷然杂陈,难以悉数,欲事钩稽甚费时日,成书匪易,得名偏难,背于恒情谁乐为此?此不愿为之者也。余往在北都,因修《龙游县志》,曾就部院及诸图书馆所存志书勤加参证,偶有所见,亦曾为之札记,仅得二百数十条,未能成书也。戊辰南归并此失之,居恒窃自耿耿。今何幸而得兑之先生是编也。兑之以渊通之才、卓越之识,博稽广览以成斯编,视余往昔所为既精且备,余书固宜覆瓿,则亡失亦不足惜矣。

是编次第仍依《清一统志》,每篇先叙其编撰年代及姓名,次述其旧志源流,次述其卷数目次,次评其体例优劣,次约其地方沿革,最后评其得失,尤注意其所含之特殊史料。体裁既佳,考论亦当,其为不朽之作有识皆知,无烦更说。乃必欲余以一言为之序,自惭弇陋,本不敢承,顾以

为是编关于史裁与政理者至大,有不能不为天下后世告者,请具言之:

修志之业功侔国史,乡曲无知,恒藉此为沽名牟利之方,甚或为徇知修怨之具。又以为事属一方,无与异地,纵腾簧鼓终免讥弹。有此一编,足以破其谬见,则凡议修、聘任以及采访、编撰诸事,自不敢轻易将之。其一也。修志之人不尽才智,所闻所见每被囿于方隅,孰是孰非恒不得其正鹄,亦唯就其所见所知步之趋之而已,此虽通病,抑亦情势使然。有此一编,则优劣既分,自能择善而从,知所矜式,且意存褒贬,成规具在,亦不敢率尔操觚。其二也。《四库提要》于他类之书不厌精详,独于此门采辑殊略,通计著录及存目,所收不过百五十部,其所评骘亦仍旧见,无所发明,他家著录宋志而外亦鲜论列,盖犹有轻蔑之见存也。是编出,而方志之学始厘然独立为一科,不容鄙视,是实斋仅启其端,至兑之乃竟其业。其三也。承学之士欲问斯学窥其门径,而卷帙繁重每觉沆然,陈陈相因读之生厌,欲知美恶别择尤难。得此一编,粲焉具备,孰得孰失展卷了然,兴趣既生,研求自易,编中又多含史料,尤与治史学者以参互之机、兼通之益。其四也。方志为国史要删,实斋论之详矣。往时国史多偏重皇家政治,且有专馆掌之,犹有藉于方志。今者国史之业既无专司,而著作体裁亦宜略变,必当参用通志之例,广载各地方社会情形,而不能偏重于中央政治,乃事理之当然,亦时势所必至。若是,则有赖于方志者益多。是编既注重特殊史料,则他日修史取材极为便利,尤易得宜。其五也。自近世以来政法凌夷,虽屡变而不能中理合度、协于人情,国事阽黾,职是之由。虽其种因甚多,而秉政者不能深察民俗之所由成,与其所遗传、所蕴蓄、所薰习、所演进之迹,任情措置,亦其一端。然方志之芜杂纷乱,亦实无繇使秉政者得取以为考镜探索之资。故今日急务首在整理旧志,记其存佚,辨其精粗,详加考求,俾便采取,由局部以窥其全,因会通而察其变,以为他日立法施政之基,而求达乎好恶同民之治,是编特殊史料之辑,即负有斯职责者也。其六也。综是六端,其关于史裁与政埋之效盖可逆睹矣。

昔实斋之议修"史籍考"也,凡属史部之书,巨细不遗,悉登于录。独于方志一端厌其繁芜,病其难聚,谓可取者稍为叙述,无可取者仅著书名,不及见者无庸搜访,此与其平日所述稍有不符,而于作考之旨亦觉未惬。窃谓唯其繁芜故应整理,唯其难聚故应搜寻,不宜畏难,不宜苟简也,此实千虑之失,不能为贤者讳也。余固有志焉,而未之逮矣。兑之乃能举人所不敢为、不能为、不愿为,且并实斋所未为者而毅然为之。不数年间成斯巨制,发愿之宏、成就之伟度越寻常,殊堪惊叹。不图今日乃有斯人,其沾溉于来世,功岂在实斋下耶?读者若仅以寻常目录之学视之,则浅之乎视此编,浅之乎视兑之矣。余是以不容已于言也。

载《越风》第五期第 1 页(1935 年 11 月 16 日出版),余绍宋 1930 年 11 月 28 日《日记》也有载。瞿兑之(1894—1973),为清季大臣瞿鸿玑之子,1949 年后曾任上海市文史馆馆员。为文史学家,尤精掌故之学。

校刊《衢县志》弁言

余序《衢县志》之明年,渭川先生遽下世。又明年,县长某君倡议修订是稿,设所谓委员会,聘地方人士从事焉。余闻而非之,虑其点窜失真,或因人事变易至于散失,乃商诸省立图书馆长陈君训慈,为录副存馆。既三年矣,而修订之举亦寝,盖莫能赞一辞也。前年冬,衢县创设难民工厂,先生介弟锡卿董其役,厂有印工,始谋校刊是编,而苦财用弗给。久之,乃决用预约法,集资为之。当是时,尚有谓近十年事须补入者,亦有疑其间有遗漏错误主增改者。余谓:"此为先生私人著述,与集众手而成之官书不同,非他人所宜增损,近事可俟将来续修。纵有遗误,后人不妨别作补正也。"众无以难。唯原著称"稿",实先生拗谦之辞,以为私家著作,未经邦人公同论定,不得不然。《自序》谓"与同人讨论,集思广益",盖拟在付梓时行之,预为序入耳。其后先生病目致盲,迄未举行,余深知之。今既梓行,奚必更仍其旧。而衢丁灾劫之余,休养未遑,安能议及斯事?纵使议修,而人才寥落,前事具在,谁复能更出手眼逾于是编?是编精审,余前《序》所称绝无溢辞,定为正本无惭也。虽昔时亦有以志稿行者,乃狃于故习,谓必以地方官宪名义主修,今固无庸尔矣。剞劂既竟,锡卿深幸得传其兄之遗书,请记缘起,而余亦欣乡邦文献之赖以弗替也。遂书以冠简端。

二十五年十二月,余绍宋。

载《衢县志》卷首。郑永禧去世后,余绍宋为保存其志稿,做了两件事:一是将志稿录副,存入省立图书馆;二是力排众议,坚持按志稿原样付印,深恐一经众人之手使志稿失其本来面目。因为余绍宋认为志书编不好的一条主要原因,就是"模仿史馆聚众合修"。

《龙游石亘吴氏宗谱》序

昔予撰县志,调集全县数百家谱牒,参互考订,以成信史,吾友梁卓如先生读而题之,既为之序,且言今日益知家谱之足重。予谓谱学久亡甚于方志之学,所见谱牒大率芜秽,故志修成即须修谱,亦思于谱学有所发明。先生欣然谓,君谱若成,我愿为之序,以阐明绝学,俾世知谱牒为社学之渊源,于世运之升降隆污至有关系也。予闻而大慰,以为苟得其一序,亦必如方志之学,一经弘阐托体遂尊,何幸如之。比予谱成,不幸而先生遽下世,遂无由窥其所蕴,而斯学顿失复兴之机。故予不复更求他人作序,非当世无能序吾书之人,知音未逢,留以有待耳。此事往曾与世丈吴君子培言之。

又尝与君论及世俗修谱必求序于贵显之人,亦是一大恶习。应之者既认为酬应文字,陈陈相因,家家皆可通用。求之者亦不问其优劣,但借其虚荣,以为足以光宠,且违一书无两序之例,以多为贵,甚且有冒贵显之名而伪为之者,积习相沿,可为太息。予作家谱,凡旧序悉不置诸卷端亦以此。又吾县家谱大半成于谱匠之手,故荒秽不可究诘,谱匠者略识之无,专以排比行序兼事印刷为业之工人也,岂知谱牒之为何物? 尤可叹者,其族虽有士人,乃不自尊其宗祊而亦委诸谱匠,亦有士人专为人修谱而号称专家者,其识亦多卑下,舍承继一端外他无知焉,盖痼疾已深,莫知其非矣。君为修志时助予调集家谱之一人,当亦同斯感慨。

君之先德崧甫先生,博学多闻,为近世吾县耆宿,光绪间曾与修志,以其绪余作为家谱,故足称处颇多,堪为一县之冠。予犹佩其祠规严肃,他族所无,其族人多知礼义,虽逢乱世,绝少偭规越矩之人,未始不由于此。今君当乱离之秋,独任独修之责,以敬其宗而收其族,可谓克缵先绪矣。何况今者征集壮丁以御外侮,年龄所关非细故也,君不殉其私,一无假借,更为难能。君于当世贵显不乏相知,谱成不求其序,而独属于遁世穷饿之余绍宋,此其旷识高怀,又岂流俗之所能知者哉?

予唯所撰县志公世以还,世人读梁序渐知方志之足贵,他县新志征引拙著或规仿之者屡见不鲜,方志之学于以复兴。而所作家谱亦曾以义例问世,迄无起而景从之者,此学其终不可复乎?故乘君之命序而拉杂书之,以一吐胸臆为快。他族之以谱匠所修之谱求予序者多矣,皆未之应,以无可与言,言亦无益,不如其已也。今恃与君卌年深交,故不惮率直言之,言虽无文,或稍愈于陈陈相因之酬应文字。

载余绍宋 1939 年 8 月 5 日《日记》。此文应吴子培之请而作。吴子培曾任北京政府众议院议员,对民国《龙游县志》的编成多有帮助。文中对谱学凌替尤多不满之语。

《义乌兵事纪略》序

一地方之兵事,关系于氏族之变迁、生计之荣悴、文化之盛衰者,至深且巨。往日修志家仅注重政教人物,而于此多不措意,故所述政教人物虽详,恒无由明其所以然之故与夫至此之原,徒事敷张,奚裨史事?质言之,无史才与识而已。

十年前余撰《龙游县志》，颇思专立一门详记其事，卒以旧志无征，撷拾他书所获亦甚鲜，遂并入大事记中，语焉不详也。今得读黄晓城先生是作，深惬鄙怀，其取材之博赡、考赅之精审亦远胜于吾书。晓城于吾书曾否寓目不可知，而体例则与吾书大事记相类，亦足见彼此意见之相契矣。

义乌旧志余得见者，万历、雍正两编，皆不详兵事，仅于形势中略载数言，其简陋亦与吾龙游旧志相若。得此一编，足以补其阙略，晓城史才、史识即此可见一斑。义乌志久失修，尤望其能推及他端，更有所论著也。

余于晓城不相识，门人骆君和笙于晓城为内侄，将重印此编，征言于余。余以其已有序不欲更作，和笙继道晓城敦品励学及生平行事其详，心窃慕之，因徇其意略书所怀，以为他日相见订交之券，虽违一书无两序之义所不辞云。

载《浙江省通志馆馆刊》第二卷第一期（1946年3月1日出版）。《义乌兵事纪略》作者黄晓城（1873—1939），义乌人，字晓在。余氏在民国《龙游县志·叙例》中就指出："历代递嬗之际恒有争战，其关系于地方荣悴、民生休戚者至大，而两旧志无一文以专载之。"故对黄晓城的史识、史才称赞有加。

志书评骘

旧志过眼录

　　胡姓书贾送来县志数十种,偶检其体例,仅康基渊《嵩县志》、张惇德《栾城县志》、彭美《武邑县志》尚佳,余如王炯《邯郸县志》、编年一卷尚可取。陆元惠《介休县志》、蒋光祖《邓州志》、赵炳文《大城县志》、宝琳《定州志》均是俗格,殊不足取。

　　载余绍宋 1923 年 3 月 28 日《日记》。

　　早起又检阅县志十四种,均无足观。甚矣,佳志之不易得也。夜阅康对山《武功县志》,章实斋攻击此志几于体无完肤,仅谓其《官师传》褒贬并施,尚不落俗格。今按:其贬者不过四五人,多属空言,且杂神怪,亦非甚可取者也。

　　载余绍宋 1923 年 3 月 29 日《日记》。

　　早起读完《武功志》,觉无理或失当者甚多,实斋所指不过荦荦大端,即以文章论亦不流畅,只是貌为古朴耳。

　　载余绍宋 1923 年 3 月 30 日《日记》。

　　书贾送来县志多种,《黄县志》较佳,《河内志》次之,《栖霞志》《安阳志》均寻常,《宁化志》最迂谬可笑。叶华伯赠《登封县志》,洪亮吉撰,未及细阅,不知如何也。

　　载余绍宋 1923 年 4 月 3 日《日记》。

　　徐子龄寄赠《海州志》,体例略与余所拟编纂例同。

　　载余绍宋 1923 年 4 月 10 日《日记》。

王姓书贾送来县志多种，略一检阅，摘记于次：《静海县志》，同治间修。计八卷，《田赋志》中有乡村驿站，《官师志》中名宦别于邑令、教谕、训导，可谓奇谬。《荥阳县志》十四卷，分类亦普通，唯《选举志》不作表而作传，又别立《人物传》，注云"已见选举者不重载"，殊为乖谬。乾隆间修。《齐河县志》十卷，乾隆间修，分类极烦琐，纪载极简陋。《正定府志》二十四卷，乾隆间修，分类尚妥，唯纪载极无序。《昆新两县志》四十卷，道光五年石韫玉修，分类亦妥，偶检方言一类读之，极为典雅。计分十二类：一方言之近古者，二异古异他方而义稍通者，三异古异他方而义难通者，四反言者，五名不正者，六讳言而变其名者，七借喻者，八翻语为字者，九音存古而异于他方者，十音异他方而非古者，十一字音口诵不正者，十二音异而字亦讹者。他类当亦有可取处，匆匆不及细检也。

载余绍宋 1923 年 4 月 12 日《日记》。

早起再检阅县志。《尉氏县志》二十卷，道光间修，体例尚好，凡新增者注明"增"字，间有按语，颇具苦心，唯首列《论诰》载无谓之敕文，十五卷后悉载诗文，不免芜杂。《滁州志》十卷，光绪间修，分类尚是，记载循俗格，无甚可观。《交河县志》七卷，康熙间修，简陋之甚，《凡例》谓"宁略勿详"，不知何所见而云然也。《广安州志》十三卷，光绪间修，公署列入《职官志》，铺递列入《武备志》，他可知矣。《万年县志》二十四卷，乾隆间修，分类亦寻常，《职官志》中知县、县丞等亦与《名宦》分列，与《静海志》同，第十三卷后直是文选，唯此志刻工甚好。

载余绍宋 1923 年 4 月 13 日《日记》。

王姓书贾送来县志多种，摘记如下：《单县志》，乾隆二十四年普尔泰修，板漫漶不可读，且缺页甚多，无从知其良否。《即墨县志》十二卷，乾隆二十八年尤淑孝修，体例不谬，记载嫌简陋。《陵县志》二十二卷，道光二十五年沈淮修，寻常不足取。《平原县志》十卷，乾隆十三年黄怀祖修，列巡幸于《疆域》，列冢墓于《建置》，皆非体也。《沂水县志》，不明卷数，陋劣不足称。《长山县志》十六卷，嘉庆六年倪企望修，人物不滥登，又删去八景等,尚有史裁。《昌乐县志》三十二卷,嘉庆三年魏礼焯修,体例甚好,记载得宜,佳志也。《历城县志》五十卷,沈廷芳修,体例与《昌乐县志》同,惜板本甚漫漶不能读。《日照县志》十二卷,康熙五十四年丁时修,分类极琐碎且甚杂乱有不可解者,其内容可知矣。《临清直隶州志》十一卷,乾隆五十年张度修,浅陋不足数。《蓬莱县志》十四卷,道光十九年王文焘修,仙释入《地理志》,《人物志》分功业、乡贤、忠勇、仕绩、孝友、行谊、寓贤数目,均不当。《万全县志》十卷,乾隆七年左承业修,《海丰县志》十二卷,康熙九年张克家修,均平常。《曹县志》十八卷,光绪十年陈嗣良修,体例凌杂无足取。《荷泽县志》二十卷,光绪六年宋明在修,俗陋不足观。《奉天西安县志》十一篇,宣统三年修,不著何人主撰,悉纪新政,实不能称方志也。

载余绍宋 1923 年 4 月 15 日《日记》。

金筱圃寄赠《慈溪县志》及《镇海县志》。镇海志为俞荫甫主修,体例略与《鄞县志》同,专以考据行之,颇为精审,方言一编尤为特色,通人手笔固自不同流俗。《鄞县志》亦有方言一篇,颇多雷同,似袭俞志而增益之也。《慈溪县志》九十六卷,雍正八年冯鸿模修,寻常不足取。陈明侯寄赠《丽水县志》,十五卷,同治十三年彭润章修,体例完整,不繁不简,亦称佳志。胡姓书贾送县志来看,摘记如次:《莱阳县志》十卷,康熙十三年咸怀良修,子目繁碎,记载弇陋,亦俗志也。《招远县志》十二卷,顺治庚子张云龙修,纯是明代志书习气,不足取。《易州志》十八卷,乾隆十二年张登高修,亦俗陋不足观也。

载余绍宋 1923 年 4 月 17 日《日记》。

梁表弟赠《焦山志》《番禺县志》。《焦山志》二十六卷,同治庚午吴云撰。《番禺县志》五十四卷,同治十年史澄、何若瑶同纂,陈澜甫亦在分纂之列。其体例与余所定龙游志例亦略似,偶阅数卷,考证详明,记载翔实,佳志也。

载余绍宋 1923 年 4 月 18 日《日记》。

　　王姓书贾送县志来阅,兹摘记如次:《宝丰县志》十六卷,道光十七年李彷梧修,体例、记载均尚简略。《荥阳县志》十二卷,乾隆十一年李煦修,记载陋略,最可笑者为开篇八景图李煦各题词一阕,词亦不佳,真俗书也。《乐亭县志》十六卷,光绪三年游智开修,尚有考证,删八景及以散碎诗文入《艺文》,亦颇能自立体段者,北方方志中可谓杰出者矣。近来翻阅方志颇多,大率北方之志多沿明季志书陋习,可观者甚少,南方各志则多名人撰次,可取者较多,此亦可以觇南北文化之大凡矣。《寿阳县志》十三卷,光绪八年张嘉言修,记载详赡,大体尚可观,亦北方方志之差可者。《赵城县志》三十七卷,道光七年杨延亮修,分类稍涉繁琐,记载亦循俗格。《宁河县志》十六卷,乾隆四十四年关廷牧修,病与《赵城志》等,卷首八景图亦有题诗,与《荥阳志》同一陋劣。同治《上元江宁两县志》二十九卷,十三年莫祥芝、甘绍盘合纂,体例谨严,记述均注明出处,与吾志例差同,自是佳构。《灵石县志》十二卷,嘉庆二十二年王志瀜修,陋俗不足观。山西《太平县志》十六卷,道光五年王茂松修,亦俗志,八景外复有新八景,真可哂也。《永济县志》二十四卷,光绪十二年李荣和、刘钟麟纂修,分类琐碎,记载寻常,唯刊版颇宽大耳。

　　载余绍宋 1923 年 4 月 24 日《日记》。

　　马木轩寄赠《南阳县志》《通许县志》。《通许县志》十卷,乾隆三十六年阮龙光修,记载尚属简要,其《凡例》中甚自许,然亦不过尔尔。《南阳县志》六卷,康熙三十年张光祖修,鄙陋之甚。南阳为古名郡,而志书乃如此,真不学之甚者矣。

　　载余绍宋 1923 年 4 月 27 日《日记》。

　　王姓书贾又送县志来看,摘记如下:《原武县志》十卷,乾隆十二年吴文炘修,简陋不足存。《伊阳县志》六卷,道光戊戌张道超修,亦是俗格,但不若原武志之甚耳。《凤台县志》二十卷,乾隆甲辰姚学申修,记载尚有可取处,唯分类琐碎耳。《乌青镇志》十二卷,乾隆二十五年董世宁修,体例惬当,记载详明,并有考证,一市镇中而有此佳志,自非南方不能致也。《交城县志》十八卷,康熙四十八年洪璟修,《凡例》中自言旧志太烦,兹务简括,已失修志要领,偶检数十条观之,实非简括,乃简陋也。《汾阳县志》十四卷,乾隆三十七年李文起修,分类殊不佳,唯序言"会新安戴东原孝廉佐孙郡尊辑府志成,因延之共事",故记载中考证处颇多。东原修志意见与章实斋不同,具详《文史通义》,兹篇既为东原手笔,他日得暇当细读之。《潞城县志》四卷,光绪甲申杨笃修,体例谨严,疆域、山川、城池、乡镇为图,星度、经纬、历代地名、官师、贡举为谱,建置沿革、田赋、学制、祀典为考,山水、风土、大事、书籍、金石为记,名宦、乡贤、忠义、孝悌、耆旧、贞节为录,别为杂述一篇,略读其记载数十则亦颇详明,北方之佳志也。

载余绍宋 1923 年 4 月 28 日《日记》。

　　洪赋林来,赠《富阳县志》。映波赠《万全县志》。杂阅县志:《夏县志》十卷,光绪六年黄绪荣修,体例寻常,记载尚属明晰,唯古迹图太多,又如古迹入《舆地志》,皆非所宜也。《太原县志》十八卷,道光六年贡佩兰修,寻常无甚可取,此种名都当有佳志,奈何陋劣至是耶。《太谷县志》十卷,咸丰五年章青选修,分类甚为琐碎,记载亦简陋,俗志也。《富阳县志》二十四卷,光绪二十八年汪文炳修,赋林云实蒋敬时手笔,体例甚谨严有法,记载亦佳,可取法处颇不少。唯谓"非史官不能作传",虽古有此言而必欲遵之,则拘儒之见也。吾国读书人往往固执前人之说,不敢立异,即如县志中必首纪星野最为无理,而无志不载,且有明知其谬而仍不敢削之者。如《夏县志》,引戴东原说,已知星野不宜入县志矣,而仍为列入是也。戴云:"星野之说起于《周礼》九州之分星,《春秋》详列国,分星系指分野而言,后世以郡县隶之,于古州国往往龃龉不合。盖汉唐间已失其传,非实有所见而分之也。"此论最是,况星一度略当三百六十里,县大者或有之,小县则不过百余里,必欲按度占验,岂不谬哉。

载余绍宋 1923 年 4 月 29 日《日记》。

　　傅承潘来,赠《清河县志》二十六卷,光绪丙子文彬督修,匆匆不及检阅,大体看志似尚佳也。阅陆清献《灵寿县志》,此志实斋亦不谓然,平心论之,注重田赋,而立论处深寓感慨,在当时殊不可多得也。

载余绍宋 1923 年 5 月 3 日《日记》。

《诸暨县志》于《人物传》后有《阙访》一类,凡旧志及采访稿无事实可征,而又不能为立传者悉入之。此法甚好,因学之。

载余绍宋 1923 年 6 月 7 日《日记》。

阅赵镗府志第一册,叙山川尚有古致,足补康熙志者虽不多,然亦有岐异处。吴桐来,其兄棠赠江阴乾隆旧志一部、缪荃孙续志一部,缪志有可取法处颇多。

载余绍宋 1923 年 7 月 24 日《日记》。

以赵镗府志校所撰《选举表》,知赵志舛漏甚多。即如荐辟一类,徐民迪即徐道惠,蔡德政即蔡得正,叶存广即袁孝广,皆当时据各县志及采访稿任意编列,不加细考所致,殊可哂也。

载余绍宋 1923 年 7 月 28 日《日记》。

读《章实斋遗书·湖北通志检存稿》凡四卷,至夜十时毕。实斋于修志一事真能一扫前人疏陋之习而独出心裁,俨然史笔,其卓识宏议深足上掩渔仲、子元于向歆父子讨论之言,窃谓修通志者允当奉为圭臬。而嘉庆《湖北通志》乃并先生之名亦不叙录,其征引考据处至为精确,当犹是本于先生原稿,浅人盗窃没其主名,至可恨也。检存稿中《传》最有声彩,惜未全。《传》后有《人名别录》,此法最好,亟当取法。

载余绍宋 1923 年 8 月 27 日《日记》。

早起,正读章实斋《永清志稿》,而江翊云与罗雪甫来约游农事试验场,遂偕往,在豳风堂中饭,余为主席,一时半归,三时送罗雪甫上车。今日沈季让家有消夏集,以贪读实斋志稿,遂以喉疾未愈辞。乃发愤读至夜十时许读完,略书所见如次:《皇言》《纪录》《封诰》似未妥,封诰皆照例文章,不足存也。《职官表》至简当,前序至精,当非专为此志作。各篇《叙录》皆如此。《选举表》于无年甲可稽者不入表,可谓别裁。表中亦间附考证。《士族表》录谱牒颇繁，所谓士族，是否一族中有从政及科举者之谓，若然，则一邑之中莫非士族矣，终恐挂一漏万也。竞争门第最为陋习，尤非今世所宜，余修邑志，祝劼庵先生累来书言必为《氏族考》，迄未敢承也。必不得已，若缪荃孙《江阴志》例，略叙氏族由来，当少流弊耳。标举士族，实斋先生亦知其不可胜收，乃谓应量其地之盛衰而加宽严，窃亦未见其可。《舆地图》至为精当，唯以古迹、寺观附图后稍觉未安。古迹、寺观固非建置，不入《建置》是也，而与舆地图亦复无关，故此体例大可商榷。实斋云"近代撰方志者每于舆地之外特立专门，则不可以称伦秩矣"，何以不可以称伦秩，未喻其旨。《建置图》记载似太略，《水道图》可谓不朽之作。《吏书》《户书》、载地丁至详审。《礼书》载各项仪注似无谓。《兵书》《刑书》《工书》，此体例亦实斋所创他志所未有也，在从前此体例甚好，今则政务较繁，多不能悉纳六项之内，故无取也，即在从前此六项亦非能尽赅括。《政略》不称名宦传而称政略，亦实斋所创，叙录甚精，实为不易之论，他日余志付刻时必仿之。《列传》凡十篇，其目如次：《龙敏列传第一》，订《五代史》误处颇多；《史元倪列传第二》，订《元史》误处数则；《史天安、史天祥列传第三》，亦有订正《元史》处；《史天泽列传第四》，同上；《杜时升、张思忠、郝彬列传第五》，注中有云"凡前代地名不嫌详记"。此说甚可采。《诸贾二张刘梁列传第六》，《义门列传第七》，篇末附《孝友传》；《列女列传第八》，此篇最多，几占全传之半；《阙访列传第九》，实斋谓史无阙访之篇有十弊，真是颠扑不破之论，此体例为修志所必采，余撰《龙游志》已有《阙访》一门，当时系仿诸诸暨志，实亦本于实斋先生此志也，唯亦为《列传》之一，则今日读此志方知之。《方技》与《方外》附《阙访》之后殊可议，不宜学。后又附王士禛《池北偶谈》，记其从姊空中见女子事及李攀龙《纪幻寓谭》载庞姓遇鬼事，直是《聊斋志异》一流笔墨，荒诞不经，何取乎尔，实足为全书之累矣。往读先生《文史通义》，谓修志忌载传奇，此则较传奇尤为下乘。《前志列传第十》，附入旧志序多篇，仅有万一萧一传似非所宜，不若后人称《旧志源流》之为得矣。《文征》分奏议、征实、论说、诗赋、金石五篇，《征实》一篇最可取法，又每文一首间附考证，体例亦好。通阅全志不载《艺文》，当系佚去，否则断无不录也。旋在《礼书》中得数语，云"艺文应归礼房掌管，以永清无著述故不录"。以艺文归礼房亦是创见。

又志中无《侨寓传》,此或实斋特削者,惜其各篇叙录中未详其由也。

载余绍宋 1923 年 8 月 28 日《日记》。

郑迪九来,赠《黄岩县志》、江西《南康县志》。《南康志》前无序目,不知何人纂修,略一检阅则亦俗志也。

载余绍宋 1923 年 9 月 8 日《日记》。

夜阅书贾送来张之洞杂著,内有《纂修〈顺天府志〉略例》,颇有与愚见相同者,录之如次。拙撰龙游志与此例不谋而合处甚多,颇自喜也。

第一,宜典核。或摘要、或总录、或类记、或分正附(一列正文、一为夹注),其必应依年编次者,亦宜简要,不得徒事排比录抄,类长编也。

第二,宜征实。多考典,少空文。

第三,以地为主。与土地稍远者即从略,京师门尤甚。

第四,以官文书为据。

第五,古事宜备,今事有关土地人民者详,余略。

第六,各门统名曰志,不立杂名。用《华阳国志》《临安志》例,书成用《元和郡县志》、《元丰九域志》、乾道、淳祐、咸淳志例,标名曰《光绪顺天志》。

第七,图卷散归各卷,图先表后。

第八,引书凭古雅者。若《广舆记》之属及明人陋书不以为据。

第九,引书用最初者。不得但凭类书,其无原书者不在此例。

第十,群书互异者宜考订。详说夹注。

第十一,一人一事两地俱收者宜考证,不得沿误滥收。

第十二,采用旧志及各书,须覆检所引原书。

第十三,引书注明第几卷。

第十四,关涉两门者,互见分详略。用郑夹漈通志例。

第十五,征引繁多者、辨证者、牵连旁及者,多用夹注。用《史通》说,公牍繁而必录者同。

第十六,纪事须具首尾、具年月。

第十七,各子目须纪实,不得但存一名。如《寺观略》仿《洛阳伽蓝记》,《物产略》仿《南方草木状》之类,旧志止列一名而已。

第十八，典礼则例非专为顺天设者不录。如文庙祭器、乐章之类。

第十九，生存人姓名、事实、著述不录，奏疏、公牍不在此例。

第二十，文辞必宜古雅，亦不可过于僻涩险怪。

第廿一，文字有褒贬抑扬处，须从众议，不得偏执独见。

第廿二，国朝经制事例有空阙无从钩考者，本卷子目下注明止某年。

第廿三，采访日久不齐，中多空阙者，先纂成书，续到日别为补编，附当卷后。

第廿四，大例不改，子目细例应改并增补者随时酌议。

第廿五，凡一目而事实繁重、篇页过多者分上下卷。

第廿六，每卷标纂书人名于大题后，书成照刊。某县某人纂。

第廿七，全书俱顶格写。抬头处一例平台。

右诵例

第一至第十，略。

第十一，增方言一目。用《灵寿志》《云南通志》例。

第十二，地图，府属一总图，一县一分图。

第十三，图，地理须用目验实测，聘通算学者为之。不得凭成书及约略揣度。

第十四，《地理》门止载确关土地者，余别出。

第十五，《河渠》立专门，其地理门内山川止具大略。出何山，入何水，过地几何，如汉志式。

第十六，赋出于地，役出于民，故户口物产先于赋税，前代旧制、近日积弊均为详采。不得仅纪建置、年月、处所。

第十七，《故事》非他门可隶，今立专门。用咸淳《临安志》纪事一门例，琐事立《杂事》一目隶之，用《礼记·杂记》例。

第十八，《官师》门多归表，少立专传。立表以省传。

第十九，人物以朝代为次，不分州县。

第二十，人物不分贤否，理宜并载，但以子目区别之。史例与经制不同。

第廿一，《人物》门昭忠、乡贤、入祠者为一表。

第廿二,《人物》门贤者隶《先贤》一目。不分孝义、忠烈、隐逸、儒林、文苑等目。不贤而著闻已久者隶《鉴诫》一目,无咎无誉者隶《杂人》一目。用汉《艺文志·杂家》例。

第廿三,《人物》门君长此地如燕昭王之属,无可隶,立《封国》一表,虚封不载。

第廿四,《人物》门《流寓》元以前通载,明永乐以后止载寓京城外及各州县者。

第廿五,《人物》门语语皆须据书采辑,不增一字,当句下注出典。以免褒贬口实。

第廿六,辽金元三史人名地名,乾隆敕改本,仍注之本作某字。

第廿七,《艺文》门每书撰一提要,注明存、佚、未见、未刊四等,以时代为次,不分经史子集。

第廿八,古今诗文有关考证者,择要分附各门。

第廿九,《金石》门金文止录专为本地铸造及确系此地出土者,石刻元以前全录,国朝止录御碑。

第卅,《金石》门以时代为次,注见存、拓本、存目三种,各缀考释。如《潜研堂金石跋尾》式。

第卅一,各门前为小序一则。

第卅二,最后为《略例》一卷。

书贾立待持去,匆匆抄出,竟未及校对也。

载余绍宋 1924 年 1 月 14 日《日记》。

汤溪、遂安两县与吾县接壤,曩欲求其志阅之不可得,偶询允中,知藏有此两志,因借至舟中阅之,记其可供参证者如次:《汤溪志》十卷,乾隆四十八年知县陈钟炅修。体裁亦是俗格,殊不足观,而《选举》《人物》凡置县以前者亦皆载入,最无理由。闻近已议修,不知主事者为何人也。汤溪置县,据《疆域志》为成化辛卯七年,而《山川·汤塘山》下则云"明初有汤塘市,分上、中、下,绵亘约数里,成化八年迁邑于其地之北隅,因汤塘之名遂名邑为汤溪",未详置县究在何年也。胡森传云"字秀夫,青阳人,正德辛巳进士,历南刑部主事员外及北吏部郎中,迁太常少卿署光禄,转南京鸿胪卿,著有《九峰文集》"。青阳本吾县东乡,今汤溪志中科第及人物诸传,青阳胡氏占其泰半,是汤溪人才多在吾县旧日地域也。太末县旧址据《古迹志》云"在九峰山下,其城闉街址历历犹存"云。证果寺、崇仙宫均在汤境。《仙释志》有《徐含贞传》,文云"徐安贞之弟,焚修于龙游之开元观,翛然而化,载龙游志"。今按,两旧志均无此文,未知其何所见也。

载余绍宋 1925 年 5 月 29 日《日记》。

黄誉赠《定海县志》,陈屺怀所作也,检阅一过,体例颇好。《舆地志》中列岛、洋港、潮流诸表,鱼盐志中诸表甚佳,《方俗志》中方言编亦不恶,《人物志》最差,然此志在新出诸志中亦杰出之作矣。

载余绍宋 1930 年 12 月 10 日《日记》。

从图书馆借得《桐庐县志》读之,乾隆二十一年严正身等重修本。体例与他志无甚出入,唯旧序入《艺文》在当时为创格。其纂修职名皆著"讳"字,则不通之甚者矣。

载余绍宋 1936 年 7 月 6 日《日记》。

余绍宋注重学习前人修志经验,在编纂《龙游县志》时曾翻阅不少旧志,结果很少有入其法眼的。所以在民国《龙游县志·前志源流及修志始末》中发出"诸志统计续修、重修无虑数千百种,大体无甚出入,求其有卓识特见者百不获一焉"的感叹。

《衢县志稿》签注

总　签

卷九以前俱称志,以后或称表、或称考、称传,义例似未尽善。盖全书既称志,则内容不必更称志或全称志亦可,若仅一部分称志,颇有称考、表、传者非志之嫌,此层务须改正。著录碑碣通例依时代编次,未有以事分类者。今大著开此创格，依类指归，极便省览，唯仍用古迹、水利、寺庙等名称，与前建置、食货、古迹诸编子目未免重复，易涉混淆。愚见不如将《碑碣考》子目删除，采拙志编录《掌故》之例，仅用数目字，而于考前小引之后别作一段叙编辑次第，如拙志掌故叙例，如似较妥当。而如采纳鄙见，尚应将《建置志》《食货志》《艺文考》之"上""下"两字及人物传下之"一""二""三""四"四字悉行删去，体裁方为完整。其《碑碣考》之不必分一、二、三、四四卷，自不待论。征引各书除正史及最著名各书外，似应概冠以撰人姓氏更觉核实。

卷一《象纬志》

《星纪》一门似宜全删，以凡属衢属俱可用也，况既用经纬又载旧说，新旧杂糅，似亦有乖体制。《五行》内载《人瑞》，愚意目既标为五行，似应仿正史之例，专记关于水火金木土之事变，不宜以人瑞列入其间，编中所列祝世望、吴国珍妻、孔正淑妻、颜光宗、颜光祚、徐树槐、杜公贤妻、叶燨、孔庆仪祖母、杨兴科母、柳金钊诸人俱宜改入他类。新增嘉庆十七年后《五行》中称"知县"为"令"俱宜改。"宣统二年庚戌倡兴地方自治，假天宁寺千佛阁设立研究所，夏五月突被火灾"，应将前段删去。又"三年辛亥秋有慧星见于东南方，尾长尺许，未几武昌即起义"，"未几"下拟删。

卷二《方舆志》 沿革考证甚精到。

縠江之"縠"义当为"榖"，嫌无佐证，此段不妨径引拙志。此字沿讹几及千年，至拙志始发其覆也。航路内载常兰快船公司及滑艇公司宜删，既非大规模之经营，又无强制设立之性质，安得列入志乘，况滑艇又未能成事实也。城区之后附乡庄，城亦有庄，乡庄之"庄"字未协。

卷九《防卫志》 《兵事纪》一篇极精核。

《巡警》小引谓"巡警太多地方多事"四行拟删改，盖现时巡警并不算多，且近于讥弹时政，亦非所宜。《兵事纪》内采《宋史·慎知礼传》一段，题为"钱俶归宋"，与兵事无关，拟删。又引府志《名贤传》江景防一条亦同，慎知礼事《人物传》已载，不宜复，江景防未列《人物传》，宜移入，按语甚好仍可用。"元兵侵境"条内载《通鉴》："元索多攻衢州，率总管高兴等鼓噪登陴，拔其城，宋故相留梦炎降。"按语云"留相不得已而出此，亦只为民请命保全乡邦，未可以拘一人之节置数十万生灵于不顾"云云，鄙意留降在城拔之后，似与为民请命而降者不同。尔时留无官守，元兵未必因其降遂不屠戮人民，按语推崇稍嫌过当，请酌改以彰褒贬之公。称洪杨军为太平军妥否，须再酌。

卷十四《艺文考》 经、史此两部分甚详尽。

经部"周易意学蕴"下按语误谓有徐直其人，此条拙志有考证，自谓确当，可以引用。采吾丘衍著述有疑，见拙志人物《序例》。采录詹熙著《清献年谱》应再酌，生存人之著作例不收入。自著《姑蔑地理变迁考》等，应否录入亦须酌。若在《文征》或附载诗文又当别论。

卷十五《艺文考》 子集

叶秉敬著《庄子膏肓》似不止四卷，家藏本惜未带归。图书、金石类中应补《西吴碑碣序》之目。王宝华等寓贤著作似宜编入附录，否则如绍宋先世著述更宜收入矣。《艺文考》按语多注著者别字、仕历，鄙意凡已著于传者俱不必重载，以免繁复。《附录》一类用意甚好，敝斋尚有两书，一为宋衢州府学教授郑伯谦所著之《太平经国之书》，书凡五卷，前有明高叔嗣重刊序，嘉靖丙申刊。自序一编，文甚长。一为《古今合璧事类备要》，凡前集六十九卷，后集八十一卷，续集五十六卷，别集九十四卷，外集六十六卷，《四库》著录，极为推许。明三衢夏相重摹宋板校刊，印板甚精，白绵连纸本，末题"嘉靖壬子春三月，近峰夏相宋板摹刻，至丙辰冬十一月事竣"，前有嘉靖丙辰礼部尚书顾可学序，称"衢州人夏相业以书，居吴，将精加缮录而重绣之梓，甫饬材鸠工，会以飞语系诸公府，久而始能白其事，及释则赀且莫继，于是力贷之鼎族，又自倾其田庐，越四三岁而局始罢，其用志亦良可悯矣"云云。是此书即不附录，而夏相不惜倾家刊此巨帙，亦宜于志中为之表彰也。

卷二十八《名宦传》 附《宦绩举要》

李一阳，据天启府志收入末一段记陈德寿狱事，宜改入《杂俎》，不宜入传。杨廷望，杨椿撰传云"康熙四十八年旱，公单骑减从亲诣四乡开仓平粜以贷贫者，其秋未获，米商以公禁运出境失利怨公，动以浮言，被劾去职，贫不能归留衢三载，卒时四十九年九月也"云云，不免矛盾。盖以四十八年秋去职，四十九年秋卒，是留衢无三载也。如不欲更动原文亦应加注。姚梦石,通志访稿前段叙仕历,后段叙生平,俱无关于治绩,应删。王治燕,城区访稿记其秋闱充内监试,监视弥封,谓方骙领解,郑桂东、孔广升入毂俱归其功一段可以节去,以此为其应尽之职,且亦无关于治绩也。陶庆麒,《两浙輶轩录补遗》所载自题《守城记》诗拟删,以其第二首诐左宗棠,不必录也。如山,通志访稿称其"善书画,书法魏碑,略师贯休写罗汉佛像尤为高古"数语有语病,且无关治绩,应删改。陈恩受,父名及其官应删,此与为本地人作传不同。见《耆旧述闻》。欧阳烜,城区访稿"官刑曹",未著何官。解煌,城区访稿录其和崔、郑二生诗四章宜删。刘国光,城区访稿载其刊课艺不必入志。徐士霖,《恤嫠善后记略》谓其庚子乱后以不忍冤抑平民,求解任,含混之甚,宜详叙当时教民跋扈状,不然后世不知作何语也。《兵事纪》中于庚子乱后教民跋扈及株连大狱一字未提,渭川曾身受其辜者,岂有所顾忌耶?签注中不提及者,亦投鼠忌器意也。世善,据《中学堂纪事》称其聘名教习,未详何人。周以翰,城区访稿称其办理咨议局选举认真,应删。传末按语云"民国以后之官多生存,循旧志生不立传之例故不列入",此按语不如删去,治绩与人物传不同,不必限于已死之人,旧志实昧于史法。此编凡访稿之文笔墨稚弱,俱宜酌加改削,否则恐为全书之玷。《宦绩》一编俱未注明出处,殊与全书体例未符。宦绩编中凡见于传者,仍摘要录入殊嫌重复。拙作新志凡事实已见一处者,他处更不复一字,仅注明见某处而已。窃意著作贵有剪裁,尤贵简要,志书芜繁成习,吾辈宜力加矫正。近代诸宦收罗殊嫌太广,几于无一非良吏矣,乞稍加减汰,以示史法剪裁,此非刻薄为心,实亦劝惩所系,不尔则大稿逊色矣。

卷二十一《人物传》 三国至宋

大著《修志肤言》既云"人物以时代为经",则虽属世族,其子孙似亦宜按时代分列,如仿世家遗意类族为传,则宜连贯,其文不应提行别标姓氏,以自乱其例,此层务请再酌。传首载郑平、陈弘吾,谓俱是来自外乡其后始落籍者。查《修志通例》,凡始来者率入侨寓,其后子孙落籍乃著于人物本传。今大著既有《侨寓》一门,此项应否移置请再酌。徐徽言子,正史名冈,龙游旧志及徐氏谱并作恭孙,颇疑为名冈字恭孙,作谱者无识,未举其名耳。徐嚞事《建炎以来系年要录》记载颇多,唯多言其附秦桧事,然亦有数事足征者宜补采。《任大中传》引潘子真《诗话》所载诗,似非传体。《留梦炎传》宋《登科记》《宋史·宰辅录》仅有宦历而无事实,《老学丛谈》载其母事只宜入《杂俎》。载何探花梦桂赠诗亦不宜入传,如必欲为之作传,必须查其事实有可传者入之。《郑道传》,朱邑《盈川小草》《梅岩精舍》诗不必入传。赵振、赵抗、赵扬、赵嶙、赵嵘、赵霆、赵芹、孔玠、孔揩、孔文远、孔万春、孔应发、孔纯、叶文诸人俱无事实,为之立传殊觉太滥,宜分移于他处,但求不没其名。盖《人物传》于志最为重要,不得不矜慎也。

卷二十二《人物传》 元明

此卷所录康熙、嘉靖两旧志之文,非空泛即艰涩难解,头巾气尤重。似宜旁采群籍及他县志乘、各家谱传,详加增补,并多加按语,方足信今而传后,以《人物传》为志中最要部分,不得不求翔实也。《徐沂之传》谓其延祐戊午调两浙都转运使,查延祐实无戊午。《刘先大传》嘉庆县志所载俱属医事,宜改入《方伎传》。康熙县志所载谓其"升本学教授,绘塑圣像置四斋,左曰调神全生,右曰精微虚静",则又似道家语,非儒家说矣,似又宜列《仙释传》。《郑元哲传》载其子同寿死难,依本书例亦宜标名。《吴夔传》文义不连属,费解处甚多。《栾惠》《陆郁传》,叙事亦拙甚。俱嘉靖府志。《叶顼传》言其为布政司左理问,俺答犯晋阳,因顼二句不解甲遂退去,似非事实。《徐沅传》谓其每夜睡,口诵《史鉴》数十卷一字无漏,亦可疑。康熙志。《程朝京传》,据嘉庆县志引《徽州府志》,但后半段升南刑部主事晋礼部郎中以下数行必非徽志原文,旧志所增入者宜注明。《金四科传》谓其宰高邑有政声,高邑不明何处,县名首有高字者甚多。引康熙县志。《郑孔庠传》,康熙志谓其"每遇书贾书林辄取其书乙之,业已默记","乙"字可疑。《徐可求传》仅载康熙志原文,查可求事实甚多,从前余曾为之作传,载拙志《人物传》初稿,其后删去,似宜即用拙稿。徐应秋同。《叶其蕃传》,康熙志文甚艰涩。《叶淑熙传》言著书甚多,未列一书。《孔彦绳传》无事实,此篇引《宋史·儒林传》是掌故好材料,但与彦绳立身行事无关,故不得谓为彦绳事实而列之传,似宜移入家庙条中。《宋史》此等处最没分晓,故为后人诟病。留大伦、叶九苞两传引康熙志,事实极空泛。

卷二十八《杂俎》 《赵清献公轶事》

《杂记》内分出赵清献公轶事一类,盖本于嘉庆县志,殊无理由。此非赵清献专集,乃是一县公书,以一县公书而列一人之轶事于后殊乖制作体裁,愚见以为仍应并入《杂俎》内方妥。《大宋宣和遗事》载大观四年毛注奏天下僧尼事,似可入毛注本传。《宣和书谱》载刘正夫论书一段实为不刊之论,宜摘入传。周烽《清波杂志》载刘武僖留题钓台诗后有人题句,词意涉亵,宜删。按语以为《龙游志》记刘光世侍儿题名事,因此误会,亦宜删。《夷坚乙志》载衢州人李五七事甚猥亵,宜删。马天骥世系迁徙据《老学丛谈》按语云云,宜注出处。南宋书载徐霖劾史嵩之事,宜列入传。《癸辛杂识》载赵暨守衢事宜入《宦绩传》。《识小录》载江贯道《长江万里图》一段,贯道似非衢人。《赵清献轶事》内有数条甚关紧要,有应录入正传者。

卷十六至十九《碑碣考》 甚精核,无签注。

载余绍宋 1928 年 1 月 23 日《日记》。

卷三《建置志上》

十三年铁塔下城圮无数十丈,余曾亲见之。电报宜载线路所经各地及其长度。电灯公司系私人营业,不宜载。

卷四《建置志下》

诸寺中漏鲁华寺未载。会馆一类拟删,盖建置为国家或地方公共事业,会馆乃侨民设以联乡谊者,性质殊不相侔,他县志亦无载者。教堂入《建置》殊有疑问,即须载入亦宜简略。

卷八《风俗志》 此篇甚佳,方言尤好。

引畲民即作"畬"字,此字为余私意所定,当否尚不敢知也。方言呼父曰"爹",亦有呼"伯伯"者,伯伯当为爸爸。表者,中表也,含有血统关系,衢人凡姻亲辄称"表"最为无理。称乳母亦曰"媄娘",漏未载。檐之两端向上者曰"发角",漏未载。房屋倾侧以大木撑持之曰"筚",此字唯衢人用之,应补。"哗"惊叹之词。"退"否定之词。"达"读平声语助。宜补。"大"亦有读如"害"者,下流人语。甚之之词曰"恶薄",此语余幼时尚无之,近来归衢乃时闻此语,诧为新奇,故记及之。事缓曰"慢"、曰"疲",注曰"读如皮"此三字拟删,"疲"从皮得声,本读如"皮"也。下流人喜作歇后语,不知始于何时。

卷十《官师表》

《民国司法行政官表》首一格为县知事,二格为审判厅,三格为检察厅,绝对不妥。盖知事与法官地位相等,官秩相等,以法官置知事之下如昔日之丞尉然,殊不合也。民国初元法院组织与十年以后之法院组织不同,似宜分别。知事署内之承审员及管狱员俱由高等审检厅委派其行使职权,亦尚独立,非知事之佐理,与科长、科员性质绝对不同,宜列入《职官表》。警察官亦宜入表。鄙意宜分两表,一为行政官表,列知事、警官两栏;一为司法官表,列审判检察、监狱两栏,无法院时载承审员。

卷二十四《人物传四》　《流寓》《方技》《仙释》

《流寓》一类俱非本地人,须列在《方技》《仙释》之后方合。《李元老传》引嘉靖府志,似可不录。张辉远、江乃恕两传内不必载子事。《方技》《仙释》两编虽以事为类,传亦系由《人物传》分出,人物传既限于本地人,则此两类人亦应以本地人为限,故《方技传》中之江沛、雷丰、江诚、沈琛、余庆祥、叶开淇俱宜改入《流寓》。《仙释》类非衢人尤多,如徐安贞、道岱、神力禅师、开明禅师、慧通大师、卢杜两禅师、詟良、正光、守仁、咸杰、慧远、崇岳、大证、大德、形山、顿闻、乾敏、开藏俱宜分载于各寺观条下,盖仙释一类虽曰方外之人,本无定居,然作志既以地域为限,仍当守其范围也。又此类中刘铁磨、昙华、密庵、光远、无碍、兰谷、旨堂是否衢人亦有疑。《方技》中采《夷坚集》沈延年、沈承务两人俱擅紫姑术,不宜入方技,宜删入《杂俎》。江参终似非衢人,《画史会要》云"江参居霅川,深得湖天之景",不言居衢也,《图绘宝鉴》以为吴兴人,著者夏元良为元初人,距宋时不远,当不至误。所引刘克庄后村题跋实录自嘉庆县志,殊可疑。原文谓"江贯道山水用元绢作",贯道为宋人,如何用元朝绢,一可疑也;原文谓"其画因石林得名",贯道画名最盛,何至因石林而始著,二可疑也;原文谓"南渡召至杭,未见,一夕卒",考《画史会要》云"曾至临安,有旨馆于府治",三可疑也。唯《会要》称赵叔问居三衢,治园筑馆,取《楚辞》之言名曰"崇兰",尝与陈简斋、程致道从容其中,贯道为之图,命画史各绘像其上,则贯道必曾至衢州,列之《流寓》最妥,列于

《方技》作本县人终未妥耳。朱昌顺著有《绘事微言》十卷殊可疑,他书未见著录。《吴发云传》采陈埙《县志正误》,论山水画法甚可笑,宜删一段。《蒋咏棠传》云"为抚军到省,占三事有验",不言抚军为谁、所占何事,未免太空泛。《费松年传》推许太过,松年画殊不佳,曾亲见之。《仙释》类载徐安贞飞升事甚可疑,宜删,必欲载入亦只可入《杂俎》。拙志安贞传自颇得意,宜参考。叶无尽实为龙游人,如必欲掠美,不必径录拙志。《印柯传》城区访稿所载甚可笑,宜酌改。此卷后附《晚清军民殉难表》,第一表内《弋阳阵亡衢标弁兵表》及第二表之将弁,是否尽是衢人?

卷二十七《诗文外编》

历代文、历代诗两类,"历代"字宜删。每文署名上有载仕履者、有不载者,似不一律,不如删去,仅载时代足矣。每文后注出处甚好,但亦有未注者,宜一一补出。最后录吴良菜、修承鸿和著者自作诗八首,宜删。

载余绍宋 1928 年 1 月 25 日《日记》。

第五卷《食货志上》

光绪二十年后溪街居民淘河得蚌珠,冯一梅谓即古所谓姑妹珍,殊属附会,存之固不妨。

卷六《食货志下》

石室堰于十四年夏间尚有一段公案宜叙入,当时余适在衢,官民相持最亟时曾发电与省长调停,其事始罢。桥梁津渡入《水利》类似不妥,不如更立一门,或如拙志移入《建置志》。

卷七《古迹志》 此篇甚好。

丰安故城采龙游旧志谓"孙权析新安置丰安",其说大谬,拙志有考证,请参考。殷浩故宅下采《广舆记》一条,《流寓传》已载,应删。陵墓之"陵"字应改。晋信安侯陈弘墓在皂树巷者,有碑碣,宜往查。近代诸墓最近如汪张敦、罗道源等,宜入否,乞再酌,一抔之黄土未干,似不得谓为古迹也。再记及妻墓如张德容、罗大春、汪张敦、罗道源诸墓。便类家谱格式,似亦非志乘体裁。又记载如此宽滥,则先祖之墓似亦可入志矣,然非所望也。又清代诸墓除郑烈妇外,俱载仕宦者之墓而不及其他,且仕宦者亦不止此数,孰采孰不采漫无标准,亦似可议。

卷十一《族望表》

南州徐氏原委可问徐心庵，与东海徐氏有别，凡忠壮之裔似俱为南州派。渤海吴氏原文云"不知所出"，查《元和姓纂》中有源流，宜采录。沧州留氏下云"有楹帖，云'朱紫联芳，满壁金花春宴罢；衣冠接踵，堆床牙版早朝归'，相传为留梦炎手笔"，殊可疑，不似宋人口吻，伪托无疑。

卷十二《爵秩表》

圣裔袭封似宜列在最先，《秩外荣典》一类可删，说见拙志《叙例》。又既有《仕进表》，荫袭诸人大半录入，何必骈枝为耶？《仕进表》甚好，既有此表，则凡《人物传》中有官秩无事实诸人俱可删矣。凡仅见于家谱者多不可信，宜以他书证之，不宜率录。拙志于此最慎重，盖谱学久已失传，作谱者多无知识之人，任意书官，诬其祖祢，其弊不自今始也。即如留观颐下云"江阴太守"，检宋制祗阴为军，似无太守。凡仅称某部某府者，俱应书其官名。

卷十三《选举表》

副榜附《举人表》内似未妥，不如归入《贡生》一类。钦赐举人似不必另立一表。《外籍》一类应删，毫无取义。明清贡生两表既已划为四格，便应分别各贡，用旁行斜上之法读之方易明了，今仍用直叙，则划四格为无意义矣，且亦不便省览。留学分国外国内两表非宜，当并为一表。国内留学分高等、大学、师范、法政、农业、工业等栏殊不妥，盖既以大学、高等学级分标，又以法政、农业等学科分标，论理上说不过去，以大学中亦有法政、农业各科，而农业等亦有大学、高等各级也。鄙意只能用一种标准，或以学级或以学科俱可。

卷二十三《人物传》　清

《叶敦良传》宜改入明代，读其文，俨然明室遗民也。《徐应远传》内记其子国序事，宜仍入国序本传。《崔邦雷传》云"尝造明堂船百余号，给江湖以便商旅，至今犹传其式"，纪载甚含混，宜补查。原采嘉庆志。传中凡言建祠者甚多，俱拟删，以建祠修谱俱一族事，无庸入志，当时康熙、嘉庆。修志者采各族谱所纪未及甄录，殊无分晓，故拟一律删除。《叶良安传》载遇异人事拟删。原采康熙志。《李一鲸传》无事实，其曾祖文恺事有足传者，宜为文恺立传，而以一鲸附之。原采嘉庆志。翁复宜附詹文焕传。

《王应秩传》辞塾师事应删。原采叶闻性撰传。凡言制艺者俱拟删，从前八股时代凡言制艺者尚不入志，此时更宜汰去。《余之栻传》采阮元撰传，殊可疑。余懋发宜改入《方技传》。《余本忱传》采费淳撰传亦可疑，龙游诸谱中费淳撰传亦甚多，泰半不足信，故拙志采录甚少。《余时中传》采郑烺语拟删。《余时霖传》末数句拟删。"夫子读常棣之诗"云云。《范崇模传》采廖金城撰传中一段，言丁卯乡闱事拟删。《吉兆传》内诸兵士宜列名。《余一成传》云"母殁，父誓不再娶，劝父娶继母，事如生母"一节不足传，宜删。《杨隆春传》载乾隆辛酉入闱事拟删。《郑常椿传》亦载制艺事原采嘉庆志，可谓陋极矣。宜删。仅工制艺不得谓之善属文，即在旧时代亦不足重。祝国宾、余明道、王利昺，嘉庆志俱以建修宗祠列义行，亦没分晓，建修宗祠乃子孙分内事，安得为义行。《刘熊传》采郑邦型撰传，后一段挽词宜删。王世亮传采王鼎撰墓志，后一段与刘熊传同，宜删。《曹起凤传》引家传，拟删。《方骥传》采《竹隐庐随笔》所载《点绛唇》词四首，宜删入他类。民国褒扬不若从前之核实，只须循例纳款，内部从无驳斥，余经手此事甚多，毫无价值，故拙志一字不提。传中采旧志、府志之文事实空泛者居多，似宜别设一门消纳之，如拙志《阙访》然，径删去亦不妥。今查传中如徐日励、徐钟俅、王可通、叶良安、余道溥、李鸣时、留应、胡宏文、胡崇陆、朱雯、王廷实、柴大材、龚大銮、龚大录、徐睿昌、徐廷显、蓝应梓、许世全、傅盛兰、陈周礼等俱无事实，悉采自前志。又查余本基、范瑛、范钟选、范钟霞、范德宗、范德仁、范崇治、桂邦晁、张义隆俱新增入者，能补则补，否则宁削而不录。

近代人物立传者太多，实太宽滥。志乘为一县信史，取舍务须从严，方足垂诸久远。自《张德峻传》后，但求爱惜笔墨力加淘汰，绍宋无似，不敢信口雌黄矣。张德峻后立传者记其名如次：张新、余寿祺、余炳、陈埙、蒋明志、范安澜、范国华、范兆垣、韩大中、徐勇、郭成贵、徐飞熊、叶允扶、叶锡圭、江文藻、江金声、周世泰、周世滋、王常桂、傅商霖、朱有全、詹日济、邵嗣汉、祝忠迪、徐丙祥、徐芳、徐森、王炳、叶鸿政、叶如圭、叶希迪、姚礼达、刘廷栋、舒凤翔、范应科、范登保、范登倬、程光裕、程大廉、詹嗣曾、詹乃谦、詹垲、孔昭胲、孔昭煦、张世忠、陈玉麒、濮阳勋、范广城、范锡祺、傅绍鳌、汪张敩、郑宝绶、郑锷、刘宗汉、叶廷垣、何绍晏、吴嘉祥、吴祖太、程仁忠、叶道生、叶华生、叶秀林、黄来福、王友望、王丕承、余源、郑安永、江念泮、江嗣淹、罗道源、周楠、汪庆祚、孔庆仪、赵堃、刘鼎铭、黄裘、黄灏、王敬烈、刘其恕、刘泰钦、陈祚璠、吴之让、叶如璋、周润芝、郑邦彦，凡八十五人，可谓滥矣。以上诸人亦自有可传者，但望慎重别择，非谓诸人俱不能立传也，切勿误会。

载余绍宋 1928 年 1 月 29 日《日记》。

卷二十五《列女传》

《人物传》前俱列名于目次，此传仅记总数，义例不一。每编前俱有小引，此编独付缺如，似宜补作，以归一律。节妇夫亡岁数、守节年数想必有一定标准，正可在小引内说明。此编中有文甚简略者一概称之为传，于义未安，盖传者，传其生平之谓，即如首列　人为信安赵夫人，仅引《朝野杂记》九字，如何可谓为传。拙志于传外别为略，即以此故。凡命妇之母加称太夫人或加称夫人俱不合，宜删。凡民国褒扬事实俱不足信，宜注意审查。即如余时登次子盛会未婚妻吴氏一条云"盛会卒，年十三，吴氏年十一，泣诉诸父，誓归余门，遂屏首饰铅华勿御，示不更字，逾年有欲为女媒者，女密知之，遽服药自尽"云云，实为情理所无，居然得奖尚有何说。贞孝第一人为周贞姑，原文引康熙府志云"周贤女，幼聪慧，晓书算，年十余岁时有星士谈命者，云此女当再醮，氏知之，遂终身不嫁，抚兄子坁为嗣"云云。既云不嫁，又云抚兄子为嗣，不知为何人之嗣，此类殊可笑。凡采自家谱中者，宜采其生卒年月，不但时代可以顺次，且亦可计算其守节年月，更足征信于后人，但查不出者亦不宜削去，可别为一项如拙志然，似较妥当。如补查时，尚须查其夫之生卒年月，方可知其夫亡岁数也。凡新访稿俱未注出处，应认真考核，否则宜注明何人采访，使彼本人负责。

卷二十六《诗文内编》

此编前亦无小引，宜补作，并将分内外编之用意说明，否则无从索解。此编似亦宜暗分类，否则撰人时代参差不便检阅。叶左文有跋《赵清献集》一篇，宜补载。

载余绍宋 1928 年 2 月 2 日《日记》。

1928年初,回家探亲的余绍宋应郑永禧之邀审阅了衢县志稿,民国《衢县志》以资料丰富受到好评,但从余氏的签注来看,两人在识见上的差距还是很明显的。

略评旧《浙江通志》兼述重修意见

吾浙旧通志成于前清雍正季年,距今已二百余年之久,当时颇有佳志之称。《四库提要》称其"所引诸书皆具列原文,标列出典,不愧信而有征之目"。今审其书所征引者,大半属于各府县志,其参考他书之处较稀。而各府县志大率循明季旧志之文,今乃藉为依据,所谓本实先拨也,原文既多可疑,安能据以征信?况具列原文,不复博采旁征为之考定,正其取巧疏略处。又称其"有见闻异词者附加考证",此为著述家应有之义,奚足称道。今检书中考证处亦殊不多,综揽全书,除经籍门可称周密,及榷税、海防数门略可称道外,大部分将各府县之志所载各门剪贴而成,所载事项涉于全省而得谓之"通"者盖鲜,似不得称为佳志。据《四库提要》,当时司其事者为原任侍读学士沈翼机、编修傅玉露、检讨陆奎勋,此三公者,素未闻以史学著称者也。窃谓通志之体例,须通于各县,而为综合会通之记载,使阅者瞭然于全省之情形,察往知来,而因以为因革损益之依据,庶为得之,而志乘之为用亦即在此,非徒以为观美或藉以标榜也。善乎章实斋先生之言曰:"所贵乎通志者,为能合府州县志所不能合,则全书义例自当详府州县志所不能详,既已详人之所不能详,势必略人之所不略。"又曰:"今之通志,与府州县志皆可互相分合者也,既可互相分合,亦可互相有无,书苟可以互相有无,即不得为书矣。"此真一针见血之谈,而阐明"通"字之义至为透辟。苟各县俱不许修志则亦已矣,不然,亦何贵有此叠床架屋之作,修通志者即不能不奉其言为圭臬也。准此以衡旧通志,则应删削者几占十分之七八,殆不能成书矣。

更就其体例言之:不分纪传考略,仅将各门类排比成编,既无史学常识,遑言剪裁?是直为一种类书,不足以登志乘之林者也。即以排比论亦无意识,疆域、山水之间忽插入建置;关梁、水利之间忽插入古迹;兵制、海防之后忽接风俗、物产、祥异三端;列女之后忽编祠祀、寺观,皆似随时随意为之,初未经意者,殊可异也。故今兹重修,势不能不全部改撰,而时异世殊,新兴事业至为繁颐,尤不能不更易体例以求实用,非故喜更张也。或有疑方志渊源于昔日之图经,不当绳以史法,而作史亦非官绅所当问鼎者。此在前代专制政体之下不得不然,其实虽讳言史法,而方志记载其本体本质仍为史实,特掩耳盗铃耳。今则言论著作于法皆得自由,而史学昌明,深知一事一物皆含有史之性质,历史之为物,亦不仅限于政教数端,而应广及于社会全体,殆无疑义。今以一省之大,社会事务之繁与其变动之剧,苟无记载,累自留传?方今政制既无限制作史之条,则以疆吏与士绅协力以成兹业,上以供国史之采稽,中以供施政之参考,下以资人民之兴感,何嫌何疑,而必拘拘于渊源耶。晋之《乘》,楚之《梼杌》,鲁之《春秋》,其致一也。往古且然,而况今日。抑有进者:旧志编辑不佳既如前述,而身居现代究非古人,现代科学既昌,安可不采用其方法与精神,而使记述合乎其原则;若仍因循旧格,又焉用此通志为耶?故今兹修志必以史法为归,以现代为准,无可訾议,其条例容更端言之。兹先就旧志门略类略加批评,而附个人意见,以就正于当世之君子。

一、《诏谕》,凡二卷。首卷一、二。旧志首列,此在当时宜然,今自当删去,摘其重要事项列入《大事纪》中。

二、《圣制》,一卷。首卷三。此亦当时之体,今宜删削,择其佳者录入《文征》。

三、《图说》,一卷。卷一。所载省会图、各府图、海防图惜均不正确,复杂入名山、寺庙等图无关宏旨。兹当遵照内政部《修志事例概要》,延请专门人员测量,据科学方法制绘精印。对于省界、县市界变更沿革画分清晰,附加说明,每县市亦依部定概要绘一行政区域分图,复分别制绘山脉、水道、交通、地质、物产分配、雨计分配、雨量变差、气候变差、港湾形势等专图。

四、《星野》,一卷。二。此门应存否,须请天文专家研究其有无价值,如不可信,则略而不载。

五、《疆域》,一卷。三。旧志此门皆录自各府县志,鄙意新志既有省图及行政区域分图,疆域自明,毋庸逐县记载,唯须将各地经纬度数列表说明,至旧志所载相距里数皆不精确,须依测量方法严加厘正。

六、《建置》,凡五卷。四至八。新志拟仅载旧志总表,乾隆后补入之,其有舛误处更正之。原有五至八卷各府县分列者悉删去,择其要点注入总表中,以其详细沿革各县志俱有记载,通志不须复载也。

七、《山川》,凡十三卷。九至二十一。俱汇录各府县志成编,且一山一水分记涉于琐屑,非通志体例所宜。拟全部删去,别请精于地理学者根据最新测绘方法,将全省山川、形势、脉络、支流,与夫分合回互曲直向背之致,撰《山川总记》一篇。其起讫以及经过各县仍为叙明,使人一览而全省形势可以了如指掌,庶为得之,各县散碎山川不必复列。

八、《形胜》,一卷。二十二。此门所载皆属文章家随意书写形容之词,多属俪句,由各县志摘抄成之者,毫无依据,拟全删去。因山川门中既将全省形势总揽成编,自无须琐屑记述。至于胜概,当于《名胜》中详之,亦非摘抄断句所能形容尽致也。

九、《城池》,凡二卷。廿三、廿四。城池在今日为用微矣,旧志亦依府县分列,今拟全删,改为一表,记其兴废,详其广袤足矣。其非现时作县治之城池,悉入《古迹》。

十、《学校》,凡五卷。廿五至廿九。载省会及各府县儒学、书院及社学、射圃、名宦祠、乡贤祠,皆剿自各府县志而成者。按,儒学为崇圣之地,即昔日之学校,士子所从出者也,宜列入教育。其乡贤、名宦祠宜入《祠祀》,余皆统列一表移入《古迹》。而特重清末以来所设学校,详为叙述。

十一、《公署》,凡三卷。三十至三十二。县之公署各县志载之已详,通志可不复载,余亦不必如旧志之详尽,记其地点、始创及现况足矣。其已废而非现有需用者悉移入《古迹》,其新建而非属于一县之公署自当详载。

十二、《关梁》,凡六卷。三十二至三十八。此门汇抄各县志所载诸桥而成,又所录非尽大桥,其或录或不录似无一定标准,徒占篇幅甚无谓也。

兹拟仅录其工程最巨而与省道有关者,余悉让诸各县志详之。至铁道、公路所经之桥,自当列入。其为此次敌寇所炸毁者,不论桥之大小悉载之,使民毋忘此耻也。

十三、《古迹》,凡十三卷。三十九至五十一。古迹纵云足为怀旧思古之需,而究非志乘之主要部分,况旧志所列除古城、名贤故宅而外,多列园亭斋馆之属,类皆昔日文人觞咏之所、游憩之场,或随兴题署,或偶然寄托所为,无关宏旨,又多不注为谁氏所建及建于何处,尤为无聊。兹拟严加删汰,非与历史有关者一概不录,而扩充范围,将故城、废署、寺观、祠宇、陵墓、碑碣等悉入之。

十四、《水利》,凡十卷。五十二至六十一。旧志此类所载为河、湖、塘、堰、坝、闸、埂、堤诸种,自是水利所关,唯仍汇抄各县志所成,细大不遗,卷帙繁重。鄙意各县志既已详载,毋庸复录,拟择其关涉两县以上及灌溉达万亩以上者始录之,余悉从略。

十五、《海塘》,凡七卷。六十一至六十七。旧志此门所载颇有考订,惜于明以前兴建未经详考,仍就有关诸县志摘录之,今已无从考稽矣。清代则全录当时兴修档案,尚有用处,此后赓续宜循此例加以剪裁。

十六、《田赋》,凡三卷。六十八至七十。旧志此门汇抄各县田地、山荡实在数及共征银数,尚称简要。唯于全省则赋利病得失与夫沿革未曾叙及,犹是类书体裁。窃谓宜考群书,将关于全省则赋之理论与公牍尽量采掇,加以论断,使人了然于其利病得失。又本省科则重于他省,并宜采集他省科则列表比较,为他日改进之方,庶裨实用。至近年田赋改征实物情形,尤宜详著于篇。

十七、《户口》,凡四卷。七十一至七十四。旧志户口与赋税有关,故旧志据《赋役全书》分县汇列,其丁口或照人起,或照粮起,或照田地塘起,故有零数。新志只须记其沿革大端,实无全部采录之必要。应将最近十年间所调查生产死亡率及其实数列表,以明人口之盛衰,藉为讲求生产及征募兵役之参考。其十年以前所调查者亦不实在,不必采访,亦无从采访也。至此次因敌寇窜扰,无论因抗战阵亡或被轰炸或因逃窜致死之数,亦当尽量调查,永留惨酷纪念。

十八、《蠲恤》,分上下两卷。七十五、七十六。上卷采集诸书中关于浙江蠲恤事项,下卷则录清代蠲恤恩诏,尚称周悉。将来自当采录,益以乾嘉以来事实足矣。

十九、《积贮》,分上中下三卷。七十七至七十九。上卷皆采集诸书记载,益以顺、康两朝诏旨,中卷载雍正朝诏旨,皆可存者。下卷为仓廒,则掇拾各府县志而成,而于历年全省积谷总数与夫应用方法皆未叙及,今多不可考矣,惜哉!

二十、《漕运》,亦分上中下三卷。八十至八十二。上卷采集诸书之记载,中下两卷皆记清代情形。中卷为岁额漕项,下卷为行粮、月粮、漕运、官制、运粮、官丁、漕船、则例、禁约、仓廒、运河诸项,是较有用者。编中有按语,颇见用心。今漕运虽废,志中仍当记载,以为考古借镜之资,特不必如是详尽耳。

二十一、《盐法》,亦分上中下三卷。八十三至八十五。上中两卷记历代事例及清代诏旨,下卷分官制、场灶、引目、掣挈、课额数端,叙述亦颇简要。鄙意盐法今已更新,除往昔情形自当叙述以供借镜外,犹须详记各地制盐方法与产额、销路,方足以资实用。至盐民困顿情形亦须记载,以为将来讲求补救之方。

二十二、《榷税》,此门仅一卷。八十六。记载虽甚简略,然非从各府县志掇拾所成,且多附按语详其事之原委,颇见精审,此在全书中当为最用心之作矣。新志除摘录外,并须详载近数十年来税则及人民负担数目,以为将来改进之资。

二十三、《钱法》,此门亦一卷。八十七。首引旧籍中关于浙中钱币之制,入清则分收铜、设局、官役、鼓铸、搭放、禁令数端,颇见条理,亦可存之作也。目下币制统一,此门虽不必存,然亦须酌量采入,俾知往昔情形,亦研究社会经济者所不可少也。

二十四、《驿传》,凡上下两卷。八十八、八十九。此门专记清代驿传之制,明以前皆不著,未详何故。大约任此门者惮于考稽,故仅掇辑各府县志及《赋役全书》塞责耳。今驿站制度虽与昔殊,然不能不补考旧规藉资借镜也。

二十五、《兵制》,凡五卷。九十至九十四。第一卷叙历代兵制,尚详尽。第二卷以下皆叙清代兵制,而于督标、抚标、镇标、协镇、城守各营员兵记载特详,惜其于所以设备之故未及一详也。此门重修时大宜删节,应注重海陆空防及要塞、堡垒、机场、兵工厂,以及征兵、军训、自卫团队之制,凡非关军事机密者悉详叙之。

二十六、《海防》,凡四卷。九十五至九十八。第一卷考历代海防,尚详。第二卷记清代之制,尽录诏旨,多可参考。第三、四卷则分记濒海六府驻兵之制,亦颇有用。方今海防迥异畴昔,记述方法自是不同,然昔日设防情形亦有可借镜者,将来自应摘叙列入《军事》类中。

二十七、《风俗》,分上下两卷。九十九、一百。此类所辑,关于全省者仅十一条,余皆抄撮各府县志而成,亦多文章家随意抒写之词,不实不尽,殊不足存。重修时宜大加删汰,而偏重社会事情以求实用。往昔无论修史修志,多详于政治而略于社会,最为失之,今当弥此缺憾,故不宜限于风俗一端,宜特标社会也。

二十八、《物产》,凡七卷。百一至百七。此七卷皆掇拾各府县志而成,其采自他书者甚鲜,且多属寻常产物。谷麦花木何地无之?乃必分县胪列,实则大抵相同,累牍连篇殊堪发噱,谓宜一律删削。吾浙东西地势虽有海陆之殊,而气候差同,天产无甚殊异。今宜注重者,土宜而外,为各方之特产,如昌化、青田所产之石,濒海各处所产之鱼,各地特制之绅纸等类,不胜枚举,皆宜以专篇详载。其普通之品物,让各县志详之。至矿物一种,尤当十分注重,须约现代矿物专家担任。宝藏所在,为将来兴复实业之基,不嫌烦冗也。

二十九、《祥异》,凡上下两卷。百八、百九。此两卷不以府县分列,而以年代为次,与全书体例不同,所采之书亦较广,唯所载祥异多涉神怪,此在昔时固以为天人交感之征,原无足异。重修时拟将水、旱、风、蝗及地震、疫疠等灾荒编入《大事纪》,其星犯、山崩、灵芝生、甘露降、一产数男、寿逾百岁等等悉删之。

三十、《封爵》,一卷。百十。此门搜辑颇称详赡,新志亦须记载,以备考征。拟列入《职官表》之前,以前代封爵亦属职官之一也。

三十一、《职官》,凡十二卷。百十一至百二十二。此门记载较为明晰,新志将据以立表,可省卷帙。

三十二、《选举》,凡二十三卷。百二十三至百四十五。此门与《职官》同,记载详尽,大约昔人修志最重此两门,故所记皆可信也。将来亦当以表列之。

三十三、《名宦》,凡十二卷。百四十六至百五十七。皆掇采正史、杂史及各府县志成之,每人皆据一书所载,不别加考证,不参考他书,殊嫌简便。举其一例:如明季防倭诸将及明末防守诸臣,所关安危至巨,亦语焉不详,谓宜汇采群书重行改撰,不得仅凭一书塞责。又对于知府、知县宦迹全抄县志之文,语多空洞,如云"廉洁自奉""听讼得情""奸弊悉厘""众志孚服"等等,皆无事实,何以征信?谓宜悉加考定,其有事实而确有功德于民堪称循良者,始为载记,否则悉为列表,注明见每县志或每书足矣。昔康海作《武功县志》,于官吏之不肖者不惮直书,世称史笔,今兹修纂应否仿行尚待考量。

三十四、《人物》,凡三十五卷。百五十九至百九十三。此门复分为十类:一名宦,二忠臣,三循吏,四武功,五儒林,六文苑,七孝友,八义行,九介节,十隐逸。按:志乘记载人物辄喜为此种分类,未详其所自来,或亦源于图经,殊属无谓。谓将以资表彰耶,则分类与否抑何所择,岂不分类便不足以表彰欤?谓将以便检考耶,则其人应入何类初无标准,徒令检考者逐类搜寻枉费心力。谓仿诸正史,如外戚、宦者、货殖、独行等传之体耶,此在正史,以其有特殊身份、或特殊技能、或特殊性格,故类而为一传耳,亦所谓事重于人也,其余仍各立传。除欧阳《五代史》外,不闻将所有人物悉为分类,无类可归者便摈之也。谓凡可传之人必有其独到之处,爰为归类使易显著耶,尤不然矣。古来圣贤豪杰,其行事往往不局于一端,故能成其伟大。忠义出于孝友,往往为一事,儒林近于文苑,亦往往为一事,而兼备者尤多。今但取其一端,而其余将略之欤?则事迹之埋没者何限,而表彰之志荒矣。将仍为叙入两类以上欤,则是自乱其例,而分类为不纯矣。凡此数端,皆理之不可通而至易见者,乃修志家往往循例为之而不加省察,是皆未明史乘亦史家之流,囿于图经之例而不知变通之咎也。今观旧志正坐此失,而又惮于博考旁征,仅取一书,录其一节,归入一类,亦如记载名宦不增减一字,以图易于成书,正不知埋没多少事迹。其万不能归入一类者,不得已又将其人分劈为二,析入两类,如叶适、张九成、许景衡、胡长儒、方孝孺、王守仁、刘宗周等凡四十五人均是。既可分列两类，又何不可更分数类？况可分入两类之人物应亦不仅此四十五人，正不知以何标准而出此也。夫《人物传》为志乘中最重要之部门，吾浙又为人文渊薮，而支离棼杂，漏略失考一至于此，岂不可叹。故重修时必须详加考证，博采群书全部改撰。尤宜多撰合传以便归纳，如永嘉学派宜合一传，将其学派中人悉纳之，其他东莱、姚江等学派亦然。又如明季防倭亦须将与事诸人纳为一传，其他明亡后起义、清中叶御太平军等事件亦然。又如宋末殉难诸人可纳为一传，其他明末殉难诸人亦然。更当类族为传，如东晋王氏之属可援世家之例；类业为传，如医家、画人、印人之属可援畴人、日者之例。此外不妨更类名为之，如永嘉四灵可合一传；类大事为之，如国民革命诸先烈可合一传；又可仿《史记》张耳、陈余、廉颇、蔺相如之例类友为传，仿管仲、晏婴与郦生、陆贾之例类功业相似者为传，其他可以类推。如是，则事之本末既可条贯，而叙次既较便捷，行文亦易于有声有色，使读者不至厌倦，而油然生敬慕之思。其不能类传者，则各自为传，而多为附传以归纳之，庶合史法。夫志乘记载人物之为用，非仅以炫一地方之人才也，将以摅怀旧之蓄念，发思古之幽情，而使薄夫敦，鄙夫宽，顽夫廉，懦夫有立志也。若但为簿记体裁，将安用哉？至于一乡之善士、一邑自好之闻人而事实空洞者，不妨从略，或仅以一表记之。

三十五、《寓贤》，凡两卷。百九十四、百九十五。此为昔时标榜名胜而起，无所取义，方今轮轨四通，别墅林立，时异事殊不足夸耀，故拟全删。至若天随茶园、总持萧寺、龙丘石室、谢傅东山，名贤所栖永留高躅，诸若此者于《古迹》中自有记述，已足流芳，不必更辟此门叠床架屋也。

三十六、《方伎》，凡两卷。百九十六、百九十七。此门亦多辑自各府县志，不更分类，记载简略殊无足观，此应分类而偏不分类者，亦可异也。夫方伎亦人物也，何以别列一门？岂方伎不得称为人物耶？窃意新志宜列入人物中，而书、画、医、卜等必为分析，如龙门龟筴、蔚宗方术之例，各为之传，其有渊源可溯者并为合传，无事实者则以表为之。

三十七、《仙释》，凡四卷。百九十八至二百零一。仙释亦人物也，昔人指为方外，不免门户之见，窃意亦宜列于《人物》中，而区其宗派，各为合传。其无宗派而有事实者，亦为之传，无事实者则为列表。旧志此门皆辑自各府县志,语焉不详,宜广征释道两藏,详为叙述。

三十八、《列女》,凡十五卷。二百零二至二百十六。旧志亦掇辑各县志而成,其中多无事实,仅列某人妻某氏者居多,即有事实者,亦仅云守节抚孤若干年,极少特异可传之记载。窃谓列女本亦属于人物,徒以其职与男殊,所表见者唯节烈两事,故刘向别为《列女传》,后世宗之。夫节烈之事根于天性,激于伦理,其从一而终与夫抚孤事亲之义,充类至尽,可以教忠卫国,未宜菲薄也。唯如记载不详,则无由使人兴感,陈陈相因阅之生厌,则与所以标著之本旨违矣。今拟就其事之可歌可泣者为立传,其县志有传者为列一表,余者悉让县志载之,通志从略。

三十九、《祠祀》,凡八卷。二百十七至二百二十五。旧志全掇抄各县志而成,将各县例有之先农坛、社稷坛、城隍庙、东岳庙等悉数列入,殊为无谓,兹拟一律删削,仅列其有关全省者。其禹庙、钱祠,焜耀史册者固不待论,若褒忠、表节、尊贤、报功诸祠以及先贤禋祀,往昔著于令典者自当载入,以资兴感。

四十、《寺观》,凡九卷。二百二十六至二百三十四。此亦掇抄各县志所载,有仅载寺观名或仅言距县若干里,而兴废不详、胜概不著者,正不知载入通志有何用处。窃意非有古迹或悠久历史,或有高僧羽士主持之丛林道院,一律不载。即载亦不别列一门,拟移入《古迹》中,以名刹无不创自前代,尽可称为古迹也。

四十一、《陵墓》,凡六卷。二百三十五至二百四十。是门所载,虽由各县志掇拾而成,尚非漫为抄袭,亦略具有剪裁者,其中亦时加按语,略附考证,将来新志可以循用。唯亦不拟专立一门,与寺观等均列入《古迹》类。

四十二、《经籍》,凡十四卷。二百四十一至二百五十四。前十二卷依《隋书·经籍志》例,以经史子集各为簿录,四部中复分细目,甚见缜密。后二卷则为两浙志乘,前卷为通志及各府县志,后卷复分学校、兵制、海防、海塘、水利、赋役、盐法、积贮、物产、祠庙、寺观、杂记、题咏、艺文、宦绩、传记、家传、宗谱、年谱、别传诸目,有条不紊,允可师法。唯其于书之存佚及有无刊本均未注明,至今遂难稽考。新志拟就其所著录者,逐一考查其存佚与夫刊本之有无,并拟广事搜求,除《四库》及阮氏《四库未收书》向有提要,并各丛书中原有跋语者外,一一为补作提要,使后学者一览而知其内容,庶有裨于文献。特此事至为繁重,未知能完此宏愿否耳。

四十三、《碑碣》,凡四卷。二百五十五至二百五十八。此四卷虽掇拾各府县志所载而成,而去舍之间颇有抉择,具见所附按语中,唯未详其存佚为未尽善耳。新志当录入《古迹》,考其存亡,弥其缺憾。

四十四、《艺文》,凡二十卷。二百五十九至二百七十八。先文后诗,复以文体、诗体分类。所采诗文有于掌故有关系者,亦有无甚关系者,未详其选辑之旨。今拟采章实斋《湖北志》例,于通志外别辑《两浙文征》一书,广其范围,严其取去,当较此二十卷为可观也,其编辑条例别定之。

四十五、《杂志》,凡二卷。二百七十九至二百八十。此类所辑之书颇广,轶事遗文多足以资谈助,附录卷末原无不可。唯此类可采撷之材料尚多,恐亦采不胜采,卷帙过多殊乖志例,亦未可滥收也。其凡涉怪异灵感与夫迷信之属,一律不录。

右据旧通志所列门类逐一略加评骘。在修此志时文网渐密,忌讳滋多,史识史才皆难舒展,故其成就如此,亦已难能。今日吾人所处境地与夫思想感触,自与彼时不同,兹但据以为发表意见之资,非敢肆意讥评古人也。抑有陈者:旧志大部分既掇抄各府县志而成,故卷帙如是其繁重,若依鄙见撰述,虽更增二百余年之史实,与夫最近极复杂极变动之情事,其卷帙亦不至如旧志之多。卷帙过多则书值难廉,取携不便,将奚以广其传?而印刷之费不资犹其余事,此在今日,似亦不能不顾虑及之也。兹篇所陈亦仅绍宋个人意见,是否可行尚有待于编纂同人之讨议,其或热心文献人士惠赐批评,匡予不逮,尤所企盼。至于新志体例,非本文讨论之范围,别有编纂大纲及记载方法详之。

载《浙江省通志馆馆刊》第一卷第一期(1945年2月15日出版)。余绍宋根据时代之发展和通志的特点及其功用,对旧《浙江通志》进行全面评价分析,也在总体上阐述了新修《通志》的意见,"破""立"之间,尽昂其识养的深厚和功力的不凡。

函牍

致朱佩华书（1923）

晚香仁兄足下，顷闻修志局经费告罄，议会尚未议筹，不胜忧虑。弟前与劼老约，谓修志局只管采访编纂，不问金钱，足下亦局员，本同此旨。但自劳崧翁作古后，议会事闻系足下主持，则筹拨经费一事责无旁贷。目今地方公益事业有名无实，敷衍了事，窃谓均可缓图。独此修志一事，举二百五十余年已坠之文献而勒成典籍，实为地方上第一件人事、第一件公益事业，照理应将一切无聊欺人之公益经费尽行提归局中之用，方是正办。今既不能，亦应议定确实款项。乃闻足下有提预约券三分之一之议，实属缓不济急，未免敷衍，弟意殊不谓然。自开局以来，去岁唯弟撰成《艺文考》等初稿一册，采访上毫无成绩，今岁成绩甚佳，稍补前阙，然已领受局中两年之薪水，自问已甚惭愧，足下亦局员，独无愧于中乎？须知足下现在责任甚重，一面是局员，一面是议会议长，若于筹款事不为尽力，一味敷衍，致修志大事堕于中途，则公论具在，责有攸归，恐不能为足下恕矣。此期议会中如尚不筹出的款，则弟与劼老决定辞职，先此预闻。戆直之言，唯贤者恕之。即承起居不具。

载余绍宋 1923 年 11 月 5 日《日记》，题目为编者所加。朱佩华，字晚香，时任龙游县议会议长。

答詹肖鲁书

丈谓绍宋过信万历壬子志，又云奉为鸿宝，此层可不辨。以拙撰人物传《叙例》，痛斥两旧志之非几于体无完肤，又各传文皆引他书为多，一一注明出处，其非仅据该志，不辨自明。此答复者一也。官塘地方在衢龙两县交界处，现属衢县东乡五十四庄。在宋时其地属衢、属龙尚待征考，而旧志两言官塘，未便据今日隶属以为删削，盖彼时两县交界至今确有变更，如安仁街从前属龙游，故两旧志均载安仁公馆，今则属衢县矣。此答复者二也。两旧志《选举志》均载两徐氏科第，《人物传》中均载徽言及任道传，《著述》内均列徐氏著述，壬子志《行略》又声言之，可求《序》又屡称"吾龙"，自署"邑人"，而丈谓绍宋仅凭《行略》七十五字衍出多文，未免冤枉。今若未得确实反证，遽予删除，绍宋实无此大胆，即请丈秉斯笔政，当亦有所踌躇，此丈应为我谅者。将来成书，或全删亦未可知，今属初稿，自当郑重。吾丈乃一口咬定此两徐氏者与龙游绝无关系，似亦稍涉偏激，然绍宋固甚钦感也。此答复者三也。丈推论徐可求自署"邑人"之两种心理，绍宋不能起可求于九京以为质证，是否如此且不致辩，即如丈言，龙游志已应收可求传矣，况吾辈生三百年后，不据其自署之"邑人"、自称之"吾龙"为确证，而以推测之谈削而不录，后世其谓之何？丈试设身处地，办得到否？文选司郎中则部曹耳，绝无黜涉外吏之权，此层亦欠斟酌。此答复者四也。寄籍考试绝非陋习，昔人亦不讳言，如卓尔堪编《明末四百家遗民诗》，叙其先世卓发之辈，亦明言仁和籍瑞安人，此类甚多，无关宏旨。此答复者五也。尊著《徐氏庐墓牌坊考》甚精核可传，然不足为可求辈非龙游人之证。更阅三百年，衢县城内化龙巷有余越园故宅，三桥头有余氏乐寿堂宗祠，东西两乡有余氏坟墓，彼时龙游人重修县志，将绍宋先世及绍宋列入，而衢县人必固争之，宁不可笑？此答复者六也。徽言为量第四子，见程俱撰《徐量行状》，其原文曰"公配江氏，累受邑封,今为恭人,长男曰慎言,按:"慎"字为宋孝宗讳,颇疑嘉言是其避讳所致,以无别证不敢臆断,故暂书嘉言为从兄。为太学生,不乐武资,以公恤典补将仕郎;次曰顾言,早卒;次曰昌言,保义郎监绛州金台监;次曰徽言,承节郎监华州西岳庙",是为徽言乃量子之证。敷言为迈长子基之第四子,嘉言其兄也,此据壬子志。与徽言为同祖兄弟,故曰从兄。考庸三子,迈居末,迈四子,量居末,量四子,徽言居末,是徽言为言字行最幼之人,其对于嘉言当为弟,故传中云然耳,亦非硬派武断。作史传与作家谱不同,只须其世系不紊,不必详叙第几子。嘉言、敷言之父既无可传之事实,便不必举,而以嘉言、敷言附徽言后亦普通史例,丈责以"奇特奇怪"似稍过矣。此答复者七也。兄弟科分迟早大有不同,区区一二十年似不为奇,今未检得诸人生卒年月,可以不辨。此答复者八也。绍宋泌传下"官塘"二字,考证均系疑词,并未指实,丈谓"专辟"亦廿也,赞称颂程集与本问题无关。此答复者九也。丈谓叶秉敬、徐任道、徐可求、徐应秋、万廷谦诸人为同时,所撰县志应不至误,此论甚通。绍宋亦曰万廷谦既与诸人同时,又非龙游人,其采任道诸人入龙游志亦必不至误,真不烦吾辈争辩也。以矛攻盾,惶恐惶恐。此答复者十也。拙著凡采录他书者不尽仍其文,则云据某某纂,应秋传亦然,府志传小序数语甚不合收,此不必辨者。此答复者十一也。刘牧西安人,徐庸如亦为西安人,则应曰同县,不曰同郡矣。徐伯珍为龙游人,楼惠明非龙游人,故曰惠明如果为龙游人,则奚不曰同县而曰同郡?言同郡,则惠明非龙游人可知。今以此例之,刘牧为西安人,徐庸非西安人,徐庸如果为西安人,则奚不曰同县而曰同郡?言同郡则徐庸非西安人可知。绍宋论理始终贯注,丈盖未明其前提耳,而"同郡刘牧"一语,尤足为徐庸非西安人之证。此答复者十二也。总之,两徐氏将来究须入龙游志否,绍宋今尚须考究,唯讨论学问必须去过激语,方是学者态度,故此番以极诚恳之言答复,尚望丈平心一读之。更附言者,绍宋始终未敢言两徐氏必为龙游人,始终谓西、龙两志均得互载,今因吾丈诘问而为此哓哓,仍无固执之意见,勿疑绍宋来与西安人争墩也,况绍宋四世居西安,实亦为西安人耶。

载余绍宋 1923 年 12 月 17 日《日记》,题目为编者所加。《日记》中所载仅为节录,首尾均已略去。当天日记并云:"詹肖鲁屡来书争徐泌、徐可求两族不宜入《龙游县志》,无虑六七千言,极少中肯语,今日乃作书答之。"詹肖鲁(1850—1927),名熙,字子和,号肖鲁,西安(衢县)人。著有《衢州奇祸记》等。

致朱佩华书(1924)

顷得邑中友人来书,谓足下于志局提义学租金事,在议场宣言修志无成绩,且多耗费,意在阻挠其事,不胜诧异。继思足下现方代理议长,议长在主席例无发言权,此万国议会所同,亦足下深知者,当不至违法而有所表示,则知以告者过,不足信也。虽然,亦有不能已于言者:仆自任志事以来,夙夜赴功,置一切于不顾,此在京同人所共知者。去岁半年间成《选举表》《人物传》两种,续复撰成诸考,并《列女传》等凡数十万言,目下大体已成,特为局惜赀,未刊初稿耳。吾邑修志不止一年,不止一次,迄无片纸只字撰稿,而仆以一人独任纂述,所成如是之多且速,非敢自夸,敢云无论何处修志亦无往例可拟。至祝先生所主采访,去岁所得不下数千条,诸采访员亦甚得力,除月缴十五则外尚须作答复单,劳苦可想。若论经费,则足下前年亦曾经办,所耗几何,以与去年相较其比例又若何,敢请足下扪心思之。仆于足下固不敢谬托深交,然往者在京杯酒往还,亦曾于足下前事有所尽力,度足下非丧心病狂,必不至有此宣言也。修志为一县最大最要之事,足下前者亦曾与闻,不宜因与当局意见参差,而为倒行逆施之计。明知足下断不至此,然人言藉藉,不得不一贡其愚,深愿足下顾全大局,好自为之。否则他日志后须撰叙录,历述修志经过情形,则笔伐口诛,其权在我,勿谓言之不预矣。人生世上,名誉重于生命,重于金钱,仆为保全足下令名,故陈戆直之论,维裁察自爱。不宣。

载余绍宋1924年5月17日《日记》,题目为编者所加。《日记》云:"得劼丈信,谓朱佩华在议场宣言修志无成绩,因作书责之。"

致郑永禧书（1925）

旬日前获读教示，欲以贵县志事相委，绍宋侨居郡城已四世矣，安敢言辞，顾有必须商榷者数事，敬为吾丈言之。修志原有两种方法，一为别出新裁全部改撰，一为不动前志但纂续编。两者相衡，后法为易，但必前志完善始得为之，否则必须别撰补遗正讹之编，便涉繁杂。今观嘉庆《西安志》，他不必说，即其仿《浙江通志》体例一端，已属十分荒谬。通志、县志各有义例，不容相袭，乃定理也。无论《浙江通志》体例本非完善，即使完善，亦不当效法，况又效之至于支离破碎乎。绍宋所为敝县新志，即因前志体例未佳全部改撰，凡为《叙例》百七十余则，都四万余言，阐明义例与所以参用史裁之故，自谓精当不磨。若欲绍宋承乏衢志，亦必本夙昔所主张，全部改撰。特不知此三年来吾丈撰成者几何，是否仍用后法，如用前法有无窒碍？此一事也。此次敝县修志深赖祝劼老主持，督率诸采访员厉行采访，每月必责以采访十五条，其不及此数与采访不得要领者立予撤换，绝不容情。又由绍宋制就联单，每有所询必责查报，办法甚为严饬，未知衢县有此资望相称之人，能如劼老之任劳任怨者否。或俟敝县志成，即延劼老为衢局坐办亦是一法，特不知劼老肯就否耳。此又一事也。绍宋承修敝县志时，曾由绅耆声明，一切去取悉听主裁，无论何人不得有所干涉，志成后径在京师付梓，亦不得托名公议增损原文一字，故此次志稿名为官书，实同私家著述。若绍宋承乏衢志，虽不敢作此奢求，要当有相当之信任，未知贵县父老兄弟对绍宋之信用如何？此又一事也。凡事非财不行，此次敝县修志凡用二万余金，印费尚不在内。如贵县欲令绍宋承修，至少亦须筹定的款二万元，方不至半途停顿，而如此巨款，当兵差竭泽之余能否筹措，此又一事也。是四事者必须先决，加以审度，而后敢承。绍宋今年原欲南归度岁，故前得惠书未即具复，意在当面敷陈，俾得早决。不图私斗又起，道途多梗，临风南望徒切溯洄。感公相爱之深与赴公义之切,敢奉书左右略述所怀,伏望即赐裁答。不宣。

载余绍宋 1925 年 1 月 23 日《日记》,题目为编者所加。《日记》云:"郑渭川前有书来,敦请余承修《衢县志》,今日无事作书答之。"

致龙游县阖县父老兄弟书

阖县父老兄弟均鉴:敬启者,吾县新志出书,颇承当世贤达赞许,荣幸之余深自惶悚。盖以一人精力究属有限,况成之过速,又不在本县修纂,见闻尤感隔阂,其中纰谬失检之处自不能免,亟须随时补阙订讹,方足以昭信史。用此具书,敬求诸公切实指教,期以一年之内汇集成编。若他日能锓木板,则逐条补入,固为完书,否则别纂附行,古人亦有成例也。但承指教时,尤望先将旧志一校,盖旧志阙失颇多,从前采访时曾致意诸采访员,请其加以考订。乃以新稿过多不遑及此,仅就绍宋所知者加以订正,其无从订正者只得仍旧,以昭慎重,此为新志最大缺憾。今当订正之时,正可公同一核。至绍宋个人所搜辑及新旧采访所得,如有缺失亦须订补,自不待言。再,承诸公指教之函统望送由劼老转寄,其是否采补,则绍宋必逐条答复,不敢惮烦,尤不敢先存成见拒谏饰非,敬以自矢。

载余绍宋 1926 年 6 月 21 日《日记》,题目为编者所加。《日记》云:"致祝劼老第二百七十二号书,附去通函如次。"

致叶左文书

一别三年，时深驰慕，此非套语，实出真情，今世读书人道德学问能致我心折倾服者，舍兄外无第二人，平日对知交亦屡屡言之矣。归家忽忽七旬，久欲通问，苦不知从何说起。日前舍弟自开化归来，审知近况，又时在姜上翁处闻知，私为忻慰，但恨无缘相见，灯节前后又须出游，为糊口计矣。时事如此，弟不复更入仕途，此则敢为知己告者。兄前在京校定之《北山集》，颇欲倩抄一部，不审开化能觅抄手否？前送呈拙作志书迄今未蒙指教，彼此知交，缘何如此谦抑？渭川先生日前自省归衢，双目已盲，无复明之望，相对凄恻，即出其所草《衢志稿》属为补订。弟方悔拙作之孟浪，力辞不获已，只得应承，他日终当由吾兄鉴定方可付梓，亦已与渭川先生言之矣。新岁维道履康胜。不宣。

载余绍宋1928年1月22日《日记》，题目为编者所加。《日记》云："致叶左文书，此书略有关系，为录之如次。"叶左文（1886—1966），名渭清，字左文，祖籍安徽，生于兰溪。宋史研究专家，曾任浙江省文史馆馆员。

致郑永禧书（1928）

（一）

大著征引繁博，考证精当，不胜倾佩。丈谓拙志胜于己撰，今读大编亦自以为弗及也。属为校改本不敢当，感公厚爱，不揣狂愚敢贡一得，明知无裨高深，然非直言无以副拳拳之意，愿丈即属金君诵听，一加审察。如须面谈，遣使相招便当趋候。余十五册如仍须由乙校订者，希即付下，灯节后又须出游,为糊口计矣。

载余绍宋 1928 年 1 月 24 日《日记》,题目为编者所加。《日记》云:"以校定《衢志稿》十三卷送还渭川丈。"

（二）

清代《人物传》殊嫌宽滥,至近代尤甚。鄙意志乘立传,原寓劝善之意,故品行为先,不专重文艺事业。若稍有文才或稍为地方办事,殁后便为立传,不唯浪费笔墨,而作传之志亦荒矣。且亦须防当世讥弹、后人抨击,务望吾丈权衡轻重加以考量,笔削从心,慎其取舍,勿为浮言所动,勿为异议所挠。否则,此编终恐为全书之累。辱承不弃属贡直言,故不敢安于缄默,伏维鉴察容纳。不宣。

载余绍宋 1928 年 1 月 29 日《日记》,题目为编者所加。《日记》云:"以校定稿送还渭川。"

致黄晦闻书

奉电,深纫盛意。弟自归浙以来万念俱灰,实无心更问世事,故各方招致俱经峻辞。唯对于兄之诱引时复动念,甚矣,交情之足以移人,志事也。修志为弟生平乐为之事,于粤尤有香火情,重以高义,岂敢言辞。唯弟廿年作宦定省久疏,此番归来原欲一亲菽水,又以道路闻戒不能还乡,眷念庭闱无时或已,今若更作远游益违素愿。辱在笃爱,断不敢作欺慢之词,区区之怀当亦兄所深信。顾迷承兄不弃,终不敢再负盛情以自绝其友,明春元宵后当赴粤一游,藉聆教益。总纂一席,自问学浅殊不敢当,粤中耆宿尚多,务请另聘,到粤后当以鄙见贡献左右,但求吾说得行,于愿已足,亦即足以报兄,固不必居其名也。

载余绍宋 1929 年 1 月 17 日《日记》，题目为编者所加。《日记》云："得黄晦闻电，广东修通志聘余为总纂，当复一电，允其于明春赴粤一行，更致一信达意。"黄晦闻（1873—1935），又名黄节，字玉昆，广东顺德人。为余绍宋的老友，时任广东省教育厅厅长。

致许志澄书

（一）

顷由黄晦闻兄转认尊旨，知以修志馆长及总纂相畀，至为感谢。弟于足下犹未识荆，乃承不遗，曲意延揽，此诚今世所难能，而足下处事之公亦可概见，尤堪敬佩。弟于贵省夙有香火情，又谬承知遇，岂敢言辞。奈自入夏以来感受湿热，时觉委顿，服药兼旬，迄未奏效。家慈殊不欲弟更作远游，弟亦自知非能胜任，应请别聘贤能，以免志事稽旷，实所深幸。至于高谊盛情，异时倘能相逢，再当报谢。临书悚歉，维顺时宣节。不备。

载余绍宋 1929 年 7 月 25 日《日记》，题目为编者所加。《日记》云："作书复许志澄辞其招致，措辞较难，盖前既允晦闻，今以晦闻既行遂不复往，私谊固若是，公事上则不能不托词也。"许志澄系广东省教育厅厅长。

（二）

刻接舍亲褚君来书，知志馆事尊意仍属之不才，且谓更迟数月犹可相待，阅之不胜惶悚。修志之事，其效非旦暮可期，而默察时会，为之亦恐徒劳。益以家慈年力渐衰，一闻弟将远游，便有黯然之感。揆情度势，此后闲居岁月唯有母子相依，断不能更就馆事，此则切望执事垂察者。极知孤负盛情，亦唯有刻骨铭心别图报称而已，谨此掬诚奉达，并道歉悃。临书惶恐惶恐。

载余绍宋 1929 年 11 月 3 日《日记》,题目为编者所加。《日记》云:"母舅迭来信,言粤志局仍盼余往就,许志澄君且云即多候数月亦无不可,似此诚恳殊出意外,因更作书决绝辞之。"

复黄主席书

季宽先生主席钧右:

　　顷奉大教并通志馆长聘书,奖勖兼至,闻命之下深切悚惶。自维谫陋,本不敢承,唯念数年来荷蒙逾格垂青,恕其狂戆,今复以不朽之业相期,知遇之隆,维护之笃,私怀感幸匪可言宣,安敢不勉竭庸愚以副殷望。唯有欲先陈明者数事,幸垂察焉。吾浙通志失修已二百余岁,中更洪杨之役,近遭敌寇之乱,典章文物荡焉无存。益以耆旧凋零,遗书散佚,而新兴政略复月异而岁不同,采辑之难什倍畴昔。去夏承以征集史料相委,不幸即遭敌寇窜扰,不能从事者几及半年。其后幸赖同人努力,于残破之余百方采辑,然所获仅千数百种,实亦因负责人员未能仰体钧旨,协力相助,故未克尽如所期。今虽改置专馆,而事业仍属蝉联,则此后对于征集志料还须仰仗德威,严加督责庶克有济,此一事也。旧志全属图经体裁,盖在专制政治之下不得不然。今则须参用史裁,兼及科学新理,自不能仅就旧例逐类增辑以期速成,必须全部改撰,庶足以昭示来许。而新兴事类又数倍于旧时,预计卷帙当以百计,字数则当以千万计。而今馆规所定只设编纂六人,此在创设之初原无不可,若事业渐进,非逐渐增加员额,并设助理人员,不免旷日持久难以观成,此又一事也。方今书籍之价奇昂,一开馆即须购备各项工具用书及必要参考图籍,而搜求各府、厅、州、县、乡村旧志及征访先贤遗著,所需价格及广告等费为数不赀,至印刷工本更为昂贵,若欲随时刊布所费尤巨。今馆中经费月才两万,物价飞腾,又未能撙节以资移用,势非追加难以应付,此又一事也。凡兹所陈,岂敢作奢词以耸听,实非藉钧力不为功。亦明知早为烛照所周,荩筹所及,而仍愿先陈者,良以效非旦暮可成,必须虑始,书冀千秋可信,不厌求精。用是披沥抒词,忘其冒渎,除循例具报就职外,伏维垂鉴。不宣。

治愚弟余绍宋顿首。

载《浙江省通志馆馆刊》第一卷第一期（1945 年 2 月 15 日出版）。黄绍竑（1895—1966）,字季宽,广西容县人,时任浙江省政府主席。1949 年,作为国民政府和平谈判代表团成员参加国共和谈,历任全国人大常委会委员、政协全国委员会委员等。

附:黄绍竑来函

越园先生史席：

通志为一省史乘,网罗文献垂示来兹,所系綦重。再浙自清初一志外,晚近虽有纂述,去取未允,遗阙尤多。改元以还,扰攘不绝,寖至蛇豕荐食,两戒骚然。文物失坠,史材散佚,非急搜求整理,将恐所闻所见荡焉以尽、泯焉无传,府会同列。爰有设置本省通志馆之议,冀可掇拾丛残,藉传耆旧,使一方文献幸存烬余。凤钦先生道德文章乡国矜式,秉笔方志士流争推。兹值通志开馆,敬请左右主持规画,俾易集事,已别具书敦聘先生为浙江通志馆长。事在千秋,当仁何让;德星咫尺,承教日长。曷胜企幸,敬候道履,唯希惠察。不备。

弟黄绍竑敬启。七月三十日。

致本省旅外同乡寓贤书

绍宋猥以谫疏忝主浙志,每念梓桑文献安危所系之重,本省政府暨乡邦父老昆弟委托之殷,远绍勤搜,夙夜兴叹。盖我浙号称文物旧邦,乃志乘失修绵历卌载,中经议纂终鲜观成,其事维艰概可想见。况当寇患弥漫,戎马倥偬之今日,人事物力窘迫特甚,而欲四方放失尽归网罗,不尤戛戛其难哉！现在志馆成立忽逾一稔,内外组织粗告就绪,唯苦困于战事环境,未克广致群材共同策进,兼以陷区历劫之余,收拾丛残亦尚有待,是为目前势难急进之一主因。

绍宋曩涉乙部,因知清初浙江史学,上承伯恭文献、季宣地舆之绪,至会稽章氏出乃创通之,用于方志。绍宋窃尝师其遗意以治敝邑掌故,勒成一编,质之通人颇谓不谬。若论纂修现代通省之书,则范围增广,品类滋繁,浩瀚之观有非昔人所可梦想,虽实斋当之,亦殆不徒以故步自囿者。是以绍宋此次从事,于笃守前贤之良好矩矱外,颇拟旁摭时论,以期有所折衷。第虑谀闻寡见宏达或嗤,用藉尺素之驰,冀博他山之助。伏谂执事党国英豪、学林硕宿,凡关编纂义例之大,以迨征集方法之详,渴望指示闳裁,匡予不逮,公情私谊庆幸同深。

附呈《修志意见》及《编纂大纲》各一份,敬候诲正。至于经费短绌,馆务濡滞,今后似应有以策动中外各地同乡寓贤之响应,协资促进,庶克有济。伏以执事乡望之崇隆,倘蒙鼎力提倡,代呼将伯,则风声所被,足使全浙人士咸晓然于敬梓恭桑之义,而共起图成也。耑肃布臆,诸祈赐察,顺颂台绥。

载《浙江省通志馆馆刊》第一卷第二期(1945 年 5 月 15 日出版)。

复刘祝群先生书

祝群先生老哥如握:

洪课员初发来,获诵手教,并谂肆力纂修,极慰怀想。承示《人物传》编目程序及简例,核要精审,甚洽史裁,深佩！深佩！容刊登馆刊,俾各属撰传者得所矜式。窃意通志所收人物较多,非有事实者不宜入传,且宜多用合传、附传,使洽于"通"字之义。其旧志所载,无事实或类似考语之记载一律删除,仅列一表,注明见某县志。其虽有事实而无关弘旨,或虽称其有著述而其书不传,可揣知其无甚关系者,亦同。拙作《重修通志意见》中,关于人物、列女业经论及,正与尊旨相符,此义必须坚持,不容再加讨论也。唯有一端当待考虑者,即将来通志是否如旧通志分府编列是已。现时纂述自应分府从事,庶便勾稽。将来成书,似宜注重"通"字,不宜分府,一律以时代为次,且可贯彻合传、附传之旨,以合传、附传不容以旧府属人为限制也。况府制已废,必欲分列,势非照现时行政督察区域不可,而此区域时有变动,安可据为准绳?特不分府则编纂较难,检查亦觉费事,用是尚未敢即行决定,颇欲一闻高论也。孙、俞、蒋、洪、钱各位,对此不知意见如何?目下尚是分府纂述时期,提此问题本嫌过早,以尊函提及志例聊复陈之。拙撰《龙游县志》有"人物阙访"一门,此例前无所承,不审可采用否? 还希垂教。率复。

敬颂撰安,弟余绍宋拜启。

载《浙江省通志馆馆刊》第一卷第二期 (1945 年 5 月 15 日出版)。刘祝群 (1877—1951),名耀东,字祝群,浙江青田人,时任浙江通志馆分纂。

附:刘祝群来函

越老先生馆长左右:

前奉赐复,辱以人物编例垂询,谨就经过程序录如别纸,呈乞鉴裁。人物编次手续綦繁,尤易错漏。括属草目顷将脱稿,亟待写官抄出。旧志原传着手纂修,每有一人而省郡县三志详略互异,拟选其一抄为底本,而以其他校勘纂修之。愧衰朽实不堪事,思索稍久便苦昏眩,数月于兹觕成编目,实赖钱分纂南扬之力为多。雇员抄稿,须在坐隅随时指点,前云计字给资无人过问,实以生活为难也。寰老持示手书招游,极思诣承教益,并商人物表式,拟将入表人物,摘其出身历官著作之大略,以县次之;其无所记载,如孝友、忠义、笃行各门,大抵浮词,千篇一律,但于名下著其里贯,注以见某志某门,尝以商之总纂,未能决定。唯事烦道阻,不审能如所期否。专肃奉叩崇祺,只唯鉴示。不儦。

弟刘耀东顿首。

复宋墨庵函

墨庵先生吾兄史席：

惠教敬悉。合传初不必限于二人，《汉书》已有前例。愚意以事为重，人数不必限制，即如永嘉学派中人可统合为一传，其详具见拙作《修志意见》中。吾人今日撰述，但求所定体裁合理，不必斤斤求合古人。古人能创例，吾侪似不妨亦有所创也，质之高明以为然否？大作《朱一新先生传》，曾以示其族人郁堂议长，深致赞许，因以付诸馆刊，日内即可杀青，故无从抽改，乞谅。示及合传意旨，具见惨澹经营，业付馆刊登载，以为他日编纂定稿时之参考。再，兄平日所作文字，有涉及本省掌故或论史志者，请检寄以实馆刊如何？

手上，即颂撰安。

载《浙江省通志馆馆刊》第一卷第三期（1945 年 8 月 15 日出版）。宋墨庵（1895—1958），名慈抱，字墨庵，浙江瑞安人，时任浙江通志馆编纂。为浙江省文史馆馆员，著有《两浙著述考》等。

附：宋墨庵来函

越园馆长钧鉴：

（上略）慈呈传稿十二篇：陈文述与王昙合传，因其词章华丽瑰异，可以并辔齐驱。姚燮与黄燮清合传，因其同工诗词，一有《清骈文选》，一有《清词综》之作。黄式三以周父子俱治考据，汉宋兼采。陈鳣、沈涛同治《说文》，同言《论语》孔注之伪，故亦与之合传。其余附传诸人，非系正传中门人师友，即系家世相承，似尚无谬戾之处。唯仲容先生少著《温州经籍志》，与其父太仆公同治永嘉学，后来治经史小学及钟鼎文、龟甲文，其成绩与段玉裁、王念孙伯仲，永嘉学固不足以囿之。章氏太炎晚睨一世，独佩服仲容，谓《札迻》一书篇幅少于俞樾《诸子平议》，校雠之功则倍之。见所作孙诒让传。又云：王闿运辈徒华词破道，于实学无裨益。见所作孙先生哀词。自著之书亦的系古文经学大师，足与孙氏比美，一则以兴学扬声，一则以革命著绩，故鄙意取与合传。其实，章氏于革命有宣传鼓吹之功，无死忠仗义之事，而于学术界贡献比较为大，他日立传，仍宜于学术门中，不宜于革命先烈中再列其名。清初黄梨洲、顾亭林何尝不志在复明鼓吹革命，《清史稿》中亦列儒林，不以其为明末遗民置诸忠义之次也。慈之偏见如是，乞公论定之为感。或章氏独传，孙氏与曲园先生合传亦可。候教。去岁四次呈稿，共三十篇，自唯居家无同志可以讨论，独力搜罗，他日多须订补。如汤寿潜宜与刘锦藻合传，因其同创浙路。罗振玉宜与王国维合传，因其同治契文。因汤、罗事未详，故先出刘王二传。顷阅《清史稿》，于朱一新、李慈铭传又补数事，兹丙录稿奉上，祈饬科将原有稿抽出，将此二篇补入可也。浙江三忠本拟合传，但附传可以三四人列入，合传须限二人，与他篇方相匀称。兹以许景澄、袁昶合传，待他日录呈，徐用仪传仍用旧稿，但于许、袁传言为浙江之光绪庚子三忠而已，可否乞公裁定。书不尽言，顺颂崇安。

晚宋慈抱顿首，三十四年三月。

复宋墨庵先生书

墨庵先生吾兄纂席：

弟于前月初陡患急性湿疹，困顿床第苦闷不堪，迄今犹未能自由行动，幸手肿已消，可以勉强作字。前闻珂乡沦陷，深以潭府及所藏图籍为忧，嗣闻收复，曾属记室奉函存问，谅经达览。顷得惠书，藉知尚无甚大之损失，至堪欣慰。

兄对馆刊发抒意见极所欢迎，持示同人，无不愿闻谠论。顾有须声明者：馆刊之为用，旨在发扬文献，报告馆务状况，以唤起社会对于兹业之注意,且欲藉以与各方人士以讨论辨难之资。故所登载之文,不必尽为他日通志所取用,即仅足供各县志之资料亦须采录,俾为各县修志之需,以各县修志事宜本馆亦当与闻也。馆刊自出版以来,颇有疑为即将来通志稿者,实属误会,充其量不过为一部分志稿之长篇,绝非定稿,故俞编纂撰《戴望传》,附注"长篇"两字于题下。第二期《越缦传》既登大作,复列孙君宝圭一篇,亦属斯旨。撰人物传应直书其名方合史法,弟廿年前作《龙游县志》时,已于《叙例》中论及,正与尊旨相符,将来撰次通志正稿时,亦必如此。俞编纂《曹元普传》亦是长篇,非为定本,将来入志彼自能改正也。

目下本馆编纂人物传,系先从分府入手,刘编纂祝群任处属,俞编纂任湖属,钱分纂南扬任嘉属,蒋编纂宰棠任绍属,孙总纂孟晋任温属,弟则愿任衢属,均渐有端倪。刘编纂最先成其总目,三期便可印出,其余各属则以尚未物色有人,故略从缓。兄所议撰述方法及应采各书甚是,各书本馆皆有之,早经采辑课摘录矣。续通志稿人物传,大半从各县县志摘出,分类排比,似无特撰之文。即如敝县龙游旧志,修于康熙初年,尔时拙撰未成,续通志稿便收至康熙初年止,以后一无所增,敝县如此他县可知矣。旧通志于人物亦是类书体裁,弟前于修志意见篇中业经论及,非全部重撰不可。久闻此稿为沈乙庵、吴子修、叶伯皋、章一山诸老所纂,今检阅所存诸册,似均非出于诸老之手。此稿计缺十四类之多,见弟所登启事,岂所缺者有诸老手笔耶?职官、选举、名宦、经籍、艺文皆志之重要部分,今皆遗失,可慨叹也!洪分纂弗西之《年谱综录》,乃属《经籍》中一类之长编,《方志综录》亦然。初非为人物传之基础,其自序亦谓为"或可作新通志人物、艺文各门编纂者考证之一助而已"。张涟应否立传,须俟将来开会讨论立传人物时决定,非登馆刊之传皆须编入也。承示第一步工作程序,甚是!甚是!续通志稿本在南田,顷已携回,将遵教着手,所憾者本馆职员过少耳。

病中未能多写,率复,即颂撰安。七月七日。

载《浙江省通志馆馆刊》第一卷第四期(1945 年 11 月 15 日出版)。

附：宋墨庵来函

越园馆长钧鉴：

顷接贵馆馆刊，细诵一过欣慰无已。唯慈抱欲以逆耳之言，为贵馆诸公忠告者，窃有数端。盖省志期限不过八九年，经费几逾数百万，时间短促，责任重大，自不能不就最要部门先定纲维，俟各县采访稿到齐再行补辑。然方志旧有材料，多注重选举、人物、职官、经籍、节孝诸门，于关系国计民生者，如财政、田赋、水利、实业诸目不甚注意；而私家著述，亦多系人物、经籍、金石诸书。民国以来风气渐开，方志家之目光稍变，然吾浙言政治专书，厘金有顾家相《浙江通志厘金稿》，盐税有林振翰《浙盐纪要》，鱼业有方扬《瓯海渔业志》，此外搜求政治专著多在报章中发表，欲其物聚所好，收左右逢原之效固已难矣。窃以为志馆第一步工作，宜将民国初年沈乙庵、吴子修、叶伯皋、章一山诸公纂稿二百余册逐门整理，于新定门类中宜有者仍之，可省者删之，仍之而新有获者补之，则于全书可得其半矣。在沈、吴等为清季遗老，立言与民国国体抵触者未免有之，然于清代掌故始末及文献存亡固可以征信，藉正旧通志之误，及增乾嘉道咸同光以来至民国而止各门中之遗，定必不鲜也。再于私家书籍及报章搜采资料，补以他日采访稿，于全书又可得其半矣。若夫人物一门，自汉唐宋至今，巧曆难穷，以清代三百余年计之，江藩《汉学师承记》《宋学渊源记》，唐鉴清《学案小识》，均有浙人，《清史稿》《清史列传》又有浙人甚多，其事功著述可成大传者为之立传，余则以合传、附传存其人，或于经籍序录选举题名中补所未及，务希勿漏勿复，略其小者记其大者可矣。贵馆分纂欲以综录名贤年谱为人物传之基础，慈虽浅陋未敢赞同。盖地志而载人物，非以考其人之生卒年月、遗闻轶事，助人谈柄而已也，谓地灵人杰，令后来兴高山景行之思知所效法，且必其人有事功或学术，可以造时势开风气始为立传也。若年谱多系子孙及门人标榜声华而作，修通志者固不暇及此，两浙人才如鲫，无年谱者甚多，岂有年谱始为立传，无年谱者遂不为立传乎？近时吴兴人朱祖谋无年谱，周庆云有年谱，通志不能立周传而舍朱氏，故年谱不能为立传标准。至于秀水张涟善叠假山，梨洲、梅村均为立传，然皆为别传体裁，于省志宜列《杂识》，不宜列人物大传。浙人以工艺名者：朱华玉之制银器，见于《泥古录》《居易录》;张鸣岐之制铜器,见于《池北偶谈》;沈存周、黄元吉之制锡器,见于《两浙人物志》及《耐冷谈》;张成、扬茂之制漆器,见于《遵生八笺》及《辍耕录》。皆宜同入《杂识》,而不可以张涟一人破格立传也。俞寰澄先生《曹元普传》,文笔生动,而首云"我友曹励金先生",窃以为不若书名始合史法。往时文家为人作家传墓志,往往称别号,称谥法,纷纭难理。如一赵孟𫖯也,而或称赵吴兴,或称赵文敏,或称鸥波馆主,或称子昂松雪,若史传则必书其名矣。周延儒称宜兴相国,温体仁称乌程相国,此于明季稗史中便见之,若《明史》则必书其不矣。故慈谓志传亦宜仿史传为是。以上各端皆以一得之愚,恃公知爱,故不惮切直言之,想贵馆诸公必勿责其狂瞽也。采访稿及编纂稿俟陆续抄录奉上,肃此顺颂崇安。诸不宣备。

晚宋慈抱顿首。六月廿九日。

其　他

龙游修志局采访员章程

一、城乡五处各设采访员一人，由议员自治委员会公推，以修志局坐办名义聘任之。

二、采访员以事理明白、文义清晰者为合格。

二、采访员应按照本局所定采访条目，逐一认真采访，如坐办指示办法应遵守之。

四、采访员每月终须亲自来局缴稿，以十五则为及格。如能于僻远边界采得旧志、旧采访稿所未详之事实者，以八则为及格。

五、采访员有复查旧采访稿之责。每月初向坐办领取稿本，须逐条查其有无舛错，其未详尽者补采之，仍得计入十五则之数。

六、采访员向局领取旧稿须具收条，签名盖章。

七、采访稿以事实为主，尤重证凭，其仅据空言或涉泛论者，得不计入十五则或八则之数。

八、采访员如有事故不能如期赴局，应属托名誉采访员暂行代理，一面报局备查，但代理期限不得过一月。

九、采访员月致津贴十元，不另给路费，月终给发，不得倩人代领。

十、四乡采访员因局事来城，得在本局膳宿。

十一、采访员如违反本章程规定，或坐办认为不称职者，得随时辞退之。

十二、辞退采访员后，坐办应即通告该处议员自治委员会，克期另行推举补充。

十三、名誉采访员无定额，由议员自治委员会及采访员公同推举，以坐办名义聘任之。

十四、本章程第三条至第十二条之规，名誉采访员不适用之。

十五、名誉采访员采访所得,应以书面或口头向局报告。

十六、名誉采访员口头报告者,坐办应立命局员记录,仍由名誉采访员核阅签名。

十七、采访期限暂定一年,届期再斟酌办理。

十八、名誉采访员如专因采访有所费用,得于月终具函报由坐办核定,酌予支给,但至多不得逾五元。此条与前条互易。

十九、本章程未尽事宜得随时修订。

载余绍宋 1923 年 2 月 26 日《日记》。

《龙游县志》采访纲要 依暂定编纂例次序

第一,《大事纪》中应采访事项

甲、天灾地变及其蠲恤。此项须详考其被灾年月、灾区四至并实在情形。至蠲恤,则凡年例缓免者,应查其原委,临时赈恤者,并详其办法与银数。

乙、历朝兴革之际大事及历来兵防情形。此项旧志绝不记载,应考查其实在情形。如明末如何归入清朝,清末如何转入民国之类,其间有无战守之事及其年月。考查之法,须检阅各宗谱记载并当时邑人著述,虽不能详尽,必有所得也。

丙、典章文物之因革兴废。此类不胜枚举,其有旧志、旧采访所未详者,则详考之。

丁、其他可认为本县大事者。此项范围甚宽,由采访员任意采录。

第二,《地理考》中应采访事项

甲、沿革。初稿中有未详尽或舛误者可考订之。

乙、疆里。除就疆里表初稿订正外,其四至八到、道里交通并邻县交界处有何种标识、系何地名及其距城里数均须详查,又各村庄今昔变迁及其名称异同亦须详考。

丙、坊巷。详查今昔名称之异同及其改变之由来。

丁、形胜。此有关于兵防,旧志亦所不载,须详查其实在情势并引前代兵事参证。又,今昔形胜不尽相同,能分别绘图列说更妙。

戊、山川。《地理考》初稿《山川》一类仅据旧志列入,错误遗漏当复不少,须实地考察一一订补。又川流非如山之固定,时有变迁,宜详查其变迁之迹,如故道、新流经过区域以及滩潭深浅、长短之类,务求详尽。

己、风俗。城乡不一,今昔殊情,宜采取其岐异之处。又畲族风俗亦须调查。并须查其族类由来及因何来龙游居住。

第三,《食货考》中应采访事项

甲、户口。雍正以后户口有无册籍可稽。如《盛世孳生册》之类。

乙、赋税。旧志田地无总数,田亦不区分上中下,今须补采。正赋以外之税捐种类,如清代额外征银及近时附加税、房捐、警察捐、牙捐、统捐之类。及其原委、税则、总数均须详查。又《鱼鳞册》为赋额所关,现在是否齐全,能否摘要录入。

丙、水利。河身、堰道之经过区域、灌溉亩数以及堤坝、沟渠、塘井等类,甚与农田有关,均须详细采访并须校对旧志,以考核其异同变迁之故。

丁、仓储。仓廒规制大凡、积谷总数,并其旧新替换、赈粜各办法。

戊、工商事业。此项所包甚广,工则造纸、出木以逮细巧工作,均查其作工情形、工资多寡并出品总数。商则木业、纸业、钱业、盐业等,查其营业情形并其总数。又有绍帮、徽帮均须详查。

己、民商习惯。此为新志特色,必须详查。兹列条目如次:

一、田地、山场、房碓等买卖、典当、租赁等详细情形并其契据样本。

二、雇佣、居间、保证等详细情形。

三、合伙营业及其责任如何。

四、银钱借贷并其利率何若及契据样本。

五、田地佃揽、放生谷及槽户包工等特种契约情形。

六、祠产、祭田之管理及其支用各情形。

七、商业汇票、期票等情形及契据样本。

八、分家、承继等事有无特别习惯。

九、畲族生活程度并其惯习,及与本县人贸易情形,有无通婚之事。

十、其他民商事与他处不同之特种惯习。

庚、林矿。县境内有保安林、公有林否,私有林若干、林苗如何,矿区无论新旧开采办法如何、矿苗何若,均须采访。

辛、物产。本地物产何种为大宗,其输出额若干、销路何处、销售办法,列表最宜。

第四,《建置考》中应采访事项

甲、城池。旧志并旧采访稿所未详者详之。

乙、廨宇。此项所包甚广,凡衙、署、局、所及慈善事业所有建置,均须详其制度原委,其旧志所列按察分司、湖镇公馆、惠民药局、阴阳学等虽已废止,亦宜详考其废置年月及所在地等。

丙、学校。旧时书院之废兴,近时学校之改建新设,并其所在地、收容学额、学校总数均须采访。又书院山长、学校校长姓名、履历、任事年月及其学行如何,亦不容忽。

丁、邮传。旧时驿舍、塘堡等所在地改置邮政后若何,电报亦属此类,须详其线路、经过地方,其铁路测过之线能详尤妙。

戊、津梁。凡河埠、航渡、桥梁,旧志及旧采访稿未及者悉录之,其有赀产者并详其经营方法。

已、祠祀。文庙、武庙、城隍庙,旧志、旧采访稿未及者补之,典礼附焉。

庚、公产。沿革最要,其田地坐落、四至、亩分及经收、分配各办法,调查务求精审。

第五,《古迹考》中应采访事项

甲、寺院、坛壝、祠庙、庵观、亭台、楼阁、坊亭、冢墓等,此项初稿须重编,凡旧志、旧采访稿所未详者均须采录,但须详考其来历,若有碑碣、诗文记载者并录之。他如姑蔑、盈川、白石、縠州旧治,有遗迹可考尤当详记。

乙、金石。自碑碣、坊表、题名、告示以迄墓志、器物款识,悉数拓出,勿以其残缺而置之。其私家所藏金石、古器及碑板文字,但于本邑文献有关者一并采录。

第六,《艺文考》中应采访事项

甲、著述。依照《艺文考》初稿所列书目查其存佚,其存者即录副本或取原书送局,其录副者每页行数、字数须照原样,即脱漏舛误处亦仍其旧,不得任意增改,如能访得初稿未录之著述尤妙。此项采访关系一县文献最为重要,亦为将来撰述先贤列传必要材料,务要尽力搜罗,勿使遗佚。又家谱亦属著述之一种,凡旧采访稿未及采录者补之。

乙、诗文等散篇文字。凡旧志、旧采访稿未载者,只须为本县人所撰,或撰者虽非本县而涉及本县者,不问其体裁何若,亦不问其是否关于本县掌故,悉数采录以供参考。

第七,表中应采访事项

甲、职官。乾隆以后《职官表》初稿中,且丞、典史、巡检等脱漏尚多,应补采。补采方法可参照初稿各按语为之。如查有与初稿不符之材料,尤当采辑,以便更正。

乙、选举。《选举表》有正有附,正表所列荐辟科名应补采者不少,附表所列貤封、援例、武职、吏员出仕四种脱漏益多,均须详考其年月并历仕成绩。

丙、义民。旧志《选举志》中所附义民移入此表,此项义民于地方功德最大,并应采访其生平事实为之补传。又清代义民旧采访稿甚略,亟须补访,至咸同间殉难阵亡士民亦入此表,若有《浙江忠义录》所未录者补之,亦须查其事实以杜滥冒。

丁、列女。旧志仅列《烈女》一项,又只有传无表,旧采访稿中访得者亦不多。此次采访不必限于烈女,凡贤母、节妇、贞女及有才艺之女子一并采录,其有特别事迹者尤宜详载。

第八,列传中应采访事项

甲、名宦。《名宦传》初稿于清代职官立传者仅十余人,实缘材料缺乏,其遇有可供补传之材料,务望采辑,以便补传。

乙、先贤。此项采访最关重要,旧志先贤传太略,遗漏事迹甚多,旧采访稿亦未详备。今当注全力于此事,无论官书、家谱以及碑志、诗文等有可考见引据者,均须录出。其得自传闻或本家申送者,则必详列事实。

如《儒林》必核其有功何书，不得仅云学问淹博，《文苑》必详其有何著作，不得仅云文章尔雅，《名宦》则必实指其何事有关国计民生，不得仅云治行优美，方足以征信实。至明代以前先贤，事实尤须补辑，此则甚望同人平日读书随时留意也。

丙、列女。见前。

丁、流寓。非寓居三代以上有田宅者不录，不以前清考籍及今时选举权为标准。

戊、方技。一技之长固可采录，但须确是精能，始为合选。

己、此类应从各寺观中碑记及其志书中采访之。

附言

有四事敬为采访诸君告者。第一，采录必须注明来历。旧志之陋，即在不知考据，今宜力矫其弊，无论采访何种事实，其采自书籍者，应注明何书，其书何人所作。若采自书籍以外者，亦必详记其所自来，乃至得之传闻亦须记明何时、在何处、何人所说，方足以昭实在。第二，勿过信康熙旧志。此志谬误处甚多，拙撰《艺文考》《职官表》《名宦列传》中已指出不少。今兹采访，凡遇明代以上事迹与旧志不同者，必须悉心考核，重为采录，注明旧志误处，切勿以旧志已载，或以为旧志可信而遂置之。第三，勿为纲要所拘束。纲要不过标举大凡，立之程式，谓此乃必须采访事项，非谓舍此便无庸采访也。一县之大事类万端，岂一时思虑所能周到，是在采访者随时随地博访周咨，庶能完备。即如轶事遗闻，虽无关于宏旨，亦可为志余别录之资，唯堪舆、神怪事属不经，识者所不屑道，当力为屏除耳。第四，采访事实须知旁证。旁证为读书作文要诀，采访亦然。拙撰《职官表》中证明旧志误谬及编列清代职官，多用此法。盖采访不能仅取现成材料，必要眼光四射，方能左右逢源，以推明事实之真相。往往有极无用极寻常之书籍事物，而发见极有关系之事实者，所谓化腐朽为神奇也。诸君试读《职官表》中按语，当自知之。

癸亥二月，余绍宋并识。

载余绍宋 1923 年 4 月 1 日《日记》。

《衢县志》图后附记

　　渭川先生原稿《目录》卷首有图,但是否即载旧志所刊诸图,未经注出,今已无从知之。其生时则尝与绍宋言及,旧图可存则存,不能尽载也。按:康熙志有图二十一幅,嘉庆志略加增删,为图二十有七。县境、府城、县治、县学、孔氏家庙诸图,两志皆备。石室堰则康熙志仅有全沟,嘉庆志增新旧堰坝,今拟悉为存录。康熙志有府治、府学两图,嘉庆志删去,增入校士馆、正谊书院、鹿鸣书院三图,今亦拟并存。盖以上诸图今虽不甚适用,然可藉以考见昔时掌故,发抒怀旧思古之情。其余风景诸图,既无关于弘旨,而绘画拙劣,与实景相差甚远,匪唯无益于名胜而又害之,故悉删去。两志并有铜山银矿图,仅图山川大略无裨实用,今并从略。或亦先生所谓可存则存之旨欤。余绍宋附记。

　　载《衢县志》卷首。余绍宋1935年12月14日《日记》有"作《衢县志》弁言一篇,《图后附记》一则,徇郑锡卿之请也"的记载,可知本文写作时间。

拟请省政府设委员会
征集通志县志材料,以重文献案

　　文献赖志书以存,其为重要自不待论。唯向来省县政府,多未措意及此。故一遭变乱,散佚无遗。即如浙西各县,经此番沦陷,一切地方掌故档案,从前因未有人负责收集整理,遂致无从移出,以后更无从考征。其损失之浩大,岂容思议。前车已覆,来轸堪虞。自宜略仿清儒章学诚各

县应设志科之议,先时预为之备。由省政府通令各县,聘请有学识之士绅数人,组织一委员会,专司其事(小县则不必设会,专聘一二人任之亦可)。拨定经费,以供采访抄录之需。其浙西沦陷各县,仍宜设立。一面征佚补亡,一面专记沦陷后情事,以备异时载入志书,藉资警惕。省会则由省政府聘请淹通博雅士绅若干人,组织委员会,以总其成。其详细办法,应由民政厅详为拟定。经费一层,则须稍裕,方足尽其能事。如是,则将来事定后,编成志书,不患无所取裁,可成信史。万一有变,亦便转徙,不致散亡,实为目下急要之务。

或谓当此抗战时期,不必为此不急之事。不知文献是历史的根基,无历史则人类社会失其凭藉,而民族精神亦无从资以发挥,未可忽也。

原载阮毅成著《记余绍宋先生》一文。系余绍宋在 1939 年 11 月 6 日浙江省第一届临时参议会第二次大会上的提案, 故于 1942 年有浙江省史料征集委员会的设立。

筹设浙江通志馆意见书

顷接民政厅阮厅长公函,言中央内政部令浙江筹设通志馆,根据民国十八年十二月国府令颁《修志事例概要》,由省政府聘请正副馆长及编纂组织之,可否即由史料征集委员会办理? 因就管见所及,略陈意见如左。

史料征集会本为通志馆之预备,有史料然后可据以成通志,否则史料将何所用?二者故不能分离也。以浙江论,史料征集未备之前,似不能即办通志。因浙江史料征集会去岁五月甫告成立,即遭寇乱,各职员转徙穷山,在兵火中摒挡文史,负书而行,虽不无筚路蓝缕之基,而邮电阻绝无可商承,直至寇退始行续办,对各县火急催取采访稿件,而各县应之者甚为寥寥,即欲索各县县志亦不可得。正苦无从措手,骤加以通志名义,造端既宏,负担益重。若欲即办通志,则史料未成,若置通志为缓图,则又惧违部令,若更兼此两事,难免重床叠架之讥。此兼综之难,应考虑者一也。

旧通志至雍正末年而止,旷阙已二百余年。以数千里之方域,七八十县之文献,其间大变故如洪杨之役、鼎革之事,已患散失销沉。重以沦陷区域掌故沦亡,无从征集,即未沦陷之县屡经丧乱,所存亦稀。重以遗老凋零,亲交云散,乔木世家仅有存者无从问询以资将伯。又况民国以后新增事例为前志所无,民元时虽有《浙江续志》之辑亦断限于清末,民元以后事实缺然,且其书未成,不能以为凭藉。此纂述之难,应考虑者二也。

各具修志,缓者七八年而成,速者亦需三四年,省志范围益宏,功须倍蓰,集成之难可以推知。古人著一书有经二四十年而始成者,如《方舆纪要》《禹贡锥指》等是也。中央令定年限,宽其岁月则似稽延,促其速成必蹈鲁莽。如或谬误,主纂述者固被恶名,即督饬之长官、与闻之耆硕亦恐为盛德之累。与其求速以致获戾,毋宁宽其时日以求慎重。而中央未能委悉,辄以命令催促,地方长吏顾及考成亦不容展缓。此年限之难,应考虑者三也。

国学沦亡,人才凋丧于今为烈,聘请编纂实难其人。其地位较高者不肯俯就,其国学无根底者未能从事。又文才已少,史才尤难,著述之事必归宏雅,非同计簿但分项目,又异报章不论体裁。司马公之成《通鉴》,以有刘敞诸人;纪文达之成《提要》,以有戴震诸人。环视群伦,可延聘而来者曾有几人? 此人才之难,应考虑者四也。

采访事实至关重要。全省文献散在各县,各县以公务旁午,率视文化为不急之图,数月以来其前车矣。无可如何而假借于省令,又私函于亲知,请其为统系之叙述寄交本会,亦鲜应者。如办通志亦复如此,何以成书?此最为困难者也。然各处不能照办亦有其因:一以时方多难,救死不遑何暇董理;一以邮信阻滞,一信动经旬月,专使即费千金,遂复置之不理,而任事者不得不任其咎矣。此采访之难,应考虑者五也。

物价踊贵,国币低落,若米、肉、油、布等普通物价较平时百倍,虽予以千金,实计不值一块。聘请编纂,如薪水过低则不肯应聘,多则省款亦难捉注,而中央亦难于核准。故预算繁重似近张大,缩减则碍事实。前安徽通志馆每月八千元,民元以来浙志局亦每月七千元,照现行国币以今昔物价比例,每元不能抵一角,乃至不能抵数分,如何应付? 国家待士必不轻于工商,今工商夫役等流每月收入率过千金,而公务员最为向隅,食则茹素,衣则被襟,所得薪水不足以赡事畜,虽在国难亦似独集于桔,而中央之加薪率不过二成、三成,物价之腾跃率为五十倍、百倍,如一篑以障狂潮,如杯水以止炊火,实为无法解决。此经费之难,应考虑者六也。

以上六难皆为事实,权衡进止实为回惶。声望之不足也,权力之太微也,见闻之未广也,实为致难之由。吾思之,吾重思之,必得有望实兼崇,而又素抱弘扬浙江文献之盛心者以主持其事,始克解决困难。计唯以省府主席为馆长,馆长下设一副馆长兼总编纂,综览撰述及事务,一切仍商承馆长行之,则下令如流水之源而事易举矣。况省府诸巨公多是通才,提倡国粹、润色鸿业皆具盛心,必能擘划周详,俾易集事。以政绩但在一时,志事垂之千载,关系甚宏,无不乐于赞助也。故为罗致人才、督饬州县,必假省主席之名义以行。至于目前办法,窃意史料征集会既未完成,通志馆又不能延缓,如果合并办理,则史料征集会不妨暂仍其旧,一面增设浙江通志馆筹备处,或即将史料征集会改称,仍望主席居其名义,尽一二年内为通志筹备时期, 征集史料为志事之筹备固不待言。此外延访人才,购办书籍,征集外省通志以资稽镜,征齐本省县志以求赅备,尤当与浙江图书馆沆瀣一气以为凭藉。并冀省政府令各州县,以有无切实采访事实与其多寡纯驳为考成,更当不惜派遣之川资、往来之邮电,先延请一二通才,或为筹备委员,或为编纂员,以商量体例,订定纲目,多延聘采访员以搜罗史实,此皆筹备期内之所有事也。至经费一项,史料征集会以不敷开支,前已迭请增加,若再增浙江通志馆筹备处,则前陈筹备事例皆须举行,而购书、邮电以及川旅、出版等费,其所需较诸其他机关特为浩大,非但旧预算每月区区四千元万万不敷开支,即照普通机关加成,亦万不足以资捉注,深望省政府切实审定。一俟征集史料得有成绩,即正式成立通志馆,如此则名实相符,程序不误,转难为易矣。或疑中央命令由省政府聘请正副馆长, 今言省政府主席兼馆长,似与部令不符。不知省政府主席兼省事务主干之例甚多,通志馆不必独为例外,即以前代论,各省通志督修之责皆督抚自任之,亦以其事非总揽全省之权者主持,不能生效也。

三十二年二月,浙江省史料征集委员会主任委员,余绍宋谨拟。

载《浙江省通志馆馆刊》第一卷第一期(1945 年 2 月 15 日出版)。

《浙江省通志馆馆刊》发刊词

通志为一省之史乘,上为政府施政之准绳,下供人民日常之参考,关系綦巨,无俟赘言。吾浙地处东南,山川秀美,文物殷盛,明季即有通志之纂,清雍正时曾为赓续,民国初祀,亦尝礼聘耆硕,重谋纂修。但设局数年,中途停辍,二百余年之文献仍湮没而不彰,识者憾焉。卅一年五月,省府当局鉴于抗战建国之需要,社会学术风气之襄替,已有志于修志,爰有史料征集委员会之设置,而聘绍宋主其事。惜为时才一年,中经敌寇流窜仓皇奔逃,图书散失,故搜集史料不多。泊去秋八月,省主席黄季宽先生亟欲重修通志,遂遵照国府明令,决在云和设立通志馆,仍聘绍宋为之长。自维学殖粗疏,原不敢承,徒以乡邦文献攸关勉存其乏。一年以来筚路蓝缕,规划渐有端倪。唯云和僻处边鄙本无藏书,而向他处征借,运费、工具并感困难。他属耆硕既大半凋零,而积学之士又以道远、交通梗阻裹足不前。闭门造车,深恐未能合辙,爰发行本刊,冀于考献征文、表微阐幽而外,兼为报告馆务进行状况之资,海内大雅谅不见弃也。本刊要旨大略如次:

一曰采访之甄录。修志重在采访,采访能尽厥责,斯有美富之材料。昔章实斋先生倡议州县设立志科,盖深有见于此,惜其说之未能实行也。本刊窃取其义,欲使冢壁旧藏、山野轶闻得以表暴,新兴百度、社会情形得以周知。因于各县市聘请采访员,俾负其责,搜采所得,当随时甄录其尤粹者,揭于兹刊,想读者亦以先睹为快也。

二曰幽潜之阐发。先哲有言,前人之传,后死之责。吾浙迭经丧乱,先贤著述大都鼠啮虫埋,湮晦渐灭,甚或厄于水火竟尔无闻。省志杀青须经长期之岁月,本刊守阙抱残,深滋危惧,嗣后凡遇珍本秘笈必先为选刊,或其卷帙过多难窥全豹者,亦当钩玄提要,用资阐扬。

三曰掌故之整理。掌故宜与方志文征鼎峙,实斋言之审矣。旧志纂辑在前,未符斯义;新近各县志乘虽间遵斯旨,然十九挂漏,兼鲜条理。本刊嗣后凡遇有关浙省之典章制度前志所未及者,概须随时整理,其难得或鲜见者,必当酌量刊布,俾广其传。

四曰文化之宣扬。吾国历史悠久,文教燦然,吾浙在有夏之时即有人文布在方策,吴越以后流风益煽,实为文化首出之邦。近来国父创导民族主义,主席提倡改造社会学术风气,均斤斤以发扬固有文化为词。本刊辅翼浙志,则文化之宣扬自不敢稍弛其责矣。

五曰学术之绍述。吾浙学术奄有儒释及汉宋之长,文学更无待论,其荦荦者如隋之天台,宋之永嘉、永康,明之姚江,清之当湖、四明,以及浙东之经学、浙西之词章,皆卓然有闻于世。鼎革以还,学风渐替。本刊旨在宣扬学术,自当随时策励藉为引喤,起衰振敝非吾侪之责而谁责耶?

六曰风雅之扬挖。诗教为吾国各种学术之渊源,非仅为模山范水、陶情淑性之用。际此河山破碎,家室沦胥,琐尾流离,众怀抑郁,虽多小雅变徵之音,实亦杜陵忧愤之旨。矧征文考献、扬风挖雅,厥用唯均。故凡诗古文词之有关地方故实者,必当量予甄刊,温柔敦厚之教其敢忘乎?

七曰遗文之搜集。语云:"知今而不知古,谓之盲瞽;知古而不知今,谓之陆沈。"新闻家务为近闻之记载,史家务为旧文之记载,地理家务为横面资料之搜集,史学家务为纵面资料之搜集,方志则须兼众长而有之。本刊既为省志之附庸,轶事遗闻自当广为搜辑,不待言矣。

八曰新旧之沟通。方今新旧思想交流,新者每喜新而厌旧,旧者亦恒崇古而黜新,彼此交讦,鲜能通新旧之邮,破拘墟之见。本刊对于一切学术思想,无论新旧,凡合于科学之理者悉为甄录,不敢怀成见也。

右述八端,蠡测管窥,深惭暗陋。所冀海内宏达不惜珠玑,用光篇幅,岂唯本刊之幸,亦全浙史乘之光。谨布芜词,伫候明教。

载《浙江省通志馆馆刊》第一卷第一期(1945年2月15日出版)。馆刊为季刊,1945年出版4期,1946年3月出版本年第1期后未再出版。

答修志三问

或问:从来修志,因国家政令大体不殊,虽历朝有所损益,而因革皆有源流,故体裁及记载亦相因递嬗为之,既有所承,程功自易。今则国体既建共和,政体因之大变,又多仿欧西制度,皆属前代所无,而抗战以还尤多创制,遂与旧例更形枘凿。此后志书体裁、记载难与旧志融合贯通,可否规仿断代史例,清末以前自为一书,民国以后更定新例?敢希明教。

答曰:未可也。此畏难趋易,昧于史裁之论也。夫史与志之性质虽同,而其主旨各有所在。往昔之史,除《史记》外,皆易代后所为,故其记载以一朝之政治为主,而略于社会之事情,是其成为断代亦势使之然矣。志则以其地域之社会事情为主,其涉于政治各端,必须有地方性者始为记载,故初时称曰图经,后遂以其地之名称之。如某省志、某府志、某县志及某山志。而统称则曰地志,或曰方志,初不问其朝代之有无变易也。此犹经籍、金石诸志,各以其所主者为之范围也,此著作之体也。至其一时代之政治制度有所变易,尽可因其需要而别立新裁,本无循用旧志体例之必要。况不问旧志体例适用于今时与否,而但依类指归以为之续,则非依样葫芦,即是削趾就履,其非良志可以断言。夫政治变更虽剧,而与已往之政治、经济及一般社会,无形之中皆有其因缘与夫嬗变之故息息相通。即其故而察其所以然,正是史家之责任,亦即有赖于修志者之才学识而为剪裁,此著作之用也。试举一例:政党者,清代之所无也。然清之季也革命之机已动,秘密集会结社之风已遍于各处,其间复有各种帮会之组织,清廷禁之,屡仆屡起。今若修志叙述党部,必当追述其时情事,庶合史裁。若断代而截为两书,将何以见其推移进化之迹?况议会、学校、警察以及实业诸端,在清末预备立宪时期皆已粗具轮廓,亦皆为咸同以前所无,若断至清末为书,则此种政治亦必不能削而不载,是其体例已不能不有所变更,岂必至民国而始与旧志体例不能合耶?若谓政制剧变难于叙述,遂欲别为一编,则自抗战以还,若田赋征实、若征集壮丁、若各级公粮、若军民合作、若军队副食、若物价管制不下数十端,皆战前所未有,岂亦将断至战前而别为一书耶?夫作志与作史皆应切合时代自出心裁,不宜依傍前人惮于创制,盖今日修志应求其有裨于实用,正不必事事于古有征也。予昔撰《龙游县志》断至清末,则缘拙稿多民国以前所编,其时初入民国,一切政制尚未确立,当时乡绅决议如是,主采访之祝劼庵先生持之尤坚,予又在北都秉笔,不得不尔。其后郑渭川先生主修衢志,予尝参末议,深以其不断代为然。故渭川先生殁后,予为董理遗稿,于当时事实尚略有增补也。附记之,以当自讼。

或问:书法古所重也,褒贬寓焉。今日修志,有一较难着笔而疑莫能释者,即前清咸同间所称忠义,皆抗拒太平军而死之人,自今日视之,昧于民族大义实不足取。此在旧时虽帝制所关,自不得不称太平军为贼为匪,然太平军在浙焚掠奸杀,荼毒实甚,浙人几靡有孑遗,前人谥以恶名亦不为过。今日对于此事,书法应如何始为合度,愿得一言以为折衷。

答曰:书法虽古所重,然时异势殊,往往随之而变。盖在昔史家每依其所处时势境况而有转移,初无一定,正统之争自昔然矣。陈寿《三国志》之帝魏伪蜀,非有爱于魏有恶于蜀也,晋承魏统不得不尔。反之,习凿齿之《汉晋春秋》,亦非有爱于蜀有恶于魏也,其时为东晋,正与蜀汉情事相同,故不得不帝蜀而伪魏矣。其后司马温公之《资治通鉴》,书法同于陈寿;朱文公之《通鉴纲目》,则同于习凿齿;一为北宋人,一为南宋人,亦因其所处地位使然。昔人亦曾论及,故谓书法含有褒贬之义者,不免为古人所欺者也。盖在帝制时代出于不得不然,衡以史学精义,殆无是处。陈、习、马、朱诸公长于史学,宁不知之?特不欲昌言耳。故吾侪今日记载太平军事,自不必以贼或匪称之,而对于清朝死难之人亦不可加以菲薄,桀犬吠尧各为其主,古人已言之矣。夫兴革之际,真伪功罪本甚难言,作史志者必宜处于第三者地位,全任客观,始能得正确之见解而不失其真,以传信于来世,是史家之风度也。依此准则,清朝死节之人固不妨称为忠义,即太平军之死难者亦当以忠义许之,书贼书匪固当删除,而对于清朝亦不得加以胡虏之号。何况今者五族共和未曾歧视,"民族"两字宜扩大解释之。若必以狭义相绳,则如曾国藩、胡林翼之伦亦当在摈斥之列,不其慎欤?若谓太平军暴戾恣睢毒痛全省,则尽可援事直书,记其真相,初无须于书法中定其是非曲直也,但亦不得专据清代官书肆加污蔑,以失史家风度耳。曾记二十五年前,予撰《龙游县志》,对于太平军有斥词,则缘大事记一篇辑于清末,当时仅就官文书编辑,故多仍其旧文。其后开局修书予欲改去,而乡中耆旧痛恨太平军之蹂躏,且有身受其酷者余哀未澹,坚欲加以贬词,予守从众之义亦遂因之,至今颇以为悔也。准是以言,不唯记载太平军事宜加厘正也,明清之际,其时志士遗民力图匡复,举义兵抗节而死,或誓死不受征辟者,多有之矣。旧志以属官修不敢表彰,甚或被以恶名,以致泯灭无闻或赍恨以终者又何限。今日修志,正宜于此时期之记载加以切实考查,重行论定,庶有当于史裁。发潜阐幽本为后死之责,亦即修志者之责也。

或问:自来修志文词竞尚高古简练,其甚者如康海《武功县志》,力模史迁笔调,当时传诵以为良志。方今时异世迁,自不必据以为法。特如世俗通行语体文字,冗长支蔓,可否据以入志?又如新体诗逐句提行甚占篇幅,应否采录亦是问题。又有主张志书宜摈绝文言,须全用语体文者,谓必如是而始合时代,其说然乎?

答曰:志书之为用,在记载一方史实。而史实范围甚广,举凡社会一切情形,如政治、军事、经济、文化皆在其中,贵能叙次详明,记载翔实,庶有裨于实用。故行文但求精洁,不尚简练,但冀雅驯,不求高古,不应详者自可从略,其应详者固不惮笔墨之烦费也。模仿古史笔调最为无聊,其作俑者为明代王、李之辈,创为秦汉伪装,如称知县必曰邑宰,知府必曰太守之类,至为可鄙,康氏承其流弊,章实斋先生斥之是也。大抵方志之家,在明代多藉以为逢迎长吏、夸耀官阀,与夫点缀风景之具。其末流遂等于应酬文章,久忘其为史职矣。迨清代考据学兴,始稍稍革除其弊,虽有实斋大声疾呼,力持正义,而积重难返,听从者稀。今日岂宜更蹈斯习,允宜以有切实用为归,而取资于史裁,以期可以行远。至若文辞之体,一时代有一时代之语言,自然有一时代之文字,不容貌为高古,等于优孟衣冠。昔顾亭林先生已言:"诗文所以代变,有不得不然者,一代之文沿袭已久,不容人人皆道此语。"《日知录》。此不许摹古之说也。章实斋先生则谓:"古人文字贵于尔雅,非为观美。雅者,正也;尔者,退也。文章尔雅,犹云近于同文官授之书,不落乡曲讹言难共喻也。然世代升降,而文辞语言随之,盖有不知其然而然,圣人不能易也。三代不摹唐虞之文,两汉不摹三代之语,经史具在,不可诬也。"《文史通义》。此言宜用当时文辞之说也。两公生二三百年前,而持论通达如是,则今日语体文字既应运而盛行,语体文宋时语录及小说久已通行,并非属于近时之创作,不过近二三十年有人提倡而已。修志自可酌量采用。唯须择其言之有物者著之,其冗长支蔓者,则不问其为文言或语体,皆在所摈弃也。若新体诗,既不叶韵,又不堪咏歌,应认为尚未成熟之作,暂时未宜采录。至于志书所载,上下古今兼收并蓄,则前朝史迹自当根据旧文辑录,以存其真。又如法令及诗词等文字,有绝对不能移易一字者,若谓全须用语体文,将尽删之欤?则志书全失其历史性矣。若悉为之译成语体欤?则大半失其原意,或失其藻采矣。况亦安得有如许人才、如许工夫以赴之耶?是不待辨而知其难行也。此矫枉过正之谈,正与主张须全用文言者同一偏见。须知志乘为书,包含既广,则当因时制宜,求适其用,应用文言者则用文言,应用语体者则用语体,一书之中,文体固不必求其一律也。

载《浙江省通志馆馆刊》第一卷第三期(1945 年 8 月 15 日出版)。此文于研究余绍宋方志思想的发展演变很有关系,因为在前两个问题中,余绍宋均做了自我否定。其一,他一改民国《龙游县志》以辛亥革命为下限,认为将民国以来的内容"强为纳入,则枘凿不通而全书体例乖矣"的看法,强调"时代之政治制度有所变易,尽可因其需要而别立新裁",从而认为自己原先的做法"未可也"。其二,他对自己在民国《龙游县志》中称太平军为"贼"为"匪"的做法进行反思,"故吾侪今日记载太平军事,自不必以贼或匪称之"。另外,关于志书语言,也提出"应用文言者则用文言,应用语体者则用语体",这"因时制宜,求适其用"的观点。可见余绍宋也是不断适应时代的需要,调整自己观点和做法的。

清故河南温县知县祝公墓志铭

　　乙丑夏,绍宋撰县志既脱稿,持归就正于公,寓公居几一月,因得时接音谈,宛委平生,凄然有身世之托。别之先一夕,谓绍宋曰:"志事赖子以成,吾愿粗毕,可以死矣,然非子不能铭吾墓也,敢以为托。"绍宋漫应之。呜呼,曾几何时,言犹在耳也。

　　公讳康祺,字劫庵,姓祝氏,其先歙人。宋宝庆中有讳诵者始迁龙游,九传至善一公,居南乡之沐尘村,实为公之始祖,至公之高祖利轼公,复迁露兜村居之。曾祖讳生桃,隐德弗耀;祖讳德立,早卒;父讳春魁,县志有传。曾祖妣某、祖妣戴、姚叶俱以公显,貤赠如例。公幼遭洪杨之乱,家甚贫而嗜学甚笃,出乡先达劳葵卿之门,年十六为诸生,文名藉甚。光绪十一年选拔,明年朝考报罢,考入国子监南学肄业,于是肆为经世之学。十五年充正白旗官学汉教习,期满以卓异保知县,分发河南。二十二年署密县事,时剧盗许敬堂等横暴甚,公以术悉逮治之,又修治观音堂道路,捐俸兴复桧阳、天仙两书院,士民尤称颂焉。二十三年调帘差,二十九年署新野县事,三十二年正任温县知县。县称难治,会匪尤猖獗,公宽猛兼施,使不得逞,民赖以安。宣统三年调署孟津县事,无何革命军兴,公适辞去,遂不复问世事。以公之贤明而所施仅此,抑唯深知公如绍宋者,始嗟其不幸而信为未竟其用也。公既不仕,乃僦居开封,复理旧学,无时下遗民结习,尤所难能。先后纂述《南学札记》《仇池考异》《地理辑胜》《读史地理笺释》并诗文稿、日记各若干卷,前岁临别时亦曾属绍宋为之订定,今犹未遑也。

　　岁壬戌修志议起,始归里与绍宋共任其事,公总采访之成兼筹经用,俾绍宋得以专心论述,力任其劳怨,卒使二百五十年已坠之文献厘然成书,公之劳独多焉,兹事始末具载县志终篇。书成仅六月而公遂卒,时丙寅十二月二十日也。哀哉。公秉性刚正,勇于为义,乡里咸敬畏之,然不能容人之过,辄以厉色相加,以是复为宵小所忌,修志一役伤气最多,病源实伏于此。居官廉介,不事生产,退归以还萧索殊甚,而子女中又有罹心疾者,暮年心绪益复不宁,劳顿忧郁之极,卒以戕其生。其殁也,适值乡里被兵,戚故远离,几于门无吊客,此天道之不可知者。呜呼!其可哀也已。当绍宋属志稿时,公尝抵书举韩昌黎之论,谓史书不可轻为,自丘明、迁、固、陈寿、王隐诸家而下,皆不免于天刑人祸,期以共勖,反复至于再三。今绍宋不罹其殃而公先当其罪,此又天道之不可知者。呜呼!其可哀也已。

公生于咸丰四年五月朔日,卒年七十有三,娶本村金长清公次女,先公四十五年卒,生子二,圣权,光绪癸卯科副榜,民政部主事,圣彬,开封看守所长。继娶绍兴丁煦洲公女,生子二,圣梯、圣枋,并毕业河南中等学校。女二。孙一,志成。将以丁卯四月十九日合葬于黄公山之原,礼也。绍宋于公虽相聚之日至暂,而四年来所得论学、论事之手札积至二百余通,道义相感之殷莫盛于此,不图一别遽诀。平生言念久要敢忘宿诺?爰雪涕而为之铭曰:

龙丘黯然,丧我耆耇。山灵护之,其骨不朽,其德不朽,我之铭亦不朽。

载余绍宋 1927 年 5 月 18 日《日记》。

衢县郑公墓志铭

公讳永禧,字渭川,姓郑氏。其先闽之福清人,宋时绘《流民图》讳侠者,其始祖也。至清初,有讳士登者,避耿精忠之乱,始迁衢州西安,实为公之八世祖。六世祖讳光璐,五世祖讳万育,县志俱有传。曾祖讳世鸿,祖讳桂殿,俱太学生。父讳锷,岁贡。世以文学著。公生而颖异,七岁能属辞,十岁毕诸经,十二为诸生。时,士人溺于制艺,公心鄙之,乃从同县张松坪先生、慈溪冯梦香先生游，潜心古学，自经义史籍以及金石文字，咸喜推究，校雠辨析，不厌精详，而于古书雅记有涉及地方文献者，尤措意焉。光绪中叶，潘崝琴学士督学浙江，纂辑《两浙辅轩续录》，公遂作《西安怀旧录》上之，多被采入，是为公修志之滥觞。癸巳登副榜，丁酉举乡试第一。

庚子拳祸作，衢州遂有仇教戕官案，公被诬连，久始得解。西安至停考试，越二年，科举亦悉罢。世变日亟，公乃思陶成后学为匡救之图，先后受仁和县学堂、衢州中学堂、浙江两级师范学校之聘，凡所启迪，各餍其望。及宪政议兴，被选为谘议局议员。辛亥革命后，被任为衢县参事，非其志也。以有关地方事，姑就之，亦多建白。五年，往湖北恩施县知事。恩施地瘠民顽，素多盗难治。公至，首办团防，寇患遂绝。留心狱讼，不假手于人，又多令和解，俾免讼累。牛刀小试，时称神君焉。其县旧志残阙，公拟重修，以受代不果，乃为撰《施州考古录》遗之，为异时修志之资。其随时留意一地方之文献如是，亦其夙志然矣。

罢官后家居，遂一意纂修《衢县志》。当是时，士人震于新说竞骛浮辞，若地方文献皆薄之以为不足道，其甚者且肆诅詈。独公与绍宋各发愿修其县志，莫逆于心而未尝顾也。绍宋书先成，公读之甚加赞许，而杀青之念益急。顾助理难得其人，乃独力采访，凡街市坊表、寺庙题额、衙署碑联、宗谱序跋，以及穷乡僻壤之木雕石刻、断简残编，靡不搜罗供其考订。其漫漶难辨者，或缘梯而上，谛审摸索，以得其真。或多方互校，必明其梗概而后已，其劳乃十倍于绍宋焉。十一年，浙江省议会聘为秘书长，公以杭州旧籍较多，参稽较便，又欲藉此检视旧署档案，欣然应之，从公而外仍专力于兹事。其中，考正嘉庆旧志之讹误者百数十条，越五年而稿定，凡三十卷，都百万余言。此五年间，时与绍宋商榷义例，辨析疑难，函牍往还至多，故唯绍宋能深知其成之难也。当在议会时，属稿必以夜，抽易增删，手自缮录，电炬炫目激刺至强，目力遂大损，比书成，竟丧其明。然犹虑有疏略，命绍宋为之校订，且属序焉。更四年，以疾卒，时二十年辛未二月二十八日也。

公秉性宽和乐易，虽遭颠沛，不以动其心。犹忆庚子乱时，公先期与绍宋同舟避居杭州，于地方事绝无所预，乃被诬，至于削籍入狱，未尝有所怨怼。泊盲后,仍能以铅笔试摸纸作书,为诗文以自遣,无所愤懑。自非学养纯深,安能如是?生平一无嗜好,唯喜读书,兼耽撰述。已成者,有《高密易义家传》《春秋地理同名异名考》《竹隐庐随笔》《不其山馆诗文存稿》诸书。其关于志事者,尚有《姑蔑地理变迁考》《衢州乡土厄言》《烂柯山志》诸编。而衢志尤为其精力所注,卒以殉其身,斯学人之极哀已。

公生于同治五年六月十一日,卒年六十有六。先娶于何,生女子七人,先公二十八年卒。继娶于张,即松坪先生侄女,生子二人,长昌时,上海大同大学毕业,次昌和,现肄业浙江大学工学院,女子四人。将以其年十二月六日,卜葬于衢县南关外之三角塘。其弟永祚索铭于绍宋,因念往者承公命校理志稿,颇病近代人物一传多取材墓志,稍失之宽,公遂汰其什之一,慨然谓前人谀墓恒多溢辞,而许绍宋作《祝劼庵先生墓志》为合作。劼庵亦尽心志事积劳以殉者,然则今日公之墓文,舍绍宋将谁属? 纵微仲氏之请,亦安能恝然也!乃为铭曰:

卓尔一编,踵武盲史。秉斯精诚,虽死不死。余业纵弘,安得媲此?铭兹永藏,伤哉同志!

载《浙江省通志馆馆刊》第一卷第四期(1945 年 11 月 15 日出版)。《衢县志》卷首、余绍宋 1931 年 12 月 3 日《日记》也有载,题目则为《故湖北恩施县知事郑君墓志铭》。

致祝康祺信

1923年

劼庵老伯大人惠鉴：

　　别后九日始启程，过龙时台骑犹未入城，遂不获晤，至今耿耿。过沪、杭略有稽留，前日始抵京寓。途中叼庇安善，请纾垂注。近日采访事已进行否？敝处编辑员仲先兄，月送笔资贰拾元仍旧，已征得其同意。余一人，拟请姜君渭贤 炽周，西安人。担任。此君幼与侄同学，文理尚佳，现在国立法政学校充学监，寓处与侄相近，过从甚为便利。又，此君从前曾在龙游充教习有年，于本地情形亦尚通晓。侄允每月致送笔资拾元，即由局中每月送至衢州下街头姜德兴油漆店收受。此君谅晚香兄亦识，吾丈试一询之。所以仅送拾元者，余拾元拟节为抄录费，以此间抄胥甚贵，不欲别开支也。政局益趋纠纷，止不知如何了局，尤可虑者为"共管"问题，深冀其不实现耳。匆陈不多及，即请炉安。

　　愚侄余绍宋拜上，同人均此候之。一月九日。第一号。

劼庵老伯赐察：

　　到京后曾上一书，拟聘姜君炽周为襄办志事，谅已察及矣。近日已着手撰《职官表》即官师一类。并《名宦传》，发现旧志荒谬糊涂处甚多，几于每条皆须考证，益觉此事之不易任。考证不能仅恃书籍，兹拟将四乡古庙、家祠中所有旧时匾额、联对上下款，及其他有年月并官衔纪载者 如家谱序之类。详加采访，以供考证之资。旧采访稿中偶有一二，殊嫌简略。乾隆时县官姓名，因前清藩署失慎案牍无存，已不可考，将来非得此项材料，无由考证也。张炤以后县官、典史等，亦须亟为补查。其县官庸劣如陈瑜者，并望就所闻知加以评语，窃意颇欲效康对山振笔直书，使来者知所儆耳。叶无尽 明末和尚，法名传灯。是下埠人，而《西安县志》以为西安人，实是掠美，颇欲得一证以实之，请向下埠叫宅一查。又徐徽言到底是否龙游人，亦请切实一访。再，杨令公是否即杨烔，考新、旧《唐书》烔本传，于烔多诋諆语，窃意杨令公如果是杨烔，则必有功德于民，不然，其祀不能绵历千祀也，请查杨祠碑碣以为作传资料。旧志烔传于治绩无关。又，《食货考》应需材料，旧采访稿可用者甚稀，除去岁请朱晚香兄调查者外,兹尚拟查吾邑共有田地若干亩,出产种类及其价额,并四乡田地肥瘠、高下种种详细情形。其他如每田一亩得谷几何,田主对于佃户租额成数及分租让谷各情形、放生谷办法等等,亦须详细记载方可着手。此后应采访各事当陆续开呈,唯不审采访办法已议定否? 亟盼示知。余续上。即请大安。

愚侄绍宋再拜。一月廿六日。第二号。

劼庵老伯赐鉴:

日前发第二次信,想蒙察及。职官拟分三表,第一表县官,第二表庶官,第三表教官。刻第一表将次编竟,于清代县官多采旧采访稿中各类诗文所及,尚觉周备。唯有十余人绝无考证,只得随后再补。此表制成,仍拟先行付印寄归,以待绅民签注。甚盼将张炤以后县官并教官、典史、巡检等。从速开示,履历以详为宜。俾得编入。又,清代不乏贤宰官,至今事迹已湮没不少,将来作传,唯有从前辈遗文中采录方足征信。应请将《艺文考》中所录有清一代著述原本,仍向各处索来,即日交邮局双挂号寄京,并请转告作者后人或收藏家,侄愿独力出赀刊板以广流传,断不致将原稿遗失,尽请放心。此事需望甚殷,务恳办到,否则,《名宦传》无从着笔也。旧采访稿尚有一册,闻前岁因支、金两姓涉讼取去作证,至今尚未寄来,乞速取归录副后即寄京,以免遗失。旧日书院山长、校长等亦拟附入《教职表》,乞速采访示知。再,从前尚有捐纳一途,例须采录,旧采访稿中绝未录及,应请补查。侄近除到衙门外,闭户却扫专作志书,祈于早日毕事,总望将迭次求寄之件速速寄来,想长者亦急于观成,必能俯从所请也。采访办法如何,乞示及。住宅已租定否? 公款万金,议会议定由何项拨付? 均在念中。余续陈。即承起居百福。

愚侄绍宋拜上。二月二号。第三号。

劼庵老伯赐察:

奉书知杖履康适,良慰。二日发第三号信不审收到否? 侄撰《职官表》仅县官一项。已成一卷,旧志不过十五页,今以订正、增补较多,几及百页,几于以附庸蔚为大国矣。刻拟细校一过,即将原稿寄呈清诲。吾丈试以旧志校阅,当知侄编撰之苦心,仍望于两星期内寄还,以便付印,分送征求签注。现编第二、第三两表,尤觉困难。如武职一项,旧志竟无一字纪载,唐宋以前教职最重,旧志亦略而不详,正不知如何交卷也。新捡得之冯君《采访册》,希即速交邮寄京。如非关《人物志》中之件,不妨录副再寄。在叶宅者,更盼吾丈即日冲寒往索,倘有所得,可减少侄拮扯补拾之功,而采访亦较为简易也。田赋一项现请仲先担任,《都图村落表》则由姜君任之,此表亦四五日可成,当与拙撰之表一同寄上。表内应增补、订正者当不少,乞收到后即遍询县议会诸议员,就所知者先行订补一次,仍寄京付印,再分送各乡签注。仲先待《食货考》中材料甚亟,盼速调查,惠寄为幸。葆兄已半月未晤,日内晤及再谈。属作屏幅,俟稍暇即书以尘教,勿念。右兄事日内当再为书催促,谅必能符尊恉也。《风梧书院藏书目》乞赐寄一册,余续陈。即叩春安。

小侄绍宋拜上。立春日(二月六日)。第四号。

再,示及多寄十金至兰溪,谅因侄前书有"每月余十元另作他用"之语,侄意每月省拾元者,将以备印刷稿之用,仍须贮于局中,不宜寄兰,下次发款时务希饬局员扣回,方合办法。再上劼丈台鉴,绍宋拜。

三日发第四号信谅达签掌。《职官志》已编成,共四卷,第一、第二两卷《县官表》,第三卷《学官表》,第四卷《庶官、武官表》。前拟即寄龙就正,刻因未录副本深恐遗失,即先发抄再行寄上。光绪二十三年以后之县丞、典史、巡检、把总、千总、外委等,均请先行查出寄来,以便补入。又,亭步驿驿丞旧采访稿不录,是否曾经裁缺?如系裁缺,请查明年份,以便注明。再,明代衢州有所官、屯户,相沿至今,府志《武官表》中悉载之。未悉吾邑在明时有无此项武官?府志《表》中所载者有无属于本县?侄于此节情事未谙,又无载籍可考,深望长者教我也。县官、学官中有治声者例须立传,清代当不乏好官师,并望先就知者见示。又,立传必需资料,不能凭空杜撰。疑各传冯先生当已撰就,前已为吴子培先生言之,故甚望速向叶宅检取。又,乡先达著述当时多未发还,即如先曾祖、先君之稿亦未还来。疑亦杂在叶宅丛稿中,此为将来作《先贤传》必要材料,盼之尤亟亟也。闻吾衢以赣事故,当局已大派人马防御,不审将来有无战祸,殊为悬系,丈亦有所闻否?腊鼓频催,计此书到时桃符一焕矣。顺叩劼庵老伯年安,小侄绍宋再拜。同人均此。二月十二日。第五号。

得第二号,敬知杖履安适,深慰鄙怀。昨发第五号书,不审曾收到否?吾丈能亲往各乡亲访,必能大有所获。采访之法,鄙意宜斟酌衢县《采访例》,先定目录,逐条签注。其最宜注重者为先达遗著,盖无论诗文,多关一邑掌故,可为志书佐证者不少。试举一二事:如道光间周知县敦培极有治绩,幼时曾闻曾大夫(点校者注:"夫"系"父"之误)言之,至今其善政几无可考,当时邑人曾集有《龙游攀辕诗》记其德政,惜原本尚未得见,仅就冯先生《采访册》中观之,已有作传材料矣;又如嘉庆间先达余铿,其所为诗盛为《輶轩录》所推许,至今亦未见其遗著,遂致欲为立传而不可得,皆其例也。大约采访之事,非内行人不能办,往往有极无谓之事物、文件,而变为绝有价值之材料者,是在采访之学识与眼光何如耳。辱承下问,敢举所知以对,不审长者以为如何?

乾隆时知县虽久任,然矛盾处最多,极难考定其年月。此间闻人竞收旧《缙绅录》,得之者视同拱璧。近向友人处借得数册,又在清史馆中抄得十余册,于考定年代大有可观。此时最难者,治绩若何及应否立传耳。张知县炤以后正佐各官既经查出,乞即寄来。此时应需者籍贯、略历及其在任年月,余固可从缓也。《名宦传》刻正撰次,旧志各传纰缪乖舛之处甚多,不足凭信,兹所为传求其语语有来历,注明来历是第一义。方足以征信而示来者,兹所最憾者,弘治、万历两旧志不可得,而康熙旧志任意将旧志改抹,致失其真。试举一例:如刘佐传,《衢州府志》据康熙旧志云:"正德十四年知龙游县事,重禁溺女及使婢之不嫁者,有不奉法者辄罪之,俗赖孳息。"此数语叙事何等明晰,读之便知正德间吾邑有溺女及不遣婢之恶习,而刘知县实为一仁慈恺恻之官。今康熙旧志既将其履任年月删去,使后人失知人论世之资,所贵乎史者,为其足以考证时代之状况,今旧志凡莅任年月悉为删削。不知是何用心?又改其文曰"重淹没之禁",岂复成语。试问淹没者何物乎?人乎,物乎,室庐乎,田地乎,证据乎?便令人堕五里雾中矣。又改云"示民婚姻以时,有不奉法者罪之",则是对于民间婚嫁一律加以限制,岂复成为治体?便觉刘佐完全是一蛮横之酷吏矣，此真所谓不通之尤。倥非敢安诋前辈之文，特以其乖谬太甚，坐使事实真相不明，至今不能成一信史，不觉言之激切耳。即此一条已纰缪若此，其他经其改削致失真实者不知凡几，吾丈将来试一读拙撰《职官表》并《名宦传》，当自知之。此皆当时士人深中明季空疏之习，不肯切实读书，徒事剽窃虚浮以为著述，真可为太息者也。

吾邑此时无善读书之人，且有读书不识门径而岸然自以为是者，其实皆系可造之才。吾丈以老名宿归掌志事，乡望甚好，请随时为彼辈指导之，使文风不至失坠，造福桑梓至无涯量。即如叠次论志事各函，亦不妨使邑中读书人读之，俾知修志是这么一回事，于彼辈亦有益，于采访亦有益。否则他日成书，将无人能识其价值，岂不冤哉。此实狂论，然如箭在弦上不得不发，谅长者并诸父老必能宥其僭妄也。徐徽言是西安人，倥已检书数十种，足以证明，他日《先贤传》中必删去。光绪二十二年《重建盈川城隍庙碑记》乞速抄示，此是新材料，必须加入传中者。示及旧志以炯退隐南乡之杨树山，今检旧志未见此语，不知在第几卷中，希赐悉。毛杨蔡魏四令公何名？在龙有何关系？希即查示，他日《祠祀》中当附入之。

此间天气亢燥，竟未得雪，喉症盛行，极为可虑。政潮起伏无定，祸乱既迫于眉睫，言之痛心。倥此一月中专以修志为事，獭祭群书亦觉甚有兴味，所惧者不许我长有此兴味耳。滔滔奉渎临颖，无任惶恐。劼庵老伯史席，倥绍宋拜上。（二月）十三日。第六号。

劼庵世丈赐察：

十四日发第六号信谅达记室，刻接第三号手教，敬悉种切。革命仅十二年而案卷已不可稽若此，远者不必言矣，将来采访真是一大难题。尊拟《采访办法》亟欲一读，希即寄为盼。示及采访三事，倥所为删书断自唐虞者亦自有故：人尚生存，类有恩怨，毁誉无常，是非难定，一也；褒扬之例，纯属货取，此于前代旌奖，难易判若霄壤，载之不可，削之不能，二也；新邦政制与昔殊情，羼入混和，动乖体例，三也。愚见，除《食货考》一项间须涉及民国情形外，一切均以清末为断，此义必须坚持。至民国后事实，此时仍须采访，颇欲将志修定刊行后别作一新编，尽载新国事略与志衔接,却另定一新体例,俾后来随时增补。不审尊恉谓何?此一事也。前定《编纂例》大致无更动,唯《地理考》中户口一项并入《食货考》田赋中,称为"户赋",亦以历来地丁并计不能强分也。《地理考》中增形胜一项,即以历代兵防情事实之。又风土一项本包风俗、土产两端,兹于《食货考》中增物产一项,风土则改称习尚,便可将去岁请晚香调查民商事、惯习各端汇入,余则表中官师改称职官,不过名称变易而已。近颇欲作《大事纪》一篇冠诸卷首,略拟正史《本纪》之例,将历代关系本邑大事用编年体为之。此项纪载不欲专纪人事,即天灾大疫等关系全地方民命、财赋者亦可收入,唯此项材料搜集匪易,不审长者能为我随时搜辑之否?此又一事也。

至采访员一节,俟奉到尊拟办法后再抒鄙见。冯先生采访稿目录,以校存本大体不差。唯侄终疑冯先生另有撰稿,前云叶宅未交出,并非指采访稿,系指撰稿言也。吾丈到叶宅询问时,此层务望留意,如果无存亦属无法。顷阅目录冯注,知当时修志体裁本与侄不同,此时另起炉灶,除名宦及先贤列传外,固不必专俟其撰稿也。拙撰《职官表》顷已付印,原稿涂改太多不易阅览,故变前议。渭贤兄所撰《疆里表》共三册。兹寄上,希察收。另一纸开列应覆查各项,覆查后仍请寄回,以便定稿。渭贤出示修志局致彼一信,阅之殊堪诧异。此书非吾丈亲笔,疑丈未得见或虽见而未注意,兹索来寄呈。侄所以仅送彼拾元,留拾元以为印刷抄录之费者,系为修志局节省经费起见,非有所私也。前曾有函声明不可寄与舍弟收受,应存局中备用,即系此意。此乃修志局内部之事,何必函告渭贤,幸渭贤明白事理,不然将疑侄中饱,侄虽百喙莫能自明矣。渭贤现任国立法政专门学校已改大学,地位益崇。学监,事务甚繁,勉强允我帮忙,几于全尽义务。修志局致彼第一次之函,竟不作一借重语,亦未免太违世故矣。彼交来复书兹转上,虽辞津贴,局中仍须致送也。属书,先寄上横幀六纸、联语两纸,匆促集宋人诗句奉贻,愧不工耳。得孙至贺,不审有新诗否?余不一一。伏维节宣,顺序不庄。

侄绍宋再拜。(二月)廿二日。第七号。

劼庵老伯赐察：

　　廿二日发七号信谅收到，刻得第四号、第五号两谕，敬知壹是，书目一册亦收到。《采访员章程》甚妥协，至为倾佩，唯条文例不说理由，因妄为改订，一切仍遵尊恉，略有增补仍候卓裁，如谓不然尽可不用也。助手难得，侄亦有同感。方、姜两位学问尚佳，唯各有所事，白天甚忙，晚间又各有酬应，未便十分相强。最为难者手边无抄胥，近一月来，每日必作七八千字或万字不等，腕几脱。一切皆须自写，费去时刻甚多，又甚疲困。若雇一人则所费又甚大，奈何，奈何！地方财政侄本不愿与闻，晚香昨来书，不得已致函张省长关说，特恐未必有效耳。原稿寄上，请转交晚香阅之。京师图书馆本有熟人，因年节假归至今未返。颇闻人言馆中志书皆近数年收集，或未必有壬子志，日内得暇当再往检查之。旧志不可得，无从参校最为憾事。日前曾将《浙江通志》中所引万历壬子志抄出，计得百余条，一一为之斟注，名曰《万历龙游县志辑佚》，他日尚拟印行。序文已制就，兹写出呈教，特寄成横帧以备补壁。并望与同人阅之。因于志书源流略有关系。属书贵祠联额，谨遵命，容与葆兄接洽。敬问起居不庄。

　　侄绍宋再拜。（二月）廿六日。第八号。

　　前日发第八号书，谅达签掌。《采访员章程》刻拟于第十六条后增一条，作第十七条，原第十七条作第十八条，原第十八条作第十九条。文云："名誉采访员如专因采访有所费用，得于月终具函报由坐办核定，酌予支给，但至多不得逾五元。"此次所拟章程虽属临时草就，侄细思通体规定尚属周密，如能切实照行，或有成效也。兹尚有请采访者阴阳学、训术、医学、训科、僧道会，多由本籍人选充，旧采访稿只采得数人，应请向各家宗谱检查当有所得。又，去岁晚香兄揭来碑记十六种颇有用处，尚嫌过少，望再搜求随时揭寄。此时作《名宦传》一无凭藉，良以为苦，甚盼于此中少得材料耳。侄所作书多未留稿，尚乞饬书手录一副稿存局，将来尚拟择数通录入《文征》之后，尊札则侄已保存矣。匆上劼庵老伯史席，绍宋再拜。二月廿八日。第九号。

前日发第九号信谅达左右。顷撰《名宦传》，至清代甚觉为难，除许琯、卢灿、王无荒、徐起岩旧志中尚可取材外，无可着笔。又杨葆光应作传否？如须立传亦须事实，各官履任年月希查知。周敦培为道光时有名知县，当时龙游有《攀辕诗》之刻，内中当有取材处，惜未得见，幸为致之。乾隆、嘉庆间当有贤邑宰，至今已无可采访。高英、张焰，《旧采访册》尚可采取一二，亦系零碎资料。来示谓上溯黄、熊，亦在循吏之例，今捡视旧采访稿，绝无纪载，希将其事实迅予开示。又冯金恩亦拟作传，但来云仅言其"待士优厚，听断勤能"，此两语尚可说是事实，仍觉宽泛。实心实政未有具体的事实，乞迅即赐知以便编入，当与《职官表》同时付印也。劼庵老伯史席，元霄绍宋拜上。（三月三日）。第十号。

劼庵老伯大人赐察：

顷接第六号手教，敬知一是。属拟《采访纲要》，谨当如命，唯前交衢县油印本敝处无存，希饬抄一份，并尊拟初稿寄下，当尽一二日之力撰成寄请台核，往返不过两星期，不嫌迟也。前曾寄上拙撰《万历壬子志辑佚》序文，未审收到否？侄撰《职官表》并《名宦传》已付印，不日出板即寄请教正。内中按语凡数百条，将来尚希逐条为之审核纠正，盖一人心力有限，必有不绵密周到处，自己不觉耳。此次撰述全以治经方法治史，颇觉左右逢源别有兴味，几于馈寝都忘，姬侍辈咸讶为陡发精神病也。但无论何事，非有此精神不能成功，乞示同仁勉之。目下开手撰《先贤传》并《选举表》，此则旧志芜杂过甚，考证搜补动稽时日，而前清一代先辈无从考证，恐非用功半年不能脱稿矣。先贤撰述已搜得多种，实为撰传顶好材料，闻之至慰。希迅速多觅钞手录寄，但须细校无使传讹，此节愈速愈妙，日夕盼望，尊著亦乞速示为幸。张省长已有复函，谓已准拨三千金，料公文已到县，原信不复寄阅矣。春寒，维珍卫不备。

侄绍宋拜复。（三月）十三日。第十一号。

再启者，月前得邑人余志仁住后高山。来书，请于灵鹫岩上题三大字，此自可允，唯不知志仁者何人，希向晚香兄辈一询必有知者，如系安分之人，侄愿徇其请也。志仁来书文理清通，当亦后起之秀，幸留意及之。劼丈再鉴，绍宋再拜。

十四日发十一号信,谅达签掌。《先贤传》材料太少,无可着手,亟盼将搜得之先贤稿本寄来。近日偶阅《两浙名贤录》,载有龙游人刘甲为淳熙进士,官至利东安抚使,谥清直,今检旧志《选举志》及列传中均无之。又阅《黄文献文集》中载有龙游人青阳县尹徐泰亨,事迹极可传,而旧志列传中亦无其人。又朱竹垞《经义考》载蔺敏修为绍兴中进士,旧志亦绝不载。又《王忠文公集》载《陈仲晋哀辞》,谓仲晋居龙游,旧志《流寓传》亦不及。又《章枫山集》载《竹轩处士祝君墓志》,称其人"志尚文雅,尤喜吟咏,乡先生若金长史、江纪善咸与之游"云,旧志亦不载。诸如此类不知漏略者几何,而此种材料必须平日读书随时采录,又非仓卒间所能搜辑者。幸转告同仁如晚香辈,平日读书时注意及之。侄无论如何忙,黎明即起,必读书三四卷,然后办公事,故能稍有所得。想晚香辈甚得闲,大可为我采辑。今日到京师图书馆检得万历壬子志四册,不胜狂喜。往日托人往检均云无有,可见细心之难。惜馆中定章不许外借,只得托人往抄,好在不多,抄费有四五十元足矣。在馆中匆匆翻阅,尚不知内容可订补康熙旧志者几何,但开卷一序为徐可求撰,可求是否龙游人,衢县人争墩者甚夥,侄亦未敢坚持为本县人。今阅序文,概称"吾龙",又款题"邑人徐可求撰",真是第一等好凭据,即诉讼至今日之大理院,亦必胜诉,深恨康熙旧志削而不录也。得此编,则侄从前所编《辑佚》一卷可作废,但亦有数日心力,用特寄呈台览,览毕尽可以之覆酱瓿也。他日旧志抄出,尚拟付梓以存旧日文献,唯一切经费不敢开支公款耳。劼翁世丈大人史席,绍宋拜上。(三月)十七日。第十二号。

劼庵老伯:

侍者前十日发第十二号书谅达到矣。顷连奉第七、第八两号手教,敬知一切。姜函已转去,采访稿一册并抄件两纸均照收,唯《衢县志采访目》函中无之,想缄时匆匆漏未附入也。乞速补寄黄、熊、冯诸令业,据以补传。此后关于先贤事迹,为《旧采访稿》所未详者,仍恳以时录寄。曩读韩昌黎文,谓"史书不可轻为,自丘明、迁、固、陈寿、王隐诸家而下,皆不免于天刑人祸"。今修邑乘,恒惕然于斯言,深虞先贤潜德幽光,及吾身为之湮灭。往者冯梦香先生以丧子而修志之业辍于中途,此虽迂拘之所为,亦吾丈与侄今日所当警策者耳。示及将有廿四年前之变,闻之心悸,不审此消息何自得来?侄老母弱子远寄柯乡,万一地方有变致惊老人,侄将何以为人子,尚乞详细示知,以便先期迎养。所憾者,煌煌首都亦复鹤唳风声,不能得旦暮之安耳,乱世为人真不易也。《旧采访稿》截至光绪二十三年止,以后《选举表》中应载各节,幸提前采访以便增入。属书中堂,日内即写奉。近来事较繁,又应人请为作寿文、墓碑数首,稍得暇便当编撰志稿,故无暇及书画事,是以稽迟,惶恐,惶恐!子培已来,此时局中彼尚有职掌否?便中示及为幸。侄迭次作函皆信手乱涂,绝无诠次,方自责其不恭,来书谓已珍藏,实深悚息。尊简绝不苟作,足征老成典型,无任倾佩。此间气候骤暖,疹疬流行至为可畏,南中当不然也。敬承杖履多祜。

　　侄绍宋拜上。(三月)二十六日。第十三号信。

　　今晨邮局递到衢县《采访纲要》,迟信四日,以后寄件请附信中。审视乃无甚可取,深悔因待此件稽延时日不少,去年秋侄未细阅,方以为有可取。乃发奋以六小时撰成《纲要》数十条,自视尚属周备,不知诸位采访员能了解否?子培适来,阅毕颇以陈义太高为言,然不得不如此,兹谨以呈诲。《纲要》系依《编纂例》次序,吾丈阅此便知。《编纂例》又有变易,将来尚有增减亦未可知。盖体例非全书杀青不能定稿,无论撰述何书莫不如此,故修志局两壁皆贴《编纂例》殊非宜也,幸去之。日昨寄上大小中堂各一,字殊不佳,又附去为劳崧丈画一纸、书屏四帧,希转交以完宿诺。近检各书多云吾衍为开化人,将来《艺文考》中须将其著述删去,人物中亦拟删传,唯尚须考查一过,以免轻率之讥。现在吾邑不知尚有吾族否?此必须先追究者,希速查示。先贤著述已录出副本否?亟盼寄来。大著录出后亦亟欲一读,生存人之著作固不著录,然若有关掌故,仍可采取。宋时徐鼎臣同修《太平广记》,而其自著《稽神录》采入者甚多;清代蒋文肃同修《书经传说汇纂》,而其自著《尚书地理今释》亦采入不少,皆最好之前例也。此间五点钟便不收挂号信,所欲陈者尚多,姑止于此,不及书矣。劼庵老世丈史席,绍宋拜上。(三月)廿九日下午四点半钟。第十四号。

劼庵仁世丈赐察：

连得九、十两号手教，惊知有手足之痛，吾丈悲感自不可言，然死生聚散小事理之常，伏愿旷观，勿为无益之忧伤也。尊意注重谱牒，深惬鄙怀。古者谱牒之掌原有专官，下逮六朝如王俭《诸州谱》，王僧孺《十八州谱》，以及《冀州姓族》《扬州谱钞》之类，悉以州郡系其世望。至宋郑渔仲慨然于谱学之不修、史家之失职，首叙《氏族略》于其《通志》。故作方志而录谱牒，实最合乎史裁。去年订《编纂例》时原欲作《氏族考》或《氏族表》，嗣与友人论及，多言今世治尚平等，不宜更标族望，又人事交通日趋便捷，选举之制国有常经，不宜更囿方城之见，煽部落之风，以是未即列入，仅拟于《艺文考》后设附录一类悉载家谱，略如《艺文考》例叙述各谱大凡而已。然此事仍可商量，尊恉谓何，幸以见教。前屡请寄先贤遗著，不审副本已录出否？桐溪陈氏所藏旧志取得后幸速示，如系万历丙子或天启本，则更妙矣。壬子志至今犹未抄出，已加倍给抄费仍未能速，京师抄手之钝拙可恨也。《职官表》《名宦传》初稿已印成，兹寄上六十册，乞速分送广征签注。石印小字尚成厚帙，他日木刻更占篇幅矣。此为俺两月来键户埋头之效，不知乡父老读之谓何也。《采访纲要》谅已登览，成之太速，遗漏当不少，幸补入之。最好尚须作一《采访方法例》，如采访工业情形，应往各槽户实地考察；采访出品总数，应往厘卡查卷；采访销路，应往各行家探问之类。特如此编法非累数十纸不能尽，只得烦吾丈随时指导。俺现须为修订法律馆编订法令，又有应酬之作，真是日无暇晷，不遑作此矣。今日为业师王耀周先生作《寿序》一篇，略似吾丈前为家慈《寿序》尽述旧事，自谓颇佳，惜无人录副，不克附尘台诲也。余志仁为人日前子培亦曾说及，谓其甚热心公益之事，且不辞劳苦。若然，志局不妨为列一小事。子培并云其于工商事极关心，似可令其采访此项材料，特不必位以采访员耳，请酌裁行之。春寒，维珍重不宣。

世侄余绍宋拜上。四月四日。第十五号。

前日发第十五号信谅收到。上次印《艺文考》仅六十册不敷分配，故此次加倍印之。有一事忘提及者，即初稿六十册前书云五十册，误。中有一册曾将刊误处用朱笔改正,应请饬书手照样逐本改讫方可分送。此次共印一百廿本,费银八十五元,可谓甚便宜矣。兹将监狱发票寄上,此款侄处已垫付,局中如愿归还,请寄至兰溪交舍弟应用。下余六十册,侄已分赠友人四十余册,皆托其觅他县志书或借用书籍之人,又此间同乡亦赠数册。仅存十余册不能再寄。本地六十册亦宜择其人,应分送者始可分送,因板已拆散未能更印耳。冯道尹处侄已径送,衢县正修志,王浣处可由局送一册也。劼庵老伯大人赐察,绍宋拜上。(四月十三日)。第十六号。

顷得第十一号手翰,敬悉种切。《职官表》《名宦传》初稿业于六日寄上,计程当可收到矣。京师图书馆抄件后日即可抄得,抄费亦已付去,不及追回矣。原本寄来亦甚好,因图书馆本印较后,字多模糊,正苦无别本校勘也。邱梁应特加奖劝,除局中酌量核给外,侄愿作书画便面与之,幸将其别号示知以便即写。南乡地面较阔,额外添一采访员似无不可,仍请尊酌行之。子培昨晤面,据云日内回乡当为志局尽力,窥其意亦非必得名目者,容再见面探其意旨如何再告。正作书间,得浙江高检长陶君来函,始知其待右宜兄到省已久,兹将其原信寄览,请右宜兄即日往省谒见,以免失时机,别作介绍一书附奉。余下号详。劼老世丈执事,侄绍宋拜上。四月十三日。第十七号。

劼丈赐览:

奉第十二号手教,敬知一切。丈任局事前岁冬间业有公聘,此次改组不过内部职事变更,对外初无关系,何必更议加聘。此晚香兄应知者,何以又有此种提议?幸告之不必多此一举也。地方上全赖有正直绅士能负责任、肯任劳任怨方好办事,崧丈病久不瘥殊可念,局中经费赖其主持,万一有变将若之何。志局不能用无用之人,亦非吃闲饭之地,来求事者尽可竣词斥出,不必客气。大凡自己干进或托人夤缘之流悉非真才,全不可用。往者侄在法部悉持此义,谤言之作自在意中,然亦不必惧也。拙作《寿序》已饬人油印,兹寄呈指正,笔墨不甚干净,不足观也。

仲先所编《赋役》行将脱稿,已陆续付抄胥,唯自国体改变后,赋役一门与前清有何差异必当详述,幸速查示。旧志于《赋役》全录《万历四十年赋役全书》，虽属一篇烂账，然至今犹得藉以窥见当时赋役大凡，至可宝贵。旧志可取者仅此一端，故今编《赋役》属仲先一字不动，唯核其有无差漏，又略考制度间加按语，以便省览而已。尝论诸史中叙述赋役以《史记·平准书》为最妙，盖其眼光全注在当时社会情形而深寓褒贬，不沾沾于课目细数，故至今读之而当时国计民生跃然纸上，所谓活历史也。自唐以后诸史《食货志》，则多所忌讳，不敢昌言抒论，直是一篇户部档案，犹幸夹录当时章奏，赖以略窥一斑，然已不足观矣。至于县志，则此类千篇一律，几于无人顾问。负盛名之《武功县志》，户、赋两项记述不上一千字，而开端竟云"宏治以上不论，论今所赋者"，可谓荒谬绝伦。陆陇其《灵寿县志》亦有盛名，载赋役特详，称之者辄谓其注重民生不同凡作，然亦是一篇死历史，无甚兴趣。今编《赋役》既仍旧志之旧，而又欲其不成为僵石，则唯有在烂账后竹一长论，略效《平准书》之例，将明清两代赋役之因革得失，及其社会情状有可推见者并著于篇，使人读之不复觉烂账之可厌而反觉有兴趣斯为得之，谅吾丈亦以为然也。

近于《方言》《广雅》有所考证，觉今日方言中存古音、古义者不少，而吾龙发音多深喉，尤多与古音合，不揣固陋，因欲于《风俗》后撰《方言》一篇，探究吾邑俗语之原委，其文体妄效《尔雅》为之，分为释词、释言、释天、释形体、释亲属、释宫室器物、释动植物七篇，刻已将细目编定，凡得二百数十则，将广引故书雅记逐一疏证。但此非深明声音、训诂、文字之学，不能融会贯通得其奥妙。仲先近颇肆力于小学，亦时有所发明，此篇当与合力成之，然此甚精奥，非经年恐不能脱稿也。古者辎轩方行禹甸，采览异言以为奏籍风诗，《尔雅》此其权舆。逮乎子云，采绝代之殊言，成千秋之绝学。魏晋以降竞务词章，宋明两代偏尚理趣，而兹业遂荒。洎于今世，余杭章氏始发其蕴，多所发挥，于是向学之士渐知方言之可贵，而发音学、国语学以兴。今于县志增撰此篇，可谓宜今宜古之作，吾丈博雅当信鄙言，特难与村学究道耳。《职官表》中讹字尚不少，兹再改正一册寄上。修志之业不能草率，近以昼夜兼程，成就不过若此，度全部杀青必在二年以后，乡人士非身亲其事者或以为太迟，深望吾丈并晚香诸君随时开说，尽可持示初稿，告以逐条须经考核，故费时甚多。又仲先、渭贤两君事务甚繁，不能专一为此，而一切抄录、校对均侄独力自任，别无助理之人，不能更求速也。书至此已夜漏二下矣，滔滔不能自休，长者亦厌其渎否？右宜兄谅已赴杭，陶君今日又来信催促矣。余续陈。敬承杖履多福。

愚小侄余绍宋拜上。（四月）二十二日灯下。第十八号。

十三、十四两号手教并万历壬子志四册同时递到，不胜欣慰。京师图书馆本漫漶之甚，几于每行必有失字。此本印不甚迟，足以正之，故可喜也。此志亦甚简陋，取材处虽不多，然足以证康熙志之讹字，且得以证康熙志删削之当否，今日修志固不得无之也。日内当抽暇细校一过，并拟序而行之以存故乡文献，吾丈当亦赞许也。近来事务较繁，每日仅得三四小时修志，进行不能似从前之速矣。劼老世丈侍右，绍宋再拜。（四月）二十六日。第十九号。

二十六日发十九号信谅达记室。拙稿承谬奖，惶悚无似。自得壬子志后复有多处补正，前云重寄校正本以是未果，稍迟当增入补正处再行寄奉。经费一节吾辈似可不理，盖丈任采访，侄任编纂，只须各尽其心力不稍懈怠便对得住地方，若经费不敷则自有负责之人，将来即因此停办亦不关吾辈事。总之，修志之业岂区区数千元所能成功，即如建德县成一账簿式、新闻式之恶劣县志，闻亦费二万余金，他处富饶更不待言矣。茹穷先生事略未见寄到，想忘封入，请补寄。前请寄先贤著述亦未奉到，至念。子培先生来业与接洽，谓西、北两乡收谱选录事渠愿力任，至于名义若何则不敢计较云云，侄意"名誉编纂员"殊非所宜，以子培与叶君不在京，徒负空名何济于事，不如改称"名誉帮办"，地位较崇又可为吾丈分任采访之事，子培亦谓然，如何仍请酌行为幸。壬子志必须重刊，仅印本百本刊费亦不过五六十元，即由侄捐出，不敢动用公款，唯分赠时须斟酌耳。昨夜作序文一篇，兹先写出别寄呈教，匆匆无好文，但亦求与事实吻合耳，不计工拙也，倘蒙斧削尤所深幸。写匾额事业与葆兄言，勿念。葆兄云今岁杖国华龄，颇愿侄作文点缀，侄只恨不能为文耳，不敢辞亦不愿辞也。唯此文立意将专记修志事，今自改组以来事实尚少，愚意今年仍作画，至明岁丈满七十岁时再以文为寿，若寿敝业师满六十寿之例。逆料此一年中志书大体可就,事实亦较多,序文当生色不少也。如何仍请赐知,不必客气也。邱君书画作成即寄,近来颇病酒,事又繁,已经月不事此矣。匆复不宣。劼庵老伯先生大人阁下,绍宋再拜。五月一日。第二十号。

何庭藻去岁晤面,略知之,人甚热心,局中终当借重。

前日发廿号信当收到。序稿今亦书成横帧寄上,别为丈作摺扇并赠邱肇镛扇,幸察收。书画不能精,可哂也。劼庵世丈足下,绍宋。(五月)三日。廿一号信。

有二十日未得书矣,念必出乡,勤苦可想。十月廿三日寄一信甚详,续又寄拙文并拙制摺扇,不审已达到否?《选举表》刻已编成,页数与《职官表》埒,唯正表自光绪廿四年后缺如,附表中援例、武职两项脱漏甚多,又《旧选举表·援例》一项只载姓名,未详仕籍,均须亟行补访以便增入。日内吴子培即归,一切事已与接洽,晤时可详询之。自今日起休息一星期即着手撰《先贤传》,唯材料太缺乏,不审近来采访所得者几何,亟盼寄下。兹尚有数事请查者:旧志《夏僎传》称其与同邑周升、缪景仁自相师友,则周、缪必甚有学行可知,而志仅于《选举表》载其名,他无称述,此时宜于此两姓族谱中查其行略,将仿正史附传例于《夏僎传》中略为补载,此一事也。《刘愚传》中云邑有范仲淹读书处,今按旧志《古迹》中未详,现时尚能考查否?此又一事也。徐仪姑传中有余赐、余璧、余玺,此三人旧志未详,《流寓传》赵希绾有五子,云皆相继登上第,而《选举志》中绝无五人之名,此皆须查其族谱始知之,此又一事也。杨侯祠《尚书省疏》署名者有杨瑾、杨绍达、杨继达、杨瑢、杨华、杨理,谓世居龙游六都杨村,宦籍甚盛,不知此时六都尚有杨村否?其谱牒中有可稽者否?此又一事也。壬子志称徐泌居县之官塘,今时地在何处?此为证明徐族是否龙游人之要着,亟须采访。此类应补采之处甚多,容续开上。匆肃即请劼庵老伯大安,绍宋拜上。(五月)十三日。第廿二号。

昨书谅达。刻检阅《旧采访册》人物类,觉可为先贤传材料者甚少,而旧志《人物传》过于简陋,非增辑不足观,此时唯有于家谱中征取事实一法,虽谱中所载不免溢美,然自能以精锐眼光抉择,应请丈于检阅谱牒时将所有人物尽行录出,即仅有一官半职、无甚事实者亦须录其官职,不问正途与杂选。以便分别采入《选举表》正、附各表中,俾得列名志乘以垂不朽,亦作史忠厚之恉也。先贤事略采得者速寄下,不日即从事撰述,最怕秉笔以待材料大足扫兴耳。此间天气热如盛夏,昔时所未有。叩上劼老世丈执事,绍宋拜上。(五月)十四日。第廿三号。

十六、十七两号手教拜悉,拙文乃承奖饰,至深悚愧。多饮非宜侄亦知之,况舍下死于酒者多矣,只是厕身势利奔竞之场,闻见无一惬心事,而世局败坏又若是,不饮其奚以遣之耶!承规至感,会当力求节制耳。冯宦政绩既嫌简略,可补事实来。褚、单两学官亦凤闻其贤,当时以冯《采访册》羌无事实,遂付阙如,若得事略亦可补也。增《氏族考》固佳,只是采访要无遗漏,否则未录入者不咎自己疏虞,将疑吾辈削其属籍,反多一番是非也。子培昨已南行,不日当与丈晤面,请详询之。王浣是衢县知事,此时计未调动,初稿可径送县署。《田赋》拟不石印,因其不必签注。为局略节经费,若《选举表》《人物传》则不得不印矣。敬上劼丈先生,侍者绍宋再拜。(五月)十八日。第廿四号。

彼此未通信两旬矣,此半年来所无也。前一旬以感冒故精神不佳,后一旬以政变可虑,将所有采访稿并撰成各稿送外国银行寄存,至今犹未敢取出,故未及作书也。日来又须迁居,琐事甚多,非一二星期不能布置停妥,俟迁定之后将各稿取出,又当发愤撰次矣。目下明代以前《人物传》并《选举表》全部撰成,付钞胥录出后仍付印刷,大约七月间又可出版,唯前请查事实册至今未见惠寄,殊深怅记。迭次函称《人物传》为《先贤传》只是因文便称,"先贤"两字不易,当范围过狭,故现仍以《人物传》标题。旧志于明代人物记述太简,又无他种书籍可参考,殊觉简陋。又旧志各人物传多无事实,仅云"有政声",或"有文学",或"品端学粹"等等空话,《旧采访册》中人物册内几于全部如此,真苦人也。绝似计荐考语,删之不能,载之不可,尚不知如何编次方合,日来因此搁笔数四矣,未审长者于此亦有以教之否?余岫云先生《敦夙堂集》盼觅一部寄来,先生居乡最久,或能于其中采取国初时本邑掌故亦未可知。子培先生当已晤面?松青先生逝世,于吾局经费恐有关系,其人乡评毁誉参半,然自有其可传处,此时未得事实不能定,他日即不为立传亦当为其作家传。侄曾有挽语云:"直道自任,今世所难,作传有心迟异日;志乘未成,先生已逝,深怀相助更何人。"似尚合其身分,还请吾丈教之。琐事又集,不及细谈。即请劼翁老伯节安,绍宋再拜。午节前二日(六月十六日)。第廿五号。

新居地址在东单牌楼三条胡同内,迁徙日期尚未定,惠书希暂寄司法部街修订法律馆,不致遗失。劼老再览,绍宋再拜。

劼庵老伯赐察:

久未得书殊以为念,廿七日曾发廿六号信,不审已否收到?侄已于昨日迁居东单牌楼三条胡同第三十六号,此后寄信希径交此处。此间政局纷乱,甚可虑,新居在使馆保卫界较为安宁,免得时将旧采访稿寄存银行诸多不便,唯租金则较旧寓倍蓰矣。部署未定不及细陈。敬请大安。

愚侄绍宋再拜。(六月)廿七日。第廿六号。

二十、二十一两号手示拜悉。县官擅提地方公款事,不知已争得如何结果?此除地方绅董抗争外无他办法,若由京官致信省城当道,则是与虎谋皮,必无效也。右宜兄事未便致书与陶,且俟陶来书询问时再复。岑山钟文拓本未见,不知字体若何?前示有古鼎,是否别有一物?子培先生寄来畬族历史一大篇,全是读《封神传》的朋友所捏造,殊不足信。将来志中只叙其现时生活状况,如风俗、习惯等足矣,既无可信之谱牒,不必追其由来也。信稿已收到,惜字太小直如试场夹带,不便省览耳。挽崧丈联切当之甚,深以为佩,拙作无此委婉动情也。示及有致仲先书,未见附到,谅一时遗忘,请即补寄。仲先仍约其来居,唯近来彼事颇忙,又天气酷热未便相促。新居部署已定,日内又将从事纂辑,大约一月后《人物传》即可脱稿,希将已采得行略先寄以便纂入。属书匾额,葆兄迄未将大小尺寸送来,刻已电催矣。大局不定,险象环生,几有朝不保暮之势,而欠薪不发尤足制我死命,奈何。劼庵老伯赐察,侄绍宋再拜。(七月十九日)。第廿七号。

十九日寄廿七号书谅达记室。刻奉廿二号手谕,敬知一切。仲先信已转交,彼日内便有复书。贡生名单已列入《选举表》,惜未详其别字并就职与否耳。《人物传》已成,刻已与《选举表》一同付印,约两个月内出书,乞将吾丈所已采得人物传资料从速惠寄尚可补入。援例、武举、保举等类虽不完备,亦请速寄以便补入,若迟至秋凉则不及矣。万历壬子志翻刻已成,日内先寄五十部归,以便分送名誉采访员及各采访员参考。尊什致佳,唯以稀韵为辘轳,则每首为所限,便令和者不能步韵矣。葆兄来,知丈汴中家事甚棘,然横逆之来亦唯处之以顺,不必牵怀也。政局益险恶,八个月不发分文,大约距饿死之期不远矣。劼翁老伯左右,小侄绍宋拜手。七月卅日。第廿八号。

七月三十日所上廿八号信谅达览矣。顷奉廿三号手教,敬知一切。人物行略必俟下月始寄,则印刷必须令其中止,颇觉为难。可否提前先尽编得者付邮,俾得编入,至于挂漏则势所难免,他日再补亦不迟也。乡人当亦能原谅,盖我只能就采得者编纂耳。况此项《人物传》将来必大加增补,缘《旧采访册》所录各家谱传多半无事实可征,即如祝茹穹先生传,称其"敦睦宗族则德盛礼恭,剪除豪恶则去疾务尽"等等,此应分事,访册中此类事录不胜录,例如豪恶何人、如何剪除、是何等事方是事实,方可据以入传。一连数十句全是空话,如何可据以入传?此有名之人尚如此,其余可知。计人物访稿中四册,大半言任恤则"好义疏财""周贫济困""焚券了债"等等空言,绝不言何事好义、被救者何人;间有言及修桥梁者,又不言所修何桥,其程如何。言学问则云"博览群书",或"于书无所不读"等等空话,绝不言其学恉所得或专攻何书,或有无著述;言孝友则"一派天性纯孝""笃于友于之谊"等等空谈,更无事实可考。刲股疗亲疾事,访册中多及者可谓事实矣,然此事极为愚蠢,无论违大圣不敢毁伤之义,亦甚伤其亲之心,君子所不取也。前清功令褒扬纯孝不取此事,甚有道理。其他则多涉堪舆、神怪等悠谬之说,尤不能收入,故所取者绝少。现所撰清代人物传仅廿余纸,寒畯已极,较诸他县志清代人物动辄二三百纸者相去太殊,实于"龙游"两字面子上太下不去。此固由吾邑清代人才不多,然潜德隐行未经访录者当复不少,应请切实谆嘱诸位采访员先生尽力搜访，为地方体面上增些光彩，不仅死者有知衔感九泉也。但空话切勿多写，写亦不录。"人物"两字范围太宽，不但林巨伦、嵩青、石帆可录，即平民有德行或有艺术者亦可录，所谓史法不以细民捐也。此后乞随时采得随时寄来，各稿一日未印成，尚可陆续补入耳。康熙旧志《建置》类官庄保义仓下录有邑人叶渠一书，称其"留心经世之学"，书中复言及邑令"亲承咨询"，当系彼时邑中处士，书中首句云"今夫布衣之士"。入清代不出仕之人。康熙旧志中别无记载，《旧采访册》中亦未及，乞速向叶族一查，颇欲为之立传。旧志中如此类有关系之文章不可多得，大半皆吟风弄月，笔墨最为可厌。尚有叶鲁亦当时进士，采访册中亦一字不提。仅有董琪传中"邑之缙绅叶东岩常以国士目之"一语，东岩为鲁字，阅《两浙辅轩录》知之。诸如此类待访者不知凡几，故侄迭次索先辈遗著，欲于其中搜罗先辈故实，至今不见一书寄来，遂致作传时有亦手空拳之叹。吾丈既于十月间求代，则侄亦任至十月止不复再任，好在最难之三部分《职官表》《名宦传》《选举表》《人物传》《艺文考》。大体已成，对于地方可告无罪，且敢言他人为之尚无此精细也。一俟秋凉即行提出辞书，彼时《选举表》《人物传》印成，正好提出。请求公决，盖如吾丈推手则更无可胜任之人，虽欲不辞亦不可得矣。舆图办法最合晚香所任，已脱稿未？速寄来为幸。此间酷暑不减南中，犹日拥书纂辑，苦不可言，惜地方诸位绅士不能亲见我之辛勤耳。考订事最为烦难，往往有一小节而审检搜查须半日者，吾丈必知其劳，幸为诸公言之。初稿中诸批语不知费多少目力，《选举表》《人物传》中考订处尤彩。日前陶检长书来，右宜事已再及矣。谨复劼翁世丈足下，绍宋再拜。八月七日。廿九号。

劼老世丈惠察：

七日发第二十九号信想收到矣。自前年腊月开局采访至今几一年半，而先达事迹采访极稀，仅在《续采访册》中得墓志数篇，且多不足采录者。此番撰《人物传》真觉枯窘，即如余作沛为乾隆时名宿，其子铿能诗，潘绎岑学使至称其诗"得魏晋人神髓"，而《旧采访册》中绝未采及其事实。又如杨海霞旭、余海楼照以及叶兰浦、余西岑、何秋圃、劳石台、严石园、姜美琼、黄秉智诸公，皆乾嘉间有名之人，亦毫无事实可采。又如先伯祖子春先生,亦未采其事迹,何能使清代《人物传》生色? 当此初稿未印成之先,务恳吾丈将以上诸人之事实已采得者尽先寄来,虽不完备亦胜于无,免得初稿中只有旧采访无新采访,受乡人之指摘也。《人物传》仍照《名宦传》例注明出处,故一览便知其来历。又读《旧采访册》,载余铿履历中著有《姑蔑考古录》,想此书必多补旧志之不逮,而鲸文先生当时极称渊雅,所考必有可观,乞速觅其后人,将此书检得挂号寄来以备参考。又,现在《建置考》已着手编纂,不日即可全部脱稿,而公产一项旧采访稿中纪载甚稀,乞速查出以便列入,即如先叔往日争公租事实均载在《征信录》,而此项《征信录》亦未见寄来,遂致公租一事无从着笔,相隔数千里,所需必须半月后方能到手,真令人闷损矣。今秋本拟回龙,破一个月工夫与吾丈亲赴各乡村逐一细访,奈自本年正月起署中分文不发,又因迁居用费不少,至今几以借债为生,实无余资可充旅费,奈何,奈何! 属书匾额字已送交葆兄矣。敬叩暑安。

愚侄绍宋再拜。(八月)十七日。第三十号。

前发第三十号书谅达签掌。刻接第二十四号手教,敬知一切。《水利》一项仲先已编出,唯须由尊处覆查后方能编稿,兹挂号寄上,求丈即日将按语待查各点详细加签寄回,至盼至幸。万历壬子旧志刻已刊竣,日内有人回浙,略省邮费,准托其带归七十部,共印一百二十部。由丈斟酌分送,采访员须请其细阅。唯便人尚须数日方能启程,兹先寄一份以供快睹。拙序已修正,仍希指教。京师图书馆存有嘉靖、天启两府志,亦是海内孤本,本拟全抄,因卷帙过多全抄太费,仅抄得有关系各卷,嘉靖志亦复残缺不全,又费去抄费三十余元。叶左文兄经手单附览。为参考起见亦不得不尔,此款局中能付否? 不可勉强,如无余款即由绍宋承认,不必付矣。先后托人四处钞录参考文件并初稿誊写,非誊写不能付印。钞费所费不下百元迄未向局领取,固不在此区区之数也。奏销册已收到,田赋一项占百数十页,已发钞。颇嫌其烦又不能删节,奈何! 子培先生现在何处? 无信来。前恳速寄《人物传》材料,不审已付邮否?《选举表》已印成,刻命其暂停,专待访稿补入矣。劼庵老伯大人阁下,愚侄绍宋拜。八月二十五日。第卅一号。

绍宋新得一子,因命名献,号曰耆徵,亦犹丈命孙名志成之意。

　　二十五日发卅一号信当达到矣。刻奉二十五号手谕,敬知一是。万历壬子志重刊本因友人尚须迟归,业已交邮寄上。不久《选举表》《人物传》便可印成,计两厚册,此项邮费殊不赀也。此番包裹内尚有《职官表》十册,系此间分送所余者,度邑中或须续送故寄上,唯局中总须留数册存档,以备他日付刻时分刊及校稿之用,不宜尽分送也。监狱承印壬子志账单附上一览,局中款绌不付亦不妨耳。前寄来旧档乃册结而非奏销册,仍无所用,不审能再一检否?《旧采访册·风俗》一册冯先生批云“《兴革利弊要略》未钞”,未知“要略”何人所撰,此时尚能检出否? 水灾暴发闻之凄然,不审史大老爷如何处置,当店失慎乃极容易事,所谓片言可决之狱,但无手腕则不能办耳。何必手忙足乱如此,可怪也。人岁汇汴路费是极正当开支,不能扣从前之薪水,本拟致书朱晚香,又恐旁人疑丈属侄开话,然他日归乡必当主持公道。去岁用款竟至三千二三百元之巨,殊所不解,忆自前年冬侄受任来京后,迭次函局索新访事实及属采访各事迄无回复,足见无人下乡调查或实行征访,何以开支如此之多? 侄自受任以来无处不为公家打算,是以得暇即埋头编纂未敢自逸,以冀速成,而所费抄费、此项最多。邮费、稿纸费此项亦甚多,因脱稿后须抄两次方能付印,又时须杂记。等等,迄未敢全向局开支,无非为节省公款起见,乃去岁竟用如此之多,一无成绩,何以对乡父老耶! 前请先将已采得人物事略寄来,迄未收到,监狱待印已久仍乞速寄,不然初稿中无新采访,面子上甚不好看也。绅士分党内争甚有害于地方,吾丈耆年硕德众望所归,似宜联合公正士绅出为排解。此时初起当易消弭,否则意见愈闹愈深将无融洽之一日,而地方必隐受其祸矣,不审吾丈亦有意乎? 匾额已写成交葆兄矣。此番所作《人物传》自谓甚合史例,别有《叙例》二十余则约七千余言刻已付抄,抄成当先寄请教。敬上劼庵老伯史席,绍宋再拜。九月六日。第卅二号。

　　此次所撰《人物传》考订补入处甚多,用旧志原文不及十之二三,自谓可告无罪矣。今以待新访人物,不能即印出,度吾丈亦甚欲知拙稿大凡。传前本有《叙例》一篇，所以明本书之义例，兹先觅人抄出呈教，阅此可知侄编撰之苦心，并望局中同志传观，如有意见尽请发表，侄固乐闻诤论也。此次稿中本有特异见解，为前人所未发者，本不敢自信其必无误也。劼公老伯，绍宋叩。九月十一日。第三十三号。

连接第廿六、廿七两书，敬悉种切。康熙志孤本由翀一先生家取来，及余家见怪一节，侄生也晚竟无闻知。序中"箧中尚存一部"之语，乃往日闻诸先四叔者，恐前事即先四叔亦未知之也。此事丈如早说，侄必为叙入，因此亦是一段故实，绝不愿没其保存之功。好在此序将来亦须刊入新志，志后须加《旧志源流考》一篇，将所有旧序一并刊入。彼时再加酌改可耳，并请先将兹意告知其后人。邱君一节则其功自不可没，将来刊入新志时或改入此序亦可，鄙意原欲于新志自序中详述修志经过及采访员何人最得力，如冯先生一梅搜集之功最不可没。彼时邱君觅得壬子志一节自在其中。《重刊序》重评论两志得失，故未遑及之也，此意亦希于晤邱君时先及之以慰其意。侄生平向不敢固执成见而喜闻诤论，故初稿必先印出以征意见，无如肯言者极少，尚希普告同人有应说者尽说，勿俟书成后再说，则悔无及矣。

昨所寄《序例》如吾丈有欲加以教诲者，亦请明示为幸。再有一事须郑重声明者，康熙志荒谬绝伦，有不能不加以纠正者，此志侄已认为未经岫云公审定，前作《万历旧志辑佚》，志中有岫云公传，是其铁证。序中已及之。刻所撰岫云公传亦曾叙及其事，他日岫云后人万勿因攻击康熙志过甚，误以为毁其先德。至认定康熙志未经岫云公审定，亦非欲没其前功，岫云先生固自有其卓之可传者在，不必藉此荒谬县志反损身价。而增其身价也。空前奇灾之说发自敛钱者，其目的别有在，岂可轻信。现在科学昌明，地震、日蚀诸事有一定之原理，岂容有神秘之说存乎其间。此间散布更甚，警厅已严行禁止，史大老爷岂并禁谣之事亦不知也。地方上无晓事人诚难与处，然恐他处亦是如此。侄察现时政象，不久亦须归田，彼时居乡必竭力提倡学问道德，冀以挽回人心，否则地方真恐陆沉矣。提万金生息以充志费之议，具见老成谋事之远，可否即以修志局名义作成议案，请求议会通过，想议会诸公望县志告成之殷亦不让于吾辈，或能办到亦未可知耳。自昨晚起已着手撰《列女传》，康熙志于烈妇遗漏至多，此后必须补访。顺以奉及，余续详。劼庵老伯大人赐察，绍宋拜上。九月十二日。第三十四号。

宗教大同会之传单此间虽经警厅严行禁止，而自日本大地震后，国人相惊以怕有情形至为可笑。中央观象台乃为文以辟其谬，极为深切著明，兹特寄上。如吾邑人心仍然疑惧，乞速排印或油印数千百张分送各乡以资镇定。不谓科学入中国数十年，而人民程度尤复如此，可慨也。姜启周不知何时始到，悬念之极。此后稿件仍恳统交邮局，既甚迅速又甚妥当，不必托人代带，他人事不关己，迟误在所不免也。最怕姜启周沿途逗留或到京后不即来，俺又不知其住处，恐至少须迟误至半月以上。俺性最急，前曾云《人物传》至少须六个月撰成，现尚不到六个月，中间迁居又荒二十日工夫，《人物传》已全部告杀青矣，且绝不敢草率，极细微处均加按语，引用书籍至少百种以上，未尝惮烦也，专俟姜君到后即行排入印刷。恳吾丈速函姜君，谅彼行时必有通讯处在君处。一到京即来敝处为要。又，近日如有新访者，并恳逐条付邮为盼。《旧采访册》中有吕斌墓志、胡大昌墓志讹字甚多，胡志且不完全，此两志必须再查，乞速向两姓谱中重录一本，即日寄下为盼。劼庵老伯史席，绍宋拜上。九月十四日。第卅五号。

十四日发三十五号书谅达左右。旧志《列女》寥寥仅九纸，简陋更甚于《人物传》，且《列女传》必不可少者为其父之名、出嫁年月与其年岁，旧志一概不书，遂致无从考其时代，漫读之直是一册花名簿，岂得称为史传，真不值识者一笑也。此时唯有向各家谱录中补查其生卒年月，其有传状者尤须抄录，以便补入。再，自光绪间至今，列女亦亟须补访，列女与人物不同，生存者亦可立传。鄙意谓宜由局备舆迎诸生存之节归至局面加询察，令局员将其所言一一笔记，但有一节可书、片言可录者，均为描摹謦欬、刻画音容，庶几传文详赡可泣可歌，其有不愿来局者亦不妨登门躬讯。盖此节孝一事多于穷乡僻壤见之，城市间习气太坏，决无高行奇节之人，偶有之亦尽人皆知，不至与草木同腐也。此事关系太大，吾辈既亲其事，真不能不有惕于"天灾人祸"之言矣。姜启周至今不到，令人望眼欲穿,求吾丈作书催之,恐其沿途有所留连也。近来学校规则不严,学生亦无甚发奋者,准期赶到开学之好学生,人多笑其迂,是以可虑耳。来示有上月学报"见者明知其讽己,询之则似与己无关"两语,侄殊未见学报,幸再详之。侄自去岁迭函求访查各件,其中未蒙赐悉者尚多,大约日久遗忘,兹拟请吾丈另立一簿,将侄请求调查各事——开列,随时询问各采访员,或令其调查,庶无遗漏,务望采纳施行。今日天气晴朗,绝无不见天日之事,杞人之忧可以纾矣,顺告一粲。劼庵老伯大人赐察,愚侄绍宋拜上。中秋日(九月廿五日)。第卅六号。

仲先兄属笔致候。

劼丈侍者:

今日姜启周来,获读大教并新采访稿一束,不胜欣慰,盖自任事以来几两年,今始得见新获也。吉臣先生遗稿已发抄,三日内即可寄还。傅午楼先生遗稿极多,十日亦可抄出。初次征稿非如此迅速不能树信,不知名姓之著作仍望即日付邮寄来一读,或能发见亦未可知,近于乡先达事颇能道其详,必有蛛丝马迹可寻讨也。其余《孤峰剩稿》等件是否仍须寄还?抄费太巨,近来因抄稿较多,已在司法觅一录事姓许者专为抄写,只能夜间或星期抄写。月送笔墨费十金,已送六个月尚赶不及,缘草稿太杂,非抄过不能涂改,而又时有变更,其他偶借他人书又须摘录,仲先属抄参考书尤多。发印时又非重抄手民不能排板,故仍须另觅人散抄散算耳。渭贤所编《文征》每篇均须重录,幸其二位世兄在京助抄不少,侄已一一作书画奉酬矣。采访稿中有王君树熙侄所未识,此君尚有意见附注可谓难得,其余何人采访应请注明以觇其学识,采访员有不尽职者似宜照章更换,此是坐办之权,姑僭分言之。

幸赐采纳尊著传文四篇,卓然名笔自非乡曲所晓,钦佩之甚。第一册中亦多可采者,《刘葵一传》不知从何处采来?葵为南宋初人,而传中乃言其元世祖时为宣议大夫,可笑孰甚。余敬文《九十自序》过于自夸,文亦不妙,唯内有巨寇陈贤、祝贤及旗丁造难两事,是本县掌故,唯所叙不明,不知尚能考之否?《徐敏恭传》何人所撰,谱中当可查。童应梧示及当时颇有名,乃观传所述,言文章则专说做八股,言事业则发奋打冒籍,此事最不足取,殊无可称道,不知尚能再查否?董白石疑是宋元时人,谱中必有世系表,请再检之。吉臣先生父子事略颇可采,香圃何名便中示悉。今日为撰传盛称其修志事,而以冯一梅先生为附传,较之原事略身分益高矣。余海云先生事太简,请再询何庭藻先生能否补访。行健先生事实亦太略。林东庭行实虽繁,然唯其繁故多可采,此册中以此最见长之文为最有价值矣。校阁先生昔年曾有一面之雅,晚香称其改革地方新政,到底是何项新政?谓其襄办地方公益,到底是何项公益?语焉不详不能入传。又云地方公产年可收入数千元,到底何项公产亦须详叙,乞转告晚香兄补述,传中不能说空话也。慵楼、鲸文父子夙所钦仰,《旧采访册》于其学行一字不提,此番亦仅系崖略,必当补访。鲸文先生遗稿如能觅得并愿为付梓,曩日读《两浙𬨂轩录》所载诗极为倾佩,以为清代乡先达中能诗者只此公与谕德公两人而已。吴卓康之"康"字应去,土君注甚是,余均嫌无事实。余元荃、陈典两先生于医学有著作否?乞再查。

　　第三册傅氏事略尚可采。《孤峰剩稿》仅得一卷,余三卷可得否?孤峰在龙若干年,其俗姓如何,能详其略历否?《王鹿坪诗稿》四卷均有"上集"字,不知尚有下集否?念劬先生事实《续采访册》中仅数语,如须立传尚须详访,所为《时务吟》《劝世俚言》均不足取,容即寄返。唐贻谷君所采亦尚可取,惜《旧采访册》中已见者颇多,内中《卓然公像赞》文甚鄙俚,疑非余谕德手笔。诸《祠堂记》于作《氏族考》时颇有用,此后不妨多采之。兹有两事须告采访诸君者,即采访人物第一要着须细考其人之时代,如向谱中录传状,如传状中无年月,必须再查其世系表,将其生卒年月录出,一也。从何处钞来必须记明,此番均失记,必补不可,二也。恳即将此意转达诸君,至要至祷。《人物传》稿侄意仍宜先行印出,此次并拟多印五十部。一可备采访诸君参考,使知入传事实应如何记载方合,于将来续访时大有裨益;二可唤起乡人注意,希望其将先辈事实补来或将家谱送来,以便补采;三内中考订旧志处颇多,俾采访者读之知旧志记载之不合,启其怀疑之心,以求订补之资料;四从前屡次开局迄未纂述,今此最关重要部分居然大体杀青,可以告无罪于父老,而稍纾吾辈之责,至日后续有采得自当补入,可再印《人物续稿》。总之,志局一日不撤,全稿一日未脱,则采访一日不停,此为一定不易之理,唯大体就绪后或减采访员额，或改作名誉采访员而已，质之长者以为何如？穷搜博询诚非吾丈亲往不可，侄颇欲于十月间请假回籍一行，追随杖履亲往四乡调查，期以一月查竣，庶能无所遗漏，亦且无愧于心。已数数与苏公选辈言之，均以为然，只是如此时局能否如愿尚不敢必耳。今未能即行决定者，即法政大学侄有功课，每月百数十元薪金，一倩人代理便须损失，此时不比前数年，月少百数十金便觉艰窘耳。

"传例"承奖饰愧不敢当，今尚增三条录如左：（一）传后论赞史家通例，称"论"、称"赞"本由史家任意书之，非论自论赞自赞也，《易幽赞》于《神明疏》云"赞者佐而助成"，而今微者得著，是"赞"之古义。亦论也。自范晔《后汉书》论赞并用，论以散文，赞以韵语，后人遂误以为赞为颂祷之词，且以为必用韵文，不知班《书》传赞全系散文，而《佞幸传》后亦有赞，绝非颂扬体也。方志《人物传》后例无论赞，兹编姑试为之，将以发抒感喟，亦以寄其长言咏叹之情，但必有为而始发，不欲如正史每传必书，致涉赘文也。此条列第二十三条之后。（二）咸同之间殉发匪之难者，《浙江忠义录》及采访册所补录者通不过三四百人，失访者不知凡几。此三四百人立传既嫌事实太简，立表又苦不得其名，兹亦载入《姓名别录》，将来补访有得可以随时增入。又，两旧志《选举志》所载义名（点校者注："义名"系"义民"之误），兹亦入《姓名别录》中，盖义民与《选举》本无关也。（三）两旧志《选举志》均载貤封，此在昔时视为恩荣不得不尔，今则不必载矣。盖被封之人非尽贤哲，而县志不同家谱，理应崇实在、黜虚荣也，况当清末封典可以货而取之者耶。此两条并列末条之前。此三则如何，仍请诲政。前属开抄费、邮费用单，今亦记忆不清，以后寄件更多，可由局中购一二十元邮票寄下。均须三分或一分者方使用。不日《选举表》即印出便须付邮矣，其实区区邮费本不必计较也。今日得新稿至欣喜，故滔滔写此多纸，钟已鸣三下矣。伏维节宣，珍卫不宣。

绍宋再拜。（九月）廿九号灯下。第三十七号。

姜渭贤丁母忧回衢，局中宜作书唁之。

昨书匆匆未尽欲说，兹更言之。尊著《葵卿先生传》中云"与戴瞻云唱和"，戴何人？当系号，其名云何？《选举表》未见，乞略示其行历附于传后，珠船、葵卿两先生今已为合传。尊作高雅，只须略一挪移便成佳制，以视纂辑新旧访稿须全变其文辞者，劳逸迥殊矣。冯先生梦香任凤梧书院山长是何年事，当时知县是否张初白？师任修志事是何年起，辞职是何年？吉臣先生是否继之为山长，何年事。聘任古臣者是否为杨古韫，冯先生去后代掌修志局者是否即吉臣先生？当时同人除公与子培尊人外，主要者尚有何人？凡此皆拟入吉臣传中。以吉臣先生生平大事无过于修志，而又为本邑一件大事也，乞即详示为盼。又，尊著《吴游击传》云"征回攻金积堡"，手边适无《左文襄集》及《平回方略》诸书，龙游藏书楼当有此类书，能一检否？此传事实较略，作传殊难生色，奈何！尊作讲交情，又当别论。劼公老伯座右，绍宋再拜。（九月）卅日。第卅八号。

前发卅八号书当达到矣。晚香兄所撰《松青行状》记禁冬笋案，谓松青于光绪廿二年"引为己任，积思蓄虑筹画万端，至民国六年禁绝"云云。"筹画万端"四字太空泛，究竟禁之之法若何？又云"年骤增数十万元生产力"，究竟增若干万？自二十万至九十万皆数十万也，出入太大，不能信口随说。初稿不日印出，乞即转告晚香兄，于一二日内即详细开示，至要至要！郑渭川来书，谓官塘在西安县五十四庄，地与龙游接壤，壬子志徐泌下云"家在县之官塘"，又章成永下云"寻避居官塘"，似在宋时官塘尚隶龙游。此事关系颇重要，务恳设法详查，最要是觅证据。本日接旅京同乡会《征捐启》，知各属均报水灾求赈济，独不及龙游，此次吾县水灾迭接，县中来信均称灾情奇重，如不速报将来难望分润。幸转达官绅知之，原启附上。"宗教大同会"匪首已被捉将官里去，剪报附览。匆匆不多及。劼公老伯座右，绍宋拜上。十月三日。第卅九号。

叶香圃兄处来件今寄还，请照原单点收。《九峰三贤事略》原刻谅在九峰山，求摄一本见惠，内中言九（点校者注：疑缺"峰"字。）龙丘先生百岁卒，甚可疑，不据为宜，以其与正史文似不合也。杨古韫《颂集赋诗》六页中有一首题为《李克修大司巡筇辞官旋里赠别》诗，李筇是何时巡检《职官表》未列，请查明以便补入。《话雨诗堂杂存》中有《和朱良坚茂才》诗，原诗亦载稿中，虽非作诗名家，然在龙游已不可多得，究系何人，如为本县人，亟应查其家世搜寻其诗稿以便补入。又，吉臣先生有亲家池光丰者与之为道义交，读其诗知之，此人是否本县人亦须详查，想询香圃兄必知之。唯池姓温州最多，或系流寓亦未可知也。《天女散花词序》等一页均非吉臣先生作，请询香圃兄，先生有无"扫花散人"别号。《秋菊吟》为王宝华所撰，此其自序朱焴何人未详。《蒙山仙馆诗》亦王宝华所作者也，此小引亦非吉臣先生手笔，《春日寄怀》诗后署内弟晓楼，晓楼何人请问香圃兄。《长相思》一纸凡五首，似均非吉臣先生诗，以与吉臣先生诗笔全不类也。《题幽居》一页、《无医行》一页均不类吉臣先生诗，均请询香圃。《吴习礼先生诗集序》疑系叶凤巢先生作，内中有一"梧"字可证，吴习礼未知何人。又，序中有吴中彦亦本县，均请查其行实。《严子陵钓台赋》颇佳，唯非古赋体裁，又跋后有一绝云"江河日日下，益见钓台高"两语，则袭袁枚《随园诗话》者也，或吉臣先生当日未见袁枚书偶同者耳。《严州杂咏》第二首又见《话雨草堂杂存》，题为《渔父》，则重出者也。吉臣先生诗《文征》中必选录，兹已抄出矣。劼庵吾丈左右，绍宋匆上。十月三日。第四十号。

香圃开来节略，谓有《话雨草堂文集》，望即转致请其迅即交出寄下一阅，亦三日内可缴还者也。绍宋又上。

劼丈左右：

三日发卅九、四十两号信并叶吉臣先生遗稿一包，谅已收到矣。前晚接新采访稿两册并卅一、卅二两号手书，敬悉种切。地图用五里开方亦无不可，槛玉原函寄还存档。所云送户部实托词，询旧户部友人均云无此事也。《新采访册》第四册中可录者亦不多，兹须续询者《童九峰传》云"予读公存稿，雄实老朴"云云，此存稿丈曾见否？侄疑必指八股文，读上文知之。而言八股文例不许入志者也。手批"此人以文传"，不审其遗文尚能觅数篇见示否？翀一先生撰《余长启传》谓有著作名《喉科症治论》，此书今传否？"症治"两字疑有误。范寿下云"明宣德壬子岁贡"，今查旧志宣德七年岁贡为陈五常，无范寿也，必误无疑。诸祝人物谅录自华族宗谱，亦有未明者：祝林宗下云"康丰间"，当指康定、元丰，其间相距几四十年，从黄山谷游究系何年事？又云"赐有诰命"，不知诰命云何？祝峤下云及"新安先生送之诗",新安先生当指朱熹,今检《文公集》无此诗。祝穆下云"著有《事文类聚》《方舆胜览》行世",今此两书尚存否?诸书目中绝未见。祝兰宸下云"岁进士",今检旧志明贡生中无之,当有误。祝其盈、其成何时人未详。祝忠禄下云"旧志载为祝禄输粟三百石",尊注一"误"字,按:《旧采访册》有吾晔撰传云"景泰间奉诏输粟五百石于通州边,获拜七品散官",与旧志《义民》所载祝禄是否一人尚俟考,因旧志《义民》下注云"歉岁捐赈米谷多者纪其名",若如吾晔撰传所云,则是明代纳粟入官之制与清季捐纳相同,何义之有?旧志亦必不列入《义民》,而列入《援例》矣,此层尚请补访。乐平吴景著《董龙德传》,"景著"是否双名,抑系姓"吴"名"景"所著,殊不明。据传,龙德著有《经史辨讹》《逊志斋集》《董氏家训》诸书,今尚存否?原书即不存,谱中亦有诸书序文合?均请补访。余均见旧志及《旧采访册》,西乡采访朋虽杂间有可取者,前拟《采访纲要》再三声明,采访稿中必须叙明录自何处,今来新稿均不注明,殊为可憾。此后务请吾丈再向诸位采访员郑重申明,必须注明出处,其采自谱者并须注明何姓谱,如木城祝谱、高阶余谱之类,此于他日撰《氏族考》有极大关系者也。又何人采访,并请于每篇下注明以明责任,至要至祷。列女今采得者几人,旧例于节妇必夫死在三十内,行年历五十外始得褒奖,所谓"年例"者是也,今采访似不必以此为限,盖律令所包者广,不得不存此制限,志书则仅载一邑列女,为数无多且亦易于征实,不宜以年例相绳,质之高明以为然否?近日牙痛颇剧,草复,即叩秋安。

愚侄余绍宋拜上。十月十二日。第四十一号。

昨发四十一号书谅达左右。今晨接得新访稿四册并杨玺卿《题画杂录》一册,并卅三号手示,敬悉一是。杨《录》题画诗悉抄自《历代题画诗》及《图绘宝鉴》诸书者,毫无用处,兹先寄还。唯示及玺卿有画名,任殊未之见,不知能觅寄一二帧否?如可取当补入传也。画件用双挂号不至遗失,阅毕立时寄还。新访稿第五册中叶芳春可入传,唯原文殊拙劣。尊注尹武传云"往往好人物为俗人俗笔所掩",洵为笃论。旧采访稿中所录碑状传志等,多拙劣庸鄙之作,故此次撰《人物传》几全改其文辞,而又恐失其事实之真,此中颇费斟酌也。余逊传谓其"遗诗充栋",不知今尚存者几何?《余他山节略》中谓家藏联对及梅花犹存,可否即请其家用照相法各摄一幅寄下,以觇其笔墨何似。撰《哭叶鲁》诗之王文龙诗笔虽不高,尚无村究气,诗中并云"踯躅景山山下路,蹇驴我过一鞭孤",则亦曾游京师。文龙何乡人,学行何若?希速补访。先伯祖子春先生事实《旧采访册》未载,此册中所采又多不能著录者,如馆帖、约钞例不著录,又诗两首为游戏之作。最好请丈移驾其家,可先请张诵丈往说,必可允许。命遵义从弟将家藏稿件并书画等检出,悉为清检一过或有所得也。邱梁采访三册多可取者,内中职官补遗一条,徐德华为龙溪知县,通志误作"龙游",今刊《选举表》初稿中已载入;吕忏为龙游教谕,前刊《职官表》初稿后有印补一叶已详及矣。又,职官考证一项内《徐国财传》为翟瑛撰,已见《旧采访册》,与《职官表》无关;贺齐曾任永宁长与龙游无关系,例不入传。周芬佩、沈呅、高炳驯诸条均精确可采。第一册中有职官补遗一条载王、单两知县,单应补列,王则为康熙间知县,徐起岩《续官师》未载不知何故,不知能再觅一证否?第三册中"知县考正"一条精当之至,前次王树熙访稿中已注出,自应采取。其他各类采访均较他人为详尽。毕竟邱君可爱,倘均得如邱君之采访员以任其事,纵有漏略亦鲜矣。南归一节此时仍未能决,且缓二三星期再说。汇款须汇费,此后仍以寄舍弟处为宜,前购邮票寄京者即为省汇费也。匆匆不多及。劼翁老伯史席,绍宋拜上。十月十四日。第四十二号。

采访稿第四册载祝穆曾著《事文类聚》《方舆胜览》,今考穆为建阳人,《建宁府志》载穆父康国从朱子居崇安,穆少名丙,与弟癸同受业于朱子,宰执程元凤、蔡杭录所著书以进,除迪功郎,为兴化军涵江书院山长。《事文类聚》后集第十卷内有吕午《跋〈祝公遗事〉》后一首,载穆事迹甚详,不言其为龙游人也。此节想由贵宗谱中录出,希速专人将谱取到细查见复,究竟祝穆时曾否已迁龙游,此层最关重要。阅原稿始迁龙游为祝汉,时在宋初,又似穆时已在龙游矣。朱新安赠峤诗不叶韵,亦疑有误。祝林宗、祝峤、祝直清三人列汉后穆前,因亦不能无疑,均乞速复。劼丈左右,绍宋拜上。十月十四夜。第四十三号。

人物新稿第三册寄还,《选举表》刻已印成,兹寄上八十册乞查收。祝穆本为新安人,与朱子中表,后徙建阳,遍查各书均不言龙游人,其为祝氏未迁居龙游时之人物无疑,县志例不登载。今并祝林宗以下四人悉不录,以昭慎重。并希通告各采访员,采辑家谱时须留意此点,切勿将未迁龙游时之人物抄来,以免误入。又,录家谱时其迁龙游始祖何人,及其族中有何名人,最好列一表记其世系,他日作《氏族考》便益多矣。政局已变,有人劝侄复出,恐其于修志有碍已谢绝矣,知念附及。劼庵老伯左右,绍宋再拜。(十月)十六日。第四十四号。

邱君肇铺所采三册颇为丰富,但须请其留意者有两事:一,邱君采访人物,谓家谱通注某年号生,某年号没,因甲子不熟未便安推,遂将其生卒年月略去。此甚不宜,以后请其照谱抄录,邱君不能推仆能推也。人物生卒年月极有关系,而采访稿中往往略去,恐皆缘不熟甲子之故,应请吾丈制一"甲子表",明以前适用较少,先作清代一表其式略如次:

世祖顺治元年　甲申

二年　乙酉

三年　丙戌

四年　丁亥

直至宣统三年止,可就历本抄出。

制成后印刷若干册,发交采访员随时备考,此于读一切书均有益,不但采访有用。二,邱君所采人物原称"义民"。均摘其大要,此亦非宜,应全录其传并其撰人姓氏、撰文年月方便考稽,盖虑邱君以为无用者,侄却以为甚有用也。今传例于《续采访册》《新采访册》凡不录入《阙访》诸人,即不录入《姓名别录》,故采择不能不广耳。昨寄《傅元龙诗稿》中夹有第四十四号信,谅察及矣。前请寄不知撰人之杂稿,至今未见寄到,殊念。敬上劼庵老伯台座,绍宋再拜。(十月十六日)第四十五号。

《旧采访册》中《水利》《学校》《建置》各类载汇"详谕示"等公文甚关重要,如录入《建置》《学校》各考中甚乖体例,又不能入《文征》,以无文故也。若节录其文又嫌与公文叙事相类,而其事均关一县掌故,万不能删。如宾兴、田租等,浮桥捐等,均甚关重要之案,删固不可,即节录亦不宜也,且如公租区号、亩分、四至亦节无可节。参考他处志书多置不录,与鄙意尊重成案主旨不符,再四细维得一善法,谓宜于《文征》后别辑《龙游掌故录》一编,将此项重要公文略加类次,一字不易悉行载入,即公文程式亦照原样。庶几垂之久远信而有征,不审尊意谓然否?如旧志载元代、明代皆置有学田,至今无考者固由县中档案遗失,县志不载亦因也。专上劼庵老伯史席,绍宋再拜。(十月)十七日夜。第四十六号。

昼间所作四十五号信,仆人懒未送去,因并作一封。

前读朱晚香兄所撰《劳崧青行略》,谓其于禁掘冬笋事积思蓄虑筹划万端,已觉怀疑。曾于长函中请其详叙事实答复,今日因旧采访稿风俗类载禁掘冬笋事甚详,皆华仁甫一人担任办理,仁甫何人须采访。见张知县勒石示禁。内中最出力者尚有罗天富等,其与牙户徐樟华争讼亦系华仁甫领衔。此案在张楚白先生任内似已办到严禁,无论他山、己山一概禁绝,晚香全归其功于崧青,谓于民国六年始告禁绝,谅必有确实证据。又,晚香以追算英厚公款三万余元事,亦全归其功于崧青先生。据侄所知,则革命当时有差役另筹生计为名滋扰县署,因崧青加以斥骂,众遂欲得甘心,崧青乃星夜赴衢向李元龙处求援,是清算公款似亦未可全归功也。此两节希即转告晚香兄,请其于一星期内明白答覆。修志事不同作寿序、哀启可以含糊,必须十分慎重、十分核重方足以昭信史,而不启后人之疑。非不信崧青,亦非不信晚香也。又,高与卿禁夫役垄断,饬举夫头、规定夫费一事曾立案刊石,不知此举现仍有效力否?亦请查知为盼。劼庵老伯,绍宋再拜。(十八日)第四十七号。

第四十七号正写就待发,连接卅四、卅五两号信并旧诗稿五册,内姜美琼诗两本已以二小时读完,诗笔相同,实出一手,似无他人诗羼入也。余三册俟今夜细读再行奉复。崧青传已撰成,唯于晚香所开节略终有疑点,故四十七号信仍寄上,望其速行答复。此间用兼办录事一人,仅给十元彼尚不愿,已付过六个月,前函已详,此后须作每月开销,亦望按月寄交舍弟收入。唯局中既增一人，此间又增预算，不免牵动，然亦无可如何，此间增一人尚是勉强对付也。劼庵老伯大人再鉴，绍宋拜上。十月十八日。第四十八号。

前寄来汪卓仁诗稿，诗有可存者，诗题中人名似皆非本县人。不知此稿谁人觅得，请属其向各汪姓家谱中细查有无名"卓仁"者，以定去取。又不知谁作诗稿一卷，据签出南巷余谱，所载则仁和人，当系雍乾时人汪佐所撰者也。卷中《九日龙丘》诗首二句云"惊心又值题糕节，仍复羁留在异乡"，次首《感怀》末二句云"远望家山何处是，乡思旅况两茫茫"，又有一首题云《秋日有怀龙丘》，其非本县人盖无疑矣。至诗题中人名除余宁侯外，仅知余翥南为本县人，乾隆岁贡。余十数人皆面生可疑，向未识荆者也，诗殊不佳，唯内有数首涉及本县风景，俟录出后即寄还。杨念劬本欲入志，唯新旧采访册中一字不提，毫无根据，奈何。《孤峰诗稿》并抄本一册已到，附致晚香书乞饬送，余俟下函再陈。近日杂事较繁，不克细谈也。劼庵老伯大人台察，绍宋拜上。（十月二十二日）第四十九号。

劼丈道履：

二十日致第四十九号书谅达矣。顷奉卅六号手教，敬悉一是。王树熙采访册并《琴谱》等三件收到。孤峰非县人不能入传，将来尊稿拟刊入《丛谈》，此时尚不必亟亟也。吾县方外人物以传灯大师为第一等，不唯吾县，即在天台宗派中亦第一等人物也，而县人知之者甚鲜，今为撰传采《法华持验记》诸书中所载，仅得一二已可不朽，他日如更有所得当为立碑，其著作数十种皆卓然可传，尚有重刊之愿也。韫玉回龙侄未知，临行何不来禀辞，是可异已。侄现已辞去修订法律馆顾问一职，原委详新闻中，兹剪出奉览，此后裕得肆力于修志，但每月少五百元之收入耳。新副总裁马、蔡两人皆昔日侄所汲引者，本可不辞，所以辞者不屑与兹辈伍，即前书所云"做官时少，做人时多"之义也。吾县人往往因争数元或争数十元之月薪，至于得罪乡党邻里而不肯退让，似久不知做人须有风骨，幸吾丈以侄此意风示之，实于地方大有裨益。又，侄辞书中引温公作史为譬亦与修志事有关,亦请遍告乡人修志不能太急急也。政局大变当在目前,如仍是君子道消,则松菊犹存,赋归去来辞当不远矣。秋气渐深,维保卫宣畅,不备。

绍宋再拜。十月廿七日。第五十号。

五十号谅达签掌。兹收到《公租》《征信录》等四件并卅七号手教,敬悉种切。《征信录》且成孤本,足见掌故之不易保存,前云拟编《龙游掌故录》真不可缓,尊意当亦谓然。此类公文未知县署档案尚存多少,最好清厘乙过,择其可录入者抄出以备编入。《选举表》八十册谅收到,此次印刷费仅六十元,可谓便宜之至,希即饬汇舍弟处为幸。此间天气骤寒,室中非安炉不暖矣。南中如何?珍卫为重,世侄绍宋再拜。十一月二号。五十一号。

前日发五十一号书谅达到。顷奉卅八号手教,敬悉一是。吾辈如此努力志事,而犹不为乡人所谅,于经费不为助力,实足寒心。今致晚香一书,请其转告议会诸人,一面由吾丈提出质问,苟尚不为指定之款,唯有出于辞职之一途。好在此一年来吾丈于采访上已得不少资料,侄则撰成《选举》《职官》两表,《名宦》《人物》两传,可以告无罪于地方,若竟至停办则责有攸归,公论自在也。附件尚未收到,但今日如不到则不及补入矣。方仲先于前月撄芒肠炎症,此症甚危几不救,此病中医无治法,不得已请西医剖腹将肠割去数寸,割后经十二时始苏亦示说矣,侄为之终夜不寐。现有创口长八寸、宽一寸尚未缝合,居病院已两星期,日唯饮牛乳、鸡汤,状至痛苦,闻尚须两星期方能出院。仲先既无家眷寄寓敝居,此番侄颇为担忧,时往省视,幸在北京有好西医,不然殆矣。渠在病中时以不能尽力志事为憾,已二月不能动笔。吾丈似宜作一书慰之。余续陈。即承署履万福,世侄绍宋再拜。十一月五日。第五十二号。

五日发第五十二号书谅达台座。近以辞职,知友咸以酒食相劳慰,于是又为酒所困,然未尝于志事有所辍也。作《列女传》殊乏兴趣,又不敢草率,盖自秉笔以来此为最闷矣。《人物传》下星期一可寄出,因页数为手民误订发回重装,遂稽时日耳。近两次来采访稿已不及编入,只得待续录矣。此《人物传》为侄最费心思之作,务求破数日工夫细为核览,加以教诲,实为大愿至幸。计作此卷时有因旧考,志一传至彻夜不眠而始成之者,如徐安贞、徐泌诸传皆是也。与旧志校阅便知。其清代诸传亦多数易其稿,甚费苦心。《阙访》一编于去取尤有斟酌,未知吾乡除吾丈外,能读之者尚有几人也。手谕已接至第四十二号,一切均聆悉。经费一层已托省友切实关说,不自致书省长者虑其复书敷衍,核减后不便更请求也。公选、雨苹均赴河南汤阴县挖矿,意在发财,然亦分内事,唯京师乡人渐少,有事无可商量为憾事耳。劼老世丈侍右,绍宋再拜。十一月十五日。五十三号。

顷接第四十四号手教,敬悉种种。杨、褚、单二学官但有事实自可补传,如已采得即请寄下。兹检阅新寄到各访稿,东乡周之桢所访仅能采一则,周君采访成绩殊不佳,以后应请其尽心补访。即徐达为乾隆壬午岁贡,旧、续两《采访册》均未载也。册中有徐锦麐为道光元年恩科举人,今检《两浙科名录》无之,疑系武举。又载张西铭为光绪元年恩贡似亦有误,是年似无贡也。此两则均请转知周君答复。西乡汪大枞所采访亦无用处,内中如姜声闻、姜伊辅、贺静参及所谓太学南省先生世平公诸人,并其名或姓亦不著,此种采访直与未采访等,虽逾额六条亦无益也。姜声闻等诸人事迹并《阙访》亦可不收,不必请汪君补查,但须属其以后须用心切实采访,不得似此草率敷衍。侄意,东西两乡似宜更觅采访员辅助周、汪两君,方克有济。东乡情形侄不知,西乡则子培先生当能知谁人可以胜任,不妨一叩其意见也。城区唐贻谷访稿亦无甚可采者,其采自严氏谱各条亦有可疑,如严应霖似非岁贡,严子吉下云"敕授赐进士",此五字便不通;严供下云"县令"而列入"援例",究竟所援何例亦未注明;严节是否即旧志《续选举》之严节?武举五人均无科分,皆须属唐君从速补查为要。北乡王树熙访稿多可取者,内中时加批语亦多有见地,可与南乡邱梁君并称胜任而愉快者矣。王君所采叶宗长传中,有康熙间一段故事极难得,已为宗长补传;《濑江浮桥记》尤有价值,已据之为王梦龙补传,补宋《名宦传》本甚难,此系宋乡贤所撰,故可贵。唯所采钱名高、钱学绣、钱大卿三人,其事迹似均在迁龙游之前，并希转知王君覆查为幸。道尹处已去函，省长处已托人关照，如不速将议决案送县呈上，旷日持久恐贵人善忘又成画饼矣，幸速催之。仲先创口尚未合，尊函已代致。余续详。即请劼老世丈著安，绍宋拜上。十一月廿日。第五十四号。

劼老世丈尊察：

　　第四十五号手教拜悉。吾乡人无远大气象，只知本地欺弱怕强争逐微利，可为浩叹。此皆由于地方真读书人太少，不闻诗书之教，又无正直绅士维持风教所致，夫复何言。承示《游杨祠》诗风格殊胜，侄亦有两绝说杨祠事，今写一横幅尘教。侄平日喜宋贤诗，以其言中有物，不专尚格调，此两绝不知亦近宋人规律否，幸论正之。吉臣先生残稿一束已收到，唯抄手甚忙一时不能誊出，稍缓寄还当不妨也？近来因编《掌故录》及《文征》，须将《旧采访册》全行抄过，以是更觅抄手一人相助为理，抄费太巨不欲累及公家矣。新采访稿于人物均不详注何年生、何年卒，于编次上甚感困难，恳转知各位访员务要注明，节妇尤须详注，并须将其夫之生卒年分注明，方能算出其守节若干年、夫故时几岁，否则无以征信于后世也。《编纂体例》现已确定，另印一张，寄上五十份。此体例侄自以为极精当，可为方志模范，盖非关史料概不入正志，别创附志之名实从来所未有。《名宦》初稿仍作"传"，今以非传其一生行事，仅记其在龙游政绩，称传不合故改称"略"，而附于《职官》之后。《古迹》本亦称"考"，今以其无关大旨，亦改入《丛载》，不知高见以为何如？即叩炉安。

　　绍宋拜复。十一月廿六日。第五十五号。

　　前日寄五十五号书并拙诗一纸谅达到矣。近撰《列女传》大体就绪，唯《续采访册》即前年汪荣封先生经手采访者。所采诸列女均不载明夫妇生卒年分，空言"守节"或"青春霜居"，实属无可征信，且时代不分、详略失当，又先后错出，殊不便于钧稽，一律弃而不录未免埋没隐德，但一着手则觉乱七八糟，有治丝益棼之感。兹拟重加整理，定一补访格式，请丈发交各区采访员填补，限于二个月内一律访竣。《续采访册》局中谅有底稿，先须令书记誊出每人事略，须另纸开列不可接写，并请通知采访员以后无论采得何种事件,均须一事一纸,不得接写以便编次。再,此后访稿均请录入访稿纸访稿局中如不存底,则须补查事项无从检考。然后寄京,以断片零楮不易攒集,此间亦无多抄手也。尚有两事请补访者:一自治公所似设于宣统末年,邱梁访稿中已将庙下公所采入,城中及他乡均无之,此项必须编入《建置》中,乞即转知采访诸君补访;一龙科甲宾兴缘起如何,此似汪姓所捐,汪邦燧妻。此事请专函询汪纪庚必能知其详也。晚香既自认工商稿,请促其速寄。敬上劼庵老伯史席,绍宋再拜。(十一月)卅日。第五十六号。

未得一教示荏苒一旬,殊念。五十六号信计程已可达到。《列女传》全部已撰成,仲先所任《建置》《食货》两考亦垂就,唯工商、习惯两项迭次求为采访,至今只字未见寄来,殊为憾事。渭峥钞摘《掌故》《文征》两部亦已盈尺,此事已渐就绪,深自慰藉,对于地方亦觉过意得去,所歉者在县诸采访员得力者较少,于侄所请补查各节多未得收耳。前属向省署关说核款事,当托陈高审长接洽,兹得覆书知公事尚未呈上,不知此时已呈出否,兹将陈函奉阅,至冯道尹处则已直接函告矣。凤梧书院改学堂经过情形,清末私立小学校凡几处均须入志,乞即补查示复。目下以政局未决,一时尚未能定归期,奈何,奈何!劼丈左右,绍宋再拜。十二月八日。第五十七号。

旧采访七十册中,唯家谱一册为冯梦香先生手书,亦唯此册为最有条理,稍加删润便可入志,盖其记载卷数及何年重修、凡修几次与其宗派源流甚为简要,且间加考证极为精确也,唯其所录之谱不过六十,遗漏尚多,应请速为补采。但照此稿采访,非曾治经籍目录之学者不办,非通阅家谱全文不能作此提要,此事必非四乡采访员所能胜任,唯有烦采访将谱送局,请吾丈自行采访之一法,不知能蒙允许否?前印总目内有《氏族考》,今读冯先生此稿即是氏族考性质,鄙意不如即删《氏族考》,而以冯稿编入《艺文考》中,尤为一举两得,家谱亦著述之一种,列入《艺文考》之后又可窥各氏族源流,岂非一举两得?若别立《氏族考》一门,其旨亦不过如是,且不能将家谱卷数及重修年分载入,故决删《氏族考》也。谅吾丈亦甚赞同也。此间传说衢州危急,谓孙传芳军侵入。谅非确,吾邑有所闻否?《人物传》刊费单附上。劼庵老伯大人赐察,绍宋再拜。(十二月十四日)。第五十八号。

连奉第四十六、四十七、四十八号手示,敬悉种种。冯道尹处无复信甚可疑,向来书翰往还甚密也。拙诗与《人物传》同寄出,决不至遗失,如尚未收到请示知,当追问也。《徐天民传》并诗序久已采入《人物传》,然周君仍可嘉,此后对于诸采访先生唯有鞭策之一法,若再因循将无结束之望矣。《人物传》承奖饰不胜惶恐,终恐有纰缪漏略处,总祈得暇将旧志逐一校勘,多所指正。《续采访册》有《艺文》一册,原称《文艺》至可笑。内有《梅花七十二咏》题岁贡生马维馨撰,今《选举表》岁贡中无此人,希为补查。《梅花七十二咏》诗殊纤巧不足存,拟存其目。又有姜观海诗,不知观海何时人,亦望访悉为盼。近日江浙风云日急,不审县中亦受影响否?劼庵老伯大人史席,绍宋再拜。(十二月十七日)。第五十九号。

劼老世丈赐察:

十八日发五十九号信计达到矣。顷接第五十一号手教,藉知一是。兹致诵翁诸君公信一通,阅毕请加封送去。舍弟顷在京,到龙约在下月初八九,一切属其面陈。敬叩炉安。

绍宋再拜。夏历十一月十七日(十二月廿四日)。第六十号。

1924 年

舍弟来都不能不叙,既行,思发奋以补其阙,是以音问遂疏。陆续接读手教至五十号,敬知种种。凡所欲言已属舍弟面达,计日当可抵龙游矣。总之人情难测,至今日而极。修志为地方第一件大事,尚不惜如此倒行逆施,真堪痛哭。辞职书词严义正,足寒彼辈之胆,内中于侄称奖过当,愧弗敢承。目下彼辈态度何若?邑中更无人主持公道耶?幸详为赐知,以定对付策略。侄愚以为此事非异人任,若侄与丈果辞退者志必不成。而事关一邑文献,实不忍听其放佚,私意颇欲此时相约委曲求全以竟其事,待事毕,然后将彼辈鬼蜮伎俩为文尽情宣露以告后世,俾为来者修志家之炯戒焉,不知丈意谓何?此信切勿宣露。公选意亦恐侄一辞便中其计,是以迟回审顾,不欲轻发而为斯言,不然佥于次长、顾问等重要位置犹敝屣视之,岂惜此区区名称而有所恋惜者? 惟吾丈细思之。两次寄来采访稿均收到,容细核后再复。账单已收阅,所费仅此数而成绩斐然,可以告无罪于地方矣。姜渭贤兄百十元宜径寄衢州下街头姜德兴油漆店收,彼丁忧亦待需用也。顷有叶应春、祝华封二人来信,对《劳崧青传》颇致不满。佥不便复书,请丈约之来,告以地方办事总不免有所得罪,诸君须原谅崧青,崧青既亡,何必更修私怨,作志者如必采地方毫无私怨之人然后入传,则唯有乡愿而已矣。若能指出崧青传中有不实在之事实,则吾辈固乐于改正者也。原信附上,仍请寄还。劼庵老伯大人惠察,愚佥绍宋拜上。(一月十二日)六十一号。

兼旬不作书,枳惇可想,日前接读手教五十六号,觉得感慨无限。盼佥出山以解决斯事尤所恸心,佥自辞修订法律馆职事以来,有以他任相属者概谢不就,期得专意修志,以为地方父老闻之必深感佩,以力助其成,而不图其效乃适相反,岂不悲哉!"眼前人专务势利"真阅历之谈,佥尚以古道期人,实属不达世故。既若此,谨闻命矣,乞告彼辈拭目俟之可也。葆谌兄来谈,具念种种。此时吾辈似宜改变态度,不言辞而一出于强硬,地方上非尽彼辈,或亦有起而为吾辈执言者。子培迭有书来,但属我且勿向丈说及,见面勿提,以免失约。彼固具有深心者,于丈及佥甚致推许,有事丈可与商量,必能有益,但须深秘耳。昨将癸亥一年采访稿分类编订,苦于连篇累牍不能屡辑,以后务须敦属采访员励行一事一纸办法,又无论何事必须记年分,方便编排。局中用纸题为"修志稿"殊不妥,今拟自甲子年起仍用光绪"采访稿",或略加改订,请即付刻,凡新稿均用此纸。愚见再访一年至甲子年底结束,限乙丑年三月底全部脱稿,六月底成书,再以六个月编《近事录》,记民国十二年事。于年终裁局。似此两年,经费及刊费不知须若干,不妨预算一额责令议会筹措也。姜渭贤兄处津贴仍望速送去,彼固未尝来言,佥则深知其需用也。仲先处年秒如须通问,尚希加以温词,亦督促之道。余续陈。顺颂春厘,敬上劼庵老伯,绍宋再拜。一月廿九日。六十二号。

前日发第六十二号书想已达览。所寄采访册式样务请照刊,于来年灯节时印出,发交各采访员。其名誉员采访得者,则由局中录事缮入然后寄京,一面由敝处刊一询问联单,编成号数以便复查之用,亦于来年实行。不问外界情事如何,应一致发奋从事,务将应采访及应根究各节悉数办竣。希转知诸位采访员,激发良心勿稍敷衍,是为至祷。《列女传》系侄独撰,节妇、烈妇两《略》则侄与姜君合编者,均已脱稿,蔚然巨观。姜心甚缜细,可感也。《食货考》材料迄未见寄到,甚为焦急,此事应如何处分,尚请长者有以教之。本年采访中最多者为家谱,惜均无条理,前请照光绪访稿编订,未知已通知各访员否? 官师、奖匾事不足重,乡饮、耆宾亦无谓之事,本年采访稿中不少,一笔删去。请转达各采访员以后不必采录,免费纸张。《绿葱草堂钞》两本、《醉墨轩诗钞》一册、叶吉臣先生残稿一束、邹有传件三纸兹寄还。《绿葱草堂钞》中间有签注请教,吉臣先生稿应转知香圃,须裱成册页方免散失,内中《姜席堰跋》稿侄颇欲得之装成横帧,以侄幼年曾见吉臣先生数次,亦曾承其奖许,故欲得其手迹以为纪念,不知香圃兄肯允我否?乞丈一商之,不可勉强。事关其先德遗迹,强之便无谓且无理矣。兹仍寄还,如许赠再寄来不迟也。新年中人事较少,此间不过旧历年。会当闭门发奋编述,或又能成一二类也。《人物传》中载徐泌、徐可求两传,西安人颇有来书相争者,殊可笑。此时似宜广采两徐事实如坟墓、碑记、祠堂等类。以间执其口,乞注意及之。劫丈岁时曼荓,绍宋再拜。二月二号。第六十三号。

新春伏维杖履康胜为祝。二日发六十二号书谅达到。日前接杭州陈厅长来书,知悉款已准拨三千元,可以暂济眉急。信中谓原呈并未请有定数,然则六千之说亦彼等相诓可知,益足征其无诚意矣。原信今奉览,即存局中不必寄返。子培热心调查公款数目,诚为急要之图。地方不但修志一事,则整理公款一节自不容缓,而欲整理自非先从调查入手不可也。公租归汪纪庚接办或有起色,乞转致纪庚,请其将公租坐落、区号、亩分详为录出,能将历年公租收支历一细表寄下尤为感祷。《掌故录》中好资料。联单已印成,兹先寄数条请诸君答复,得复后仍将原纸寄京以便稽核,局中亦当缮一别本备查。拙编《梁先生遗诗》,甚盼全部读一过,如有编订未合处,能蒙教诲尤所钦迟。昔人以收拾死友遗文为盛德大业,佺今兹此编实因海内受梁先生之大惠者无虑数千百人,鄂人无不受其恩泽。而殁后乃无人为之收拾遗稿、恤其家属,故发奋而为斯编,且以重资镂板,仿宋刻,故甚贵。而以售书之资全为梁先生后人之津贴,盖将以愧夫受其惠而漠然不顾者,初不敢自托于古人之风义也。然吾邑绅士大半昧于此义,贪利者较多而明理者少,尚望吾丈于谈谶之余一为道及,俾知此为读书人所有事,且亦为佺事业中较可传者,本地人亦不可不知耳。不多分送者,以能读者太少也。坐办既停薪,则总纂岂能独异,应请自本年起一律停支以资撙节。近以《南方草木状》体裁编《物产》,以《洛阳伽蓝记》体裁编《寺观》,颇觉新颖古雅,惜《物产》材料太乏未能生色,乞转属各访员勿以琐屑忽之。敬上劼老世丈先生侍右,绍宋再拜。(月十二日)。六十四号。

第六十四号书计已达览,兹奉第五十八号手谕,读悉一是。仲先自新正来精神病复发,在寓滋扰不堪,病院亦不收留,不得已为之安置于白塔寺,现仍未愈。此次之疾全因发奋读书用脑过度所致,殊可叹惜。尊函暂存敝处,非俟其痊不交读也。撙节局用是第一要着,佺薪前书已请停,方处拟减一半,由局发函其家,告以经费告罄,自本年始均减半俸。不宜明告以佺之主张,彼精神病即愈亦恐疑我与彼为难,此层务请注意及之。彼未病时已屡辞薪,佺未之许,将来如疾不能全愈再议,此时当致半薪也。姜君十元应仍旧,敝处钞手月需十元亦照常,纸张笔墨等费从未开账,此后亦请月发十元,邮费等在内。一并划交舍弟收寄。如此则所省不少矣,但局中虽事撙节,而提议案仍当照旧开列,庶所得实数较多,可以延长时日,且可储为刊板费也。近日因仲先病为之布置调护,心甚不宁,草草奉复,一切尚待续详。"乙"字询问联单六纸寄上乞查核。敬上劼老世伯左右,绍宋拜。二月廿六日。六十五号。

廿六日发六十五号信后即奉到第五十九号手书,敬悉一切。采访三册均有用,足征采访之进步矣。王君采会泽李谱谓有陈敬宗《会泽堂记》未抄,鄙意仍须抄来为他日作家谱提要之用。王君去年访稿中述项文灿精于医学,著有《症治实录》若干篇,稿尚未佚,此甚难得,应请转知即速觅人抄录寄下,抄后须由王君仔细校对。如果确有心得,尚拟为立传且为刊布也。姜廷举字,王君送到后请交邮挂号寄来一览,仍寄还。王君采家谱亦尚得法,唯仍须照前函仿冯稿体例方为合用。再,谱中人物不宜与家谱连写一纸方便拆订,此节亦请转告。又,去岁采访册中载金长启著有《喉科症治论》,方廷相著有《经济策略》十万余言,此两不知尚存否?亦望一查,如尚有稿亦必抄来参考。前书求调查公租一节未蒙提及,殊念。兹寄上"甲"字联单第九号至十五号,"丙"字联单一号至十七号,务请责成诸位采访员速行查复,并请饬局员立一联单计数簿,有持去不查复者即行催促,勿使稍涉延宕浸成具文,实为至幸。新式采访用纸似可不订成册庶便编类,此后务请勿用旧采访纸以归一律。仲先日来病已渐瘥,似可望回复矣。知念并及,敬上劼庵老世丈先生史席。二月廿九日。第六十六号。

廿九日发六十六号信想入览矣。仲先病已愈,唯精神尚未完全恢复,日内拟南归省亲,须两月方能回京云。前请致书减薪谅未发,措词务以客气为宜。兹再寄上"甲"字联单第十六号至二十号,"丙"字联单第十八号至第二十三号,乞即转交各采访员迅即查明答复,勿任其迁延致成废纸,实为至祷。唐、周、汪三君此次须向其询问之事尚多,改派有无妨碍尚希察夺。劼老世伯左右,绍宋再拜。(三月六日)第六十七号。

前日发六十七号书并附联单谅收到矣。近日编纂《氏族》《谱牒》,发去岁访稿读之,所采无一合用者,良深慨叹。乃以两昼夜之力,摘取其应补查者数十则录入联单,目为之昏,腕为之脱。兹寄上计"甲"字第二十一号起至七十一号止,恳即火速分致各该采访员,令其即日分往各处补查,此后有采谱牒者均须遵照此次指出各点办理,如不照办,并恳老伯立时发还补查,以免寄京后再查,多费时日且侄亦不胜其劳也。诸君采访恒喜摘录,往往将紧要处摘去不录,而录其不相干或不合用者,甚至有前后不贯致文字不通者,应请老伯告知宁详毋简,盖披沙拣金责本在我,无劳诸君为我分任也。又诸君采访谱录,恒仍其谱中排行不查其名字,亦一缺憾,并须告诫以后不得如此偷懒。仲先病已愈,日昨已回南,谓稍俟尚拟到邑拜访。渠此番请假恐非两月不能回京,志事不免稍滞,然亦无可如何之事。前寄联单有已缴局者恳即寄京。事繁甚,匆上劼庵老伯大鉴。绍宋拜。三月八日。第六十八号。

六十号手教拜悉。采访员既易人,则查询联单应否仍交其查复似宜斟酌。姜君所编《列女节略》大体已就,《列女传》仍系任一人手笔,去冬已脱稿,因抄手甚忙,故未及录副请政也。此最琐碎繁重之业,赖有姜君心思缜密始克观成,唯内中须查询之处甚多。前已陆续寄上联单,兹更寄上二十四号至六十四号,内有四十八、五十三两号已查出。恳即速分别发交各该采访员迅为查复。璩孟白不能来似可改徐雨苹,雨苹在京无甚事,日前相晤颇有归志,丈何妨一征之。公选已晤面,所事渠正与子培通函,请其详示办法然后出头主张。公租细账一时不能算出,可先将公租坐落、区号、亩分、四至开来,以便编入《掌故录》,务请与继庚先生商为盼。尊作《游灵嘉寺》诗至佩,惜侄未曾游,不能和诗耳。梁节庵先生诗深婉精到,别开一格不袭前人,故今世诗家率推其为宋后一人,要非阿好之论。丈谓其似诚斋亦系的评,唯尚有数处为诚斋所未到者,他日相见当详论就教也。敬上劼庵老伯先生阁下,绍宋再拜。(三月十一日)第六十九。

十二日发六十九号书并联单,未审达到否。前后寄上联单百余纸迄未得答复,若访员诸君长此因循,则斯志无观成之望,应请吾丈严催诸君即速缴复,至为盼祷。兹再寄上"丙"字联单六十五至七十号,"甲"字联单七十一至七十四号,恳即发交诸访员剋日查复。此后询问之事尚多,日内赶缮即寄,若不将以前各单查复,将来积压愈多愈难清理矣。劼老世丈先生左右,绍宋再拜上。三月十五日。第七十号。

六十一号教书拜悉,联单及访稿则尚未收到也。璩孟白兄肯舍丰就啬襄成修志之业,殊可感佩。往在邑时与孟白时相过从,知其品端行洁,自系吾辈中人。余君廷瓒似亦宜酌送津贴方合公道。前云雨苹可用者,为孟白不就言之耳，今可不必提矣。姜渭贤兄处仅送十元，不宜再送半薪，以其甚得力且非本邑人耳。迁局至贵居本无不可，但须一询局中同事，勿使感不便即得矣。附上询问联单"丙"字第七十一至七十六号，祈查收即发出补访。敬上劼老世丈先生侍者，绍宋再拜。（三月十九日）第七十一号。

日前送子侄赴天津入南开中学肄业，勾留四日始归。获读手谕六十二、三、四号，敬知一切，容面询后再复。《项文灿医案》侄颇不能审查，俟请知医者细斟之，方定著录与否，原件须一月后始能寄还，幸先告王君树熙。王君何号，便中示知。童君振邦采访未用采访稿纸，殊不一律，且又各事连载不便分订。敝处抄手不得暇，此后类此者恳饬录事抄入稿纸然后发寄至幸。兹现寄上联单"丙"七十七号至一百廿七号，希即分别发交催其答复。余续陈。即上劼翁老世丈先生史席，绍宋再拜。三月廿六日。第七十二号。

六十五、六十六两号大教并《荆树堂稿》等三册均拜悉。询问联单限一星期诚太促急，此后请斟酌情形由局改填，以免成为照例文字。徐泌、徐可求两传，西安人见《人物传》初稿列入已来争墩，侄亦有驳覆。此事将来成书时尚待考虑，近日事甚繁，稍缓当觅人将西安人来书摘抄寄阅，此时唯有努力搜集证据耳。率上，附呈联单。一百廿八至一百四十四。劼公老世伯大人台席，绍宋叩。三月廿八日。第七十三号。

六十七号手教拜悉。詹访员所缴答复单颇合式，惜去岁未知其人也。仲先回南后迄无信来，疑其旧病是否全愈。渠曾对侄辞职数次均未之许，病中病后复屡言之，窥其意盖不愿任此事以分其读书之功，故辞意甚为恳挚，侄意彼欲再辞则不欲勉强，亦以其脑疾不宜于太劳神耳。不减薪自系正办，吾两人情形本不同，但求助理得力，区区薪金正不必计，况所减之数亦无多耶。公租亩号在所必开，此为《掌故录》中主要材料，不宜以其繁琐而置之，仍恳与子培先生一商，专觅一人编写，由局中酌给笔墨资以酬之。唯照老式开录太占篇幅，兹拟一表式寄上，仍候与子培先生酌定行之。询问联单"甲"七十五至八十,"丙"一百四十五至一百六十附上,希即发交。《续采访稿》中所采桥梁颇多,疑多木制小桥不足入志,未审能为复核一次否?《续采访稿》为前三年汪荣封先生经手,所采多无用之件,且似未经汪先生核阅,内中荒谬错误之处不胜指数,虚糜公款殊可叹也。上次作《选举表》偶一未检,采龚士范、龚元礼等录入,便遭西安人指摘。孟白甚细心侄所深悉,似宜将侄此一年来通函与阅,内中询问各事未查复者即请其摘出,更由局中制一询问联单一一填入,发交各采访员查复。《疆里表》中应覆查各节,亦皆宜用此法行之,不审尊意谓然否?城中采访员一人不胜任,似宜更添一名采访员佐之。余续详,其实所欲言者甚多,不能尽也。劼老世伯大人左右,绍宋再拜。(三月)二十九日。第七十四号。

前日发七十四号信并联单谅达签掌,刻奉到六十八号大教,备悉一切。兹更寄上联单"甲"字八十一至九十六,"丙"字一百六十一至一百七十一,乞即速饬查至盼。刻查前岁所寄朱晚香所抄《旧采访册目录》,尚有《风俗》《封赠》两册似未收到,始终未寓目,或收到后因迁居遗散亦未可知。《封赠》一册无用,《风俗》则万不能少,乞照局中存底另缮一册寄下至盼。侄于旧采访册异常珍重,前岁奉直战争及去岁风声紧急时,均以十元保险费送至外国银行金库保存,不知此二册何以遗失,殊不可解。另一纸查旧乡名之所在者,并乞赐注寄还。又采访员及名誉采访员名单乞抄一份。须载其别字及何乡、何村人。率上劼公老伯先生,绍宋。三月三十一日。第七十五号。

旧志《水利》类所载湖塘堰,并《祠祀》类所载诸寺庙至今几三百年,必多变易。新志如照样记载必贻识者之讥,故凡现今不存者必须注明"今废"二字方合,应由局逐一填写局制询问联单,发交各采访员迅为查复,倘能详其变迁情形如塘,志载广十亩者现在是否仍旧,志载注田一百亩者现在情形相同否之类。尤为妥善。此事拟请孟白兄专办必能胜任愉快,幸商之。六十九号手教已奉悉,《方铎传》何人采访未注明,此传何人撰亦未载,传中云"三子骤发,孙曾文学有声",三子何名、孙曾何人均未注出,此种访稿殊不甚合用也。此间近日寄出联单多纸,未审均递到否?来示未提及，深恐遗失。又示及此后只有募捐一法，如何募法？有把握否？地方人知修志重要者不多，未见其有济也。附"甲"九十一至一百，"丁"一至十三。劼老世伯先生史席，绍宋再拜。四月二日。第七十六号。

《旧采访册》载《水利》类，载吴毓林先生撰《西乡瀫南各图形势论》一篇，"形势"二字须改"水利"。简要精当之甚，最好东南北三乡亦各有一篇，庶几全县水利了若指掌，应请吾丈物色明于各乡水利之人从速补撰。又，康熙旧志《水利》后附泉井两处，案语云："邑中泉井甚多，未能遍访，姑就见闻所及载此两处，以俟后人补入。"然《旧采访册》未及采访，去岁采访稿中亦无及之者，是否此项泉井与农田无甚关系，抑因与寻常水井易于混淆难于征信？如能补访更好，否则可否并此两泉井亦与删削，谨以请教。询问联单"丙"百七十二至一百八十七，又"丁"十四至二十附上，乞即速发查。前寄各单未审尽收到否？请转告孟白兄按号点查收至第几号止，并恳示悉。敬上劼老世伯先生，绍宋拜。四月三日。第七十七号。

前昨两日均发信并询问联单谅均达到。兹接第七十、七十一两号手教，敬悉种切。附件均照收。公租事请孟白兄任查至当，提义塾学款事容与公选商定再复，敝寓距公选寓相距过远，相见殊不易耳。联单办法，侄即因去岁初稿未得签复而设，意在促之不得不复，初犹虑其不理，故前函必请吾丈督促，今虽陆续有复，仍当请孟白兄按号检查，有过久未答者必须严函催促，盖此等事稍一松懈便成具文也。仲先兄已到龙否？如再向吾丈言辞，请即许之。盖彼自去年病后即不欲任此事，言辞者非一次矣，必欲强之甚无谓也。此两月来侄专心修志，几于人事尽废，而所成甚鲜，真是越做而越觉其难，越觉可怕。他处修志编纂者至少有七八人，今侄则几于独任，且抄手皆须自办。生平所办事不少，而坚苦卓绝当以此事为最，若乡人犹不相谅而思阻挠，则侄唯有呕血而死已耳。自始事以来知侄卖气力者，恐吾丈外无几人，是以可恻也。绍宋再拜上劼庵老伯知己侍下。附"丁"联单廿至四十。四月四号。第七十八号。

近来因写询问联单每日须多写千数百字不等，抄手只一人忙不过来，遂至腕为之脱。此后新访得稿拟恳吾丈先审核一过，有须查询者即时询之，既可免迁延时日，侄亦籍以注其心力于著述，则一举而两得也。到今日方知在京办此事种种不便，亦如吾丈渐悔承担之不自量矣。旧历甲子匆匆已度两月余，新访稿寥寥，远不逮去岁之踊跃，尚希严加督饬，仍须照章月缴十五条，答复联单不得算入十五则之内，盖应采访事尚多，若长此迁延何日可了耶。今晚约公选、雨苹、渭贤、葆谌兄、孙永年辈来宅便饭，必及修志事，容再奉陈。兹附上询问联单"丙"一百八十八至一百九十四，"丁"四十一至五十，请即发查。敬上劼庵老伯先生史席，绍宋。四月六日。第七十九号。

连接第七十二、三、四号手教，备悉一切，附件并《审族考》一册亦均收到。仲先到局未？渠归家将匝月未有书来，疑宿疾尚未全祛也。《人物传》初稿本县人既有驳议实所乐闻，敢请即日寄下一阅。以此稿匆匆撰就，自不免有错舛及失检处也。年来又补传十余首，并有改正处，他日当录请教，此时为记钞《列女传》并节妇、烈女《略》、《寺观志》诸稿，不得暇耳。《职官表》改正更多，统俟后寄。仲先如辞必当允之，雨苹非能继者，局款亦可稍省也。子培所开单未见寄到，《掌故录》虽多无碍，仍盼照侄所拟表式录之为幸。近有人约侄赴山东青岛专办市政及交涉事，月可得千余金，以志事有妨尚未敢允也。兹附上"丁"字联单五十一至五十三号，"戊"字一号至三号，"己"字一号至九号，希即发查。敬上劼庵老伯左右，绍宋。四月十三日。第八十号。

尊函已收至七十六号，凡附件悉收到。敝处则已发书八十通，谅邮递亦无误也。提义塾款事，公选决致书县议会诸君，当亦有书达尊处。子培先生所开公租表样太简，仍须照前开格式填载，以为《掌故录》第一要件，将以杜绝后人之侵占，亦以示公产之公开，于将来地方自治上有莫大之作用，幸转达之，勿嫌繁琐。侄尚欲将本县鱼鳞册全部载入《掌故录》，似亦有关系，不审尊意谓何？示及旧乡名须向道士查取，窃所未喻非道士不能知耶？尊撰《城隍庙碑》乞速赐读，目下正审核仲先所为《建置考》,亟待补入也。仲先究来龙否? 三月薪水既送去,此后须俟其愿继续担任然后送薪水,暂时请勿再按月寄去以冀节省。渠自回南后亦无一书来,深以为念也。询单归入十五条计算亦好,俟前请除外可作罢论,诚如尊论滥采充数反不合用也。命将应编条目定一程式,此实不易,得暇且试为之。联单须速催,凡所咨询均待编纂,长此迁延将无日杀青矣。兹再寄上"戊"字联单第四号至第卅号,乞发查。近一月来发奋修志,一切事皆搁置,绝似廿年前在考场风味,殊自怜也。劼庵老伯先生,绍宋拜上。孟白兄均候。四月十五日。第八十一号。

昨发八十一号书后,即获读七十七号手教并答复十二纸,敬悉一切。光绪初年有十三处义渡各拨田地百亩之案,具载旧采访册,此项田地细目亦应刊入《掌故录》中,以免日久为劣绅侵蚀,希即由局分函各义渡董事,并将前定填写公租表式寄去,令其即日照填为要。倘能就近向县署录出,则更便捷矣。联单仍须急催,兹再寄上"戊"字第卅一至四十号。劼庵世丈老先生。绍宋。四月十六日。第八十二号。

七十八号惠教敬悉,从前各书并附件均经收到,勿念。晚香既出局,但使勿更作梗自可不与计较。俟生平亦以疾恶过严,所如辄阻,去岁以恨司法当局败坏司法,故至月损七八百金而不悔,明知水清无鱼、人洁无徒,然南山可移此性不可改也。访稿仍须严加催索,前月所寄询单,如查乡贤、名宦祠有无增祀及城内各事,不难刬期答复,乃至今仍未见寄到,深恐流于玩忽,非俟性卞急也。坊表及物产两项,新访稿中无及之者,乞由局通函诸访员及早访查,毋专待俟询而后从事。现在议员既多来城中,则敝处所询事件及旧志不完备应补访者,似可请孟白兄摘出随时咨问,亦省时、省程序之一法,尊见以为何如?《人物传》驳议及《风俗》抄稿求速寄,晚香于旧访册目录注"未抄《兴革利弊要略》"数字,未知此《略》何人撰,能补抄否? 劼庵老伯先生,绍宋匆上。四月十七日。第八十三号。

今有一事奉教者,《祠祀》中庙、殿两种,新旧访稿所采均杂乱之甚,又不完全，今虽写寄联单多纸，恐仍不得要领。万历壬子志于此项记载较康熙志为精审，盖除城隍、关帝两庙外所记不多，康熙志则增入庙殿甚夥，又不记其在何村及祀何神，大约皆系各村社庙，内中或有淫祀亦未可知，窃意志中诸祠重在报德固宜记载，城隍、关公亦在祀典，在所必录，至于社庙则各乡村皆有之，颇觉难于完备，若多所遗漏又似非宜，且恐因而丛谤。社庙中疑亦有不应祀者，_{如蛮王孟获之类。}及不明其为何神者，_{如毛令公、汤夫人之类。}一概入志是否相宜均在商榷之列。今若一律删除似又涉于武断，且非乡人所愿。踌躇再四不能骤决，用此专书奉陈，不吝教诲，伫之愿也。即承劼丈起居，专候赐答。_{寺观则列附志，虽多无害，故不成问题也。}四月十七日。第八十四号。

　　么复所定重修总目兹复有所变更。一，《地理考》中"方言"一项头绪极繁，去年曾费一月工夫尚难惬意。仲先于音韵学本有心得，奈彼曾因用心过度发病，_{此次即因治《说文》牵入哲学，致脑觉紊乱引起。}若再约之合作深恐触之再发。_{此甚精细之学，用脑力甚剧也。}今拟不入本志，俟作《近事录》时再行补入。以此项编纂方法，本须用民国所定国音及外国字母标识，于全书体例亦有所不合也。二，《食货考》中工商一项，晚香访稿至今未见寄来。清代工商本非所重，可述者亦稀。习惯一项亦至民国始有法律上之地位，前岁拟定表式寄交晚香调查，至今亦无片纸只字。林矿一项，矿拟并入物产，林则新旧访稿一字不提，清季亦无造林法令，此时恐亦无从征访。凡此均拟于《近事录》中详之，今亦不入本志。三，《建置考》中坊巷一项不标目，即附在城池之中。四，氏族不专为考，即以谱牒为主列入《艺文考》之后，于其谱下记明其族之由来，作用与《氏族考》同，可以免去误会。盖作考则必须将所有氏族尽行采录，事实上万办不到。若专列旧族则界限难定，现在选举之籍与从前考试籍贯亦不相同，专排客民亦不合今世通例。今以谱牒为主，有谱牒者则录入，详其源流，无谱者则当然为客民，不能怪吾辈不为记载也，而主客之别亦已一目了然。此节去春曾承台属必须作考，今此办法实与作考无异，当亦深惬尊意也。五，节妇、列妇分两"略"，似较明显。六，《丛载》与《掌故录》先后互易，而《丛录》中轶事、志异两项并归一项称"余录"。似此改订有二善一利焉。体裁纯一，不至新旧杂糅，一善也。分目不细碎，落落大方，二善也。至其利，则采访范围暂时缩小，纂辑亦较省时，成书自易。俟新志既成然后从容采访，别撰《近事录》即民国以来县志。亦不至毫无材料，而体例可以一新。再四思维，自以为不易办法，质之长者以为何如？专肃即承劫丈起居不宜，绍宋叩。四月十九日未明。第八十五号。

昨发第八十五号书后，即接第七十九号手示并访稿答单一束，一一读悉。仲先今日来书谓不日当赴邑请教，又力辞修脯，并云辞修全发于良心，非有他故，词甚恳挚，不知近已到邑否？晤面后彼如辞修尽请照允，彼盖以两年来因事冗撰次不多不欲素餐，意殊可感，而局中又可月省廿元留以为他项之用也。"己"字联单十号至廿四号附上。列女类甚繁琐，全赖渭贤细心整理，今大体已告成矣，不宣。劫庵老伯侍史，绍宋拜上。四月廿日。第八十六号。

顷接第八十号诲示，知一切。原议本年底截止访稿系指新志材料，若《近事录》仍须续访，唯无须多人耳，最好本年即顺便采访尤易为功。敝处明年三月必可全部脱稿，四月至六月必可全部誊出正本，特此项抄录费至少须百数十金耳。明年局用自可较省，然亦宜照本年开支预算，方可备缓急之用。局中似宜速制一表，即于本年开会时提出议决，免得时时忧贫，时时向彼辈讨钱，妨碍局务。《续采访册》所载既不知其由来，似宜用轿恭迎汪抡元先生到局，请其逐条指出当时何人采访，谅无不允。即以责任言，彼时用去志款如此之多，亦应负此区区责任耳。侄离乡较久，于几都几图、在何乡、离城若干里不甚明晰，而采访稿中有时仅云几都几图，不言何乡及距城里数，殊为纳闷，敢请局中火速制一表来，俾于纂辑时不至感斯困难，不胜盼祷。《疆里表》已寄局，敝处无底本，若一一须检旧访稿则不胜其劳，故有是请。兹附上"戊"字联单五十八至六十六，祈即发交诸君速答。侄以一人独任纂辑事，恒达天曙始止，昼间不能无人事，故当于夜静时为之。未尝有所馁，诸君乃有畏难语耶，是可异矣。劫老世伯先生侍史，绍宋拜。四月廿二日。第八十七号。

奉到第八十一号手教并叶稿答复单等，稍暇即为香圃书，乞先代致谢。侄书不谐流俗，乡人识者甚鲜，既承香圃见重，实深知己之思也。前书改定体例有将家谱附《艺文考》之议，今撰次过半觉其数太多，恐陆续尚有访过，未免有附庸蔚为大国之嫌，决定仍为专考附录谱谍，其无谱者不录，将来于《叙例》中叙明，似此可以两全，谅亦甚惬尊意也。再，《氏族考》拟次《地理考》之后，意在有土始有人，有人始有建置、有食货，然后以艺文终焉。唯氏族既作专考资料缺乏，盖新旧访稿所采均不甚精到，旧采访册中以唐公埠徐谱、高阶余谱、兰石叶谱数节为佳，盖不徒摘其源流，且有考订也。倘以后采访能悉如此数条，则《氏族考》有精采矣。侄又不能归里将各族谱一一吊局加以考订也。募捐如多数以为可办则请速办，不必俟侄与公选之同意，况侄与公选亦断无不同意者。款所短其多，筹措固不虑多方也，联单未复者，请孟白兄速催，毋使稍沙懈弛。兹史寄上"戊"字第六十七至八十四号询单，皆《氏族考》亟待编入者，答复愈速愈好。前寄各书有缺失者否？冗中匆匆陈达，不宣。劼庵老伯先生台下，绍宋。（四月）二十四日四鼓。第八十八号。

昨夜作八十八号书今晨发出，计此书到时必已达览矣。《氏族考》中必须将其族有无名人指出方有精采，且可与《人物传》贯通，《旧采访册》中均注明见何谱，业已一一补入，唯旧志《人物传》及《选举表》中进士、举人两种多不明其系何族人，敢烦吾丈迅为一一查出注明如余炜、余日新、余恂注明"南巷余氏"，余端礼注明"冷水余氏"之类。赐知，是所至祷。谨此奉启不宣。"己"廿五、廿六，"戊"八五、八六、八七联单共五纸。劼老先生世伯侍下。绍宋。（四月）廿五日。八十九号。

昨发书后接奉第八十二号手诲。孟白改任校长何以正在志局得力之时？此中有无鬼蜮，曾注意及之否？颇闻县立小学腐败之甚，教习无学问，学生骄惰，不能稍加约束。居恒乡人在此游学者来谈，咸慨然于故乡教育之破产，以后子弟在县中读书者绝对无发达之望，侄亦以为欲整顿吾邑之教育，须先将所有教员一律辞退，所谓从根本上着手。将所有学生一律革除，然后将各乡分用之教育费一律停止拨付，集中于一高等小学校,使经费十分充裕,再到他处聘请有名教员,宁可薪水从丰,任他处人享用,绝不使本地人分润,致生四乡分配权利之恶果。新招学生全从第一学年教起,用绝对严厉管理方法,一步不准出校门,有稍浮动者力予革斥,总之办中小学校须用极专制之手段,即学生之起居饮食亦不准有丝毫之自由方能见效,如天津南开学校、上海民立小学办法,方能有改进之希望。小儿及余侄前两月送入天津南开学校肄业,至今一步不曾出该校之门,真立到好。若孟白能有此魄力,则任校长固吾辈所赞同,如仍照从前因循敷衍,则徒负误人子弟之恶名而已,不如助吾辈修志,他日志成尚足留芳名于永久也。侄于孟白谬托相知,故撼所感于长者之前,幸转告之,或能毅然舍去而与吾辈始终其事也。况孟白人甚纯洁,乡望亦好,正宜留为他日之用,此时出任实未免于牺牲,侄近年不肯出山亦系自爱毛羽。又非未尝过校长滋味者,夫亦可以废然矣。联单“甲”“乙”符号系便检查之用,敝处并未添聘人员,诸号联单凡“丙”字、“己”字皆渭贤兄所经手,“乙”字六号则从前仲先经手者,其余皆侄独任,吾丈阅笔迹当知之。故前书云每日须写数千字,累得头晕目眩手疲也,唯近来抄件益多,一人兼办抄胥实不敷用,已再觅一人仍系夜间令之誊写,月亦致笔墨费十金,侄不欲局中多费钱,故未及之耳。《列女传》《节妇略》《列妇略》《食货考》《建置考》并《丛载》《寺观》等类及改正《艺文考》几于全部改作,均已脱稿,几盈尺矣。兹与学会诸人约,自下一期起陆续将初稿刊布,每期寄二百张到局,分送同人请其签注,亦以示吾辈确有成绩,绝非虚縻地方公款如办县立小学校等事可比也。仲先已有书来谓不日北来,顺道至县与吾丈相晤,彼意不必辞职而必欲辞薪自可允许也。匆上劼庵老伯台座。绍宋拜。四月廿六日。第九十号。

　　孟白兄均此致候,此书并请交彼一阅。

　　前发九十号书谅达记室。孟白意究何似,县立小学若不照侄前书所陈办法绝无希望,但实际上万办不到,结局徒为屠宰子弟场,以供牺牲而已。如孟白有不能不就情形,局事似仍可兼办,局校既相距不远,校事亦不过照例敷衍,横竖不能从根本上解决便无事可为也。氏族中南乡多小姓,且多康熙间自闽迁来者,族人既少又乏闻人,录之滋冗,不录非宜,尚无适当办法,奈何。丈有何高见不吝诲示,深所企也,不宣。劼丈老先生台座,绍宋拜上。"戊"八十八至一百附上。(四月廿八日)第九十一号。

昨发九十一号谅达。前承第十八号手示,谓西乡方家埠掘得新碑范应玑墓志,未承寄下,乞即检寄。又曾蒙示及第六号函。县署觅得户、兵、刑档案多件,未知有可入《掌故录》者否?能觅人抄一目录见寄尤盼。今日以二小时抄吉臣丈遗稿了此公案,兹寄上乞转达。劼丈坐办记室,绍宋再拜。(四月)廿九日。九十二号。

顷奉第八十三号手教并答复单、新访稿等。近来答复者渐见踊跃,可喜也。佴须撰辑,又须缮写询单,又须登号,又须抄写,写号俟均于深夜,甚以为苦,又不能改也。其忙碌情形当不亚于尊处,丈前言县人无百二人之傻者,真笃论也。劼庵老伯左右,绍宋再拜。四月(廿九日)。第九十三。

会馆为他邑人在龙游事业,新志于《寓贤》且不入正志,似不宜录,或于《丛载》《余录》中记之尚不妨也。知事易人闻之甚喜,属事今已进行,曹尊无从探得,如有所闻,请即赐知。劼老世丈史席,绍宋。四月卅日。第九十四号。

前日发九十四号信,别一函不列号,谅登记室。今奉到第八十六号手诲并大撰《城隍庙碑文》,朴实简当,老手毕竟不同。补神名及正旧志论文两端尤见卓识,至佩。唯浅见僭删"神像装金"及"开光演剧"八字,以此两事皆不典雅,亦为应有之举,似不必特提也,然否仍请示,惶恐惶恐。前书变通分类承奖许,至悚至愧,但佴意在简当并蕲新志易于观成,初非谐俗,东原亦绝非谐俗者,其所为《汾州志》佴已觅得,他日当携归奉览,如急欲披阅,并可交邮寄呈也。前日寄到祝文祺采访册答复单,谓此乡塘圳寺观等旧志缺漏甚多,果然则应请责成王、祝两位补访,夫今不图,此后更无从征实矣。匆复不宣。佴绍宋再拜,书奉劼翁老伯大人史席。附"庚"单八至十一。五月二日。第九十五号。

连接八十七、八十八两教,具悉种种。民国以后志书本定名《近事录》,嗣以不如径称"县志"为宜,日前已拟有体例。原欲另草采访法一并寄上,今既承示及须先示标准用先寄呈,似可油印数十纸分送关心兹事者。采访用纸倘能另印尤便于归类,兹寄上纸样,印出后并希寄四百张来,缘《续采访册》中及去年新访稿中均有及民国事者,必须一一属人抄出汇订,庶便编辑耳。此项采访用纸专为采访民国之事而设,须通知诸采访员不得以记旧事,庶界限分明易于汇辑矣。叶书寄还,横幅已寄出,渠意欲添注涂改悉照原本,则昔人无此式,殊可不必也。徐家所藏先曾大父墨绘,不审可索回其一否?如见许,则任其要求何项报酬均愿承命,幸吾丈为我言之。日来感冒发寒热殊疲困,然志事未尝稍辍也。复呈劼庵老伯大人座右,绍宋再拜。五月四日。九十六号。

昨发九十六号并《志例》谅可收到。"民国龙游县志"之称似未妥,兹拟改为"龙游县续志",不审尊意谓然否? 如以为是即行决定,并将采访用纸改为"续志采访册"。昨《志例》中教育类中漏去"学务"一项希补入。兹更拟一采访纲要,凡四纸。在京于本县事多隔阂,想漏列者必多,乞商孟白兄有应增者增之。抄手不便未能录副,只得将原稿寄上,乞油印后即寄还备查。联单尚多未复,乞尽力催之。余续陈,即问起居不宣。绍宋再拜上劼老世丈先生史席。五月五日。第九十七号。

八十九号手教并采访册、都图表均奉悉。志费趁新旧官交替之际提出甚合办法,乞即与议会诸君商之。采访展限一层似宜稍缓再提,一则可藉以催采访之进行,一则免议会为难,尊意谓然否? 抄录开雕此时尚谈不到,侄屡思回龙与诸同事接洽并亲聆教诲,无如旅费太大,侄有相当地位,又不能太形客嚣招人闲话。只得俟书成后再说矣。绍宋再拜上。附"庚"字十三至廿一号。劼庵老伯台席。五月六日晨。第九十八号。

九十八号函已封就垂发矣,九十号手教适到,岂知全被水湿透,至不能揭,水从油纸空头处侵入,幸有此层油纸,否则化尽矣。曝三时许勉强揭开,抽出时极仔细,已字迹不甚可辨,盖詹册红格及联单蓝格均化开与墨和合也。此后寄卷件非宜，不如作包裹多用油纸包之，庶免此患。敝处寄上各信有无被水沾湿者，便中示知。挽留知事多碰钉，且何以解于复任，侄深利其不狡也。东乡采访员方汇征至今未见有稿。葆谌赴青岛，侄未知是否有公务出差，殊念。敝处函件已收至第几号，有中断者否？敬上劼庵老伯先生，绍宋再拜。五月六日夜。第九十九号。

偶与公选谈及新志付梓事，彼主用铅印，利在速成。天下汹汹，祸乱之来真有朝不保暮之势，侄未敢以其为无理由也，特不尊重耳。如用木板未知须若干日始能刻成，此时已宜筹及，希觅刻工商之，并令呈数样本以备选择。如决用木刻，如《建置》《食货》两考业已脱稿，无甚更易，《职官表》《艺文考》亦已全部改正，与初稿大不同，改去十分之六。便可先后从事于梨枣矣。通信至一百号付商，及付梓事实初料所不及，对于父老兄弟总算交代过得。惜不在龙游，不然必招集同人痛饮一宵以当庆贺。本年用询单消纳不少，否则通函尚不及此数。前曾由局抄侄信稿嫌字太小，当时只二十余号，刻拟恳饬抄手自第一号起重录一过，即用采访纸抄，将来须与手谕汇存以示子孙，俾知今日吾侪修志情形，亦最好记念物也。每奉到手谕即行抄出，亦已裒然成帙矣。原信保存，他日装成大部册页。《氏族考》亦已脱稿，为他志所无，颇自意慰。日内撰成《序例》当先寄上请教，亦颇费苦心，所憾采访不甚得力，如侄得亲览各家谱牒，所成当不止此也。绍宋拜上，劼庵老伯先生史席。（五月八日）第一百号。

发第一百号信后尚写联单数十纸，疾遂作，凡发寒热两昼夜，今晨始退，头尚眩痛。医者谓是春温，须旬日方得愈，是此旬日间不能作志矣。前拟续志例，病中忽忆及须加二类于第十一类后，一为《艺文》，一为《谱牒》，希补入。附联单请即发查。劼庵世丈史席，五月十日，绍宋扶病上。第一百〇一号。

贱恙近两日延西人诊治奏效甚速，稍觉疲困而已，仍得尽力志事，此可告慰者也。前告来件被水浸透，读第九十一号来示始悟雹所致，亦足见当日风雨之恶矣。顷复接第九十二号手教并公函稿、采访册，具悉种种。采访不得力实根本无办法,目下六人中以王君景炎为最好,新添之詹君学圣亦颇详备,邱君肇镛搜集亦颇勤,唯剪裁处稍欠当耳,已不可多得矣。总之采访非带有考证头脑不可,不得仅学抄胥,尚恳吾丈为诸君言之。孟白有书来谓系暂局,到暑假后即不办,因作一书复之。局薪似仍以致送为宜,藉坚其信,求一得力帮手甚不易,不得不稍委曲,尊见亦谓然否?此两号来信均未附有答复单,是否孟白一离局兹事遂无人管理?愚见此事仍应由孟白办,在暂任后长期内亦可属其带往校办理,横竖相距不远,而校事既非根本解决亦无事可办也。曹令在平湖政绩佥曾托彼处友人查复,另纸并剪报一角尘览,报纸固不足凭,然亦可窥其略矣。所苦新除不备述。敬复劫老世丈先生史席,绍宋再拜。(五月十二日)一百〇二号。

方汇征采访册,缺客路郑谱,青塘劳谱,乌石山、屋基刘谱四条,是否局中抽出?前请查旧志《人物》,《氏族》所属不限于进士、举人,凡传中诸人均请一查。刻接第九十三号来示并答复单一束,敬悉一是。前示及泉井必须补采,转瞬逾月,而采访稿中仍未见采及,殊以为念。愚见局中如有应补采之件,仅恃采访员任意采访必不能满意,以后似宜由局将应采之件通函各位,限以时日必令缴卷方能采出,盖对此类采访员不得不加督促与指导也。佥前请丈指定专员仿吴毓林先生《西乡水利论》例,补撰东、南、北三乡水利情形,迄未见赐复,未知曾否指定有人?不必做文章,即令熟悉情形说出,由局随笔记出寄佥撰文亦可。似此亦通,或可即办到。此种事非仓卒所能成,似宜立时指定随时督促,若稍因循则永无结果矣,佥因待此件水利稿迄未付抄也。前一百一号函所附询单皆及风俗、物产两项,此两项旧稿及新稿均未之及,今始开手采访已属迟误,唯有请吾丈力促进行。大凡一县志所以与他县志相异者,多在此两项,人或以无关轻重视之,实大谬也。近来新稿较少,是否已不遵月缴十五条之定则?前上各书有未复者,乞示复。劫庵老伯大人左右,绍宋。(五月十三日)第一百〇三号。

发一百〇三号函后,即接第九十四号手教并访稿一册。近来审核新稿,与旧、续访册重复者不可胜数,佥以每条必须查核,又无副手,实不胜其苦。可否由丈责成一位局员专事校勘,凡新到访稿即将旧、续访稿一查,其有旧、续两册并去年访稿未详者最好,若遇有歧异或冲突者,立刻发还访员,属其核复并须提出证据以明责任。尝闻他县访员有受人请托任意撰稿者,本局诸位访员乡望素好,当然不至若是,然亦不可不察也。敬上劼庵老伯大人史席,绍宋再拜。(五月十五日)第一百〇四号。

　　周君殿熙采访册几全无用处,吴作梅乃捐班,未入流岂堪入志? 貤赠不录前于《人物传·叙例》已声明,周君岂未读过耶,犹采吴心梅、童天有等诰命,累牍连篇殊为可厌。又如《吴朝绅寿序》《童凤冈传》等当然不足采录,读《人物传》初稿当能知之。似此采访将延长十年亦无用处,乞吾丈招之来局加以劝诫。又彼诸件皆自湖镇童谱、下童童谱抄出,而于此数谱世系、修纂年月反不采录,岂不可惜?亦希一并及之。张西馆生平事谅丈必知之,杨振烈撰传推许嫌过当否?事实册中谓其遇发匪将妻子弃之河中,而背母逃遁以为至孝,侄却嫌其太忍心矣。书至此又接九五、九六两示,并《田砚斋文钞》两册,内有《龙游县补志序》一篇,岂尔时曾开局耶?未成书而先作序,殊可嗤耳。侄以号标稿纸,系因抄手二人皆法部录事兼办,往往发纸与抄,彼等即擅用此纸写他件,又不便与之计数示人以隘,抄手亦云同室抄手太多,彼等任意持去不能禁止,故加此两字冀以杜绝而已,无他用意也。彼辈任意动用法部稿纸已成习惯。月支二十元杂用实止敷抄费,一切用纸、邮费仍系侄自备,亦不得不稍加限制耳。既承示及,以后仍用旧版印刷可耳,续志采访册纸印成即希寄下。仲先脑已坏,此后恐已不堪用,可惜,可惜。前请自三月后即停其薪,务希照办以成其志,大体已成,将来更不需仲先帮忙矣。寄上"丁"字联单六十七至七十一号、"庚"字第二十八号,乞即发查,一面须紧催以前未答复者。敬上劼庵老世伯先生侍者,绍宋再拜。(五月)十六日。第百五号。

　　九十六号手教拜悉。前复孟白书正与尊意相合,故主不停其薪,度彼读侄书后必有确实答复,不至再游移矣。义塾款既取得,且不必十分较量,孔子曰:"人而不仁,疾之已甚,乱也。"愿长者更思之。采访不甚得力诚大苦事,惜侄未能归,不然在局住月余,将采访要点逐一与诸采访员细谈,所获必有可观。即将访员加以一番训练也。此非谓吾丈不能训练,盖体例、甄录悉出侄之心裁,何者应采,何者应如何采,何者不必采,唯侄知之最悉,且有一定把握,非与彼辈面谈并将已编成各稿指示,亦无怪彼辈之不得要领耳。率复不宣,绍宋。劼老世丈左右。五月十七日。第一百六号。

从来君子与小人争,君子必失败,盖君子动思洁身,而小人乃正合下怀,愈得以肆无忌惮也。彼之敢于诬妄吾辈者便是,是望吾辈退让耳,况目下志书大体已成,岂可更中其计。愿丈忍耐,千乞不可言辞,是为至祷。吾辈为地方计,不能因有障碍而牺牲一地方重要公事,况吾辈绝非恋栈之流,亦父老弟所共谅者,更不必以去就相争也,然否?仍请示复。子培先生前日有信来,兹复一书并致朱佩华一信,乞与子培、孟白一商,如认为可以公布,不妨油印分送城乡绅民,俾众知志局并非尸位糜费,至要,至要!劼丈再览,绍宋再上。付印不编号。(五月十七日)一百〇六号。

致朱信无稿底,如不公布,局中须留一底。

连奉第九十八、九十九两示,敬悉。葆谌兄南行未来别,不及一倾所怀为歉。前致朱佩华书,未知渠读后有何议论,如有所询幸及之。今日渭贤来谈及雕板事,渠云木刻甚困难,且衢、龙均无好刻工,须到江西招募,价甚贵,从前百字刻工仅四分,今则稍好者须一角乃至二角,新志卷帙甚多,恐非数年不能刻完,不如用铅印为宜。渭兄往年曾刊书,且在郡开书肆,故深知之,用转述以备台核。敬上劼庵老伯先生,绍宋再拜。(五月十九日)第百〇七号。

去岁十六号手谕即云须撰褚、单两学官事略,四十四号又云须撰杨学官事略,今褚学师事略已由杨振烈撰就寄到,尚有单、杨事略至今未见惠寄。《职官表》《宦绩略》项已全部改订告竣,所欠者此耳,希即报见撰成,至以为盼。如不得暇,恳将事实写出,不必撰文,由侄编纂亦可。再,杨渭恩前承示须为立传,侄意如无事实不能立传,只少亦须入《阙访》,唯访稿中绝未载及其生平,亦希速示其略。再,自本月起已着手抄《掌故录》及《文征》诸文件,又添一抄胥,月送十金,请自本月起多付十元。一面更须另刊正本用纸,将改正各初稿一律誊清作为正稿,为付梓之准备。《艺文考》、职官诸稿与初稿大□,抄手不得闲,未能另抄一册呈教为憾。书至此适手示百号到,铅印既得多人赞同,则新志更易观成矣。附"丁"询单八十二至八十九。劼庵老伯足下,绍宋再拜。(五月二十一日)第百八号。

昨发百八号书谅达。答复单未寄回者尚多,请加紧催促。前请孟白兄将《疆里表》签注各点另用联单询问,不知已照办未? 来示迄未提及,殊为悬系。兹更寄上询单五纸,均呕待回答者,即希从速寄还至感。此间五个月无滴雨,亢旱之极,今日天阴或有甘霖矣,然已无补于□事。率上,不一一。劼庵世丈先生,绍宋。(五月二十一日)第百九号。

前示及拟采会馆入志具见雅量,唯本志侨寓尚置之附志,更入会馆体似稍杂,亦无类可入。正经要采之件尚多,方虞无时补访,此节据卑见且从缓议。必欲入者,俟诸续志再商何如?(五月二十四日)第百十号(之一)。

百一、百二两教拜悉。仲先今日方到,已准其辞矣。神气似尚佳,深望其勿再发疾也。此番邱肇镛访稿见苦心,已属难得,不敢更有奢望矣。兹以采访期近而新采访中适用者过少,特将不必采开一单,乞核后即通告诸君,免得徒费心力,又空耗采访时期。又,前次所寄关于物产联单恐不能满意,可将五谷、花果等之形状一层取消,仅录其种植、收获时期及其特征已足,亦乞通知诸君。近来核访稿程度,真不敢陈高义矣,一叹。景炎处甚欲奖以书画、摺扇,一星期内当与赠丈者一并交邮。近来同乡辗转求书画者甚夥,日必有六七起至十起不等,满屋皆宣纸,几无庋搁处。试思侪终日终夜撰志,安有此闲工夫,不得已以旧日卖书画润格张之壁间以示拒绝。县中知侪润格者绝稀,今亦附两纸置之局中,亦使乡人知我价值。侪去年一年卖书画下半年最盛。所得亦不下七千金,倘无此项入款,早索我于枯鱼之肆矣,一笑。乔迁至贺,亦不作俗套送贺联矣。尊书号数相次无缺,珍藏以示子孙,倘能存至数百年不唯家宝,抑一县之最好史料也。孟白兄不知尚有信复我否?幸采之。《都图表》中应询各件已办未?敝处无底册,能饬书记钞一底来最妙。其待查者,请孟白一一注明曾否行查。劼庵老伯大人赐察,绍宋拜上。(五月)廿四日。第百十号(之二)。

兹绘两扇并书成,寄请海政,王君处并为致意,近来采访最得力者此君一人而已。风俗一项四乡不能尽同,物产亦稍有差异,应请吾丈速召诸采访先生在局开一风俗、物产采访员会,俾得交换智识,不致重复错杂,实为要着。如何?并乞赐复不宣。劼丈先生阁下,绍宋再拜。(五月二十九日)第一百十一号。

第一百三号手教谨悉。封赠是虚荣,从前碍于皇帝面子不能不载,然有名诸志亦有置之不理者。清季封赠益滥,多属捐纳,尤不足重轻。若确因其子孙显达而貤封者,载入邑乘尚属虚荣,至捐纳所得者载入志书徒增铜臭,佢之所以不载者实因铜臭者多,不欲暴人祖先之短耳,非仅污我名山之业也。赠匾耆寿稍有声价之志书皆不载,即如壬子志及康熙志亦不载,非由我始删去者。此两层务恳吾丈随时与乡人言之,并告以此番修志《先贤传》改称《人物》,又特辟《阙访》《别录》两类,收录之范围已甚放宽,若照旧志之例不知须删落多少人,岂犹不满意耶!此层亦望随时普告乡人,并令诸采访先生传布之,切勿误会。旧志诸《人物传》及《选举表》诸人属何族,至今未见寄示,殊念。敬上劼庵老伯台下,绍宋再拜。第百十一号书,仆入扇内,兹补上。(五月三十日)第一百十二号。

近来诸采访员采录谱牒不少,却只将谱头、世系摘录数句便算能事已毕,而于其谱中人物及可供参证之文件毫不采录,实为遗憾。须知县志失修过久,全恃家谱供给材料,此而轻轻放过,则失载者不知凡几矣。应请迅速召集诸位采访员开一会议,告以采谱方针实为至要,佢历次询单上均有指示采访办法,谅孟白兄细心,必能逐条录出,乞一并提出会议,俾诸位咸知现在采访期限日促,非大众激发天良努力前进不可。敝处则仲先已迁居延旺寺,辞去不干,而姜君渭贤本甚得力,乃日前忽为人排挤,愤而辞去大学职务,刻亦已赴河南谋事,能否回京尚不可必,其世兄在大学考第二名毕业,人甚聪敏,日来渭贤经手校核之件暂请其续办,然不可久也。于是侄乃真唱独脚戏矣。在他人鲜有不灰心者,而侄仍不敢少懈。请告诸位采访员知之,勿再随意缴卷,累侄又须经一审核,写询单、录号簿,更无一刻暇矣。今日询单上于祝君吉斋颇致诘责实因懊恼所激,既写成又甚以为悔,但懒于重写,请告彼勿嗔我何如? 欲陈事尚多,不一一。劼庵老伯左右,绍宋再拜。(五月三十日)第一百十三号。

第一百五号、一百六号手教拜悉。询单尚有"甲""丙"各号中未复到者,应请孟白兄迅查出当时发交何人,便可知何人不肯尽力,何人交齐便是何人有功,分别加以奖诫,盖侄始终虑诸君不追问即不缴也。旧档目录阅定后再请检寄,日来发奋撰次直无寸暇矣。月增抄胥银十元,杂费十元,当再觅一兼员从事于正本之誊写,则进行较速矣。唯既着手誊正,则从前奉询各项事件应请火速示下,是为至盼。兹附上"庚"九十一至九十六、"辛"至一二共十一号询单,即发为幸。敬上劼庵老伯,绍宋。(六月三日)第一百十四号。

百七、百八两教拜悉。方、周访稿两册以三小时核讫之,复写询单凡八纸,兹寄上,即刻发出为幸,其中复有责备周君语,则箭在弦上也,转请勿怪,办公事亦不得不然耳。《续采访册》关于堰塘两项者,从前并未寄来,兹阅周君访稿有订正处,始知之以前以为未经续采访也,幸速抄寄,至盼。前请刻续志用纸不知已刊就否?以后凡关涉民国事项,各位询员悉录入续志用纸为要。侄性耆古,然所收旧书籍、字画亦仅五万元,游宦十五年所获至此,别无长物也,售书画几为侄之唯一生活,盖欠薪已无补发希望耳。然自发奋撰志以来,凡以巨幅求画者,虽有润笔亦只得谢却,其求作文者则一律辞绝,此中损失尤多,亦不必为乡人道,即言亦不信也。利用局办何事,侄殊不解,贫民习艺所基金得系何款拨置,乃有如许巨款? 续志中经费一项全载一县经费,幸先注意及之。留法学生有几人? 如系私费考入该国大学者,借教育基金以资津贴亦属正当,若系因俭学,今到法国则系往做苦工,以穷因死者不少,殆如乞丐,安有学业可言，此事误人子弟，人人切齿痛。则动用基金殊不当耳。以乡人昧于外情，故言及之。即上劼老世伯大鉴，绍宋再拜。（六月五日）第百十五号。

五"考"、三"表"、二"传"大体已成，除已刊初稿者外，未能抄寄呈政，至为憾事，亦以卷帙太繁，且时须据新访稿及答复单增改，尚未定稿也。兹以抄手添人，特将各门《序例》先行抄出寄览，亦得窥其大凡。《列女传》六纸先寄，务求长者审核，当否不吝教言。校稿时偶因兴会遽加圈点，圈复颇多，丈得毋讥我未脱冬烘习气否？一笑。如有应改者径予斧削，定后宜油印十数本分送同人，如汪纶园亦参与兹事。俾知作者苦心非同剿袭，亦使觇知新志体例，于将来采访得有准绳。如何？便希赐复。他例陆续寄。敬上劼庵老伯先生史席，余绍宋上。（六月五日）第百十六号。

百八、九两号书读悉。年初所寄询单书明交汪大枞采访员答复者，至今尚有多纸未复，是否已交汪未索回，抑交詹君尚未复到？其中颇多待决之件，乞属孟白兄一查，至要。近来采访渐就轨道，自系吾丈指导之功。仲先一款移作何用今未能定，可存局中。纸张、笔墨、邮资月不须二十金，今将余款概作零雇抄胥之用。近来都中盛行抄录旧刊秘本，故抄手声价渐昂，亦因生活程度过高迫之，不得不然耳。《龙游学会报》因来索登志稿，故请其寄局百份，局中可任意为之分送。胡成材辈屡言，从前寄教育会之报，多因城乡信使不通尽遭搁置，深为抱憾，亦深望局中之播扬耳。青年人肯做文章，无论其好不好，所其用心动笔均当奖励，总比乡间秀才一物不知并书札亦不能通者胜也。尊眷既来归，开支浩繁何以应付？殊系念耳。《职官表序例》寄上，可知与初稿异矣。劼老世丈阁下，绍宋拜。（六月七日）第百十七号。

今日核阅方汇征访稿三处，袁谱见有批语云："虽无名人，确是旧族，凡旧族有谱皆应采而保存之，以为地方人民之根本。若侧重名人忽略数百年之小姓，反失增此一类之本意矣。"此与鄙意甚合，唯回环所诵，似深虑佴专重名人不录小族者，用将二月间所撰《氏族考序例》稿检出奉寄请教，当可释然。此文当时颇自得意，以为极大议论在所必传，故妄加评点以示门弟子,今不及誊正亟行寄上,尚希另录一份,或将原稿寄还敝处,更无第二本也。已允学会下期登载。此文必须油印分送诸采访员,俾诸君知鄙意之所在,而采访有所折衷,批点似亦可仍旧,俾知要点所存,倘吾丈尚有所见,亦请加批于后。他项《序例》仍俟抄出再寄,余续陈。专上劼老世丈先生史席,绍宋再拜。(六月十日)第百十八号。

顷奉第百十一号书,敬悉。此次访件唐尚佳,杨传及补志皆切望。詹则考证多条用心良苦,此君心细可佩,惜失学耳。然可用者甚少,只采一条。兹写数纸寄之使知分晓,他日方不嗔我抹煞其苦心也。张西铭、姜观海均未入志。吾丈谓岁贡中误点甚多,未知初稿中误者几人?乞即示知以便改正。初稿中有一岁两页、三贡者,前已怀疑,尝写询单奉寄,迄今犹未得复也。梅炎藻夏,维珍卫不宣。劼老世伯先生,绍宋。(六月十一日)第百十九号。

昨发第一百十九号信后,即接奉第百十二号手书。拙画承奖,惶愧奚似,唯较赠他迁居礼物似稍胜耳。仲先笔墨虽好始终不肯尽力,盖彼自欲有所著作,彼始终以为只须就采访稿添续旧志便得,不以更动体例为然,故有徇以冀省力耳。故薄修志而不为。从前留其在我家寄寓,一切皆侄供应,彼要送钱均经辞却,原冀其帮我之忙,岂料任催罔应。即如印成初稿,除《地理》为其手笔外,侄所撰者彼竟毫不过目。前此只以其系侄所推荐,故未敢向丈言之,今彼已不住侄处矣。彼自去岁患肠病之前,两三月便未动笔,当时自不敢相强,继之以旧疾复发,几于一年无一字,是以侄不得已只好拼命为之,以赎荐用不当之咎,所幸成绩不差,敢说即四五人为之亦无如此迅速,唯精神受损亦已多矣。近日渠来言从前旷职太甚,颇欲补撰三类,当告以全部已成,只是随时待采访稿来补缀修正而已,渠深以为歉然。盖仲先本是极聪明极讲交情之人,其心无他,不过中近时新人之毒以讲求哲理为高,于是沉溺其中致勾起旧疾,任劝多次不听,殊可怜可惜也。是以侄终始不加以责备,亦以其不肯修志乃旧疾将发之病态,初非其中本心耳。渭贤兄心甚细,目下最繁重之《节妇略》,即由其校核编订,惜其从前任校务甚忙,只能每夜为我尽力,渠如汴中不得事必仍来京,尔时将请其专心帮助,渠如允我则可略息自肩,盖如《选举》《人物》诸稿及新成各稿,皆须将旧志、新旧访册一一校对一遍,方免有漏略疏忽之弊,而此事非十分细心不能胜任也。渭贤文笔不如仲先远甚,但细心颇诚所罕见,故此事舍彼更无。新志三十余卷完全由一手撰成,除《地理》中《沿革》《山川》两篇外,然亦经佺改定者。此从来所无者,故虽困苦亦是自豪。而吾丈以垂暮之年,不惮千里毅然来任局事备受劳怨,他人即有此精神、心力亦不肯为。亦为他处所无,他日书成必当申叙以告来世也。附上"辛"字十七号至廿四号询单,希即发交访员,促其火速答复。余不及一一。劼老世丈先生史席,绍宋拜上。(六月十二日)第百廿号。

前日发百二十号书,不日谅可收到。姜君渭贤昨自洛阳归,谓不日将返里,请辞修志事,佺因留为之,因彼果去则校核无人分任,将益陷于孤立。彼鉴我诚,允再帮忙数月。佺当告以不能请兄白帮忙,从前因系兼办,故仅月送笔墨费十金,今既专为此事留京,仲先既辞,应将其薪移送以作旅费,彼又不愿受,谓非因薪薄而辞,既讲交情便不应如此。佺心终觉不安,当告以如得他事再辞亦未为晚,渠始无言,谅已默认。用此奉达,希自下月起每月致送三十元于其家,并乞按时送去,渠家贫,月需寄家用也。西乡询单复到者较少,终疑交汪大枞未收回之故,务请孟白细查示复为盼。旧档卷可收入《掌故录》及《大事记》如兴办选举等。事者甚多,希速饬人抄出陆续寄下。仍一案各自为纸,不可连写以便编次。公租细款,即田租细册。请再用公函往催,请其速送。又,续志采访用纸前请寄数百纸来,只须三百矣。迄未见到,急待将续、新两访稿中涉及民国各条摘录,故盼之甚殷也。不寄亦可,虑将来访稿大小不一律,难编订耳。余续陈,附上询单"辛"字五号、"己"字八号请收。劼庵老世丈史席,绍宋上。(六月十四日)第百廿一号。

连日迭接衢州来书,均言臧军过境事。今日接奉第一百十三、十四两号手示详及之,殊深忧虑。祖宗庐墓之乡,重以老母在堂弱息在室,偶念及寝食难安,总祈皇天默佑,勿致为闽粤之续,则幸甚矣。日来消息何似,仍盼时时赐知。商会报告文理不大通,竟令人莫名其妙,可恨也。此两日来无心撰志，都为此事牵引，因发电至衢询其安否，今日若得复电，便可安心矣。曹寿先稿舍下原有抄本，容校对复当寄还存局。余华著《星堤诗草》舍下仅存上册，下一册已佚，不知尚能觅补否？耆寿虽不录，然若逾百岁则为人瑞，如尚有事迹，且须立传，入附志中，自可采录不待言也。此节宜通告诸采访员。木桥以其易朽且成之不难，不足称建置，故削之。既承批及须存其地，甚是甚当，但必须工程甚大之木桥方可著录，而木桥之为大为小必须详细记明，俾始有根据，否则无从悬揣也。壬子志于偃王庙下云"其他乡村多有之，土人供伏腊咸于是"，康熙志于关帝庙下云"城外各乡都所在有之，不能悉载"，愚见以为此记载甚为得体，以县中此两庙太多，时有兴废，亦记不胜记也。今承示及偃王庙仍须采录原无不可，唯不知能否尽行访得，否则有录有不录，反不如两旧志之得体矣。疑当时亦有不肯记载之情形，故创此例。如何仍请赐及，以便过录。凡古庙虽小必录，新志体例也，今承示及甚惬鄙怀，所憾者南北睽隔，俾所撰成各稿不能一一与丈商榷而订正之也。孟白答复单颇详备，可感之至，若访员悉如孟白复何忧哉！劼庵老世丈先生，绍宋。（六月十六日）第百廿二号。

　　今晨发百廿二号书后，即得衢州复电，谓臧军驻常，衢州无事，为之大慰，于是又埋头作志矣。旧志《山川》两端实不敢轻易更动，以后采访只许就两旧志所载加以考证，不必另采旧志所未载之山川。盖一邑之山无虑数百，欲尽行增补其势有所不能，偶补数处不但罣漏贻讥，人亦谓我太无分晓。至于水道则时有变迁，非绘图计里则徒涉支离，毫无实益故也，希即通告诸位访员为要。附上致孟白信，此上劼庵老伯先生，绍宋。六月十六日。第百廿三号。

　　奉第一百十五号手教，敬悉。宝眷安抵里门，从此乐道考文，永享衡门清福日，不胜钦羡。臧军只来就食，且与当局沆瀣，不足虑也。子培先生来书商劝捐办法，兹复一书，乞转达。近核新采访稿，大半与旧采访重复，列女一门尤多。且多无紧要之件，若不设法整顿，恐采访十年不过如此，不如早停犹可省费。即如俾所写询单，尽略就两旧志及《旧采访册》

摘录已有数百条之多,若采访诸君不能得新料,能细心考订旧志之误及补其未备,亦未尝无益处,惜无人注意及之也。又如《旧采访册》所采之谱甚有限,而所得材料七十余册大半有用,今认真采访已近二年,所得谱三倍于旧,而材料可用者极稀,一则有鉴别、有剪裁,一则有好材料而不知采耳。今年犹幸俍想出联单办法指示途径所获尚多,现尚欲得他法冀收奇效苦不得,当幸丈与孟白兄亦筹思之。前岁刊初稿以为妙法,岂知丝毫不能收效。《丛载》一类顷亦已脱稿,唯《轶事》《志异》两门篇帙较少,《志异》虽少无妨,《轶事》似宜增广,亦请注意及之也。劼老世伯,绍宋拜。(六月十八日)第百廿四号。

百十五、百十六两号手示悉。《学会报》彼辈自有款,正不烦以公款补助,况彼辈时有攻击县中当局及士绅之文,吾辈岂能附和致蹈教唆之嫌,此议务请作罢。孟白所作两文将来可入续志,特词句间尚须改削耳。地方上有大事,有人能作记实,是为徵文考献之资,如此两文真有价值。此番修志欲考前朝大事,为历代鼎革时情形及方腊乱事、耿逆乱事均无一文可资参考,殊憾事耳。前寄《列女传》《职官表》序例,不审丈意谓何,有须改正者否? 询单尚缺不少,兹检"甲""丁""戊"三号中未复到者,开一单寄上,务请孟白加紧严催剋日答复,因诸问题悬久不决,将无日可定稿也。其"丙""己""庚"各字询单未复到者亦请严催,此类琐屑事尚须俍自清理,则不堪其扰矣。尊批璩文云"勤辅坛曾有'今年必有大灾,焚一典可减万民之罪'之语"。俍颇疑典中诸人先期贿通迷信扶乩诸败类,凡读书之人此等邪说故行扶乩者,皆得斥为败类也。故作此语以动众体,冀以遂其阴谋亦未可料,我恨无权不能搜索其罪证以严惩之也。我龙游万民皆系良善百姓,有何罪过而须减等? 老实说一句话,有罪者实唯媚官自利、欺凌百姓之绅士耳,神不殛之而反罪良善之百姓,则非聪明正直之神,而为淫邪妖孽之厉鬼可知矣,不足信也。再,此后此类民国材料均请饬书入续志用纸,以归一律。又,尊批勿写至纸边,须稍留余纸以便装订,方免散失也。敬复"辛"字询单第四十一、四十二、四十三号附呈。劼老世丈先生,绍宋再拜。(六月二十三日)。第百廿五号。

第百十八号书拜悉。宋时吾乡遭方腊之乱至惨,读刘辰《青溪寇轨记》及高玉临《府学碑记》可知,但旧志一无记载,元末及清初之乱亦甚,都无可考。此于吾县盛衰消息甚著,前于《氏族考》《叙例》已发其征,今撰《大事记》乃欲求一材料不可得,因思诸旧族家谱中或有记及者,开采访大会时可提出之,请诸君留意。又,清代人物阙略太多,亦宜征补,尤望诸君毋稍忽略,盖此两年采访所得重要材料太稀,除依询单答复者外无甚成绩也。庙殿寺庵之属于志非关重要,而诸君偏喜采之,何耶?诸君劳苦侄亦深知,岂敢更加督责?徒以一县文献所关,及今放失来世益难考征,期望既殷责备斯切,此则望采访诸君深察而猛省者。计斯函到时正值会集,愿丈以之陈于诸君之前也。书至此,适接百十九号手示并续志体例,用纸共两束,承改《氏族考序例》数字未蒙示知,不知限制放宽不何程度?"丙""己"两字询单未到者别纸开列,幸速催,小宜。劼庵老伯先生,绍宋。(六月二十七日)第百廿六号。

自接百二十号手教后,四日未得邮函,便如饥渴。《大事记》甚难作,已费多日工夫犹未惬意也。旧档卷有用与否未能仅凭目录勘定,盖有时极不相干之处恒为极重要之参考材料也。既局中录手不得闲,请速全部封好交邮局双挂号寄来,敝处另觅抄手誊录可也。前所寄各号书中商榷请益之处,多未蒙赐答,可否请右宜兄一检,逐件示知。公租细目乞亟饬抄出寄下,询单未答者尤宜加紧催促,否则无日可定稿也。新知事谅已到任,此公对于志事不知有无热心,丈已晤及否? 兹寄上"辛"字询单两纸,余续陈,不宣。劼庵仁丈先生史席,绍宋拜上。(七月八日)第百廿七号信。

前七十七号信请指定专员仿吴毓林先生例,补叙东、南、北三乡水利大概,始终不蒙答复,若觅王景炎兄《潕北支流勘误》一文深明地理形势,则北乡一文可以属之,必能胜任愉快。南乡可属孟白兄,孟白于本县地理亦甚明了,读迭次答复单知之。孟白答复单多精细明了,虽作校长犹能如此,真正难得。现时局中最得力者此二人而已,不日当思所以酬之。东乡一文请丈速定人担任,万不可再事因循,侄办事向来性急,最不喜搁置致无结束也。劼丈史席，侄绍宋再拜。（七月八日）。第百廿八号。

近已着手缮正本，此后每缮毕一卷，即将原稿寄奉存局作为定稿，正本则存敝处，以将来印刷一事恐终须在京办理耳。甚思食北乡细粉干，暑假后有学生来都，吾丈托带少许来贻何如？无食物致长者，反来讨食，真惭愧也。询单八纸寄上，速发出为幸。此间气候不好，寓中婢妾四五人无不病，殊闷闷。劼庵老伯左右，绍宋再拜。（作于七月九日至十四日间）第百廿九号。

惠示陆续已收至百廿五号，备悉种种。日来以腹泻神疲故未能即答，至歉。《序例》三种印本已照收，误字不少，即如皮面标题"列女"之"列"已误作"烈"，校对粗疏若此，益知将来印刷非在京办理不可矣。日前晤前省长沈叔詹兄，当询以曹知事人品何似，渠云：较史久芳尤坏，专喜勾结地劣绅，尤喜挥霍。渠前虽撤其平湖任，渠去曹始复任平湖云云。今读来书谓其愿得正绅为助，且甚虚心，与叔詹所言殊不合。凡官初到任必有做作，丈姑徐徐细察之再断其好坏，侄固深愿叔詹所言之不合也。本县氏族以六十年为限断甚合情理，已一一补入矣。扶乩等事侄所深恶痛绝，近来悟善、同善等社风靡全国，邪说诬民莫此为甚。往主部务时，凡推事检察官入此类邪社者，侄悉撤其任，以其不肯专心办案，而交结匪类尤易营私舞弊也。窃谓吾人真欲正心修身，六经具在，若欲明心见性，佛法尽可皈依，何必舍正路而归由倡妖言以惑众耶！传曰"国将兴能于民将正听于神"，不啻为今日道也，岂不哀哉！采访期限略宽长自不妨，但至迟不得过明年三月，以彼时必须脱稿也。侄督责采访员时有过火处亦自知之，然非如此逼拶安有成效？自光绪倡修以迄吾丈未归里，修志非一次而卒无成者，皆"因循"二字致之，不加逼拶便是因循。其明征矣。近以时局关系约出任事者颇多，深恐把持不定志事又须中辍，故不特逼拶人，亦自逼拶也。须知被人逼拶者固苦，而逼拶人者终日埋头伏案，思所以逼之方亦大苦之事，唯有彼此原谅而已。草复，不宣。劼庵老伯先生史席，绍宋拜上。（七月十五日）第一百卅号。

　　百廿六、廿七两号手教敬悉，询单、采访册并照收。侄作书向不录底，前奉商各节随写随发，今亦未能一一记忆，此事仍宜由孟白、季方两兄将侄信件从新检阅一过，摘出后陈由吾丈赐答。昨日得胡成材来书，谓抄公租册詹学圣君愿任其劳，但须局中特加委任，此事究应如何办法请直接商之。凡旧谱无不收入《氏族考》，故《序例》中言虽抄本或残缺亦录，至云"仅存十人以下者录"，意在指诸新族而言，邱梁君每属。原文欠明晰，他日当改正之。承加"残缺失次"四字似与上文重复，以上文明言新族之谱残缺者不录，以注云"旧族之谱虽残缺亦录也"。示及"旧谱虽存一人亦宜采录，以存土姓之旧"亦是精确不刊之论，完全与鄙意相同，否则何必作《氏族考》耶。昨日外出应酬而子培至，未及晤面，渠寓犹未定，大约明日必得见矣。兹寄询单"己"字五十一至五十六、"辛"字五十八至六十二，希速发交为荷。敬卜劫老世丈先生，绍宋。七月廿口。第卅一号。

　　子培、葆谌两位均经见面，畅谈竟日，第一可喜慰者，即新知事有作为，不至如沈叔詹所说，并知其关心志事也。尚不知其别号，便中赐知。且再待几时，如确非作伪，当为书赞之，冀其始终如一耳。《职官表上》及《宦绩略》已誊出正本，兹将原稿寄回，求吾丈细阅一过，如以为妥便作定稿。此稿计又改初稿十之五六，自以为苦心孤诣对得住地方。曹君既能读吾书，亦不妨送阅。《宦绩略》所载是地方官榜样，正好取瑟而歌也。稿虽涂乙甚多，是侄精神所聚，深望保存为将来纪念，使今日能得万历壬子或康熙癸丑原志稿读之，其快慰何如？其可宝贵又何如？后之视今犹今之视昔也。此非好名，使乡人知尊重文献及保存历史遗物之意耳。《山川》应改正处甚多，今稿悉参照三府志两旧志改撰之□□□□，诸者明之，所不及者只是未得增减一山川耳。但不敢如他部分以意改窜，实出于郑重，非谓无重轻。所憾者如邱梁原稿文义不甚明了，侄又未尝经历本县山川，故不敢动笔耳。如果如从前吴崧甫及今王景炎所叙，侄无不照改也。大约山川一类必须明断，四月间侄回龙后，与诸公当面商量方能定稿，今脱稿不改，自信也。惠书百廿八号拜悉，徐致祥丈允将先曾祖画松赐还，感纫高谊，仍请丈得便一询其所欲得者，冀满其意，并恳迅将画松两帧用双挂号保险寄京,实所深祷。方、詹两采访稿,方虽少五条,尚多可采,詹则十五条均不足存录也。率复"辛"六四至六八,"己"五七至六二。劼老世丈先生,绍宋。七月廿三日。第百卅二号。

顷奉百廿九号书并不列号一札,敬悉种切。《旧采访册》堰塘类抄本照收,唯既系旧采访,何以首列民国十年汪荣封所撰《二十四堰碑记》?又其中记五圣堰等涉及民国,殊不可解,希示明以便编入时可以征信。徐致祥丈慨然以绍宋先世遗墨见还,足征盛谊,敢请先代陈谢,所属书画必拨冗细心为之,或更一二件亦未可知,则须趁兴会矣。至其讼事,则侄在法界十余年,绝未对于法官有所关说,今破例向院中一言,亦仅请其公平判断,绝不能请托其如何办理,此关于侄个人品位与道德,尚须请徐丈原谅者。至将来院中如何判决,侄不敢丝毫顾问也。此意务祈转达,不胜大幸。现时讼事总宜请律师代理,否则常因程序不合或叙述不明,致理直而犹败诉,未知致祥丈此番曾延律师未?亦请一询。附上询单两纸,乞速发查,余不一一。即上劼丈史席并颂暑安,绍宋再拜。(七月二十四日)第百卅三号。

发百卅三号信后,即发奋读堰塘《旧采访册》,始知此册所载皆旧志所未备,真正绝好资料。晚香从前何以不寄来?诚不明其用意。因此颇疑尚有旧册未寄者,希丈速加检查,开一清单寄下,以便检点查核,至要至盼。塘堰稿凡三易始成,今既须补百数十处,又须重编重抄,晚香朱老先生真累死我矣,可恨,可恨!去岁曾承示及检得冯先生残稿一大堆,当请寄京,至今未蒙发下,频以为念,希即速付邮为盼。询单五纸附上。敬陈劼庵老伯座右,绍宋。(七月二十四日)第百卅四号。

新到水利一册,昨晨已疑非旧采访,发书后鼓勇校核,知资料尚多,唯混乱纠梦复杂,舛漏之处不可胜数,乃穷一昼夜之力始为清理就绪,然已头晕脑裂矣。此必非冯先生经手,其为汪老拔贡纶元老先生之成绩绝无疑义,因决定为续访稿或本为旧访稿之一部分,而汪老拔贡曾经分订亦未可知。兹再将应补者查写询单十余纸寄上,务恳火速饬复。缘塘堰已脱稿,今忽追补若干条,又因记载含糊未能即发抄录,精神上深感不快也。询单"甲"字、"丙"字尚有多号,复有已经半年以上者,此时若不严厉督饬将成具文,敢请注意及之。劼庵世丈先生,绍宋。(七月二十五日)第百卅五号。

书封就待发,适奉第百廿九号手教,敬悉——。志书本应用木刻,前主铅印者冀省费与节时耳。今曹君主木刻甚惬鄙怀,唯亦须先预算需款几何,必须先将款筹定方决,否则如半途曹君升擢去,来者又若史久芳,将奈之何。此应顾虑者一也。近来刻工好者极少,首善之区已然,况在衢、龙久无人提倡此事,若刻得太不雅观反损声价。侄处刻《节庵先生遗诗》刻意求好,仿宋刻法所费至千余金,历时至年半,已深知此事之不易办,此应顾虑者又其一也。有此三因,必须一　筹到周备方可决定。侄意似宜先觅工头预算刻价及每日能刻页数,一面令刻　二种样本来再说不迟。曹君如此精干真是地方之福,但须告以勿为劣绅所愚,及须严饬属员不可与专能献媚之大绅来往,应可弊绝风清也。局中有孟白甚得力,似不必更添雨苹,以年初亦曾向雨苹提及,渠意固不属也。既不热心此事便难得。公租册亟须发抄,兹拟一抄法可省写数万乃至十数万字,即由局刊板照抄何如?率复不宣。敬上劼庵老伯先生,绍宋。(七月二十六日)第百卅六号。

撰《大事记》前后凡十有七日,始于今午脱稿,唯光绪二十三年后十余年事尚待补耳。去春拟《采访纲要》,第一条即望采访大事,至今乃无一字采及,真可叹也。此编将本县二千年大事汇为一处,若网在纲,读此再阅各卷便知创例,一俟誊出即行奉教。旧友黄君晦闻昨日相遇,谈次知其与曹履冰知事相识有年,晦闻因言曹君勇于任事,极扬好名,生平无甚耆好,唯好古,喜收藏书画而已,果尔犹不失为好官也。第百卅号手教已读悉,"去已氏"固可恶,然怅且可,深恶痛绝者虎也,非怅也,愿吾丈察之。方贞吉物产采访册尚属周备,未可原非所虑者,他乡采访稿若记载与此歧异,则编纂必甚感困难,现在此类须待稿齐方能剪裁,恳即速催各位访员缴稿,至盼至祷。姜君来信附览,渠事一时尚未能代为谋妥，恐未能久在都为我参校，奈何。渠请停访《列女》言之再三，实因断稿多年，剿袭书稿或就续访稿稍加点窜而成，重复者甚多，不唯无补，且往耗编者脑力，此弊不仅《列女》一端为然，侄为此耗损精神与时间不少。前请新稿交到时，须先由局校核与旧稿是否重复者，歼是故也。侄意列女仍须采访，各类亦不停访，唯请局中厉行校核，如有与旧稿重复者切勿寄来，以免再耗侄之精神。若对于旧稿有所辩证，如周之桢君前稿校正续采访册，固十分欢迎也。一面即须通知采访员，不得算入十五则之数，以免再来尝试塞责，未知能蒙俯允否？率复劼庵世丈先生，并请暑安。绍宋拜。七月廿八日。第百卅七号。

一百卅三号手谕拜悉。公租册断不能无租额，应请转知补抄，邱肇镛君既不能专事采访，似宜再聘一人助之。《氏族考》大致已无甚遗漏，更出示催补，将来益臻完备，至欣慰。此次志例本属宋独创，甚衷史裁且考证稍密出于一手，无先后矛盾之处，自谓可传，不仅谱录一端为空前，仅事质证长者亦为夸张否？近来热甚，向例必出西山避暑，今以志事亟欲观成，不欲中辍，亦以兹事兴会正浓欲罢不得，虽汗流几席，不以为苦也。顾代揆招绍宋帮忙，以志事不敢允，仅允充中俄会议参议，日前已往就职，事甚清高，尚不至妨及志事，请释垂注。《都图表》事今请孟白帮忙，特以至诚致彼一信，内附改正体例颇有作用，乞长者教之。询单三纸附奉，即发查为叩。敬上劼庵老伯大人史席，绍宋再拜。（八月一日）百卅八号。

百卅二号手教拜悉，示及收到百卅号、百卅二号，然则中有缺一号矣，希向邮局询之。此间自有上月初下雨至今不止，动辄倾盆，京师附近千余里皆成泽国。幸永定河南岸两次决口京师得以无恙，然京东南数十村落悉为鱼鳖矣，哀哉。此一月来以雨故杜门不出，亦不能作画，因之纂修事愈形锐进。一面同乡学生暑假来归者，并恳其帮抄以辅录事之不逮，帮抄凡三人，允他日赠以相当书画，故甚踊跃也。而渭贤亦晨夕为之参校，气象甚好，兴会益浓，观成即在目前，堪以告慰遐注。唯《都图表》一项，尚恳吾丈敦促孟白照式攒造，俟稍暇当画直幀山水赠之，以赏其劳也。

近以字债益多,虑其妨及志事,业将去岁润格改正冀稍防堵,兹更寄数纸归以示乡人。致祥处稍缓即报,命乞先告之。"辛"字询单九十二至一百附上,至是侄与诸采访员通信亦达八百通,自问尚无忝厥职也。"甲""乙"两字答复单尚多未到,仍恳严加督责为盼。余续陈。敬上劼庵老伯先生,绍宋。八月五日。百卅九号。

发书得续采访稿册目录,乃大诧异,前岁朱佩……(点校者注:疑此字以下原件缺页。)稿之因希归其一行之。专上劼庵老伯先生,绍宋拜。(八月十三日)第百四十号。

前日发百四十号书子培适来,因悉晚香事,彼亦大不谓然,侄以恼衰之余心灰意懒,十一年未发之痔遂复发矣,虽不甚剧,然行动已不便,今急医治或不至大甚也。百三十六号、卅八号两教拜悉,百卅七号未到,岂恐封入画轴中耶。新采访于《大事记》材料虽采得一二条,均不可用。今初稿中注明新采访各条皆侄直接调查所得,绝无采新稿者,他日原稿寄归吾丈一阅便知也。渭贤求去,当与子培先生苦留之。子培间已有函至尊处,谅接洽矣。汪纶元作古,殊可悼,指其不及读吾书也。承谬奖以必传,弥深惶悚。此一年半以来,赖有长者在县督率指挥方能集事,侄诚未敢自以为功,所憾者访员知识不齐未能事事如志,即如《氏族》一篇,若侄能在县自阅各谱,其所获当十百于今,盖有极好材料而任其放失者不知凡几也。采访年终截止亦无不可,唯询单则不能因截止而置之不答,此层届时必须声明。木刻一事渭贤不谓然,连日以雨未来,犹来信陈述,兹寄呈台览。愚见颇欲将新志稿除去《掌故录》《文征》两部分外,先用铅印一千部作为志稿,一面集款随后木刻,则虽稍稽时日亦不妨碍,而吾辈之责任便可卸却十分之七八矣。如何?并乞即答。痔痛不耐久坐,匆复。即请劼庵世丈大安,侄绍宋拜。(八月十五日)第 百四十一号。

发书后即得百卅七号手札,又承褒许,其何克当。不肖官吏,今志中亦不为宽假,今寄《职官表序例》系去岁旧稿,其后曾补两条即示褒贬之意,今检出寄上,请补录在石印本后。南乡采访员邱既不能兼及,宜速添人,此事与询单有关,非可忽视。日前曾将赠徐致祥书画一束交邮挂号寄上,收后请示及。痔痛实不耐坐,志事不免稍废,奈何,奈何！再渭贤来信辞,宜作一书请消气。上劼庵世丈先生,绍宋再拜。(八月十六日)百四十二号。

痔仍未愈强起撰志,其苦可知。先曾祖画松两帧敬谨拜领,百四十号手教亦拜悉。曹履冰书先奉还,稍后当遵属致书并以拙编《节庵遗诗》相遗也。此次访稿中祝君文祺考证瀫北支流两则具见用心,宜策奖之。邱肇镛君既不能任采访亟须易人,本来南乡采访未周,且地广亦非一人所能采遍也。附上"己"字六十四号询单及"壬"字一号至六号询单,希察收,"甲""乙""丙"三字询单尚有未复到者,应请迅即催回是为至盼。劼庵世丈先生,绍宋再拜。八月十六日。第百四十三号。

发信后,翻阅七月份采访稿,詹学圣君有四册之多,然所采人物除已入初稿外均无足取,所采庵堰又皆旧续两采访已备者,此君甚勤奋而无学识深为可惜,与其采之不得要领,徒劳跋涉,不如请其先就询单查复尚能合用。盖询单所列均亟待编入者,而彼偏置之不答,应请丈即速告以此意。又,邱梁不任采访则南乡无人,新访稿之有无尚无大关系,询单各节则断断不能因其辞而置之,即如物产、风俗等项相需甚急,如彼再不交卷,唯有请吾丈速觅他人代查复知,至以为盼。尊处现收到侄第几号信?来示均未提及,殊念。日来此间颇有谣诼,深冀勿牵动地方败吾志事。朱佩华见侄书后情形何若,亦在念中。敬上劼庵老伯,绍宋再拜。(八月)廿八日。第百四十三号(点校者注:此当为百四十四号)。

百四十二、百四十三两教均拜悉,志款有着闻之甚慰,取消预约券尤为得体。木刻之难前渭贤来信已定之,如必用木刻,则不如在京师觅工,唯加运板费而已,京师刻工甚多且甚好,价值虽较贵而能速成。此不过备一说,侄非必主之者,如县中能觅多取刻之,且剋日刻成,侄亦甚赞成也。承示及于故纸堆中觅得先曾祖及先伯祖诗稿,不胜欣感,尚未寄到。先君有诗稿一册,光绪间送局迄未收回,或即在此堆中亦未可料,倘承检还俾得世守尤深感祷。余铿诗稿佺累索未得,不知此堆中尚能觅一二否?铿诗甚佳,尝谓吾县有清一代诗家唯铿一人,即谕德公远不逮也。《吴越杂事诗》前岁仅印五百本,已分送殆尽,今存者十数册耳,仅能寄六本矣。劼庵老伯史席,绍宋再拜。(八月廿八日)第百四十四号(点校者注:此当为百四十五号)。

今晨得百四十四号书教,并续采访十七册,内附答复单。敬悉一一。先德遗著两册同移到,敬谨收藏。晚香亦来书,谓闻人言有书与彼迄未收到,又云续采访有次要数本,当检交劼老,时曾与一一说明以后归由劼老送奉,免致错误,当时承其连声赞诺,并谓手续应该如是云云,佺亦不复与辩矣。近日此间风声甚紧,沪报当有记载,谅已富。上游情势若何,深冀其不牵动也。余续陈。即叩劼老世丈台安,绍宋拜。(八月二十九日)百四十六号。

迭奉书至百四十七号,具承种切。前致朱信,此询单令诸人已持去印入会报,不能不发表,曹君主秘守自是深识,然彼方谓理直故敢肆詈。今晨本欲将其不应匿藏各端如水利、列女诸册。一一列出,再为书痛责,而子培来寓愿任调停,由其致书朱佩华劝其自悟不得再逞凶顽,如不能再将详情揭出,佺思此种无赖亦不便再与计较,已允照办矣。渠云系分纂,理应由其删繁就简归并抄寄尤为胡说。尔时佺为总编纂,丈为副编纂,彼应听吾二人之指挥,佺并未命其删节,只命其照原文录副存局,将原稿寄京,渠将续采访册摘本寄来已属不合,是谓抗命。彼时体例尚未一定,彼未得佺与丈之命令,何得任意删节,且断无总、副编纂未见采访原文,辄由分纂去取之理,是为越权。前年命其调查之件甚多一无答复,来书辄言学识不济未能复命,今合乃以分纂有权笔削自诩耶?真可谓无忌惮者矣。佺命其采访食货稿,越两年未交卷,是为溺职。彼毫无学问,绝不知修志为何事,竟敢任性删削,湮没地方文献,是为胆大妄为不知自谅,乃尚敢饰护前非对众赞鼓,深堪痛恨,乡人不察或为所愚,将谓吾辈度量不大,岂不冤煞?应请吾丈将此书传示众人以杜狡谋,而间执其口使不得逞,未知尊意以为何如?痔疾犹未十分平复,作书草率之甚,希原谅。劼老世丈先生,绍宋再拜。九月一日。第百四十七号。

一日寄上第百四十七号挂号信，谅达左右。日来与渭贤兄先校对列女之册，知朱佩华擅删之节妇凡三十二名，兹开单寄阅，湮没名节不知是何居心，其余各册校出后再告。节妇事实经其擅删者尤多，吾辈不厌精详往返询答，无非发潜阐幽，免招是非冤责，而彼悍然不顾如此，谓非无忌惮之人而何？子培先生初犹疑为偶然疏忽，及渭贤以原册相示，见其任意涂改勾删之处甚多，亦愤然斥其荒谬。原册具在，他日可覆录也。兹挂号寄上"壬"字询单廿三号至四十号、"己"字六十五号至七十四号，到希立刻发查为荷。敬上以后来信务请挂号以免遗落。劼庵老伯先生史席，绍宋再拜。（九月六日）第百四十八号。

第百四十八号手示敬收到。据鄙见推测，上游必可无事，务乞同人以志事为重，切切不可听信谣言，致垂成之功败于一篑。庚子前事可为殷鉴，向使当日大众不慌不忙依旧办去，则冯先生撰稿并地图及一切旧稿本指余铿诸人著作稿。何至散失？志纵不成，今日续修亦不至棘手至是也。唯今日第一要着在将前发询单剋期悉数查出缴清，新访稿之有无犹在其次。以询单所查，均亟待编次之件，而新访稿大半不能采用也。即如此次新寄到之灵山偃王庙祠田册直是废纸，毫无用处。王君景炎所议甚是，侄初列此格用意本若是，嗣以年余无一字答复，以断不能详备，又意在早日编成，故从割爱。今景炎既已用调查清晰，自当恢复列在村名下一格，希即转知。唯景炎如此郑重调查，不知东南西三乡及祝君所任东北乡之调查，是否如此认真、如此精确？既已复旧，便当与孟白兄接洽，一并编成，免得又多一番手脚，"去已氏"取消，修志如何进行曾否着手？便中告知。附上"壬"字询单四十一至四十五号，乞即发查，匆匆不一一。劼庵老伯先生史席，绍宋再拜。（九月十一日）第百四十九号。

数日未得教示，殊念。目下通信仍旧，唯稍缓时日而已。此后如承告上游情形务请另函寄下，勿进入志件之中，缘此时函件例受检查，恐因而阻格也。前承示《遭难七十韵》可称诗史，不胜倾佩。侄于十七岁时逢庚子之变，亦有长诗记其事，惜稿已不存，且系幼年之作，不足观耳。军事既兴,提款修志恐遭驳下,如何,如何！手此上问劼庵老伯起居,绍宋再拜。九月十一日。第百五十号。

连奉百四十九、百五十号手教,敬悉一切。此间情形,子培先生昨已南归,不日相见自可了然,并有关涉修志者数事亦已托其面达,盖虑此后通讯不便也。拙编《节庵遗诗》已向他处索回两册,即托子培便带赠曹知事,此时戎马倥偬,彼当无暇及此,故暂缓通问也。询单为新志所必需之件,故始终请加紧催答,今承示及原询至无可采时即专力答单,实与仆迭次催索之用意不符,无怪询单积压不能如期答复,以致各稿待覆之处甚多不能脱稿,实为憾事。现在待询之件尚多,均以前寄询单未答复齐全暂未录出,俟时局暂定必当陆续寄尘,此时深虑为"洪乔"摄去也。汪纶园遗稿请用双挂号保险寄京,不必摘抄。贱恙承注至感,戒饮小己三月,今虽平复犹未敢举杯,然今此时世触目皆非,不饮又何以遣耶。志款划定不宜呈省,孟白所见甚是,且军事已兴尤非所宜,此层务请留意。专上劼老世伯大人阁下,绍宋。九月十七日。第百五十一号。

顷奉第百五十二号手教,并《村落表》等敬悉。第百五十一号迄未奉到,恐已遗失,请向邮局询之。东南胜负未决,东北又起干戈,日来谣传四起,仆均置之不理,仍伏案撰次志乘,心神尚觉安逸也。天下汹汹,益觉志稿非速印不可矣。内阁更迭,有来招我者悉谢绝之,子培先生亦谓不宜出。此时无事可办,徒增烦恼而已。询单两纸附上,近情何若乞随时赐知,但勿与志稿同寄,再后稿件寄来总以双挂号为妥。匆上劼老世伯大人史席,绍宋。(九月十九日)百五十二号。

百五十三号手教并访稿均拜收,百五十一号卒未寄到,未知附有访稿否？请向邮局一查。子培先生日内谅已回甲,昨阅报知上游已无复战事,深望大局早日勘定,土匪不至窃发,则吾乡犹可安居也。目下可虑者当为溃兵散卒,想既办团练亦可无虞。浙局既已变迁,则各县知事将来必有一番更易,吾县方庆得贤宰,深冀当局明察,勿遽夺我使君。省长夏君于仆有雅,俟局面稍定当为书谢陈之。目下第一要着即须将前筹之六十金志款设法确定,勿使中变,其应如何处置希速与曹侯商之。詹学圣访稿虽两册,可采者寥寥,盖彼不愿尊奉规约,如凉亭、小庙及偃王、关侯庙不必采访,前曾屡次申明,而彼偏采之不已。又如人物,原又谓商辂同绥七岁能书,即与同往京师,授翰林检讨。吕绥、吕本等其事不足信,吕本进士无科分,谓其以进士升授太师,均可大发一笑。稍读书者即知之,而彼亦率行采录,旷时废事甚无谓也。希速与接洽,先尽询单查复为荷。东北风云甚急,而侄则处之泰然,盖已司空见惯矣。辛亥、壬子、癸丑及后蒋奉直、直皖诸役均未迁徙。然天下汹汹何时可定,外患又相逼而来,所殷忧者此耳。敬承劼庵老伯道履,绍宋再拜。第百五十三号。(此信日期无考。)

近来此间盛传浙江上游诸县咸有败军、土匪劫掠,不敢尽信亦不敢不信,为之寝食不安。音问阻隔,连发电报迄不得复,正深忧疑,忽奉第百五十四号手示如获珍宝,并知上游尚无甚乱事,快慰之甚。唯曹知事以此去职,不无失望耳。今乱事渐定,宜速集同人声明志事仍当采急起直追态度,勿稍中馁。侄于忧疑中仍努力不懈,目下已着手编纂《文征》,于每篇后均加考订跋语,意在使别于《文选》,且避去方志杂录诗文陋习,体裁颇为新颖,窃用自喜。他日编成,吾丈阅之当亦谓然也。公租亟待编入《掌故录》,《掌故录》每节后亦拟加跋语以醒眼目。兹寄上询单"壬"字五十号至六十六号,"己"字第八十九号,共十八纸,希即速发查,从前询单未缴者急催答复。敬承劼丈起居,绍宋。十月一日。第百五十四号。

第一百五十五号手教敬悉,舍下无信来正深忧虑,示及平安喜慰之甚。敝处所发信收至何号?迭次均附有询单,颇以遗失为虑。此间亦兵马倥偬,然志事未尝一日辍。渭贤虽甚忧家亦暂定,热心可敬。此番县中遭兵经过情形亟须撰一《记》,以备入续志,愈详愈好。复上劼庵老伯大人史席,绍宋再拜。十月四日。第百五十五号。

数日未得音闻,殊念。敝处发信已至百五十五号,未知有遗失否?前数号中均附有询单,故以为念。现在尚有大批询单待发,亟盼示及。颇闻日来又有赣军临境,索饷颇巨,未知确否?舍下已遭兵劫,幸家慈及眷属他徙未受惊恐。知念,并闻志事目下能否督饬诸位照常进行?一篑之功不可亏也。即颂劼庵世丈大人道履,绍宋。十月九日。百五十六号。

自接九月廿三日所发第百五十五号书后,迄未得示,悬念之私与日俱积。敝处则已发至百五十六号,今因东南战事已告结束,因将大批询单计"癸"字一号至七十一号,"己"字九十号至一百号,"壬"字六十七至七十一号,共八十七纸。以后尚有大批者,当于此批收到后复知再寄。双挂号寄奉。目下地方当可无事,恳速报及同人依旧进行勿少懈怠,至经费为难与否暂可不计。前得舍弟书谓赣军来衢索饷至四十万,不知吾县应派若干?前日浙江旅京同乡曾有电致省垣长官,兹将电文寄阅,此出于侄个人爱乡之诚,有效与否不敢必也。余俟续陈,即上劼庵世丈史席,绍宋再拜。十月十六日。百五十七号。

子培先生已回里否?至念。

得百五十六号手教欢抃之甚,因知"抵万金"者不独家书,即乡书亦然。侄既仍发奋撰述,期于阳历年内一律脱稿,决不稍懈。所苦者询单不能如期得复,遂致多处悬不能决,应请吾丈得书后迅查从前发出未复各单,专函向各访员索取,如果不能解答,尽请收原单寄回,当于稿中注明"失考"字样以免稽延悬搁,是所至盼。《疆里表》尚有未成者,亦希速催为幸,询单一纸附上。劼庵老先生左右,绍宋再拜。十月二十日。第百五十八。

得浙江公令电,前函忘封入,今补呈,唯一部分本已存入保险库。此间平谧如常,一切勿念。

百五十七号手教拜悉,同时得子培先生书,兹将复书寄请转致,所言乞商定赐知。祝君附书已悉,乞转告以所陈一节本不必入志,无待声明。《公租册》凡若干叶,可否分作两卷?以此时须定一数,亟盼示及。《疆里表》尚未齐,亦盼催办。现时过兵是何处之兵?赣军来衢,可惜衢绅无识无一电相告,今闻已归赣,但能保其不再来耶。此间政变当有所闻,此后如何变化尚欤通知,唯有付之气数而已。敬上劫老世丈先生阁下,绍宋再拜。十月廿五日。百五十九号。

百五十八号并访稿答复单百六十号均奉悉,百五十九号尚未到,疑亦附有他件故较迟也。承奖饰,愧不敢承,所幸尚有定力,否则此次政变岂不进退失据耶。政变情形谅上海报必载,无待赘陈。自昨日起近畿又生战事,京师大戒严,幸寓在东三条,外人居者颇多,当可无虑。自辛亥以来侄在京师已遇事变至八次之多,亦犹吾丈富有经验,所谓司空见惯,亦不以为虑矣。葆谌兄所居较冷僻可虑,日昨已将皮箱两口送至侄处存放,其实此处亦非保卫线,不过较为安全耳。各项初稿皆需费精神,撰成者初拟送入使馆界寄存,嗣以不便续撰故中辍。撰志三年已成瘾,一日不用心反觉不适也。草答,即颂劫老世丈先生道履,绍宋再拜。十月卅一日。第百六十号。

百五十九号书拜悉。目下全志次第告成,仅《掌故录》《文征》两部分未全编就,虽甚繁琐,至年终必可脱稿。《疆里表》未齐允宜速催,将来或尚有询补之处,故非速寄京不可。采访准年内截止以资结束,唯如东乡亡无稿来,是否亦一律截止,尚希酌定为荷。现在知事究系何人?前任所定志费能否作准?此后宜商及印刷费,此层侄日所关心,盖虑脱稿后仍不能印,则前功有尽弃之虞。即如此次政变幸近畿未大战,京师未被牵动,浙闽之战亦幸未波及吾乡,否则两处稿件均在危险状态矣。国事不宁,乱机四伏随时可以触发,苟不速印则三年来苦心终有付诸东流之一日也。附上询单"壬"七十三至七十六号,速发为盼,余续陈。即颂劫翁老伯道安,复振庭叔书亦烦转达。绍宋再拜。十一月五日。第百六十一号。

百六十二、百六十三号书并附件均拜悉。属致书夏定侯今早已缮发,俟得复后再复。先成书后作志补实属一定不易办法,请即照此行之。目下有三事请办者:一,请速撰一序以冠全书,侄自叙则仿《史记·自序》《汉书·叙录》之例,别撰《序录》以殿卷末;二,请将卷首姓氏开一单来,其应各得列名,希酌定;三,请将庚子及民国即汪纶园主办。两次采访年月及情事,并当时采访名单等详细开示,愈详愈好,盖欲撰入《序录》垂示后人也。《序录》已撰就,所缺者仅此节,故亟盼赐答也。家慈曾否返家正深驰系,得示知已过龙不胜欣慰。家慈生平不佞佛而谨祀先,家居时日必至祖宗前拈香,一切祭品皆亲自料理,必恭必敬,过龙时适为家慈生辰,故赴祠展拜耳。家慈最重老辈,如豫知吾丈须相见者,必能少留也。渭贤处已接洽。余续陈。即上劼老世丈先生,并承道履康吉,绍宋再拜。十一月十二日。第百六十二号。

昨日杨柳堂始送汪纶园讣帖来,即时撰一联挽之,其文曰:"慈怀恤邻里孤贫,兴学树规模,多士久闻歌令德;发奋征故乡文献,遗编资采撷,惜公未及读吾书。"以有修志关系,特录请政,想吾丈所撰挽语中亦必涉及也。联已写寄,即烦吾丈设法寄去为幸。凤梧藏书中有《两浙辅轩录补遗》,敬恳检出即发邮寄京,缘向厂肆求此书半年未得也。消息日恶,此后惠书仍请挂号为妥。此两月来因编《文征》耗去心力不少,初以为此甚易事,讵知去取甚费斟酌,其尤难者为就整部诗文稿采取,必须全加披阅,且须阅二三次方能择其一二篇,即如纶园遗稿盈尺,以其诗未学成,几于篇篇皆有疵累,竟至无从抉择,而又不能不选载一二篇,真大苦事矣。《文征》已编成,拟载吾丈撰文一二篇,又未便即载去年承示各传,稍嫌与《人物传》复。未知吾丈寓中有无欲入《文征》之作,希即速赐知为幸。询单积压过多,东南两乡尤甚,务恳火速催回。《疆里表》亦亟待收齐,俟定全部整理后即付梓,决不再延时日矣。复子培丈书烦转达,渠有意来京否?大局未定,似仍以乡居为宜也。匆上,不一。敬承劼丈老先生杖履,绍宋。十一月廿日。第百六十三号。

未得教示已逾一旬,向来所未有,不胜悬系。十九日发百六十四号函,未知已达记室未?今日段君就执政职,暂时或可苟安,正宜及时将志稿付梓,尊意当亦谓然。兹附上"壬"字询单第八十三至八十六四号,希即发查,一面须严催从前未缴各单以便结束。夏处尚未发书,闻省垣又将有变不知确否,此间无杭州报故茫然也。余续陈。顺颂劼老世丈福履,俟绍宋拜上。十一月廿四。第百六十四。

百六十四号并访稿复单等均收悉。局事明年缩小范围自系正办,唯各乡仍须设一采访员以备续志材料并补查未尽事宜,其事务自较本年为简,应否酌减薪水,请丈自行酌夺。南乡久不至答复单,亦多未回,前数月已函请吾丈另聘帮手,邱君既不愿力任虽劝何济?南乡地广本非一采访员所能了事,为今之计似宜特聘一人,尽阳历年内专赴各村补访,其舆费即由局开支,所费亦属有限。缘此次采访,北乡最详密,东乡次之,西乡又次之,使非辞去汪君,大概西乡亦无成绩。南乡则遗而未采者不知凡几,不得不查也。唯特聘之员必须略知此次采访条理者,方不至徒劳往返。余君廷瓒本襄局务,于佺所定采访情形当知概要,又为南乡人望,可否屈一行? 孟白兄经手询单最为明了,余君若肯行可面询之,请吾丈一恳商之。《疆里表》务恳速寄以便编制,将来尚有许多询查,再迟则愈稽延矣。北方大局虽稍定,然仍非根本办法,佺蒿目时难,以为虽出亦属无补,极欲引归为独善之计,此时因校课所羁不能中途辞去,到明春二三月间便南行矣。敬上劫丈先生侍者,绍宋再拜。(点校者注:查《余绍宋日记》,第百六十五号缺载。此信日期为十一月廿八日,编号为第百六十六号。)

奉百六十号手教敬悉。同时得夏省长复书并附省令,佺于款项名目不甚了了,兹寄阅并盼解说示知为幸,原书即存局备查不必寄返。刻又有询单六纸新收到, 即复查。从前未复各单统限夏历年杪不论已否查出,一律缴局寄还以资结束。专上附上复王君信并请诲正,此书关于畲客考证,似可抄与诸采访员一览,如意以考证未精亦可作罢。劫老世伯待右,绍宋再拜。(十二月一日)百六十七。

奉到百六十六号手教,敬悉种种。前致书夏省长时并函托陈高审长为转达,兹接陈君复书谓须再行呈复即无问题,用将原信寄览,如何办法请酌行之。如再上呈,请转呈文稿底抄下为幸。志中不能无图,前闻浙省省道局有精密地图,适局中工程师阮君来都,当托其代为摹绘,今得复知尚须稍缓,原函亦寄呈尊览。两书均存局备查。此项地图本秘密之件,省道局系由陆军测量局借来者,将来摹绘据阮君言亦须费百数十元,佺已允之俟绘得后再说，兹先陈明。月初教育部再四聘俀为国立美术学校校长，辞不获，已勉允之。讵前校长陈姓嗾死党十余人反对，俀遂藉口不到校视事，立志坚辞俾得仍专心修志。日来教育部仍坚约往任，尚未允也。兹将该校全体学生启事一则敬呈台览，虽甚欢迎亦断不就。该校风潮已历二年不止，亦真无法收拾耳。兹寄上"丑"字询单一号至十三号，希速发查，正二月间所发询单尚未复者务恳查号严催以资结束，至盼。劼庵老世伯座右。十二月八日。第百六十八号。

顷接百六十八号手教，似与百六十六号衔接，中间是否偶阙一号，抑有一号未到？请查示。序文必须由吾丈自撰方显真切，非敢推辞也。此时尚未付印缓撰不迟，或先由丈撰成后由俀以愚见斟酌，往复定稿何如？邱梁先生必有何事不满于丈及俀二人，故不惜牺牲重要公事以为牵制，请密询劳、巫两先生，如果俀有开罪之处，俀愿作谢罪之信以解之，即负冤枉亦所不辞，盖公事为重，但求志成他非所计耳。此事总宜委曲求全，吾丈似亦可向邱先生道歉也。局中同人共事两年半未识面，颇望同人合拍一照寄来，俾视诸君丰采，俀近亦已摄得一影，日内晒出当各赠一纸，亦他日好纪念物也。又有询单三纸，速发查。即上劼庵老世伯大人待右，绍宋。十二月十一日。第百六十九号。

连奉百七十、百七十一两教书，敬悉种种，公租册并访稿复单均照收。邱梁君尚未有一字，诸复单均待其答复定稿，如再不复则迁延贻误谁任其责？盖稿不定则不能发抄，目下已有抄手二人，闲着又不便停止其薪，若更迁延抄费益巨，此节尚恳与邱君切挚言之，同是尽力志事，切切不可闹意气也。鸡山范氏与雅范范氏本两派，唯同为范文正后，依《序例》须汇书，唯汇书而与鸡山范自有分别，可转告其后人，象赞与龙游无关不能入《文征》以乱例，只能载于《轶闻》中，但其原物俀未得见尚不敢率书，应请用照相片将两画照出寄京，用尺二或尺六片子方能明晰，将以辨其真伪。俀藏有胡铨忠简公墨迹实为瑰宝，故以"宝胡"名其堂，今闻象赞中亦有忠简墨迹，如果不赝则吾县真足豪矣。江西、江苏已有变动，深虑又起战祸，近日吾县情形何若便中赐及。伯母疾已痊否？葆兄来深以为虑,具见孝思。询单四纸附上速发查。近日事繁,得间即修志,竟至无片刻暇,心力已几竭矣,奈何!劼老世伯大人惠察,绍宋。十二月十四。第百七十号。

昨发百七十号书,连夜寄询单十五纸"丑"廿贰至卅七。而后就寝,已三时矣。兹寄上请速发查,并请告孟白兄,如原碑尚存,不论残缺与否一概觅人搨出寄京。《两浙輶轩录补遗》已检出否?即寄为幸。劼庵老伯史席,绍宋再拜。十二月十五。百七十一。

百六十七号手示今日始收到,所言事前数函已详及矣。尊著《沐尘应复故名说》未见附下,谅忘封入。地名歧出甚多,不日当寄询单复查,前云有大批询单未写者,此亦一端也,只以赶写不及故迟迟耳。《疆里表》以祝君文祺所制者为最不明了,希商璩孟白兄,迅即函约王君树熙及祝君来局,重行将居民大概一栏改制,约王君者系北乡人。愈速愈妙。再,居民不及十户之处不得名为村落,拟一律删削未知可否,亦请与孟白诸君一商示复。胡成才今日来谈及驻兵事,今拟稍缓,观大局有无变动再说。新任道尹汪希君亦伫凤识,初一日内彼必来拜,当以志事为言。余续陈。即颂劼老世丈道履,绍宋再拜。十二月十七日。第百七十二号。

百七十二号书拜悉,款事议会已议定否?"去已氏"不免作梗亦是人情,兹致书子培丈言之。新浙江教育厅长计君已晤面,办学非严厉不可,持论与鄙见同,当告以衢县属各校宽忙情形请其负责整顿,并告以吾县小学校长璩君品学俱好,有心整顿而苦无后盾,渠云"尽从严厉办去,决不感于人言",用此附闻,乞转告孟白兄此后可以放手做去,勿再因循误人子弟。致南章、季云函并烦转达。敬上劼老世丈先生,绍宋。十二月二十一日。百七十三号。

《序录》于今日午刻撰成,至是全部杀青矣。窃自忻喜,吾丈闻之当亦掀髯谓小子尚有志气,说几时脱稿便几时脱稿也。唯是询单未复者尚多,而南乡尤甚,将来补订尚须一番心力耳。《序录》拟改为《前志源流并修志记事》似较实在，丈谓如何？此番修志得以成功实唯吾丈主持之力，篇中亦曾叙及采访之难、筹款之苦，而末一段总结云："是故今兹之役脱非祝先生主持，则采访、经费两端皆无所获，绍宋虽勤，曷克成兹巨帙？其为劳于乡里固甚大也。而以七十老翁不惮千里来归，力任劳怨，中更家庭变故、地方兵灾，而卒不挠不挫以竟厥功。其弘毅果敢之精神尤足为来者法矣。"此系实录绝非谀词，至于子培、孟白、渭贤诸君亦源致其感念。全篇考订修志沿革及记载实事凡一万四千余言，惜未能尽录以就教也。前云印刷费二千乃就印初稿约计之数，近日向第一监狱及裕源估算均云须六七千，不禁大惊，兹将估单寄阅。今又向他处估计，且一律改用三号字，冀以缩少篇幅或可减去半数，虽官书体裁不甚雅观，而为经费有限亦属无可如何。公选计算最精，今日已以此事付之且看如何。再告此番吾县过兵实为一件大事，续志必载之，即烦孟白兄速草一篇详记其情形，是所至盼。询单附上，乞速复查。今日报载赣军又将来衢，尊处有所闻否？真可忧也。劼庵老世丈阁下。绍宋。（十二月）廿六日。第百七十四号。

1925 年

连接百七十三至七十五号手教，敬悉种种。局用减省办法甚是，唯此间则未能裁减，缘渭贤兄薪水前经侄与子培丈当面声明请其专办此事，且加薪时彼十分谦让而始允收，今若忽为减少，虽彼不言，侄与子培实无以自能也。至录事津贴，此时正吃紧尚须议添，未能减少。此稿叠经据询单审改，非重抄不能排印故耳。但若经费十分为难，则每月少付一二十元亦属无妨也。印刷费已向十数处估计，照初稿大小印，公选最精核，此事曾与彼协商，侄不欲专主也，至少亦须四千元。此节似宜速与子培丈商酌，添筹二千元备用，且各印刷局均云三个月可印成，但须同时交足印费，则照原议夏历新正付印，应需之四千元非于正二月间筹足悉数汇京不可，此时侄无余费，殊无力垫付耳。志书本须以图为表里，但旧图已失新图未得，只得暂缺。至文庙、公厅等图无甚关系，不补绘似尚无妨。县志以地图为最要，建置图本不关轻重。余茂和心思颇缜密，深悔不早用为采访员。邱梁处所积询单甚希速向之追回，转交茂和补访，现亟待定稿,更不能再事延缓。现编湖塘堰等均按各都图依次排列,南乡各都之湖堰等其所在之都图多不明,故须覆查,如再不覆到则水利简直不能定稿矣,其他各项亦待邱覆单甚急。节妇类询单未到者亦甚多,均请与孟白兄商,开单分向各采访员追问,尽阴历年内一律缴齐,无论查出与否总须结束也。余续陈。顺叩劼庵老伯大人年禧,绍宋再拜。十四年一月一日。百七十五号。

一周未得教书便如饥渴。《氏族考》中今欲增职业大概一项以见其族人生活状态,自谓撰次《氏族》所不可缺,非骋新奇也。询单共九纸,内一纸未书明致何人者,盖杂有旧采访及局采在内,一时又不辨其应属何人补查,宜托孟白分神另写询单或附填于诸采访员单中汇查示复,此项询单极盼速复以便注入付抄。印费加贰千已筹有眉目未?旧历新正必须付梓万不可缓也。前日得家信知滋福堂被灾,损失几何尚未得悉。舍弟颇为焦急,业作书慰之,乱世财产不必看得太重。前日得耗时正会同乡宾客,侘谈笑自若,诸君多以为异也。前请于夏历年内将诸询单未答者一律收回,务请如约办理以资结束。余续详。敬上劼庵老伯先生,绍宋再拜。一月六日。第百七十六号。

连接百七十六至七十八三号手教,敬悉种种。小号被焚王宗梧竟未作书报告,赖丈示知始悉概梗,损失之巨可想,不知何以善其后,唯有听舍弟主张,侄于此类事殊不欲措意也。但此后新建街市各铺户应让公道数尺,俾街道宽绰可以少减后患,请丈告知议会诸君商同知事主张,务必照办,实于公益大有裨也。邱梁既发奋采访,则询单未缴者当已查出,应请提前缴局,盖新采访合用与否不可必,尽可从缓,而询单则亟待增补之件万不可再迟。胡忠简隶书仅观钩本已知其伪,不必更摄影矣。子培丈现在何处,印刷费已筹有把握否? 非筹足寄京侄实不敢付印。以此间凡印刷必立合同言定交书、交款期日,到期彼不交书及我不交款皆须受罚,绝无假借也。询单“子”字第十号至十四号先寄,一号至九号尚未写。又“丑”字第五十七号至六十三号均希火速发查,勿因年事停顿,是所切盼。顺请劼庵老伯大人炉安,绍宋再拜。(一月十日)百七十七。

百八十号手教敬悉。侄于《列女》中节妇一端编撰至为审慎，惧因此湮没名节，故去岁有舆请现存节妇到局查询之，请丈凡节妇生卒年月不厌再四复查，所憾者诸位采访员肯尽力于此者较鲜，所答多不甚切用，有数十纸未复，致今日犹未能定稿，请孟白查号早日催缴至盼。至于年限一层，侄意不甚注重，前撰《叙例》已及之，应请复核守节之真伪全在其事实，惜采访诸君不能体会及此。若必律以年，穆伯之死未必在敬姜三十岁前，杞梁妻亡未必去战莒十五年后，转恐因此失真，则古人已有论及者矣。今志体例，必其生卒年月可稽，而合于新定年律者《序例》第八则，始入《节妇略》，否则入《别录》，其例似已甚严，惜此时尚未能抄稿奉教也。因询单未齐不能定稿，近来询单覆到者甚少，年事匆匆，源虑诸君因此楷滞，侄外则望复单真同望岁，敢恳局中急发通知书，请诸位访员火速将询单提前查覆，不必亟亟于新访，藉得早日结束，实所谅幸。询单一号至八号附上，希即覆查。敬上劼庵老伯，侍右绍宋再拜。一月十二日。百七十八号。

昨发一百七十八号书谅达到。兹有最紧要之询单别一纸，亦关紧要四纸，希于收到后即时雇专差，一面将拙作"马报水"一条分抄四纸附入，限时送到各该采访诸君，请其火速答复。明知此函到时正遇旧年，诸君或非所愿，然此节实万不容缓，因此时侄不明地理无从下笔，若勉强照来稿撰次，虽非不能，必致舛误故也，务请原谅。现在全稿已成，独此溪流一节意所未惬，故不得不求诸君捉刀也。方贞吉兄来稿最明晰，故侄于马报、筑溪两支可以撰次成文，且觉毫无疑义，请为我谢方君。专上，即请劼庵老伯大人年安，绍宋再拜。一月十三日。百七十九号。

正封函尚奉到百七十九号大札，快信又及，迟一日可异矣。承教小村不可删，已遵录入备考一类，以不及五家者入备考，五家以上仍入表中。近来发奋将全稿细加磨勘，一字未安亦必踌躇数四，至于寝食俱废，而乐乃无异，可知学问一道愈研求愈有得也。侄未在家度岁忽忽已廿年，本欲趁此寒假回籍，藉以与吾丈及诸位接洽，偏偏浙沪之间又起私斗,道路阻绝,真是无可如何。诸询单迭次函催而诸君似均置之不理,真可寒心。可否请甲乙丙丁诸字,正二月间所寄者岂有尚未查出之理,而缺号尚多,可慨也。丈设法再催,俾将待次各端早日解决,实愿感幸。侄已映成小景多张,极精致,凡费十五金,日内一一题署寄归,分赠诸君留作纪念。劼丈再鉴,绍宋再拜,同事诸君前顺叩年安。一月十三日。一百八十号。

前寄百七十九、百八十两号合一函,谅收到。今再寄上"丑"字六十九号、"子"字一号至八号,五号、九号俟后补寄。又十五至十七号,希到后即日发查为幸。舍弟少秋未知已到龙否? 渠见滋福惨状必甚焦急,侄深虑其忧郁成疾或藉此多饮致目疾复发,牵记万分。吾丈晤时敢求曲加譬解,乱世财产本不可恃,况区区数千金尤不值得忧然也。舍弟极佩高识,所言必听,故敢以奉示劼庵老伯左右。一月十五日。第百八十一号。

顷奉到百八十一号手示,敬悉。小秋久无信来,今知已抵龙,甚以为慰。印费四处比查至少须四千,尚系照初稿排印者。如公款更不能添筹,只有少印部数,然贵在排工,少印五百亦须三千左右也。如何,盼即示复。询单近来复到者甚少,而敝处则盼之甚殷,可否俯如迭次所请,通知各采访员不必新访,但将所询各节提前查复。邱梁君处尤须专差前往恳求,渠处扣留询单甚多,累得此间不能定稿极以为苦也。前函请诸君代编川流一节想已接洽,今采访册中又有状元区水道二条,务请通知一并编入,切勿遗漏,以免又须复查。现在通信极迟缓,一经复询往返匝月,敬南向叩首,恳求吾丈及璩先生此后对于新访稿务必先事审核,于邱梁先生之稿尤须十分留意。若有不合者立予复询。又复单恒有答非所问牵强塞责者,亦须立予驳复,请其重查以免稽延时日,是所切祷。兹再寄上询单"子"十八、十九两号,"丑"七十至七十三四号,即希发查。此间虽新岁不停笔砚。顺闻即叩劼庵老伯春厘。一月廿日。第百八十二号。

新年五日杜门谢客,发奋修饰志稿并加校勘,预计旧历正月杪全部可定稿,唯有三分之二因迭次查复涂改原稿已看不清,非重抄不能付印,已抄三四次矣,尚须重抄,盖各稿均已易稿数四,未尝稍涉轻忽也。今已添抄手日夜赶缮，并与渭贤约，俟全部定稿后各自助抄，务期于阳历三月杪一律誊清以符原议，然后编纂续志亦限于六个月告成，庶可告无罪于地方也。今晨连得第百八十二至八十五号手书，快慰之甚。其中快信较速，挂号信较迟，故同时送到，然亦见邮传之稽紊矣。赵缘督墓既已有人盗掘，谅有墓志，希速抄示并将盗掘年月等查出，亦续志《杂载》中之资料也。估价照三号字印已需四千金，若必维持官书体裁，至少非六千不办，日后当将估单汇齐寄阅。侄意祸乱之生旦暮难测，而筹款一事又极艰难，不如即用三号字印，虽不雅观而无虞散佚，其利一。字小则册数减少，邮寄较便，其利二。吾辈责任可早日卸却，其利三。用款二万，今虽成书而乡人未信，一印成则净言尽息矣。不审尊意谓何？派销办法极是，至于定价一层可由尊处酌定。至少十元一部。公选已赴青岛不必与商，余亦无可与商者。侄意志稿虽经仔细审订未尝苟且，而未经各乡人士审阅，仅据采访难免少有出入，今但用三号字排印犹有稿子性质，最好将售得之款分文不动贮为木刻之需。一面通告四乡绅民，如有未详尽或舛误遗漏处，尽一年内函局，仍由侄审择增订一过，于明年夏秋间招工雕板，放大书板以称官书，售款不足更募捐以成之方是正办。至目下所短二千可向议会续筹，事已垂成当更无扞格矣。此侄一人愚见，以为然否希即赐复。续志采访大体已具，侄意今年直可将采访员一律裁撤以节经费，其未尽事宜仍须请诸君助采，彼此为地方当不致计较薪水之有无也。敝处杂用支至六月止可仅寄二十金，三月至六月为印刷时期，校对一事极烦琐，故仍须用录事补助。尔时渭贤兄亦必辞新加薪水，则月仅需五十元。杂用二十，姜薪三十。如此则二千四百元当不至不敷矣。付印断不宜再缓，然必有三千元汇到方敢与印刷局定约，否则仅得半数，一旦印成侄不垫便须受罚也。匆上劼庵老伯左右。询单五纸请饬火速查复。一月廿八日。第百八十三号。

正拟封函适接孟白信。询单既有未能付查者可寄还以便销号，查而未清者亦乞迅速寄下，再请孟白将所有询单重加整理一过，有未答者均专差往催以资结束。此间无兵事，幸释远虑。再上劼庵世丈。孟白兄均此候安，不另复。（一月廿八日）。百八十四号。

前得快信谓邱梁访件已另包寄来,迄今四日犹未见到,殊以为念。续寄询单尚不少,此后深望随到随查,勿稍稽搁以便早日扫清。日来校勘全稿正如秋后扫落叶,随扫随积,不知何日方可尽也耳。匆上询单四号附。劫庵老伯。一月卅一日。第百八十五号。

顷接百八十六号手教并邱梁答单,至深欣慰。《氏族考》加职业,如不能一一查清则撤销前议亦无不可。刻检查询单除"子""丑"两字发出不久外,"乙"字以下未缴者尚百余纸,请严催詹学圣处关于塘堰询单,尤须属其提前答复以凭定稿。堰塘均依图顺列,旧志有都无图,故必俟复到方能知之。至"庚"字三十四至四十七诸号询物产及五十三号至五十五号询俗礼,五十八号询迎神,"壬"字廿九、卅、卅六诸号询谱牒,刻查已陆续写入访稿,原单均须寄还以便注销。再,孟白上次寄来未查询单内有"己"字三十九号,系查翁氏朱平铨妻,查朱平铨即在城朱泰森家,只须责成唐君往询其夫妇生卒年月便可了然,何以云无从询问?又如"丙"卅三号系查花氏周应鳌妻,前次已于别号内查明,亦云无从查询,何耶?至查而未清中如"丁"五十七、五十八,"壬"三十八、三十九早已复到,应转恳孟白兄从新细查一过为幸。印费以速筹为宜,勿稍延缓。节妇一类近来周之桢君采访较多,他人则无有,何耶?询单"子"廿八至卅一,"丑"七十八、七十九附单,火速发查为盼。匆上劫庵先生世丈史座。二月三日。百八十六号。

晨发百八十六号书后,审核邱梁所制都图新表即"丑"四十六号询单附件。及畲族人户数,简明表记述未尝不明,但不遵守前寄表式填载,统云"某处至某处一带",遂令人茫然迷惑,无从校补。今全书已成,因此又须稽延时日殊可叹惜,用此飞函奉达,敬恳即日专人敦请邱君到局,会同孟白剋日照前定格式重行校补一过,用快信寄京,至要至盼。邱君答单谓前制《都图表》溪口、沐尘、庙下三区系孟白代制,是此三区之表只须将邱君所制者校核一通便成全璧。邱君又云灵山一区则其次子龙章仅旧采不适用之表改制者,是则灵山区非重行制表万不足以征信矣。志乘岂宜草率从事,请告邱梁,严责其子贻误勿贷。劫老世丈左右。二月三日。百八十七号。

一百八十七、百八十九号两教拜悉。印费先由公款垫付后由书价拨还，此办法甚为简捷，如能多垫三四千，则侄前此所提小字印刷后以书价木刻之议愿即取消，仍用较大之字排印以符官书体裁，幸与子培商定后即速示复，即以此次复书为准，然后付印。侄去腊原欲归省并与吾丈及同人会晤，故照片未即付邮，嗣以卢齐战起只索作罢，而所影相片遂为友人携去，今又重印成，特另包寄奉，幸为分贻。本年暑假期内必须归省一次，故深望印费早日筹定汇京，以便早日印成自行携归，若再迁延则侄又不能分身矣。阳历六月初即放暑假，今已二月，最迟三月初不付印则五月杪不能出书，侄不能归矣。询单未到者尚多，学圣处关于水利者尤盼速寄，日内当开单奉达，先请与孟白兄一商，细查号数分头严迫为幸。振庭族叔屡来书言家祠事，侄远在京师实觉一筹莫展，可否求丈乘便与知事一言，略为主持公道。振叔迭次来书虽详而所叙事实甚含糊，侄殊看不明白，即欲写信与知事亦无从着笔。程知事别号亦不知。故敢恳求援助，明知吾丈向不干涉公事，亦不受人请托，所以有此请求实不得已也，冒昧奉渎，幸恕其愚。敬上劼庵老世伯大人左右。二月七日。第百八十八号。

顷奉百八十九号手教，敬知一是。侄于节妇一层十分注重，凡他类访稿中有涉及者无不摘出，且不惮数四函询，自谓审慎之至，惜未及录副奉教也。振庭望侄归，侄亦有此意，唯因校课及志事此时实未能抽身，且侄回南则杭沪一带必有知者，势不能俭约，则往返一次非六百金不办，而大学请假又须扣薪损失太大。振庭叔谓费百元即得者，谬也。幸转告之并致一书乞面付。新知事孙智敏来示作"志"，恐误。字厪才，与侄甚稔，若为志敏则不知何人矣。询单示缴者速催。即上劼庵老伯左右。二月九日。第百八十九号。

劼老世丈先生赐察：

近两旬来发奋覆核所为初稿，将各采访稿一一细校，自鸡鸣至于夜中未尝稍懈，所有人事一概谢绝，故通函亦渐稀也。今日得百九十至九十二号信，敬悉种切。所不能已于言者，即丑六十七号询单，请璩、余两君代作《南源记》，而两君不肯代撰，仍由邱君答复，而邱君之答复竟不遵照所示之马报水记载方法，别出心裁，明知邱君所答未尝不合，但侄素不明南乡水源，读之仍觉在五里雾中未能明了。侄固至愚极陋，然亦邱君之文太深奥，致莫明其妙也。今无他言，唯有再拜恳求璩、余两先生照拙作体例另拟一通火速寄下而已。虞谱，茂和兄所查极周细，甚佩。其非吾县最古虞族自不待言，内中尚有两端费解者：一，虞苕为廿二世，友骞为廿九世，相距既如此之远，而据茂和兄所查行传，苕为嘉靖时生人，友骞为崇祯时生人，所差不过数十年；二，苕与友骞两名适与唐翼庭采访徐凰、二凰严氏迁龙始祖相同，犹为可疑。请转茂和、翼庭能再一考查最好。欲言事尚多，适有客至非见不可，姑止于此，明日当续详之单上。

即颂道绥不宣。附询单二纸，又致振庭函烦转达。二月廿一日。第百九十号。

前日作书以客至中辍，今请得备陈之。侄去腊原欲归省，不料战事复起道路梗阻，前书业已提及。目下未能即归省，实缘大学业已开课，若请假必须代理，一时难得其人，而谣诼繁兴，交通仍未恢复，兼以复核志稿须随时修饰增补，其事甚琐杂，非更历三四旬不能就绪未便歇手，有此种种情形，故决定旧历三月归省。侄近又为善后会议专门委员，亦须尔时会事始了也，转到彼时江浙能否无事则不可知矣。"子"字询单九、廿、廿二、廿三四号因录事缮写重复撤销，并未漏寄。询单尚有百余纸未缴，西乡似较少，希速催。衢县修志已历四年，闻采访稿尚不满一百条，郑渭川大着急，叠函求侄主其事，未之允也。此可以告乡人，吾辈此三年来尚未溺职。天下事最怕比较，此亦一例也。率复，即叩劼公老伯安，侄绍宋再拜。（二月廿一日）。百九十一。

南乡水源及《都图表》更正，请孟白速与邱梁为之。

顷奉一百九十三号书，敬悉。印费已议定否？极盼示及，以便付印与否。携稿归里经大众审校后再付印本是最好办法，但前岁所印《选举表》《人物传》等稿寄归百余册，而金诘者寥寥，则其效亦可观也。今日得一伤心事，即去岁为作寿序之业师王先生忽尔逝世，其两亲已九十岁，情何以堪。即时撰一联挽之,词曰:"两世从游,岂徒教益难忘,亲切直同骨肉;三年契阔,何意死生永隔,心丧空忆仪容。"词虽不工,而质朴哀感似亦可取用,顺录以呈教。余续陈。即上劼庵老伯史席,绍宋再拜。(二月廿三日)。百九十二号。

百九十四号手教敬悉。筹款有眉目否?亟盼示复,俾定付印。其间此两月来校订补正,其劳苦乃较甚于撰次时,盖欲去取得当又无遗漏,恒有一小节而踌躇数四不能决者,此中甘苦非局外所能喻矣。吾丈必深知,故顺以奉及。敝祠事承情帮忙,极为感谢,振庭一生受害处便是好讼,佴已屡劝之不见从也。询单尚有多号未答,乞转孟白按号严催查,不得知,原单寄返。兹再寄两纸,此后当无甚问题矣。率复劼庵老伯先生,绍宋再拜。(二月廿四日)。第百九十三号。

发一百九十三号,翌日偶出外,车覆伤臂颇觉痛苦,故迭奉到百九十五号至九十八号手教均未能即答,至深愧悚。今幸叨庇治愈,虽尚有诚骏医者云无碍,希忽注及,亦不必告舍弟,虑其戚也。家祠事承老成主持,至为感纫。振庭叔褊狭无气度又喜讼,是其所短处,乱世最不相宜,殊为可虑,即如此番出收条无甚妨碍何必固执,况为数甚细微耶。尚乞长者再箴规之,并为我谢张君,不另函矣。本县民商惯习采取甚少,仅此顶天踏地二项,不便拦入,俟撰续志件再酌行之。贱照准增摄,容带归再分赠,厘才处自可通函,明后日得暇写成再寄。印费已筹定否?深为系念。日内杨柳堂南归,此间情形可略询之。余续陈。即上劼庵老伯大人史席,顺颂起居多福。绍宋再拜。三月九日。第百九十四号。

昨复一书谅达记室,兹致孙君一书敬烦转达。滋福堂内进并厨房屋基承情斡旋,极为感纫,唯朱君必欲索八百金未免过分,龙游现时无此地价,舍下与朱醉竹先生亦有世谊,何必争此区区贰百金,若牺牲此数佴自当感其交情,否则只好作罢。若彼必要梗舍弟又不能不允从,亦无不可,只是从此断绝交好,永不相关而已。询单未复者尚多,希严催缴寄。近为善后会议专门审查事分去时间不少,奈何,奈何!敬上劼老世丈待者,绍宋再拜。三月十日黎明。第百九十五号。

顷接百九十九号大教,敬悉种切。南源承孟白兄代撰甚感,但尚有芝溪源请其与詹学圣兄代撰者。"丑"字六十八号何以尚不寄来,又北乡一支水源恳王景炎兄代撰者,"丑"字六十五号亦未得复。景炎兄向来敏速,此番何故稽迟?希即分别催促,并请转告孟白、学圣撰次时须参考旧采访册中吴毓林先生所考订之件, 又告景炎撰次时须将渠上次考订旧志误处,及支流中之支流两则一并叙入勿遗,是所切盼。再,学圣兄处尚有"癸"字号关于塘堰等询单亦极待补到以便发钞,学圣兄近来不若始事时之奋发,丈前虑其始勤终怠,今果然矣。肇镛兄近殊敏速深可感,前言戏戏耳,幸致此意。古人云"扶得东来西又倒",似此何日了结,真闷人也。询单一纸附陈。即上劼丈史席,绍宋再拜。三月十一日。第百九十六号。

二百一号昨已拜读,仅五日即达,则快信之效也,此后来书乞均用快信。二百号谅系挂号,故今日犹未到,特由京寄龙不能用快信,未详其故。省长处刻已具函用快信寄去,但未知县禀措词如何,深虑与曹前令所禀有冲突,则省署公牍仍不能不捐稿也。付梓在即,诸询单若犹不缴齐则稽滞之咎侄不能负,幸以此意宣示诸君。询单两纸寄上,此后当无甚询查之件矣。周君殿熙复单一纸仍寄还,三十都仅有两图,即使不明,何妨将两图尽行补抄,乃复来询问,往稽时日殊为不合,希责成其于三日内寄还,至盼。即上劼庵老伯,侄绍宋拜。三月十三日。第百九十七号。

手教二百号今日拜悉。原定本月杪将初稿一一复核完竣,今仅余十数日而询单未到者尚多,令人急煞,可否将此情通告诸访员,限月底一律缴清,无论查出与否,以资结束。兹更寄询单八纸,恐为最后之询单矣,转告孟白即日查复为荷。来图殊不适用,阮君处已函催,能如期办到最好,否则宁阙不欲含糊了事,他日得精图别刊可也,尊意谓然否?仲先今年已发癫二次,刻仍未痊,他时此君必以斯疾亡其身,良可叹惜。曾忆十三岁随先君在凤梧书院肄业,见案上有某公诗集,似系书院藏书,载诗数章名《闻见篇》,述发匪扰乱浙东,单内有一章云:"龙游城头枭鸟哭,飞入寻常小家屋。攫食不得将攫人,黄面妇人抱儿哭。儿勿惊,娘打鸟,儿饥欲食娘煮草。当食不食儿奈何,江皖之人吃草多。儿不见门前昨日方离离,今朝无复东风吹。儿思食稻与食肉,儿不生太平时。"中或脱一二句已忆不清,当时先君谓此诗甚佳,哭谓不肖"前数十年之龙游怨惨若此",故侄深入心坎,今犹能记诵也。刻欲将此诗载入《文征》或《轶事》中,而寓中无咸同以后诸名家集,一时又不暇细检,未知吾丈从前曾见此诗否?不止一首,似有八首,极盼见示。经费事已得省署核准否?甚念。余续详。敬复劫庵老伯,顺颂杖履纳福。绍宋再拜。三月十七。第百九十八。

两接手教均作二百〇三号,当系误标,无二百〇二号。孙函已阅悉,前已有书在途,稍缓再复。詹学圣近来甚不得力,不得再用询单询之,似此疲玩因循良可叹息,公试阅丑字百号询单便知其不职矣。彼不愿再查,可否另请他人代查,总以速复为祷。孟白撰《过兵记》甚好,民国以来大事有应记者,尚希孟白补撰数篇以充续志材料,谅见许也。朱醉竹丝毫不讲交情,可见久居乡里眼光不大,苟易地以处侄,必相赠不索一文,可惜无此种产业无从慷慨,然此只可与丈闲谈,他人闻之必甚诧异。实则在此间以数百金之古玩、字画、书籍送人,不必有所请托,寻常友好亦恒见之事耳,盖施报乃人之恒情,彼讲交情我安肯白受哉。不肯成人之美而反挟制以勒高值,此乡曲龌龊之所为,不图推上流人见之,可慨也。夫率臆偶及,不必告人。即上劫庵老伯座右,绍宋再拜。三月十七。百九十九。

前寄第一百号书已及付梓事,今达二百号而印费尚未筹得,可慨也。询单用纸已罄,重印急切未骤得,而尚待询者犹有一二月,不得已别纸书之,希分别告之,勿以未用询单纸便如前年置之不复,则甚幸矣。今全书已成,而《叙例》全部吾丈尚未及阅,实由抄件太多一时赶抄不及,又《前志源流及修志始末》一文亦亟思呈览,明后日当发奋自抄寄奉。余续陈。敬上劫庵老世伯左右,绍宋再拜。三月廿四日。二百号。

　　顷接百五号大教,同时得夏省长复书。兹飞函奉览,请转告厪才兄火速呈请,如必欲经议会通过,亦希商同子培丈急速设法进行,毋令旷日持久,盖贵人能忘事,过久则又须再函,殊非所愿也。专上劼老世丈先生,绍宋再拜。三月廿五日。第二百〇一号。

　　二百六、七两号手教拜悉,承奖许不敢承。然三年来心力亦几竭矣,赖吾丈知之尚堪自慰,可胜慨也。《前志源流及修志始末》篇谨手录呈教,敢请细加校核,有未妥处及措词失当者务求指点,丝毫不可客气。再,此文为侄自序,仿《史记》《汉书》例以殿卷末,卷前序文必由吾丈撰之方合,并请从速落墨为恳。其余无论何人不准作序,盖古人著书体例一书无两序也。此篇文虽不佳,似尚畅达,而详略抑扬之间亦稍费斟酌,似可油印数十份分送四乡绅耆,俾知修志始末。又,旧志源流中考订论断似尚得其平,亦愿人人共喻也。此文中于晚香绝无贬词,丈宜使人转达,吾辈固不念旧恶者,俾自省念。劼庵老伯左右,绍宋再拜。三月廿六日。二百〇二。

　　附复孙知事书,请转达。

　　昨寄拙稿录副后应请寄返,偶忘提及,敬补闻。新到答单有两事仍须复查者,兹写单寄来恳即发查,询单限十日内缴齐,至深感幸,缘复单不答则疑永不能释也。查不出则亦已矣。致厪才书云四月必归,系指闰四月言。顺正劼庵老伯尊前,绍宋。三月廿七日。二百〇三号。

　　昨得二百八号手教,今又得二百九号,计程仅四日,不知何以神速若是,真快事也。经费既呈省,距省署复函不过十日,当不必再函矣。余志仁访稿内有疑问,兹写询单请其速答。又致景炎一纸,并速发查。全书《例序》吾丈当甚盼一阅,日内即寄出,自谓精审之至,特县中能读者不知有几人耳。卷前例载与修志事诸人姓名,侄意凡名誉采访员未曾缴稿者不载,以示限制,丈意当亦谓然,并希速开一单来为幸。此间风声渐紧,不久恐又有新剧矣,奈何,奈何!劼庵老世丈先生,绍宋再拜。三月卅一日。二百四号。

今日得阮君书知图竟不可得，不胜怅惘。原书寄览即存局中，以示吾辈固曾尽力搜访但未得耳。日后到杭拟亲向军、民两长索取，如尚不可得，则宁从盖阙，不愿以不适合之图玷全书也，吾丈以为然否？询单如再稽延，则校核抄录在之牵制，殊堪痛惜。可否由局专人往诸位采访员处坐索，刻日用快信寄京，以资结束，至深盼祷。余续陈。敬上劼老世丈，即颂杖履万福，绍宋再拜。四月三日。第二百〇五号。

余志仁所采稿尚有疑义，今写两询单询之。今日得二百十号手教，敬悉一切。孟白丧子殊可恻念，希转达唁意。日来复核犹未竣事，而盼复单亶等大旱之望云霓也。劼老世丈先生，绍宋再拜。四月五日。第二百〇六号。

顷发二百六号书，所附询单系"子"字号，误为"丑"字，希即更正，亦足见其手忙足乱矣。近来为谋食计，每日尚须提出三点钟卖文、卖字、卖画，辛苦不可言喻，盖十五年来所未尝者也。又寄上询单二纸，所欲言事颇多，实不及缕视，恕之为幸。劼庵老伯先生，绍宋再拜。四月五日。第二百〇七号。

二百十二号书已拜悉，承奖肴殊觉汗颜，此举非公督责不克观成，不得尽归功于小子也。二百十一号犹未得读，谅非快函，当不致遗误耳。《叙例》一卷今寄请大教，中多创解，此间著作名家十余人均经阅过，许为从前方志所未有，窃亦自喜尚无。绝无表见因人成事者也，敢请鸿裁卓识不吝教诲，不胜荣幸。此卷较多不必印，但录副本足矣。敬上劼庵老伯先生，绍宋再拜。（四月）二十日。第二百七号。（点校者注：查《余绍宋日记》应为十二日。编号也与前件重复）

顷奉二百十三号手教，敬悉一是。朱罪诚不可逭，第一次稿中原有诛斥之语，继思殊非所宜因又删去。盖此书为吾辈精神所萃，首尾完善而忽杂入无赖破坏一段故实，似足为全书之玷，一也。著书中不能稍涉意气,故初稿中从前攻击旧志过火之语今已尽行改去,所以表明学者之态度,今若加入骂朱一段,人或议吾辈太无学养,二也。孟子曰:"此亦妄人而已矣,与禽兽何择焉,于禽兽又奚尤焉。"实为不易之论,我辈若必与计较,岂非俗语所谓"和他一般见识",此高低实犯不着,识者将讥吾辈自失身分,三也。凡人怕骂,则骂之庶有济,若既不怕骂则其人廉耻已丧尽,更安恤夫清议而徒使竖子留其名于永久,是堕其计矣。彼谓愿遗臭万年,实系由衷之言,不可不察,四也。若曰示儆后人,则自夫子笔削之后,后世应无乱臣贼子,何以历代史不绝书,固知彼辈除刀锯鼎镬外固无所惧,五也。孔子曰:"人而不仁,疾之已甚,乱也。"今日吾辈恕之,所以予其自新之路,将来若犹不悔,尽可将二年来往复函件刊成专册以贻后人,亦足以寒其胆而夺其魄,不必使污吾一邑之宝书也,六也。地方公事一成党派,则唯意见是争,不但败坏无余,且易激成祸乱,江山已事可为前车。况君子与小人争,君子未有不失败者乎?七也。有此七端,故稿中为留地步,吾丈深识远虑,夫岂见不及此,一时激于义愤发此锄奸之言,则亦君子之过。书来适有同乡在座,使读之无不肃然起敬畏之念,谓吾乡有此正人真地方之福也。侄生平赣直,嫉恶之严亦不逊于长者,不然何自苦若是?今兹之事则有不能尽任感情者,伏请吾丈三思,俯纳鄙言以弘雅度,不胜大幸。再,局中此三年来办事诸君或有劳勚,为侄所未及知,而应补入拙稿者并请指明,侄未回南无从知悉,谅诸君不以遗漏见责也。渭贤昨来,言四、五两月薪水亟待应用,当由侄垫付,届发款时希饬付振昌舍弟收入为荷。匆匆草复,语多未检,尚希恕其狂愚,临询无任惶恐待命之至。劼庵老伯先生,绍宋再拜。(四月)十四日。二百〇八号。

昨晨匆匆敷陈不必骂贼,度蒙冲怀鉴察。顷奉到二百十一、二百十四两号手教,并询单访稿各件,一一备悉。季方兄出力既承示及,自当补叙数语于篇,如尚有他人出力,须特别者、应补入者,亦希赐明为幸。局中须刻一板与敝处所用行数、字数相同者,半页十一行,行二十六字。盖侄拟提前下月即归,尔时须将稿本带返,多雇抄胥尽录一二分,俾与各采访员传观。俟侄省亲后赴邑祭祖时当开一会议,列席者限于局员,采访员与否尔时再说。将志稿逐一审议一过,以免错误,兼以说明取舍之苦心,不知尊意谓然否?款筹得后须尽数拨存殷实铺户存放,俟侄回京时再汇带北来,此时似不必提付舍弟,以免人言于中取息,但必向县署提出方妥,恐又遇事变临时提不出也。询单未复者尚不少,希严催,非待询单齐不能归耳。劼庵老伯先生,绍宋再拜。四月十五日。二百九号。

昨发二百〇九号函谅达。今日审核复单尚有疑问,即写询单两纸,希孟白兄即日答复。旧采访册所载佐宾兴户、湖镇义塾田产、并查无着落册,后溪渡诸公租册已录入《掌故》,唯其记载亩分、字号、土名有遗落者,有不称亩分而称石斗者殊不一律,恳火速将册吊齐,多觅抄手于一星期内将各租册另录一通,务期记载与前抄公租七册一律,至要至盼。又各义渡拨田《旧采访册》未备,亦恳速与孟白一商,补抄齐全为幸。葆谌兄在此甚困苦,前因公选在青岛路局曾一再托其位置,已允我矣,且允不久发表。不料日前交通部忽调回部办事,信乎命运之说,不得谓尽无凭也。询单未缴者仍希速催,余续陈。即叩劼庵老伯大安,绍宋再拜。四月十六日。二百十号。

昨发二百十号书后,即奉到二百十五号手教,敬悉种切。"翰苑出身"四字诚有语病,厪才所说是也,当改之。尔时匆匆属稿,未及留意。至叙陈焯则示彼于志事无关,且闻其在任日与劣绅为伍,无长民之度,故特着贬词耳。右宜兄事准于过杭时向高检长言之,此时似不必先致书更为切实。詹学圣答单仍有未明晰者,不得不再写询单,侄前所以必请孟白作答者,即虑其不听指示以意为之,邱、詹两位皆有此病,今果不出所料,又须枉费笔墨矣。自龙游寄京快信较通常信快二日,较挂号信快四五日,以后询单请均用快信。劼庵老伯先生,绍宋再拜。四月十七日。二百十一号。

前寄上《叙例》谅收到,内中《选举表》《氏族考》《人物传》《列女传》各项与去岁所录寄者不同处甚多,想已鉴及,乞告同人勿谓去岁已印便略而不观也。《修志始末》一文,顷以修志别纸录呈,希印时照改,如尚有未妥处尽请示知,至幸。此文中既将与修志事诸人一一叙入卷首,似可不更列姓氏,亦觉别开生面,不审尊意以为然否?余不具陈。即上劼庵老伯并叩台安,绍宋再拜。四月十九日。第二百十二号。

数日未得教示,想祭埽犹未归也。顷核唐贻庭兄所答《都图表》中地名,仍有未尽了然者,不得已再写询单二纸,希属其即日答复寄京,至幸。此间阴雨连绵,绝似南中节候,益深故乡之思,近日归思大动,几不能自持。即上劼丈先生,绍宋拜。四月廿三日。二百十三号。

多日未得手教,谅赴乡犹未回也。兹又有询单两纸,希即日发查寄还。校书真如扫落叶,扫不完,奈何!询单尚多未复,恳扫数用快信寄来,以便确定归期,至盼。劼庵老伯左右,绍宋再拜。四月廿七日。二百十四号。

同时得二百十六至十九号手教,备悉一切。快信盖较平信速四日也。地图俟到省向当道索之,此时作书亦可不必。此间觅帮手,不过抄费计字论值,所费参差不齐,亦不必计矣。前小秋收到印费五百金,曾来书问曾否可以代汇,当答以可代存,并告以随后尚有印费亦望照收,尔时尚计书印成后携归,故有此属,无怪其请将此款寄兰,以便陆续北汇。今既定先归后印,自不必寄兰免得乡人闲话。又忘先关照小秋致彼索寄,幸将先后情形转告之。^{可录此信与阅。}朱醉竹处不理甚是,此种唯利是图之人应如此对付耳。《叙例》实为精心结撰之作,自问可以对乡人,唯承奖以"不朽",则滋恶之甚矣。其间或尚有未妥之处,幸高明更教之。《前志源流》篇改数语极佩,兹为文气顺适计,将"乱定后通县唯岫云先生故宅中尚存康熙志一部"一句,改为"乱定后唯岫云先生裔孙翀一先生家尚存康熙原志一部",似更简洁。如何?仍请酌之。归期不远,《序录》原稿可不必寄京。朱罪不必污志一节承虚怀容纳,鄙见其征老成弘度,益深倾仰。印费托某氏昆弟似可不必,恐不唯无益耳。由孙私函疏通才是正办,孙处不更复函,乞转致。侄行期约在夏历四月廿五日左右,俟确定再告。晤教不远,魂梦先驰。匆复,劼庵世伯先生史席,绍宋再拜。四月廿八日。二百十五号。

前承示及本年访员未发薪办事不甚踊跃,因虑及绍宋归龙开会时,诸君或不至将奈何?可否由丈先行宣说,开会时各员均送夫马费十元或廿元,不到者不送,到而时缺席者亦不送以资策励,敬希酌夺。现在正稿将次缮竣,尚欠六卷无正本。拟于夏历本月十六七日将稿用双挂号先行寄归局中,收到后即日雇用钞手二三十人分头迅速录成副本,以便开会时传观,且备将来正本带京付梓局中亦可备查也。开会时子培丈必须列席,闻其将来京,幸挽留之。此间讨论会事尚无头绪,即使发布,迟之来京亦绝无妨碍也。所以必开会者,缘志中都图表、水利、桥梁、物产、水道诸端,虽迭经询查仍多疑窦,非面询不能得其究竟耳。按日计程敬与公约,此信达到后询单未寄者可不寄,至十六日即信亦可停寄,如有他故展缓行期自当专函奉达。欲言事甚多,留待面罄。即上劼老世丈先生,顺叩大安,绍宋再拜。四月廿九日。第二百十六号。

连接二百廿号、二百廿一号大教,备悉种切。近日因须南归,将各处购求书画发奋写作,计尚须一星期可竣,约可得七百余金,旅费不愁匮乏矣。加征案省批未到,仍不妨开征,上忙盖未到以前虽不能加征,不妨至下忙再补,何日省批到何日实行,有何妨碍?幸告厘才兄勿复多所顾虑,定侯省长处顷复驰书告之矣。右宜兄事准到省即办,或不至无效。《序录》如未付印可作罢,缘不日将正稿寄归,尚须觅多人录副又须一笔支出,虑局款支绌耳。劼庵老伯先生,绍宋再拜。五月六日。二百十六号,按:此信列号重。

昨晨作二百十六号书未竟而客至,姑中辍发寄,今更陈之。田赋加征案核准后即提,本不为孙所愿,盖利息无着落,奸绅乘之必鼓其说以希宠,无惑其称莫逆矣。绍宋早虑及此,区区利息必为官绅所注目,故有与交舍弟之请,今但将前书所陈办法示孙,看其如何答复再说。两张处似可不必再去函电,绍宋已飞函径达省长矣。义学租款今志将其田册列入《掌故》类,公租中承示非公租性质,则必改列方妥,容到邑后再面商。绍宋顷定廿四日旧历四月启程南行,到杭略有耽搁,相见之期约在闰月五六日。志稿准十九日付邮,双挂号寄上,先此奉闻。敬上劼庵老世丈先生,绍宋再拜。五月七日。第二百十七号。

顷奉到二百廿二号大教,敬悉印费已有着落,甚慰。前寄《叙例》稿漏录一条,今别纸抄呈乞补入。全文丈已阅毕,未审有以见教者否?绍宋一生史学赖今兹修志得以稍事发挥,自问虽非甚精,亦尚多前人所未发,甚愿以质诸高明也。孟白平生读书于四部何所耆,未知有所专精否?读拙稿如有指摘亦甚乐闻。朱醉竹处仍俟绍宋回再定,余面陈。敬复劼庵老世伯先生,绍宋再拜。五月八日。二百十八号。

二百廿三号书顷拜悉。侄准旧历四月廿六日由京启行,宁沪两处均不耽搁,在杭州约有五六日之稽留,即行雇舟上驶,所虑者春水方盛逆行难速耳。子培丈处务希留与,此来以便接洽。一切临颖神往。即上劼庵老世丈先生,绍宋。(五月十三日)二百十九号。

兹先交邮局寄上底稿十七册,是为正志定本,内唯卷八《都图表》、卷二十二《节妇略》及卷二十二《列女略》《列女别录》因尚未校清,续寄。绍宋三年来心血之所聚也,希于达到后即多觅抄手录副,一面示及知,信寄杭州新市场学士路八号凌励深先生转交。以慰悬悬。是编虽一字未尝苟且,然舛误之处终不可免,务恳长者与璩、余并各位访员细心审核一过,遇有未尽妥处即为指摘,最好黏以签条于上方,以便开会时逐条讨论。别附询单五纸,收到希即发查,俟绍宋回县便可逐条补入。附志明日即寄。此上劼庵老伯左右,绍宋再拜。五月十三日。第二百二十号。

《丛载》一卷、《文征》八卷兹续寄上,速觅抄手多人录之。《文征》中采录诸诗文多十年来随时录得者,非匆促间所能獭祭也,此苦心非公莫能知之。劼公老伯侍右,绍宋。(五月)十四日。第二百廿一号。

今再寄上《掌故》八卷、《节妇略》《烈女略》并《列女别录》二卷、《都图表》一卷,祈察收。《叙例》及《序录》前已寄上,于是全书均寄归矣。收到后务恳用快信示复,仍寄杭州凌励深兄转交。自壬戌十一月起至今日止奉书凡二百二十通,不列号者不计,所得尊书约同斯数,而全书遂以告成,平生文字因缘之深无逾于此斯,则真堪共慰者耳。余俟到杭再详。劼庵老伯先生侍右,绍宋再拜。(五月十六日)二百二十二号止。

《人物传》中无劳崧青传,非删也,崧青先生功业至民国始显,故改列续志,以冠民国人物。

在邑备承渥遇,铭泐罔既,所憾相见期促,犹未能尽所言耳。昨到京,会务已丛集。葆谌兄未及晤,检所存友朋简札有华伯书,知所传督署秘书长消息殊不确,则属件须缓图矣。过兰溪匆匆登程,该县知事未来谒,右宜事遂未及言。今拟看其与右宜兄是否融洽再说,如仍须侞说项固不妨通函,唯其别字已忘记须有兄函知。志稿迄今未刊殊记,亟待付梓,即《掌故》八卷亦不能久缓也。此后通信应仍续前编号,看全部志书印成共往返若干通,何如? 此番到邑两次盛承诸友朋馈遗食物,意殊可感,今不及一一陈谢,令人代书又涉宦习,幸相见时顺为致谢意,大约凡来与相见者均有所赠,不必一一记其名矣。江浙间目下必无事,可以苟安,谣传不足信也。此间多雨,天凉直似深秋气象,初自南来直如服清凉散。即上劼老世伯左右,绍宋拜。八月二日。第二百二十三号。

劼老世伯赐察:

抵京后肃上一书,谅达左右。今日收到县志稿三束,照单点明无误,为之一慰。明日便当觅印刷局承印,颇欲更觅数家,总以价廉而工速者为准,订定后再行详告。厘才兄曾屡提及渠所撰"都图"两字,考据原文侞尚未得见,乞告季方兄将其原稿检出寄下以便答复,盖渠坚欲征侞之意,不愿搁置不理也。时局目下必无事,盖有所谓七省联盟之说起,其对方之雄心不无稍戢耳,所闻如是,顺以奉及。维节宣顺序不备。

绍宋再拜。八月四日。二百廿四号。

二日、四日两发书,计程已达到矣。到京忽忽一周犹未得手示,至耿耿也。印刷事已与京城印书局订定,价甚相宜,六千金已足用,不必更筹。仍用初稿字印，放大至二号字则非九千金不办，只得将就。唯曾与该局约定随印随订，尊序非速寄京便须违约。前承命为润色大文本不敢当，但事已迫切，恳迅将尊旨草出见寄是为至祷。再，既须随印随订，则全书页数不能不预计，否则无从分配。全书印成再分配本数装订，本最适当，但该印字局为其作工便利计，坚持随印随订，谓若俟全书印成再订，至少须加两个月宽限，故不得不允其要求也。《掌故》一类除《赋役全书》两册外，尚未寄来，应请与孟白、学圣两兄商量，火速将应增补处增入，即日交邮局寄下，不可托人带来，以免迟滞。再，公租一类应加按语，亦希孟白、学圣两兄速为叙明。其从前抄写未连接各篇能发愤改抄尤妙，否则从权黏贴亦可，总期页数可以预计而已。如以为万赶不及则请寄来，由敝处改抄亦无不可，此间人多，只须花钱可立致耳。葆兄已晤及，渠八月初拟南归云。忙甚，不及多陈。即上劼庵老伯大人赐鉴，绍宋再拜。（八月）八日。第二百廿五号。

到京后曾发三信，尚未接台谕，深用悬念。刻将与京城印书局订定契约稿寄尘尊览，印样一纸并附上，似此小字预计已须一千五百余页，若用较大之字非二千五六百页不为功，印费几加一倍，故不得不用小号字耳。国民代表初选侄如当选须赴杭投票，尔时或可转邑一行，何日选举便中示及。劼庵老世丈先生，绍宋再拜。八月十一。第二百二十六号。

奉二百廿四号手教，敬悉。印刷局出板颇速，顷已排至第三卷，故深盼《掌故》稿早日带到。近闻上海邮局有罢工事，则较孙永年携来固甚佳，特恐其沿途耽延耳。示及"但不能全"，是否尚有数卷未交其带来？果尔希即速补寄为盼。兰溪石知事忘其字，须右宜兄示知方可作简通候。厘才说都图殊可哂，容暇当示其谬。此人终非牧令才，到省夏君询其政绩又不便说他坏话，真如哑子吃黄莲矣。盖恐来者尚不如孙，故不得不隐忍。唯曹履冰治绩则曾屡陈其概，冀其还我使君。东乡人真寻事，到京后又有叶起凤来言下童渡事，究不知此渡有几许财产直得如此争执，可慨也。孟白所谓"仍袭旧志为宜"者，未知指何事言，乞转询之。到杭时计厅长曾招宴，又为孟白说项，并希转达。致邱梁书附寄。劼庵老世丈先生左右，绍宋再拜。八月十七。二百廿七。

顷奉二百廿五号手教,敬悉一切。《掌故》未寄者不止公租三册,此次托孙永年携来者是否仅此三册来示未提明,殊以为念,此间待付梓不能更迟矣。葆兄今日来言挪旅费事,已许之,闻拟阴历下旬启程,朱家就亲日期亦已择定云。国民代表初选事辱厚爱至幸,复选侄已略有把握,区区四个月事本不必得,特欲为本县人争体面而已。即如此次国宪起草会第一案即侄所提出者,此亦为地方增光者,幸向乡人言之。劼老世伯左右,绍宋。八月二十二日。二百二十八号。

《掌故》三册孙永年已交到,甚盼公租三册早日寄来也。连得百廿六、百廿七两教,知为我布置选举事甚劳,曷胜感佩。今日始得小秋电,知梅卿先生亦有意于斯,当即发一电与小秋,更请公选发电致尊处,均系加急电。又另用第一等快电请吾丈调停,谅均先后接洽。所憾者梅卿丈不早言耳,否则侄愿相让。盖侄本不欲必得,徒以吾丈厚爱及同人之期望,与夫旅京诸人之主张,亦系民意不敢不遵,致成骑虎,不得不与商量耳,先此陈谢。叩请劼庵老世丈大安,绍宋再拜。八月廿八。二百廿九号。

《掌故》三册公租册。至今犹未到,希速饬人赴邮局一查,盖付印必须重抄方能计算页数,为事甚繁。今印刷已至第七卷,异常迅速,深恐赶不及耳。校对一事极繁琐,先由雇员校,再经侄自校,三经渭贤兄校,犹有误,真闹得头晕眼花矣。起草会日必开会,学校不久又开学,生成劳碌命,殊自叹也。劼老世丈先生座右,绍宋再拜。八月卅日。第二百卅号。
《县志》第一册样本寄上。

《掌故》三册照收,心为一慰。元电敬悉,当选与否置之可也。侄昨又提出《总统内阁两制调和案》,此为侄独创制度,外国未有,关系极为重大,或可望通过。幸便中告乡人知之,绍宋固甚为地方争气也。劼老世丈先生,绍宋再拜。(八月卅一日)。第二百卅一号。

百忙中为本师作墓志,以两小时脱稿,虑不精当,请姜渭贤君一阅,承其奖许。以前岁为本师作寿序曾寄呈教,故兹编亦请削正,人生几何曷胜朝露之感。未及录副,希代存之。十九都耆民又来公函,仍为白岩包家各圳事哓之不休,昔人谓东乡人健讼,信然。今早已付梓,稿已校讫无从更改,孟白说亦迁就之法,正当言之亦难通融。好在《叙例》中已增一条,声明"志载各条不能为讼事根据",在水利内。乞设法转达该处乡人可以休矣。第二册《氏族考》已印成,兹寄上。劼丈先生左右,绍宋再拜。九月三日。二百卅二。

二百二十九号书拜悉,此次选举承丈及诸公主持正谊,感荷莫名,吾丈晤诸公时幸一一为致意。梅卿丈声望本好,当选亦宜,侄断断不以介意,兹并寄一书敬表心迹,并望丈郑重为我一言也。子培丈为我心切故略吐愤言,亦望诸公勿因此介怀,致将来地方公事不易接洽,此为大局计,非故作矫情语也。劼老世丈先生,绍宋拜。九月六日。第二百卅三号。

《列女》一类经细心校核尚有问题,兹分别函询,希即火速专人送去,立候答复以便改正。刻已排至《人物传》,不久即须将列女稿发刊,如迟则须由我方负迟滞之咎,印刷局将振振有词矣。切勿稍延,至盼至切。敬上劼庵老世丈先生,绍宋再拜。九月九日。第二百卅四号。

二百二十九、二百卅两号大教敬悉。同人如此笃爱,真令人感纫不尽,他日归乡再当泥首。选举一事下流龌龊,尤为败坏道德,与吾辈公正人最不相宜,复选之弊亦必如是。侄既承夏君推举起草国宪于前,宁不愿得议决权于后,无如起草正在吃紧,同来之莫永贞君为初选当选人,不能不返杭投票,亦不能离京,故只得听之。如能投到最好,否则不过侄所有宪法上主张不能贯彻而已,充代表不足为荣,不充代表不足为辱也。旅京同人为此大愤,必欲发电力争,侄苦劝不听,竟在公园开会,侄一往即行又曾劝其勿发动,否则必须为我在会报上声明。今日闻已将电发出,深恐梅青丈疑我主张,致伤累世姻戚交情,甚无谓也。吾丈盍为我飞函梅丈告以实情，葆兄当日亦在座，可以证明侄之态度绝非虚言。劼庵老世丈先生阁下，绍宋。九月十一日。第二百卅五号。

二百三十二号手教拜悉。公电为此间旅京同人所发，事前曾以电稿相示，侄不谓然力阻其勿发，谓因此必致地方上发生意见于大局殊不利，诸君则谓四区不敌一区，断不能不主公论。翌日在公园开会，葆兄亦在座，侄仍主勿发，且欲在会报声明，葆兄具闻之可以为证。而诸君卒不听则言论自由，侄固无从干涉，致公函空言劣绅初无所指，意在防绅士，绅士包庇耳。试思公函经公选商定而始发，公选岂颟顸者耶。吾县绅士不止晚香一人，何以一言劣绅晚香便以为疑耶？凡此幸晤晓峰、晚香、炳临诸君时言之。又对汪绝无请办朱事，现时法律，道尹无办绅士之权，我岂如此外行者。须知侄性情鲠直，毫无掩饰，苟有此事早向丈言之，吾丈亦已早见及此，真生平第一知己也。选举一事最败坏人格、败坏道德，举世间一切寡廉鲜耻之事无逾于此，今兹以往若不改良《选举法》，誓不更为此运动。吾丈不妨为我宣言，侄参与国家大事不止一回，以政失其枢宦情久淡，乃今为此小事致本乡发生如此误会，殊不值得。诸公厚爱必欲推重，不图结局如是，真正辜负。自悔主意拿不定，三十年老娘又倒绷孩儿一次，可叹，可叹！电局所误专在最重要文字，其非由中文太浅可知。事已过去亦可不谈。志款不付则仅将新志印成，续志即行停办亦无不可，吾辈正可藉此息肩，藉此免再结怨，计亦良得。侄之心血此四年来亦用尽矣，好在二百六十年文献大体搜订无遗，二百六十年先辈学问事功亦已大体完备，死后不怕对不住乡先达也。此种无公道、无是非之世界，万斛热肠都成冰结，可为痛哭流涕长太息之事正多，一言难尽。吾丈高年硕望，亦不犯着更与无知后辈更争意气耳。此非因一时激愤故发牢骚，盖续志中如积谷、公款等等均极难着手，经此一番误会恐更难讨好也。劼老世丈先生阁下，绍宋。九月十五日。第二百卅六号。

昨寄二百卅六号书。今日子培来，已向其发表无款不作续志事，渠亦云只好如此，尊意何若幸示知。新志第三册样本寄上，幸六千金携来，否则款不济急，缘其进行甚速，刻已印至《掌故》矣。《晨报》记宪草起草会事亦甚略,他日会报印出再当寄阅。近日尊府为婚嫁事谅甚忙,大序命意深盼早寄。自二百廿三号起各书中有无遗失,缘有数书来示未提及也。劼老世丈先生阁下,绍宋拜。九月十七。第二百卅七。

连奉三示二百卅三号两封、二百卅五号一封。敬承种种。厪办事无才干,由初选、禁丸、公租诸事观之直是一脓包耳。十年交情可谓枉费,来怨我亦无法,他日子培归,真相自明耳。附致孟白书,希转达。匆上。劼庵老世伯大人阁下,绍宋。(九月二十一日)二百卅八号。

发二百卅八号信后,又埋头整理《列女传》《节妇略》各篇,以便付印。不料又发见疑点,此事真闹得头晕眼花,乡人真不知此中甘苦,兹寄询单三纸,即希答复。校对尤困难,派人校对后,侄与渭贤尚须重过二次。印局人于体例等均无所知,幸在京印,若在杭州不知要增多少困难。现厪才所说之印刷公司且发生工潮,不久非停办不可,若侄当时主意不定图就近印送,此时已停工,定币又已付去,岂不大上其当。便中告厪才,是否我有先见之明耶?战谣近来甚盛,国民代表能否召集不无问题。肃此敬请劼老世伯大安,绍宋再拜。九月廿一日。二百卅九号。

与渭贤兄对磨《节妇略》,又发生问题三起,足见在邑时诸公核阅之疏,弟亦不能辞责耳。此《略》费去精神最多,易稿先后凡八九次,而仍不能免有误舛处,甚矣,细心之未易言也。实则印成后无人追求,亦无与于志之良否,真正枉费神气,只是发潜阐幽义不敢含糊耳。二百卅七号手示拜悉,访单三纸火速示复,待刊大急。劼庵老伯先生足下,绍宋叩。九月廿二日。第二百四十号。

昨发二百四十号书,随即细校《公租册》,知詹学圣兄用力之勤,至为佩慰。唯尚有询问者,别具柬为之,幸速专人送去。近在印刷中改正处颇多,如用孙言在杭印何能精细若此耶。二百卅六号手教奉到,吾乡向无盗,此不严惩效尤殊为可虑,安可以疾辞?此前书所以有脓包之喻,可叹,可叹。晤伟堂时希代致问,近日筹备婚娶事度甚忙,侄处亦无片暇耳。劼庵老世丈先生执事,绍宋拜。九月廿三。第二百四十一。

细校《烈女略》又发生问题,深悔在局时不得片暇细校,而诸君亦未及校出,致印局催稿无法应付,犹幸在京印刷,否则更糟矣。劼老世丈先生阁下,绍宋再拜。九月廿四。二百四十二号。

手示二百三十八号读悉。江浙暂时必无事,乞勿轻信谣传。此次因选举发生许多误会亦非无因,子培昨已归,询之便详。杭州印刷公司已歇业,兹将通告寄览,若信孙智敏之言,则大败坏事矣。顷又有询单三纸,恳即速交与学圣即复。日来大忙,欲言事甚多竟至无暇拈管,尚须抽二小时校志稿,苦矣哉。尊处喜庆蝉联大贺,大贺不另肃专柬矣。劼老世丈先生,绍宋再拜。十月四日。第二百四十三。

二百三十九号书拜悉。任置三石园暂时不能用,得高贤贲止足为林泉生光,他年播诸志乘亦西湖佳话也。敝处所寄函系由录事编号,查二百二十号系寄正志,二百廿一号寄《文征》,二百廿二号寄《掌故》,各附有短简,或拆件时未注意及之,幸无甚要语,置之可也。伟堂命殊苦,晤时务希代为致念。大序似不宜更缓,文似宜简。前示及梅青言,任曾滥保十人于省长无效,殊可异。任对夏省长仅保过张伯伟一人,未尝多所滥保,作书与梅青亦仅声明京同人具控非出任意,殊无所干,特两寄书而不一复未免远于人情,从此不与通函矣。<small>看得起他方与通函,彼置不复,何也?</small>劼老世丈先生左右,绍宋。十月六日。二百四十四。

二百四十一号、四十二手教敬悉。十九都堰事迭来函晓辨,昨复得律师来函,兹寄上。兹事似宜由丈作一公启,并由方贞吉、周殿熙两位作一负责声明方可息事。丈公启者只声明夏间在局公开会议决定记载诸堰方法,专问其水源发于何都即记在何都,不得谓白岩堰载在十八都便是淹没十九都之水利。<small>即如姜席堰灌注田亩亘于数都,只载在十七都,不得谓其他受灌注各都便无水利也。</small>著书有一定体例,不能专顾一方之利益,且《叙例》中已声明"诉讼事不能以志为武器",能附说此次新志并无不利于十九都水利一层尤妙。方、周两位应声明朱坦确是坦堰,详纪其经流地方,以明实在包家堰下,包家堰确非捏造,稿拟定请寄下一阅再发表,此事宜火速办。及并未载有大横堰,各节能附具一详图尤妙,似此负责声明可以免去许多误会。所以必由丈出公启者,因在第三者地位,且此次曾往履勘故耳。此办法是否有当,希即赐复至幸。尊笔纪实之作,百忙有此雅兴,深佩高怀。恁则公私交迫烦劳至不可言,夜间尚须抽暇纂改所编《行政法规》及董理所辑《画法录要》两书,恒至三四时始能就寝也。劼庵老世伯先生执事,绍宋。按,第二百四十六、七、八三号函均未接到,只得付阙。十月十日。第二百四十五号。

南方风云起后消息阻阂,至今日始奉到第二百四十六号手教,其前一号犹未接到,谅付"乔君"矣。敝号已发至二百四十八号,不知均收到否?历述校对情形并排印表式及公租册之迟滞,印局要求于约外加价等事,想均接洽。原约表不能逾百页,过多加价,今则逾二百页,而五号字排《公租册》其页数亦超过太多,势非加给不可耳。过兵是何时事?此番吾衢或不至牵动,此间则谣言甚盛,司空见惯付之命运而已。堰事声明决不可少,务恳得间为之。官但顾兵差,绅因以为利,此情形不独龙游为然,吾县较它县尚算公道,即以比衢县亦高出数倍,盖衢县绅士龌龊下流较吾县尤甚也。丈欲他适,恐茫茫大地靡所骋耳。唶殿熙函奉上。即颂杖履安泰。绍宋拜手,上劼老世丈先生执事。(十月二十六日)。第二百四十九号。

昨书谅达。样本第七册寄奉,四、五、六三册均表,日仅能印四五页,故特迟。《公租册》日亦仅四叶,盖一则须截线费材料甚多,一则需同样字数千方能周转,故不能速,要求加价之原因在此,约内所以有叶数限制也。此间消息日恶,奈何,奈何!劼老先生史席,绍宋再拜。十月廿七日。第二百五十号。

二百四十五号书今晨始奉到。承命代撰序,终以不欲自赞不敢应承,而环诵教书又若是敦挚,正在踌躇之际梁任公来谈,询近有无著述,当以拙志告成相答,彼索《序例》一气读完大加赞许,谓为方志新纪元。

佺当请其作序,彼云甚愿为之,且云须郑重为之,期以一月交卷,则犹未迟也。渠之声望通国皆知,请其作序亦大作为吾邑之光。若是,则丈可暂不属文,将来续志之序仍须仗丈为之也。闻尊疾甚以为虑,吾邑无好医生,不如不药为是,近告痊否祈示知以慰悬悬。佺近著《论画书》六卷,自以为甚精当,已付印,不日出书再行寄请教正。又作《古今佚书考》一书,则一时尚未能脱稿耳。大局不定政治已无可为,只有埋头著述以自遣,而冀画成学而已。归田之志仍未少戢,逆料来春必可决定矣。敬上劼庵老伯大人足下,绍宋再拜。十一月一日。二百五十一。

一日发二百五十一号书谅达,兹寄上样本一册祈察入。现印《田租册》校对甚为困难,并发见有应复查之处,另纸开出,乞交詹学圣即速查复。现时邮件又复阻滞,如赶不及只得在刊误表中声明矣。学圣处尚有未复者,乞并催之。尊恙已全愈否深为悬系。此间风声殊紧,战祸似即在目前,一年一度真可叹也。敬上劼老世伯大人执事,即叩大安。绍宋再拜。(十一月八日)二百五十二号。

六日发二百五十二号书谅达,今再寄一册。表格既成进行便速,计阳历年内必全部告成,何快如之。近校稿以万历壬子志对勘,始知万历时援例内之祝尔学本系典史,并非典吏,康熙志误作典吏,初稿因之,致夏间有罗某者累来滋扰刺刺不休。今正稿已改正,壬子志原书具在非可伪说,请转知唐翼庭兄,急速转知罗某不必怨怼,他日原书携还可复核也。重刊壬子志亦偶未校出,遂致发生尔许误会,校对所关如是之巨,故近校正稿十分用心,然仍恐不免,故前恳茂和、孟白两兄重校一过,以便作勘误表也。此间战祸日急人心惶惶,姬人已归,独居益感岑寂,若时局仍此混沌明春决告归,不复作宦想矣。余续陈。即叩劼老世丈大安,绍宋再拜。十一月九日。第二百五十三号。
清恙想早占勿药矣。

多日未得书,殊念。顷任公以其所撰序稿交来,推许备至,至谓突过实斋,读之不胜愧悚。任公不轻誉人,独于拙著奖借若此,愧悚之余又觉十分荣幸矣。此文无浮语,专论学问,在任公亦有数之作也。兹先录一副寄阅,想丈读之亦欣慰过望耳。尊恙就痊否?久无书来不胜悬系,务恳速赐数行为慰。劼庵老世丈先生,绍宋再拜。十一月廿二日。第二百五十四号。

二百四十七、二百四十八号手谕今日同时奉到,藉悉尊恙犹未尽痊,深为悬系。前任公允作序时,曾以吾丈尽力事告之请其叙及,俟携序来则云:"我此文专就学问上立论,未涉及办事,故未提及,读《修志始末》篇已叙得如此隆重,则序中可以不提,即提人亦知为应酬语,不足轻重也。"俟意有此一序,则人必检俟所为叙传,印卷末。读之事实具在,似亦可不序及矣,非敢专功也。孙谓我存款在益,一直是以小人之心度君子之腹,枉费十余年之交情,得便请告以越园是大人物,胸次磊落,不是沾沾于几个铜臭之人,什么放利息、图积蓄等卑恶思想,越园有生以来便不分晓,请其擦眼看真可也。郭松龄叛奉,战事或可息。附上样本两册,收到乞复。劼庵老伯大人史席,绍宋再拜。十一月廿六日。第二百五十五号。

匝月不获教书,俟处则因冯李战起交通阻隔,自发二百五十四号书后亦未具函,盖三年来未有若是之沉寂者矣。俟于前月入修订法律馆后,近复助王宠惠博士办理收回法权事宜,于委员会中充总参议,遂致日无暇晷,久疏简候。此亦一因忆任志事时适任次长,为事甚繁乃不匝月,忽以政变不能不辞职,未久又以反对程克故并辞修订法律馆顾问,遂得闭户埋头奋笔撰述,于是三年书成。而草国宪事起亟赴京镂板,板将杀青而事复凑集不先不后,俾得成此宏业,一若冥冥中有指使之者,抑亦奇矣。当初属稿事无事校勘,姜渭贤犹得充法政大学职员及正需人助时,而渭贤适以故不安于位,此一年中赖其校勘整理处颇多,今校对事将次告藏,而渭贤又适于前日得调查法权会股员,机缘凑合如是,谁谓非前定耶。印刷本约本月内竣工,近因战事影响,且公租册印排甚不易,又纸料以京津火车久不通无由运来,故出板不能不稍缓。此皆实情,所谓不可抗力,故亦不能据以与该印刷局理论。今约旬日内印齐,两旬内全部出书,不至甚迟,唯印成后如何运回真费踌躇耳。子培及孟白公信请更正白岩圳事,今已于校勘表内切实声明,取消原有记载,悉仍两旧志原文,以免他日两造为讼事污我志,乘晤时幸转告之。今日得闲竟作书十余通,盖两旬来所无者矣。劼丈先生史席,绍宋再拜。十二月廿六日。二百五十五,重号。

昨发二百五十五号书后,印局又送来样本五册,兹寄上。梁任公序曾经修正,渠于他著作中提及吾县此志称为现代名作,推许之甚。故日来各藏书楼、图书馆来电话询曾否出板者,日必数起,此甚堪为吾县增光,便中乞转告乡人知之。任公并欲为其新会县修志,体例将一衷吾志,俉告以做书不难,难得有如吾丈者为之坐办耳。兹将单印本寄上,非其人不必送也。孙屋才妙可送一册。劼庵老伯先生,绍宋顿首。十二月廿八日。二百五十六号。

1926 年

一日间得二百五十号至二百五十三号,具悉种种。盖京津间交通阻滞,通信犹未如恒也,此间乱犹未已。书已印成尚未装订,幸款早自提到,不然不能汇,即汇而汇费不赀,幸告乡人此时不必更怨俉早提矣。书装成凡万有六千册几于充栋,将来输运大是难事,唯有俟邮简通顺时先交邮寄数百册,余俟得便再行运动。姬人昨始返都,在途凡历一月。舍弟到津,以京津路阻不能来京一晤,咫尺天涯至为怅惘,今已折回上海矣。葆兄今尚未至,京津路虽通犹甚阻滞,所幸尚无危险耳。属向夏君设法容缓图之,今以他种关系尚非其时,他日必报命非敢推卸也。命为贵宗谱作序,不敢辞,但未知体例何如,此间虽有采访稿,然不甚得要领,乞速开一节略来以便着笔。县人对新志有横议,乃俉所最愿闻者,如能请议者负责诘难尤所欢迎,此层并望普告多人知之。即颂劼庵世丈年禧,绍宋再拜。一月一日。第二百五十七号。

新历元旦寄二百五十七号书,谅达签掌。兹再寄上样本两册,至是全部印成矣。唯校误尚未完毕,大约旬日后校完即可全部装订,校误之事甚繁,日内正埋头与姜渭兄董此事也。五号字排印与各表契约,超出原定契约过多,日内印局正来交涉,要求加价亦情理所必许者,唯其所提及之数过巨,现正在蹉商中,即以每页加一元或八角,计其为数亦可观矣,奈何。卷末一篇已加增改,与原文不同,乞暇时一读有以教之。时局万变,殊可危。劼庵老伯大人左右,绍宋再拜。一月五日。第二百五十八号。

六日致二百五十八号书,并寄样本,谅达尊鉴。转瞬两旬未得复示,至深悬系,贵恙想久平复。葆谌兄至今未见,至尤深怀念。日昨衢州聚秀堂伙郑金标送姜渭贤眷属来京,因与渭贤商定,不日志书装成即托其带返,仅送路费、运费数十金了事,在彼不须归浙盘缠,而在公家则可省返京用费,且彼是书贾一切转运尤为内行,实为两得之计。今已与该印刷局约,旬内订就便可打发其启程矣。民国续志仍须继续编撰否?专候台示遵行。在未决定以前渭贤薪金暂行停止,一月份即停付,以免糜费。将来即须酌办,其薪水亦当酌减,以侄已为谋得他事也。奉军再起,又将大动干戈矣,奈何,奈何!敬颂劼老世伯大人炉安,绍宋再拜。一月廿三日。第二百五十九号。

一日得三书二百五十四至五十六。快慰之甚。全志已订成,日内木箱制成便可转运,印局索增亦在情理之中,缘五号字及表超过原约之数太多,而此三个月中因战事交通梗塞纸价大涨,工价亦飞涨,均是实情。兹已与蹉商,渠请求每页加五角殊嫌太多,至多增三角五,不知办得到否?容续陈。仅印局一项照此算计约需四千九百余金,刻至付至四千七百,日内结算后再告。现在货车久停,转运须照行李计算,此笔亦不少。郑金标旅费亦需赠数十金,再加此三个月校费,六千金恐无余矣。容再开账。一件大事到此完全办妥,真生平大快事者。自携款到京不能谓无费用,盖不用汇兑非但危险堪虞,而携上海、杭州银行钞票到京每元须贴水三分,亦须贴至一百八十元,是较汇水尤重矣。此层务恳随时向乡人言之,使知余越园不是贪小利之徒也。示及付川资二百元,此笔侄不了解,乞详示。日来事繁,甚不多陈。劼庵老世伯大察,绍宋再拜。祀灶日(二月五日)。二百六十号。

顷奉第二百五十七号、二百五十八号手教,敬悉。贵恙业已全愈无任欣慰,但能颐养得宜,不忧不复原也。郑金标送姜眘中途亦迭经阻滞始得达,近来招商局船已不开,天津通航者仅怡和、太古两公司之轮船而已,惩于通州之事现在搭乘必须取保方许购票。又以京汉路因战事停车,南北交通仅恃此一线,故船价甚昂,闻从前统舱购六七元者,今已涨至三四十元,此自有海运以来所未有者也。缘是运书之事大生阻碍,本可稍缓,但既留金标在此度年,又不得不办。此间通运公司只肯运至天津为止,且货车久未开,须照行李算价,其数乃数倍于货车之赁,此亦时局使然无可抵抗。到津后尚须另托友人设法运沪尤费周折,总之生逢乱世无话可说而已。去腊底定制木箱四十五只费银五十元,计装八百三十部,余尚托其带赠夏省长等十余部,此外购麻绳、油纸等费所需六十余金尚未算出。兹将定制木箱发单寄上,祈存案。又,印费经再四磋商酌定银四千九百五拾元八角五分,亦已付去,发票一并附上,将来运费是一大宗。送郑金标旅费之尚未酌定,容再奉闻。六千之数居然尚有羡余,亦初料所不及者也。此间财政已到山穷水尽地步,葆兄暂时可弗来,容稍缓当为言于省城当道。闻去岁自中秋节后各衙署仅发过薪水三四成,试思何以为生?侄现为外人调查法权事,允为王前总理帮忙,不能不留京,一俟此事办了,如中央财政仍无办法,亦只得赋《归去来辞》矣。滋福堂地基事承居间办成,甚感。此种求田问舍事侄殊不了了,奈何!续志办法自然与新志不同,但办否必须早决,缘此间各录事暂时不便即辞,又不能久悬不决耳。渭贤十二月薪水侄处已代付去,经费领得时希划交舍弟为幸。季方兄来书意欲外出学仕,侄亦愿为曹丘,特未悉其所长何事,愿有以诏之。新岁唯闻鼙鼓声,景象萧条,益深年华之感。匆复,即请劼翁老伯年安,绍宋再拜。正月五日(二月十七日)。二百六十一号。

顷接二百五十九号手谕,敬悉种切。书箱已装束齐备,转运事亦已办妥,每箱仅需银二元八角正,待发送而时局忽急,京津间交通又生阻阂,货车更无开行之望只得暂行停顿。郑金标留此度岁已甚勉强,今复因此事不能南归,真无可如何之事。装束书箱为事极费力,此番亦全赖金标一人为之,他日唯有酌给酬金以表歉意而已。目下海轮极危险,须人担保方许搭乘,且无船,价几四倍。此间形势亦紧,葆谌兄尽可缓来不必急也。去夏茂和属书迄未报命,昨忽得黄忠端公手卷,乃为余瞿父先生作者,纸白板新,不知何时流落于此。惜索价太昂,手头拮据不能购得,因为茂和临一通并系以跋,以为寻常应酬笔墨不同,茂和得之必甚喜矣。因忆及茂和曾属题岫云先生小照,亦久未报,晨起兴不可遏信笔成古诗三章,即录以呈教。诗虽不甚佳而不失法度,亦尚有清刚之气,倘蒙赐以和篇,孟白辈如能见和亦盼一并题入原册,亦地方一段小故事也。他日并可录入续志。原册大小乞属茂和照册心裁寄,当觅旧楮书之。去夏曾记有诗见赠,提及磊园事,乞书扇至今未见寄,至盼。时局危殆至可虑,吾辈犹沾沾文墨,真迂呆可嗤矣。敬上劼丈先生,绍宋再拜。二月二十八日。第二百六十二号。

上月二十八日发二百六十二号书并拙诗,不审达到否?目下交通阻隔,寄一书动需旬余,二百五十九号赐书直至今日始到,则几历一月矣。运书事日内或可办到,但以无货车故运费大增,又船票往日六七元者今已涨至三十七元,犹不能得,此项用费之增加殊出意外,亦不可抗之损失也。侄此次入部实因卢总长竭诚敦劝至十余次之多,感其真挚辄复应之,其实时局如此一无可为,不审吾丈何以教之。磊园旧主闻尚未迁出,晤子培丈时乞为我转致,务告前途令其早日迁去,至以为祷。北方穷极非可久居,此后亦不能安居,一俟事了便当告归,与吾丈话山林之乐也。即上劼庵老伯大人阁下,绍宋再拜。三月十九日。第二百六十三号。

前月二十八号曾寄二百六十二号一书,并附拙诗及为茂和书件。今日奉到二百六十一号赐书,未蒙示及,岂犹未收到耶?侄此番再为冯妇绝非本怀,十九日草缄忆曾略及,乃承道贺惶歉莫名。且续志、家乘仍待纂修,而终日案牍劳形又疲于筹款,遂致未能兼顾,尤为抱歉,所幸政局变幻无常,退休之期当亦不甚远耳。葆谌兄事日内便当向父亦切实言之,略有头绪即行奉闻。先此陈臆,百忙不及具陈。劼庵老伯先生史席,绍宋再拜。三月廿五日。第二百六十五号。(点校者注:信函编号应为第二百六十四号。)

昨发二百六十三号书后即作书屈文，亦为葆谌兄言事，兹抄寄一览。战机已逼京畿，新志不能运，殊可虑。郑金标亦不能再留，焦急之甚。不日外国参观，外国司法委员须南下，因百计设法向交通部觅得行李车一辆，冀将书运至天津，若能办到便可释负矣。冗甚，不多及。劼庵老伯大人左右，绍宋再拜。三月廿七日。第二百六十四号。（点校者注：信函编号与前信重复。）

前十日发二百六十四号信，不审达到否？计已兼旬不得手翰，不胜悬系。近者交通多阻，深虑鱼雁销沉。希将本年所寄各书清查一过，看有无遗失，示知为幸。卜旱期侄患带状疱疹，发际、额前、耳后、眼旁俱发，痛痒不可忍，亟入病院诊治，数日来居然清减，今日竟能作字矣。战事不了，通车无望，前拟附外国委员行李车运书赴津，今闻将由京汉路南下，或改乘汽车赴津，则运送事又成画饼，奈何，奈何！书印成已久，而局中尚未得观，日内当由邮局先寄一二十部以慰快睹，虽稍费不敢惜矣，以运送真无期也。小秋来信谓三石园栽花木事无人可托，甚觉为难欲从缓办。侄则以此为最主要事，否则何必购置，此园彼既无人可托，侄意颇欲一烦杖履代为布置，如能觅一略知种植花木者任之更妙。竹须广栽，墙之四围多栽樟柳，隙地悉栽桃杏梅李，趁此清明时节甚望代我一谋，三四年后成阴，侄亦归来矣。尔时与吾丈啸傲其间，宁非至乐，息壤之言敢以为券如何之。奉军连日用飞机来京抛掷炸弹，人人自危朝不保夕，今幸不来矣，顺以告慰。敬上别两纸烦即致培丈。劼老世丈先生道席，绍宋。四月八日在病院。二百六十五号。

多日未得赐书至念。前者侄任次长，丈以为大喜而辱贺书深自愧恧，不图今日真有大喜之事而丈应贺我者，特为丈言之。段派之不理于众口也久矣，其最失德之事莫过办理"金佛郎案"及国院门前惨杀学生案两事。兹两事者，一则损失国库至一万三千万元之巨，其中黑幕牵涉尤多，一则残杀学生四十余人，伤者至百数十人，皆为社会上最愤慨之事，而均有关于司法办理，偶一失当或稍偏颇，不特个人名誉扫地而使司法牵入政治漩涡，必大损司法之尊严与其威信，所关甚钜。佺莅任后，"金佛郎案"原告发人翁敬棠总检察厅检察官。不满于总检察长之复呈向部呈请救济，段派闻之，逼令司法部严予驳斥，俾了其事。总长卢君不之应，遂致辞职不到部视事，部事遂悉由佺主之，逼迫益甚，佺坚持不许，且告以虽身殉不顾也。洎三月十八日惨杀案起，政府下令诬学生为共产派，当日确有共产党人□□，然被杀伤之学生均非共产派人。事经京师地方检察厅侦查，乃断言其不应开枪残杀，公函陆军部，请求惩办执政府卫队，公函所称悉主公道，政府大不谓然。各学校同时提起公诉，控告执政国务总理及各国务员，检厅当然受理依法侦查，并传执政及总理，于是政府益恨。时卢总长已不到部矣，政府意欲由部密令检厅为不起诉处分，冀以了结，佺自不能允从。本月九日鹿钟麟逼宫后通电，即以此两案为段罪。洎十六日鹿退出京师，翌晨段竟复职，于是迫卢君及余了此两案益亟。是日中午开国务会议，卢因已辞不往，促佺往，佺以此次复职实太滑稽亦不往，下午催益急，佺正草辞职书未竟而电话至，谓已不复经阁议径下免职令矣。总、次长同时免职且不经阁议而径行，是开国以来所未有。又复职后他事不遑，开头即罢免司法总、次长，大足惹起世人之注意，益足见为了结此两大案而来，而卢君与佺维持司法不畏强御之精神乃大白于天下。两日来都下哗然，大肆攻击，佺何幸得此美名，且可证非段派人物，宁非大可喜之事耶。近五年来迭承吾丈奖许，辄愧声闻过情，独兹事与从前反对程克破坏司法两事似尚不失为正人，死后可为传志资料，深自欣慰，亦足以副长者之期望，故不惮缕晰陈之也。敬上劼庵老伯先生道席，绍宋再拜。四月廿日。第二百六十六号。

十九日发二百六十六号书谅收到，如油印出请寄数纸来何如？运书之事几费周折，昨日始运出，计运费至上海一百卅元，由沪运杭更由杭运龙游之运费已交郑金标六十五元，如不敷，已属其向尊处照支，如有余亦交还尊处。金标因待运书在此勾留至五个月，不得不少贴零用及膳宿费，已亟付五十元，又由京回龙旅费酌付二十元，均是最节省办法，此外尚有开支容日内开一清单再行寄奉销账。拙著《画法要录》已出版，今以一册呈教，别一册烦转交吴南章，又一册请交璩孟白转送与去年为我抄稿之人。旧稿一束亦寄还,其他采访稿须留以为编纂续志之用。又著作原稿一束,另开单一纸,亦交金标带归,统希察收后示悉为幸。再,前两星期因交通一时未能恢复,陆续寄回《龙游县志》八部,不知收到否?幸昨日交通已复,否则尚拟续寄,邮费资益多矣。葆谌兄运气殊欠佳,屈文亦已允为之提前设法,不料政府忽倒,文亦已跑,又成空话,奈何,奈何!匆上劼庵老世伯大人左右,绍宋再拜。四月廿九日。第二百六十七号。

顷奉到二百六十三号手谕,敬悉尊恙犹未完全恢复,深为系念。前日葆谌兄来谈,未及失眠事,但云家庭有心疾人,老人心殊不安耳。窃意失眠原因不外一为心事,一则因饮食物有刺激性,非仅关医家所谓心血衰耗也。吾乡山茶性最激刺,倘几夜饮必澈晓不成眠,吾丈首宜戒去,日间亦不宜饮。次则临睡时必濯足,须热汤。使血气下行便易成眠。尚有一要诀,即上床后万不可想其睡去也,想其睡去偏不睡去,于是心火上冲,愁思迭起愈不能睡去矣。倘因用心过甚,一月恒有二三夜不能成眠,故本所经验具言之不妨试行也。家有心病人诚可虑,然亦无可如何,因心疾如至失去本性,便应看作死亡,虽仍应尽其诊治之方,而不必望其奏效,盖对于心疾,无论中外古今医术上尚未发见有绝对治法也。仲先、敏斋昔日均膺此疾,均在敝寓,虽所患不甚重,倘敢断定此两君者他日不复发则已,发则必加重,必死于是,诚可忧者,然亦无如之何,只得听之。有机会加以慰勉而已。吾丈达人,宁以此置怀而自损其神明乎?葆兄之事倘必力任之,不久便当进行,幸勿以为念。志书已运出,不日便可到邑,此后发行一部必须登载,账目宜专责一人为之,茂和似甚适宜,若更以孟白辅之尤妥,诸希酌行。日来因打发外国委员赴外省调查法院事颇繁冗,明后日得闲再详。即上劼翁世丈先生杖几,绍宋再拜。五月十日。二六八号。

昨发二百六十八号书,计此函到时必已阅及。新志既不日可到龙,则倘所经手事应行报告以资结束。兹开书款收支单一纸呈览,希即归卷备查,印刷局收条及郑金标信并附上。原定印刷一项需六千元,今并运费、杂费等所支尚不及此数,实属万分撙节更不能再减矣,其实杂费及宴客等不止此数,侄不敢多开,防人闲话。此在京同乡所共知,可以告无罪于诸乡父老兄弟者也。所余书一百六十七部,除酬谢从劳帮助诸君及赠各大埠图书馆日本、美国均已寄去。并孙、夏两长、省城各厅长外,存书亦仅二十余部,如他更无所需自当觅便带还。至所余之三百六十三元拟暂留敝处,以为修续志时杂用,如公议不修续志,即希赐知,即日可属舍弟归返。如谓不问续志修否应先归还,亦祈火速示悉,亦当从命以重公款,丝毫不可客气也。再,运书收据须上海由郑金标手收。又,自沪至龙游运费亦已属金标出据,尔时自能与吾丈接洽也。草上,即承劫庵老世丈杖履清福,绍宋拜手。五月十一。二六九号。

日前连读二百六十六、六十七两教,以腹疾委顿未即答,至深悚歉。顷复得二百六十八号快信,备悉一切。续志卷帙不多,所费有限,从前所雇抄手早已辞去,印刷成功之月。将来续办亦只需一二人,印费亦不甚多,唯现时与去年已大不相同,若新志至今年始印非八千金以上不办,盖工资与纸料大受战事影响也。预计有二千余元京中已可敷用,龙游本局应需几何则须请丈酌定矣。新志已运到,至慰。如释重负。整理时有须注意者,即六百部是机制毛边,余为本国毛边纸,质差同,唯机制者略有光耳,务须十分仔细勿令混杂。再,订书时每部一刀切齐,如或乱叠则大小参差不一,尽成乱书矣。将来发卖宜尽发机制纸一种庶免讥评,每部价十元,是去年在局公同议决者,绝对不能减收。缘发卖仅六百部,余则为存留或酬劳或赠送各大图书馆,其价值自当通算在六百部内适符收回工本之数也。将来发出只称收回工本银,不可称价,此层请注意。大部书不能无舛误诚如尊论,绝不足为全书之玷,况成之甚速,又不在本县修纂耶。去夏在局开会原意请诸位乡先生增补,而热心检阅者绝鲜其人,到今日反来责备,恕道果若是乎。劳梅丈开来一单极表欢迎,惜全属误会,如劳日增、劳希生均录自康熙志《援例》,本未注有官职,来单谓劳日增误书经历,大误。原书并未注有官职也,不熟掌故不必讥弹。安从补入?劳希尧已注明"序班","序班"只鸿胪寺有之,故不必带帽。汪广怀则已入传照例不注。又如劳如琢、劳谦美、劳嘉父(点校者注:系劳嘉文之误。)、劳元恺、劳稷、劳元士、劳自任、劳玉麟、劳嘉祥均录自康熙志《续选举表·援例》，原文均示注明何职，再，劳宏达纯孝见于旧采访，其妻纯孝与否新旧采访均未载，其妾二人则均有节操，已载《节妇略》。前、去两年采访时亦未补查出，此次当然无从增补。新志已注明以上均见徐起岩续选举，惜不详其官职（卷十六第十页反面第六行），则不能责新志失注官职之为疏忽矣。已有传，其失载"岁贡"则因采访稿无之，非我之疏忽也，况其人已列入传，推崇已极，即使失记岁贡亦属无关。唯叶鸿钧、汪荣封两人容为补入，但汪荣封曾否到省又是问题耳。以上答复希转达梅丈至要。可另纸抄去，以免误会。梅丈欲因此缓发深堪诧异，若云失载官职其咎应康熙志负之，我不任咎也。当采访时何以不先就旧志逐一查出补明送局？则是自误耳岂能责人。无论来单各人经侄指出原委，绝对无误，即使尽误亦仅有订补之法，安能中止发行耶？补遗正伪之法必不可少，侄处已自纠正数处，积久自可成书，他日购有新志者留其名，俟补订之本出，照名单补送一纸足矣，何必大惊小怪耶！朱鹏万之湖北荆州城守营守备，误列在郑荣光名下，乃是手民误排，自当更正。总之，指摘谬误固绝对表示欢迎，即使吹毛求疵亦乐于承受，若不细查本书体例，不究纂述原委及其出处。率意相诬，则非侄所愿闻者也。余续详。劼老世丈先生史席，绍宋再拜。六月十八日。二百七十号。

发二百七十号书后，即连得二百六十九、二百七十号手谕。吾乡绅士无赖若此，真出意外，既经前知事取销旧预约券，彼辈不遵行，于此番修志局当然无复关系，吾辈仍当本去岁议决办去，缴十元工本便与书一部，不缴则不与，以前事伴为不知可也。前事如何结束，可以置之不理也。新志自出板以来备受学界热烈之欢迎，目下已有数处照此编撰，并声明用龙游新志例，此其光宠殊非意料所及，可转告乡人同声幸者也。梅丈所指摘各条前函一一具答，绝非吾辈之疏忽，其咎应康熙志负之，何以修志采访时诸公不先读康熙志，将其失载之官职补出送局以备录入，而于此时挑剔，既要挑剔何以又不先读康熙志，而使绍宋一人负二百六十年前之责任，此真大堪诧怪之事也。旧志官职失载处甚多，新志据各谱补入者不少，王君炎查补者较多。独南乡采访员于此点不注意，访稿中一无考订，而此挑剔者适为南乡士绅，尤堪诧怪。此次挑剔于新志毫无所损，侄所望者有价值之指摘,有考证之辨难耳。乞告诸公,如果平心静气加以匡正,固侄所馨香祷祝者也,孔子曰:"知我者其惟《春秋》乎,罪我者其惟《春秋》乎。"复上劼翁世丈杖履,绍宋再拜。六月二十日。第二百七十一号。

昨发二百七十一号后,思不妨发一通函,以间执谗慝之口。兹将稿寄上,乞即付印一千张,分送四乡人士,如过一年而犹无人指摘,或虽指摘而一一为解其疑,则吾辈振振有词矣,长者以为何如?再,前曾交金标带上拙撰《画法要录》两部,一以呈教,一以赠南章,未知已鉴及否?书或与县志大小相同,来示未提及,疑已混合,乞一检之。劼老世丈先生左右,绍宋再拜。六月廿一日。第二百七十二号。

前发二百七十二号书并附通函,谅达左右。詹学圣为堰事欲托侄通词省宪,不先将本案详情径函敝寓,乃以简单之词函由孙永年转达,永年是北京大学,而封面则误写民国大学,幸彼时永年到民国大学访友,始得于该大学门前揭示无人受领函件内取回,已迁误多日矣。而词又甚简,即询之永年,亦谓内容不明,其后来电,又省电费语焉不详无凭转达。今始得详信,当为致函省长,并先去快电以免误批,先后电费侄已代出矣。而子培先生与学圣来函,反怪侄延误,一若侄须负责者,则甚矣为人之难也,自问则为己事亦不过如是而已。兹复学圣一函,幸为转致,渠更事尚浅侄绝不怪之。函中云云,所谓若梗在喉非吐不快耳,兹事自当始终为之说妥,请其尽管放心可也。即颂劼老世丈杖履清泰,绍宋再拜。七月四日。二百七十三。

迭奉手教,以病不能复,至深悚歉。计未作书已七十有六日,此数年来所未有也。侄此番不但痔发,兼发漏疮,痛苦不可言喻,初用西医愈诊愈坏,气体大亏,几致酿成内症,因两旬大小便不通。最后变计用中医始渐痊复。自昨日起已能勉强起坐,然精神尚不能复原,医者属勿遽劳,谓至少须静养半月方可用心,此则侄以为甚苦者,盖既能用心而强抑之,使勿用犹之极梏耳。示及各节容稍缓一一奉答,今姑从医言暂为搁置。

大局又变,吾乡当不至受影响,近事何若殊为关怀。承箴节饮至深纫佩,自去秋回京已不敢纵酒,此番发病据中外医生均言用心过度亏损所致,漏是阴亏之病。因是知交均劝勿事著作,此亦侄所不能自已者。盖《南北史考证》《中国法律学史》《古籍存佚考》三书,侄所麕集材料及稿片已盈两篋,工程至为浩大,不能不趁此壮年完此事业也。计再事十五年可以观成。不能久坐,姑止于此。敬叩劫老世丈颐安,侄绍宋再拜。九月十九。第二百七十四号。

孟白、茂和诸君均此致侯。前运县志箱中夹有《画法要录》两部,一赠吾丈,一赠吴南章者,未知曾否清出,来示始终未提及,南章亦未有书来谢,殊以为念,祈示及。

顷胡君振鄂来,言杖履近复违和,缘便结所致,不胜悬系。侄此番亦两旬不通大便,西医至用唧筒灌肠犹无效,其后临睡多食水果,晨起饮蜂蜜一钟用开水冲服,如是数日便畅然,无复阻滞。此办法较服药平和且便捷,用此专函奉陈,希即速采用为祷。即请劫庵老伯痊安,绍宋再拜。九月廿二。二百七十五号。

不通问又两旬矣,二百七十五号书谅登览,静养后顽躯已复原,足以告慰长者。尊书自二百七十一号起置未复,兹谨汇答如次:机器制毛边纸与本国毛边纸一有光,一无光,极易分别,不必目视手抚可知。当装志书时曾属郑金标两种勿混在一箱,何以到龙时如此混乱殊不可解。不审此时已完全清出否?若不清出便非完书如何销售?此事在病中时以为念,深悔当时未用铁皮钉箱也。《杭州府志》其书样亦不如吾县志之宽大,系铅印并非木刻,又用极薄黄纸,纸产于南方,原比北京为贱,且杭局经费甚裕,不同吾邑东凑西挪、掣襟见肘,如何可与比例? 乡人无识如此真可慨叹。争姜席堰事结果究何若,夏处曾有复电、复函,复电已觅不得,复函犹在,姑寄至尊处出示吴、詹两位与否,请丈酌之可也。以上复一百七十一号。四元预约券事结局如何颇欲闻知。承询此事在法律上责任如何,则毁灭官文书罪及侵占罪,律有明文,其罪并不轻也。至于阻挠新志销路则无法可以制止,唯有听之,地方苟不绝读书种子当有知音之人,下乡劝导反嫌自贬声价也。即使一部不销亦无笑语,可看悠悠之口任之可矣。以上复一百七十二号。磊园竹木事,子培迄无书来,到底现尚存竹若干、木若干颇欲烦季方兄往为一数,明春无论如何必须尽数补栽矣。

自动编纂续志不必更谋于众,伟论实惬鄙怀,但此举必须先将访员约齐,订明半尽义务,仍须随时采访兼答询单方可着手。此层且俟尊处议定后,敝处方可放手做去,至敝处杂用亦宜减半以昭公允,若不足俟愿赔贴,从前赔贴不知多少,此区区尾数更不欲计较矣。葆谌兄常来,境况自较前更苦,以各署不发薪几成老例,虽闹亦无益耳。杨少伟日前同葆兄来,谓已被裁,当为作书与苏公选藉谋一事,不知有效否?阮荀伯处已送一部,其向孙所索者,乃律师公会托阮代购。俟当告以在京不售,因汇款与孙购取,孙竟不言购而言索取,是并此区区十元亦图吞没,可鄙哉翰林公也。以上答二百七十三号。邱梁不愿办续志采访,只可听之,即以茂和继其后当能胜任,尊意若何?续志当然须收印费,唯卷帙不繁,即收亦属小数,所虑者此间印工纸料价值较诸去岁已大增耳。通函发出后转瞬三月有奇,不知收到校补之稿几何,亟盼寄上。以上答二百七十四号。前开新志发数单,在京应余一百七十七部,承示只作一百六十七部,当系尔时笔误。

汪荣封直隶州判既未得缺,《选举表》例不载,他日当于续志中详之。但未定,如不作传便不能补载。叶鸿钧是何年岁贡?希查示以便更正。朱鹏飞、鹏万现尚存否?鹏飞失载之四处望补开,其实千总真不必入志。以上复二百七十五号。家四叔事迹有传,《选举表》凡有传者例不更载官名,家六叔虽捐官,未到省例不载。亨衢未读书,易受人挑拨,晤时请谕告之。承赐诗扇,拜感之至,反面已自作图,题为"故乡话旧",盖欲存去夏一段故事也。葆谌兄事已与面说,渠谓尚须托他有力者写八行,俟允以行期一定即为写切实之荐刻,冀得一当,以报尊命,但至今未见来言也。以上复二百七十六号。孙事已成明日黄花矣,往日孙永年还乡曾托其面陈,已向省当道言及。今来者华氏闻为初任,颇闻人言此番完全以劳绩得官,初非由于运动。亦曾托人转告,吾邑有祝先生耆年笃学作宰,想此时吾丈必与相见,其言论丰采若何,此为一县民治所系,颇用悬之也。余事容更设法,凡此类事非密不可,即此数行亦盼弗轻示人也。

尊作日记关系舍下事,极欲一读,能属书手抄示否? 以上复二百七十七号。承规节饮咸镌五中,往日便是不听老人言故吃苦在眼前耳,自经此次创巨痛,深已决与杯中物离异矣。志书不能急销亦属无法,唯保存在尊府,应有人专司其事,鄙意宜以季方任之为宜,即由局中略给津贴亦不妨也。以上复二百七十八号。自接八月二十五日书后,未奉手教,前闻胡振岳言丈苦便结,当作书奉询,不审近日尊体复何似,深系远怀。此间因大局不定,财政已属山穷水尽,亟思离开。但闻近日东南局势不甚佳,又恐牵及故乡,难遂归山之志,进退失据,奈何,奈何! 附致子培书阅后封好再送,幸转达。肃复敬承劼老世丈杖履清福,绍宋再拜。十月十五日。第二百七十六号。

许久未得手书,深为驰系。侄此一月中因修订家乘,亦未暇肃函请安,甚以为歉。不审前所寄各号书均经收到否? 前因吾邑新知事华君与陈哲候厅长素识,曾向陈略述县事,刻得陈书知其已将侄书寄与华阅,并附来华复书,兹特转尘尊览,不必示人,免彼曹疑虑。续志经费事可否趁华知事在任时即办,希核定见复。东南大局陡变,不知吾乡将来影响若何,甚为悬念。近情何若? 亟盼赐及——。敬上并承劼翁老伯杖履清福,绍宋再拜。十一月十五日。二百七十七号。

劼老世丈赐察:

日昨葆兄来知尊体不适,正深驰系,顷得口授画书,籍谂渐就痊好,不胜欣慰。老人必须荣卫,家慈从前体亏,后服解百勒麦精鱼肝油遂见清健,此药最有名,业告葆兄过杭购取。去岁有吉林达官求画山水数帧,以老山人参为酬,侄殊无用处,兹捡出托葆兄带奉,伏希哂纳,但宜服与否乞询医者定之。二百六十五号书邮局退回殊所不解,侄在京久邮局无不知之,即仅书"北京"两字亦可投到,何至无人领收? 岂尔时侄病居医院,寓中无人接洽耶? 然他处函件悉收到,未闻遗失也,此或本地邮局作弊,然又有北京邮局销印,真不可解矣,事已过去置之不论可耳。续志事且俟尊体大好时再议,此时不必亟之。京用可从简,即纯由侄尽义务籍竟全功亦无不可,唯局费核销一层似可先办,若稽延过久阴挠者又有口实,即分两橛办理似亦无碍,鄙见如此,还请酌办行之。孟白事容与前教育总长汤尔和现内务总长。商量,请其致书计君维持,因侄与计无甚交情,或无效也。曹事可办,但请略缓。敬请颐安。

　　侄绍宋再拜。十二月三日。二百七十八号。

图书在版编目(CIP)数据

余绍宋方志论丛 / 劳乃强选编 . —杭州：浙江工商大学出版社，2020.12

（龙游文库 . 2019）

ISBN 978-7-5178-4212-5

Ⅰ. ①余… Ⅱ. ①劳… Ⅲ. ①余绍宋－人物研究 Ⅳ. ①K825.72

中国版本图书馆 CIP 数据核字（2020）第 259525 号

余绍宋方志论丛
YUSHAOSONGFANGZHILUNCONG
劳乃强　选编

责任编辑	沈明珠
封面设计	天　昊
责任印制	包建辉
出版发行	浙江工商大学出版社
	（杭州市教工路 198 号　邮政编码 310012）
	（E-mail:zjgsupress@163.com）
	（网址:http://www.zjgsupress.com）
	电话:0571-88904980,88831806(传真)
排　　版	杭州天昊文化艺术有限公司
印　　刷	浙江千叶印刷有限公司
开　　本	710mm×1000mm　1/16
印　　张	128
字　　数	1860 丁
版 印 次	2020 年 12 月第 1 版　2020 年 12 月第 1 次印刷
书　　号	ISBN 978-7-5178-4212-5
定　　价	298.00 元（全九册）